VOYAGE
EN PERSE

DE MM.

EUGÈNE FLANDIN, PEINTRE, ET PASCAL COSTE, ARCHITECTE

ATTACHÉS A L'AMBASSADE DE FRANCE EN PERSE

PENDANT LES ANNÉES 1840 ET 1841

ENTREPRIS

PAR ORDRE DE M. LE MINISTRE DES AFFAIRES ÉTRANGÈRES

D'après les instructions dressées par l'Institut

PUBLIÉ

SOUS LES AUSPICES DE M. LE MINISTRE DE L'INTÉRIEUR

RELATION DU VOYAGE

PAR

M. EUGÈNE FLANDIN

TOME I

PARIS

GIDE ET J. BAUDRY, LIBRAIRES ÉDITEURS

RUE DES PETITS-AUGUSTINS, 5

1851

GIDE ET J. BAUDRY, LIBRAIRES-ÉDITEURS,
5, RUE DES PETITS-AUGUSTINS.

TABLEAUX
DE LA NATURE

ÉDITION NOUVELLE

AVEC CHANGEMENTS ET ADDITIONS IMPORTANTES

et accompagnée de notes

PAR A. DE HUMBOLDT,

traduite sous sa direction

PAR CH. GALUSKY.

Deux Volumes in-12, avec sept cartes.

PROSPECTUS.

Lorsque M. A. de Humboldt revint en Europe, à la suite de ses longues excursions dans le nouveau continent, il sentit le besoin, en même temps qu'il publiait les grands résultats de son voyage, de communiquer les impressions qu'il avait ressenties et souvent exprimées sur les lieux mêmes, en face des grandes scènes de la nature. Ce livre traduit par M. Eyriès sous le titre de *Tableaux de la Nature*, eut un grand succès en France et dut être bientôt réimprimé; c'est de tous les ouvrages de M. de Humboldt celui qui a le plus contribué à populariser son nom.

C'est ce livre qui vient d'être refait par M. Al. de

Humboldt et traduit de nouveau par M. Galusky qui avait traduit déjà le second volume du *Cosmos*. Aux tableaux des déserts, des cataractes, des volcans, à la brillante esquisse qu'il avait donnée autrefois de la physionomie des plantes, M. de Humboldt a ajouté deux chapitres nouveaux : l'un sur la vie nocturne des animaux dans les forêts du nouveau monde, l'autre sur l'aspect de la mer du Sud, vue des hauteurs des Cordillères. Il a fait aussi un grand nombre d'additions à la partie scientifique de son livre ; la plupart de ces notes, par leur étendue et l'art avec lequel elles sont composées, forment autant de chapitres distincts.

L'ouvrage s'adresse ainsi à toutes les classes de lecteurs ; les savants y verront consignées les découvertes les plus récentes dans presque toutes les branches des connaissances humaines. Les personnes plus sensibles aux jouissances littéraires et poétiques, y retrouveront l'éloquence de Bernardin de Saint-Pierre et de Chateaubriand, sans avoir jamais à craindre que l'éclat des descriptions coûte rien à la vérité.

La traduction de ce livre offrait une double difficulté ; il fallait joindre à une grande précision scientifique un talent d'écrire qui pût reproduire le charme de l'original. Travaillant sous la direction de M. de Humboldt, aidé par les conseils de tous les savants dont M. de Humboldt s'est fait des admirateurs et des amis, M. Galusky nous a donné une remarquable traduction des *Tableaux de la Nature*. Sa fidélité, l'éclat et l'élégance du style ont justifié le choix de l'illustre savant et mérité ses éloges les plus flatteurs.

L'éditeur a encore ajouté à l'intérêt de l'ouvrage en y joignant des cartes dressées par M. de Humboldt ou sous sa direction, et qui manquent à l'édition allemande.

Dans le premier volume la carte de la Colombie empruntée à l'atlas du grand voyage aux régions équinoxiales permet au lecteur de parcourir des yeux les Llanos de Caracas et de Venezuela en même temps qu'il en lit la description, et de suivre le cours de l'Orénoque que M. de Humboldt a décrit dans le second chapitre. La partie la plus intéressante de l'Orénoque, les cataractes de Maypures ont été reproduites dans une carte spéciale. La carte de l'Asie centrale, publiée par M. de Humboldt en 1843, a été jointe également au premier volume ainsi que celle dans laquelle il retraçait lui-même en 1817 la hauteur relative des points les plus élevés du globe et les limites de la végétation, sous la zone torride, sous la zone tempérée et sous la zone glaciale.

Le second volume contient une carte de l'isthme de Panama qui permet de juger des facilités qu'offrirait pour la communication des deux mers la partie orientale de l'isthme, trop négligée jusqu'ici, et la carte du plateau de Caxamarca, ancienne résidence de l'inca Atahuallpa et voisin du pic de Guangamarca d'où M. de Humboldt put contempler pour la première fois la mer du Sud. Enfin on y a joint une coupe du Vésuve, pour aider à l'intelligence du chapitre intitulé : *de la Structure et du Mode d'action des Volcans.*

En vente chez les mêmes éditeurs :

COSMOS

ESSAI D'UNE

DESCRIPTION PHYSIQUE DU MONDE

PAR

ALEXANDRE DE HUMBOLDT.

TRADUIT

PAR M. FAYE,
membre de l'Institut

ET M. CH. GALUSKY.

3 volumes in-8.

Ce remarquable ouvrage, résumé des immenses travaux de l'auteur, et que lui seul pouvait faire, contient dans le premier volume, après une admirable introduction écrite en français, par M. de Humboldt lui-même, la description du Ciel, de la Terre et un tableau général de la vie organique. Le second volume présente le reflet du monde extérieur dans l'imagination de l'homme, c'est-à-dire l'analyse pour ainsi dire psychologique des émotions que la vue de la nature a causées dans tous les pays et dans tous les temps à ceux qui ont su l'observer et se pénétrer de ses beautés. Mais la nature n'est pas seulement pour l'homme la source de jouissances morales; elle est aussi un problème que son intelligence dévoile peu à peu. Aussi, après avoir cherché la trace du sentiment qu'elle a fait naître chez les poëtes, les peintres et les voyageurs, M. de Humboldt a-t-il fait l'histoire des découvertes successives qui ont permis à l'observateur de généraliser les idées et d'embrasser l'ensemble de l'univers.

Les gens du monde comme les savants liront avec le plus vif intérêt cette œuvre dans laquelle a été résolu le difficile problème de faire parler à la science, sans lui rien faire perdre de sa certitude, le langage brillant de l'imagination.

Chaque volume se vend séparément. Prix..... 10 fr.

DE L'IMPRIMERIE DE CRAPELET, RUE DE VAUGIRARD, 9.

PRINCIPALES PUBLICATIONS

DE

GIDE ET J. BAUDRY

LIBRAIRES-ÉDITEURS

5, Rue des Petits-Augustins

PARIS

NOTA. MM. GIDE ET BAUDRY offrent toutes facilités de payement aux bibliothèques ou autres établissements publics, et à toute personne bien connue.

ARCHITECTURE, ARCHÉOLOGIE, BEAUX-ARTS.

ARCHITECTURE DU Ve AU XVIe SIÈCLE (MOYEN AGE ET RENAISSANCE), et les arts qui en dépendent : *la Sculpture, la Peinture murale, la Peinture sur verre, la Mosaïque, la Ferronnerie, etc.*, publiée d'après les travaux inédits des principaux architectes français et étrangers, par Jules Gailhabaud.—L'ouvrage sera publié en 150 à 200 livraisons qui paraissent régulièrement de quinze jours en quinze jours. Le prix de la livraison, composée de deux gravures et d'une notice, est de.. 1 fr. 75 c.
On a tiré quelques exemplaires de luxe sur papier de Chine, prix de la livraison... 2 fr. 50 c.

MONUMENT DE NINIVE, découvert et décrit par M. P. E. BOTTA, mesuré et dessiné par M. E. FLANDIN ; publié sous la direction d'une commission de l'Institut de France; 5 vol. gr. in-folio contenant 400 planches d'architecture, de sculpture et d'inscriptions..... 1,800 fr.

On vend séparément :

Architecture et Sculpture, 2 vol................... 1,000 fr.
Inscriptions, 2 vol.. 600
Texte, 1 vol... 200

VOYAGE EN PERSE, par MM. E. FLANDIN et COSTE, attachés à l'ambassade de France en Perse, pendant les années 1840 et 1841; publié sous la direction d'une commission de l'Institut de France; 6 vol. in-folio contenant 350 planches..................... 1,400 fr.

On vend séparément :

Architecture et Sculpture, avec le texte archéologique. 1,000 fr.
Vues pittoresques, avec le texte de la relation........... 400

MITHRA (*Recherches sur le Culte public et les Mystères de*) en Orient et en Occident, par M. F. LAJARD, membre de l'Institut ; ouvrage couronné par l'Académie des inscriptions et belles-lettres ; 3 vol. in-4°, accompagnés d'un Atlas in-folio contenant 110 planches. 234 fr.

— 2 —

VÉNUS (*Recherches sur le Culte, les Symboles, les Attributs et les Monuments figurés de*) en Orient et en Occident, par M. F. LAJARD, membre de l'Institut; ouvrage couronné par l'Académie des inscriptions et belles-lettres; 1 vol. in-4°, accompagné d'un Atlas contenant 40 planches.. 96 fr.

ARCHÉOLOGIE DE L'ALGÉRIE, par M. DELAMARE, chef d'escadron d'artillerie, membre de la commission scientifique d'Algérie, publiée sous la direction d'une commission de l'Institut de France; 3 beaux volumes grand in-4° renfermant 200 planches................ 320 fr.

VOYAGE AU POLE SUD ET DANS L'OCÉANIE, par DUMONT-D'URVILLE.

    Album pittoresque, 2 vol. in-folio contenant 200 planches et la relation historique, 10 vol. in-8°... 560 fr.

    Voir aux VOYAGES, *etc., pour les parties scientifiques.*

VOYAGE AUTOUR DU MONDE, par DU PETIT-THOUARS :

    Album pittoresque, 1 vol. in-folio renfermant 72 planches, accompagné de la relation du Voyage, 4 vol. in-8°........................... 180 fr.

    Voir aux VOYAGES, *etc., pour les parties scientifiques.*

LE CAUCASE PITTORESQUE, dessiné d'après nature par le prince Grégoire GAGARINE, avec une introduction et le texte explicatif par le comte Ernest STACKELBERG; un magnifique volume grand in-folio, contenant 80 planches lithographiées par Baron, Cicéri, Leroux, etc.. 400 fr.

VOYAGE AUTOUR DU CAUCASE, par Frédéric DUBOIS DE MONTPÉREUX :

    Atlas pittoresque, in-folio...................... 120 fr.
    Atlas d'architecture............................. 85
    Atlas d'archéologie.............................. 85
    Texte, 6 vol. in-8°................................ 48

    Voir aux VOYAGES, *etc., pour les parties scientifiques.*

VOYAGES PITTORESQUES DANS L'ANCIENNE FRANCE, par MM. le baron TAYLOR, Ch. NODIER et DE CAILLEUX; 30 volumes grand in-folio sur papier vélin, contenant plus de 5000 planches tirées sur papier de Chine, ou avec teintes, et lithographiées par les premiers artistes français et étrangers.

Il a paru 15 volumes, savoir :

Haute-Normandie, 2 vol. — *Auvergne*, 2 vol. — *Franche-Comté*, 1 vol. — *Languedoc*, 4 vol. — *Picardie*, 3 vol. — *Bretagne*, 3 vol.
Le Dauphiné, 2 vol., et *la Champagne*, 3 vol., sont presque terminés.

VOYAGE PITTORESQUE EN ESPAGNE, en Portugal et sur toute la côte d'Afrique, de Tanger à Tétouan, par M. le baron TAYLOR; 3 vol. in-4°, renfermant près de 200 planches.
Prix : format in-4°, papier blanc, 200 fr. — in-4°, papier de Chine, 250 fr. — petit in-folio, avant la lettre, 350 fr.

DE VENISE A CONSTANTINOPLE à travers la Grèce. Voyage pittoresque et archéologique, par M. le vicomte Th. DU MONCEL; 1 vol. grand in-folio contenant 54 planches...... 80 fr.

On vend séparément :

    Athènes pittoresque et monumentale, 14 planches...... 30 fr.
    Excursion d'Athènes à Nauplie par terre, 18 planches.. 30

JOURNAUX.

ARCHIVES DES MISSIONS SCIENTIFIQUES ET LITTÉRAIRES. Choix des rapports, mémoires, etc., envoyés au ministère de l'instruction publique et des cultes, par les voyageurs chargés de missions. Recueil mensuel, accompagné de cartes ou gravures.
Prix de l'abonnement pour une année : Paris, 12 fr. — Départements, 15 fr.

BULLETIN DES COMITÉS HISTORIQUES, *Histoire, Sciences, Lettres, Archéologie, Beaux-Arts*. Recueil mensuel accompagné de planches. — Prix de l'abonnement pour une année : Paris, 9 fr.; départements, 12 fr. — Ce recueil est consacré à l'insertion des mémoires et documents historiques inédits les plus intéressants, communiqués par les correspondants du ministère de l'instruction publique et des cultes. Il contient en outre les actes officiels et les procès-verbaux du comité des monuments écrits de l'histoire de France et du comité des arts et monuments.

ARCHIVES DU MUSÉUM D'HISTOIRE NATURELLE, publiées par les professeurs-administrateurs de cet établissement.
Tomes I à IV, in-4°, renfermant 160 planches gravées, coloriées, ou noires..... 160 fr.
Ce recueil fait suite aux *Annales*, aux *Mémoires* et aux *Nouvelles Annales du Muséum*. Il se publie par volume, divisé en quatre livraisons qui paraissent tous les trois mois.
Prix de l'abonnement : pour chaque volume.................................... 40 fr.

MÉMOIRES DE LA SOCIÉTÉ GÉOLOGIQUE DE FRANCE, XIᵉ série, tome IV. — Ce volume et les volumes suivants seront publiés en deux parties. — Prix de chaque partie...... 15 fr.

VOYAGES ET OUVRAGES SCIENTIFIQUES.

ANNUAIRE DES VOYAGES ET DE LA GÉOGRAPHIE, pour les années 1844 à 1847, par M. Frédéric Lacroix; 4 vol. in-18.. 8 fr.

VOYAGE AU POLE SUD ET DANS L'OCÉANIE, sous le commandement de l'amiral Dumont-d'Urville, exécuté pendant les années 1837, 1838, 1839 et 1840, sur les corvettes *l'Astrolabe* et *la Zélée*; 34 vol. in-8°, accompagnés d'un Atlas de 520 planches in-folio.

Chaque partie se vend séparément :

Atlas pittoresque, 2 vol. in-folio, et Relation historique,
10 vol. in-8°... 500 fr.
Zoologie, 2 vol. in-folio, et 6 vol. in-8° de texte.......... 410
Botanique, 1 vol. in-folio, et 4 vol. in-8° de texte........ 210
Anthropologie, 1 vol. in-folio, et 2 vol. in-8° de texte.... 135
Géologie, 1 vol. in-folio, et 2 vol. de texte............ 50
Hydrographie, 64 cartes hydrographiques et 2 vol. de texte. 150
Physique, 4 vol. in-8° avec planches.................... 24

— Relation du Voyage au Pôle sud et dans l'Océanie, petite édition, 10 vol. in-8°, avec 9 cartes.. 40 fr.

VOYAGE AUTOUR DU MONDE, sous le commandement de l'amiral du Petit-Thouars, pendant les années 1837, 1838 et 1839; 10 vol. gr. in-8°, avec un Atlas composé de 120 planches in-folio et de 20 cartes.

Chaque partie se vend séparément :

Atlas pittoresque, 1 vol. in-fol., et Relation historique, 4 vol. 180 fr.
Zoologie, 1 vol. in-folio, et texte, 1 vol...................... 210
Botanique, 1 vol. in-folio, et texte, 1 vol.................... 80
Physique et Hydrographie, 19 cartes hydrographiques et texte, 5 vol... 95

VOYAGE AUTOUR DU CAUCASE, chez les Tcherkesses et les Abkhases, en Colchide, en Géorgie, en Arménie et en Crimée, par Frédéric Dubois de Montpéreux ; 6 vol. in-8°, avec Atlas grand in-folio de 200 planches.

Chaque Atlas se vend séparément :

L'Atlas de géographie............... 60 fr.
— pittoresque................. 120
— d'architecture....... 85
— d'archéologie.......... 85
— de géologie............... 70
Texte du Voyage, 6 vol. in-8°........ 48

FLORE DE L'ALGÉRIE, par MM. Bory de Saint-Vincent et Durieu de Maison-Neuve, membres de la commission scientifique de l'Algérie ; publiée sous la direction d'une commission de l'institut ; 3 vol. grand in-4°, accompagnés d'un Atlas de 90 planches gravées et coloriées avec le plus grand soin.. 300 fr.

VOYAGE SCIENTIFIQUE DANS L'ALTAI *et sur la frontière occidentale de la Chine*, par M. de Tchihatcheff ; 1 vol. in-4° de texte accompagné de deux Atlas, l'un de 11 planches in-folio : *Géologie, Topographie* et *Orographie* ; l'autre de 30 planches in-4° : *Vues pittoresques et Paléontologie botanique*.. 150 fr.

VOYAGE GÉOLOGIQUE AUX ANTILLES *et aux îles de Ténériffe et de Fogo*, par M. Ch. Sainte-Claire-Deville; 3 vol. grand in-4° accompagnés d'un Atlas d'environ 75 planches. 150 fr.

CATALOGUE DES COLLECTIONS DU MUSÉUM D'HISTOIRE NATURELLE, *Collection entomologique*, par M. MILNE-EDWARDS, professeur, et MM. E. BLANCHARD et LUCAS, aides-naturalistes; 1re livraison.. 5 fr.

Le catalogue des **MAMMIFÈRES** et des **OISEAUX**, par M. Is. GEOFFROY-SAINT-HILAIRE, et celui des **REPTILES**, par M. DUMÉRIL, sont *sous presse*.

GÉOLOGIE (HISTOIRE DES PROGRÈS DE LA), de 1834 à 1845, par M. A. D'ARCHIAC, publiée par la Société géologique de France, sous les auspices de M. le ministre de l'Instruction publique. 3 volumes en cinq parties. Les tomes I à III (quatre parties) sont en vente.. 29 fr.

Ouvrages de M. le baron Al. de Humboldt.

COSMOS, description physique du monde, traduit en français et revu par l'auteur ; trois forts volumes in-8°. Prix de chaque volume.. 10 fr.

TABLEAUX DE LA NATURE, édition nouvelle, avec changements et additions importantes et accompagnée de notes, par M. A. DE HUMBOLDT, traduite *sous sa direction* par Ch. GALUSKY. 2 vol. in-12 *avec cartes*.. 9 fr.

ASIE CENTRALE, recherches sur les Chaînes de montagnes et la Climatologie comparée; 3 vol. in-8° avec une carte.. 30 fr.

VOYAGE AUX RÉGIONS ÉQUINOXIALES DU NOUVEAU CONTINENT, par MM. Al. DE HUMBOLDT et BONPLAND; relation historique, 13 vol. in-8°.............................. 90 fr.

MONUMENTS DES PEUPLES INDIGÈNES DE L'AMÉRIQUE, 2 vol. in-8° accompagnés de 19 planches, la plupart coloriées, représentant des Monuments, des Sculptures, des Tableaux historiques, des Hiéroglyphes, etc... 24 fr.

EXAMEN CRITIQUE DE L'HISTOIRE ET DE LA GÉOGRAPHIE DU NOUVEAU CONTINENT, *et des Progrès de l'Astronomie nautique, aux* xve *et* xvie *siècles.* 5 vol. in-8° accompagnés de 4 cartes dont 3 coloriées... 35 fr.

VOYAGE AUX RÉGIONS ÉQUINOXIALES DU NOUVEAU CONTINENT, *Relation de ce Voyage*, grande édition, — *Atlas géographique et physique*, — *Graminées*, — *Mélastomes et Rhexies*, — *Mimoses*, — *Nova Genera plantarum*, — *Vues des Cordillères*, — *Plantes équinoxiales.* Chaque ouvrage se vend séparément.

ESSAI POLITIQUE SUR L'ILE DE CUBA, 2 vol. in-8° avec une grande carte et un Supplément qui renferme des considérations sur la population, la richesse territoriale et le commerce de l'Archipel des Antilles et de Colombia... 17 fr.

LITTÉRATURE, HISTOIRE, ETC.

SAHARA ALGÉRIEN (Expédition du général Cavaignac en avril et mai 1847). Relation du Voyage, exploration scientifique, etc., par M. le docteur Félix JACQUOT. 1 vol. grand in-8°, accompagné de 5 planches et d'une carte... 14 fr.

FAC-SIMILE D'UN PAPYRUS ÉGYPTIEN, en caractères hiératiques, trouvé à Thèbes, publié par E. PRISSE D'AVESNES, 1 vol. in-folio...................................... 30 fr.

ESQUISSES POLITIQUES ET LITTÉRAIRES, par M. le comte OUVAROFF, ministre de l'Instruction publique en Russie, avec un essai biographique et critique, par M. LÉOUZON-LEDUC, t vol. in-8°.. 7 fr. 50 c.

HISTOIRE LITTÉRAIRE DU NORD, par M. LÉOUZON-LEDUC, première partie, poésie, TEGNER. 1 vol. grand in-8° orné d'un portrait... 8 fr.

Publications sous presse :

ATLAS STATISTIQUE ET INDUSTRIEL DE LA FRANCE.

ANNUAIRE DES EAUX DE LA FRANCE, pour 1851, publié sous les auspices de M. le ministre de l'Instruction publique, par une commission spéciale. 1 vol. in-4° d'environ 500 pages.

VOYAGE DANS L'ASIE MINEURE, par M. P. DE TCHIHATCHEFF.

EXPLORATION DU GUATEMALA ET D'UNE PARTIE DE L'AMÉRIQUE DU SUD, par M. Arthur MORELET.

DE L'IMPRIMERIE DE CRAPELET, RUE DE VAUGIRARD, 9.

VOYAGE
EN PERSE

— PARIS. —
IMPRIMÉ PAR J. CLAYE ET Cⁱᵉ,
RUE SAINT-BENOIT, 7.

VOYAGE
EN PERSE

DE MM.

EUGÈNE FLANDIN, PEINTRE, ET PASCAL COSTE, ARCHITECTE

ATTACHÉS A L'AMBASSADE DE FRANCE EN PERSE

PENDANT LES ANNÉES 1840 ET 1841

ENTREPRIS

PAR ORDRE DE M. LE MINISTRE DES AFFAIRES ÉTRANGÈRES

D'après les instructions dressées par l'Institut

PUBLIÉ

SOUS LES AUSPICES DE M. LE MINISTRE DE L'INTÉRIEUR

TOME I

RELATION DU VOYAGE

PAR

M. EUGÈNE FLANDIN

PARIS

GIDE ET JULES BAUDRY, ÉDITEURS

RUE DES PETITS-AUGUSTINS, 5

—

MDCCCLI

AVANT-PROPOS

Longtemps avant que la politique eût porté ses vues sur la Perse, la propagande religieuse avait fixé sur elle son attention. Les premiers qui allèrent dans ce royaume, et y firent connaître l'Europe, furent des missionnaires français. A leur exemple, quelques moines portugais et italiens s'y aventurèrent. Ces diverses missions séjournèrent à Ispahan, sous le règne des Sophis. Favorablement accueillis par Châh-Abbas d'abord, puis soutenus par ses successeurs, elles y vécurent plusieurs années, protégées et même considérées. Parmi les religieux qui espérèrent vainement convertir au christianisme les Persans, que le fanatisme d'un schisme nouveau exaltait plus encore que n'avait fait l'orthodoxie mahométane, figurèrent des jésuites, des capucins et des dominicains. Mais rebutés par le peu de succès qu'ils obtinrent, effrayés par la conquête du farouche Mahmoud Affghân qui s'était emparé du trône des Sophis, ils abandonnèrent leur œuvre et quittèrent la Perse, vers la fin du xviie siècle.

Plus tard, à de longs intervalles, le souvenir de ce grand pays se réveilla dans l'esprit des personnages politiques ou des savants de l'Europe. De tous les hommes d'État qui portèrent leurs yeux sur la Perse, l'empereur Napoléon fut celui qui les y fixa le plus sérieusement. Il voulait la rattacher à un plan qu'il avait conçu, plan gigantesque comme tout ce qu'il entreprenait. Il ne s'agissait de rien moins que de persuader au châh qu'il était de son intérêt de faire alliance avec la France et d'attaquer la Grande-Bretagne dans ses possessions de l'Inde. Si cette idée n'avait pas été suggérée à l'ennemi si redouté de l'Angleterre, par le Châh lui-même qui avait à se défendre contre cette puissance, il faut dire que le prince qui régnait alors sur la Perse l'avait provoquée par une demande de secours adressée à Napoléon, dans le cours de l'année 1805. Ce fut vers cette époque que, désireux de connaître les ressources de ce pays, et ce qu'il avait à en attendre comme puissance militaire, l'Empereur y envoya M. Jaubert pour y prendre tous les renseignements qui pouvaient le mettre à même d'apprécier l'importance d'une alliance avec Feth-Ali-Châh. L'Empereur, pensant que les gouvernements de Pétersbourg et de Londres avaient les yeux ouverts sur les moindres démarches de ses agents de ce côté, jugea prudent d'envoyer simultanément un second messager à Téhéran. Le général Romieu partit donc aussi pour cette destination. Il y était à peine arrivé, qu'il périt mystérieusement sans que depuis on ait jamais su la vraie cause de sa mort. (1)

En inquiétant les possessions de la Compagnie des Indes, auxquelles la révolution française avait permis d'atteindre un grand degré de prospérité par l'anéantissement de la marine de France, Napoléon espérait faire une diversion qui aiderait à l'accomplissement de ses grands projets. Les renseignements qui étaient parvenus lui ayant paru de nature à lui permettre de compter sur l'appui de la Perse, il se décida à y envoyer, en qualité de ministre plénipotentiaire, le général Gardanne dont un des ancêtres (2) avait représenté autrefois la France dans ce même pays. Le général se rendit, en 1807, auprès de Feth-Ali-Châh, alors sur le trône de Perse, avec la mission de faire ressortir à ses yeux tous les avantages qui pourraient résulter, pour lui et l'agrandissement de ses États, de l'alliance que lui offrait le souverain qui remplissait alors le monde de sa gloire, et de l'exécution des projets dont il lui transmettait le plan. Cet ambassadeur, très-bien accueilli d'abord à la cour de Téhéran, ne tarda pas à y rencontrer de grandes résistances. Il vit arriver bientôt un antagoniste redoutable

¹ Voir les notes à la fin du volume.

dans la personne de sir John Malcolm, envoyé par le gouvernement anglais pour contrecarrer ses démarches. La lutte ne fut pas de longue durée. Soit que M. Gardanne fût moins persuasif que M. Malcolm, soit que les moyens employés par ce dernier eussent plus de valeur aux yeux des Persans que ceux moins *sonores* (3) mis en œuvre par le général, il arriva que celui-ci échoua presque complétement dans sa mission. Les Anglais restèrent maîtres du terrain.

Ce résultat n'a rien qui doive étonner. La forte position que les Anglais avaient prise dans l'Inde, leur voisinage de la Perse, leur marine qui pouvait inquiéter les côtes du royaume dans le golfe Persique et s'emparer, presque sans coup férir, de plusieurs points du littoral, leur donnaient nécessairement dans les relations diplomatiques avec ce pays une prépondérance contre laquelle la France ne pouvait lutter avec avantage. Malgré ses victoires récentes d'Austerlitz et d'Iéna, les Persans comprenaient très-bien qu'ils avaient tout à redouter de leurs dangereux voisins, sans avoir rien à espérer de la France trop éloignée pour leur prêter le moindre secours.

Depuis l'année 1809, que les derniers attachés à la mission de M. le général Gardanne avaient quitté la Perse, aucun diplomate français n'avait été dirigé vers ce pays. Trente ans s'étaient écoulés sans qu'aucune relation diplomatique eût été renouée entre la France et la Perse. Cependant les intérêts de la politique européenne en Orient avaient grandi pendant ce laps de temps. La longue paix dont l'Europe avait joui avait laissé aux Russes et aux Anglais le loisir de gagner du terrain aux deux extrémités de l'Asie. Au nord, la Russie avait fait des progrès considérables. Les défilés de la Circassie, défendus pied à pied par ses héroïques guerriers, avaient été forcés. L'aigle russe avait pris son vol des cimes les plus élevées du Caucase et était venue s'abattre sur les plaines de la Géorgie. — Dans l'est, l'Angleterre avait marché à pas de géant. Elle s'était avancée jusqu'au delà de l'Hymalaïa, d'où elle menaçait le Pendjâb, que la mort de Rundjet-Sing devait faire tomber dans ses mains, et l'Affghanistân où elle entretenait des intrigues qui, en favorisant tour à tour les ambitions des divers princes de ce pays, devaient y entretenir la guerre civile à l'aide de laquelle elle espérait en devenir maîtresse, dans un espace de temps qu'elle calculait avec une sorte de précision machiavélique.

Depuis longtemps la France jouissait d'une grande prospérité. Son gouvernement se raffermissait de jour en jour à l'intérieur. La vue de ses hommes d'État pouvait, avec plus de liberté, s'étendre au loin. Son pavillon, honorablement promené sur toutes les mers, avait été successivement arboré sur tous les rivages où les intérêts du commerce appelaient de nouveaux établissements. La Perse seule était restée en dehors du cercle sur tous les points duquel la France se trouvait représentée. Cependant ce vaste pays, peu producteur, exploité presque exclusivement par les Anglais, pouvait offrir des débouchés nouveaux à l'industrie française; il était donc désirable de lui ouvrir les portes de ses bazars. Mais, pour cela, il était indispensable de reprendre avec le gouvernement de la Perse les relations au point où elles étaient restées; il fallait faire un traité dont les bases devaient être dignes de la France, et par lequel on assurerait les droits de ses nationaux qui viendraient s'établir et trafiquer en Perse. En un mot, la France avait à prendre pied dans un pays où elle était demeurée trop longtemps en oubli.

Pour atteindre ce but, il était nécessaire d'envoyer au Châh un ambassadeur chargé de lui demander la faveur d'entretenir avec son gouvernement des relations diplomatiques nouvelles, dont le premier acte devait être de réclamer, pour les Français qui formeraient des établissements dans son royaume, des droits égaux à ceux dont jouissaient les sujets des nations les plus favorisées.

Indépendamment des raisons déterminantes que le gouvernement français trouvait dans ces questions politiques et commerciales, il en était d'autres qui tenaient à plusieurs circonstances du moment, paraissant favorables. L'une d'elles était le différend qui, à la suite, ou plutôt à cause du siége d'Herat, s'était élevé entre le Châh et le

AVANT-PROPOS.

résident anglais. Ce dernier avait cru devoir se retirer avec sa suite à Erzeroum, et toutes les relations diplomatiques étaient interrompues entre la Perse et la Grande-Bretagne. Les intrigues qui avaient eu lieu en 1808 pour faire avorter toutes les entreprises du général Gardanne étaient encore présentes à l'esprit. Il était politique de chercher à renouer les relations dans un moment où l'on savait ne trouver à la cour du Châh qu'un seul adversaire, s'il en devait être un, M. le ministre de Russie.

Une autre circonstance déterminante avait été l'arrivée à Paris d'un des plus hauts personnages de la Perse. *Hussein-Khán* avait été envoyé, par *Mehemet-Châh*, auprès du roi Louis-Philippe, pour lui demander quelques instructeurs destinés à faire l'éducation des troupes persanes. La confiance témoignée par cette démarche était un encouragement naturel à l'envoi de la mission projetée.

On conçoit, par l'objet de cette ambassade, qu'elle était tout exceptionnelle ou extraordinaire, pour parler le langage diplomatique. D'après cela, la composition de son personnel devait l'être également. On n'avait pas de notions exactes sur la Perse. On était presque au même point que l'empereur Napoléon, en 1805, sur l'état général de ce pays. Depuis cette époque, il avait subi des changements notables qui rendaient insuffisants, après trente-cinq années, les documents existants. On avait besoin de connaître son système gouvernemental actuel, sa population, ses ressources militaires, ses arts, son état moral, toutes choses qu'il importait au gouvernement français de savoir pour remplir le but qu'il se proposait.

Ces connaissances acquéraient une grande importance par la position de ce royaume resté seul indépendant au milieu du cercle toujours de plus en plus resserré que circonscrivaient autour de lui les deux grandes puissances dont les envahissements allaient toujours croissant.

Il est dans l'avenir de la Perse, où, parties des deux extrémités de l'Asie, la Russie et l'Angleterre tendent de plus en plus à se rencontrer, d'être l'échiquier sur lequel l'une et l'autre joueront la partie dont l'enjeu doit être inévitablement la possession complète de cette partie du monde.

Les notions que ces graves questions nécessitaient étaient variées. Il fallait, pour les approfondir, composer l'ambassade de personnes dont les attributions et les connaissances fussent spéciales. C'est ce à quoi on chercha à arriver en la constituant telle qu'elle partit.

M. Ed. de Sercey fut nommé ministre plénipotentiaire ; on lui donna pour secrétaires MM. de La Valette, d'Archiac, Gerard et de Chazelles. Chacun de ces messieurs devait recueillir des documents sur une branche désignée des connaissances demandées. M. Desgranges, qui avait, pendant plusieurs années, rempli les fonctions de premier drogman à l'ambassade de France à Constantinople, y fut adjoint. Il apportait le tribut de son expérience des mœurs et coutumes de l'Orient. Deux officiers avaient été ajoutés à cette liste, MM. de Beaufort, capitaine d'état-major, et Daru, capitaine de cavalerie. Chacun d'eux, selon sa spécialité, devait faire des rapports concernant les places de guerre, leurs moyens de défense, la constitution de l'armée, son armement et la cavalerie persane, qui ne laissait pas d'avoir une certaine réputation. M. le docteur Lachèze et M. Kazimirski-Biberstein furent désignés, le premier comme médecin, le second en qualité d'interprète pour le persan.

Afin de compléter le personnel dont se composait la suite de M. de Sercey on y adjoignit deux autres personnes avec une mission toute particulière : MM. P. Coste, architecte, et Eugène Flandin, peintre, dont les attributions devaient s'exercer dans le cercle de leurs connaissances pratiques. C'est ainsi composée que cette ambassade quitta Paris (4).

PRÉFACE

Adjoints à l'ambassade qui se rendait en Perse, après avoir obtenu cette position du suffrage bienveillant de l'Académie des Beaux-Arts (5), nous partîmes animés du désir de répondre à la confiance dont nous étions honorés. Nous ne nous faisions aucune illusion sur les difficultés que nous aurions à vaincre. Les obstacles que pouvait nous présenter le voyage en lui-même n'étaient rien ; mais, appelés à recommencer et à compléter des recherches archéologiques sur le sol antique d'*Ecbatane*, de *Persépolis* et de *Babylone*, quoique nous fussions soutenus par l'ambition de faire mieux que nos devanciers, nous ne pouvions nous dissimuler combien notre mission était difficile.

En effet, quelle que soit, en souvenirs et en monuments des temps anciens, la richesse de la mine que présente le vieux monde asiatique, ce n'en était pas moins une entreprise quelque peu hardie que de l'explorer pour y rassembler les matériaux d'un travail neuf.

Depuis tant d'années déjà que la diplomatie anglaise et les armées de la Compagnie des Indes ont ouvert les portes de l'Asie centrale aux voyageurs, aux archéologues, comment oser marcher, après eux, dans les sentiers qu'ils ont battus? les *Burnes*, *Morier*, *Kinneir*, *Ouseley* et *Ker-Porter* n'avaient-ils pas pu dire le dernier mot sur cette terre classique de la monarchie, de la civilisation et des arts de toute espèce ? Et si l'on met à côté de ces noms ceux plus recommandables encore, puisqu'ils ont été leurs guides, de *Corneille Bruyn*, de *Niebuhr*, *Pietro della Valle*, *Chardin*, avec quelle défiance ne serait-il pas permis d'envisager l'apparition d'un ouvrage dont les auteurs se sont proposé à peu près le même but que leurs devanciers?

Néanmoins, et quel que soit le respect qu'il professe pour les noms que nous avons mentionnés, l'Institut de France a cru qu'il pouvait rester quelque chose à faire pour]des voyageurs consciencieux et zélés. Il a pensé que leurs prédécesseurs pourraient bien avoir incomplétement étudié certaines parties de l'archéologie persane. Il n'y a point, en effet, de moisson si bien faite que l'on n'y trouve à glaner. En conséquence, nous reçûmes la mission d'explorer la Perse en tous sens. Nous devions y recueillir les moindres renseignements qui présenteraient un intérêt relatif à la philologie et à l'histoire. Nous devions surtout nous attacher à l'étude des monuments et de la civilisation ancienne et moderne de ce peuple qui, sous le nom de *Mède*, de *Parthe* ou de *Perse*, avait successivement parcouru des phases qui avaient eu des influences si diverses sur ses mœurs et ses arts.

Les révolutions qui s'étaient succédé sur ce territoire qu'on appelle aujourd'hui la Perse, ont fait subir aux monuments de ce pays, des transformations si remarquables et si distinctes, que chacune d'elles peut être considérée comme la date d'une ère nouvelle, comme l'époque d'une régénération.

La nation perse, comme toutes celles qui ont joué un grand rôle dans le monde, a été tour à tour conquérante et conquise, victorieuse ou asservie. Les périodes d'asservissement ne sont pas celles pendant lesquelles la civilisation d'un peuple enfante et progresse. Aussi ne voit-on pas chez celui dont nous parlons, de monuments appartenant aux époques d'esclavage ou de transition. Tous ceux dont on trouve des restes imposants, ou qui, encore debout, ont de grandes ombres sous le soleil, sont autant de jalons qui permettent de remonter le cours de l'histoire héroïque et glorieuse de la Perse. C'est ainsi que, sans rien retrouver du temps des vainqueurs de la Macédoine, non plus que des premiers sultans musulmans et des khans de la Tartarie, on y voit, resplendissantes encore au milieu des ruines dispersées à leur base, les colonnes de *Persépolis*, les gigantesques bas-reliefs dont les *Sassanides* ont orné les rochers du *Fars*, ou les magnifiques coupoles azurées des temples élevés, au cri d'Ali, par les souverains *Sophis*.

C'était les restes archéologiques appartenant aux âges reculés de la Perse, aussi bien que les monuments de la civilisation musulmane de ce pays, que nous avions reçu la mission d'étudier de nouveau et de réunir dans un recueil complet. Nous ne nous dissimulions aucunement le péril auquel ce long et difficile travail nous exposait, celui d'une analyse sévère et d'une comparaison avec des œuvres qui faisaient depuis longtemps loi dans la science.

Pour la partie philologique, le Danois *Niebuhr* avait fourni une collection de travaux estimés, à juste titre, pour leur exactitude et le jour qu'ils avaient apporté les premiers sur l'existence et la nature des textes gravés en caractères cunéiformes sur les monuments antiques de la *Babylonie*, de la *Médie* et de la *Perse*.

En architecture ou en sculpture, on avait les planches de deux voyageurs français, *Chardin* et *Thévenot*. Mais, il faut le dire, ces dessins, mal exécutés sur place, mal rendus par la gravure, ne fournissent que des documents incorrects. Ils laissaient trop à désirer pour qu'il fût possible d'établir, d'après eux, quelque chose de certain relativement à l'art perse, soit avant, soit après Alexandre.

A côté de ces ouvrages imparfaits était venu se placer récemment, avec un avantage très-remarquable et très-mérité, celui de sir *Robert Ker-Porter*. La supériorité de la publication de ses travaux était due à la vérité, à la simplicité et au talent de leur exécution. Son apparition renversa la réputation de tous les autres dont les textes peuvent être encore quelquefois consultés, mais dont les planches restaient sans valeur à côté de celles du voyageur anglais. Celui-ci devint et resta l'oracle des archéologues, principalement en ce qui concerne l'architecture et la sculpture. Son œuvre se présentait donc comme une difficulté de plus à vaincre, aux voyageurs qui entreprendraient de suivre ses traces en essayant de mieux faire.

Quant à ce qui touchait à l'époque moderne, aux mœurs et à la physionomie actuelle de la Perse, beaucoup d'écrivains de mérite avaient, avec autant d'esprit que de talent, raconté les fastes de son histoire, dépeint ses usages et retracé ses monuments et ses arts. A la tête de ces voyageurs d'élite nous mettrons *Chardin*, qui visita la Perse au temps de la splendeur des Sophis. Après lui, dans des temps plus rapprochés de nous, aux dernières années de gloire de cet empire déchu, les écrivains anglais, *Malcolm*, *Ouseley*, *Morier*, avaient donné, sur l'histoire et les coutumes de ce pays, des relations pleines d'intérêt.

Après tant d'explorateurs qui avaient parcouru la Perse, qui avaient dû apporter dans leurs courses un esprit investigateur et sans doute ingénieux à découvrir autant qu'à raconter, était-il prudent aux mandataires de l'Institut de revoir les mêmes lieux, d'étudier les mêmes monuments, le même peuple, et de refaire les mêmes travaux?

Cependant, il faut le dire, tous ces écrivains n'avaient vu et étudié sur place que comme le font des voyageurs qui explorent pour leur satisfaction personnelle, dont le temps et la bourse durent être économisés. N'observant que par goût et pour leur propre compte, n'étudiant que pour eux, ils n'ont sans doute pas apporté dans leurs investigations cette minutie de recherches, cette patience qui demandent beaucoup de temps, ou cette conscience qu'impose un devoir à remplir; l'archéologue lui-même ne fera que des études médiocrement fructueuses, s'il n'y apporte ces spécialités qui permettent de comprendre ou d'interpréter les moindres détails d'un temple ou d'un palais, d'un bas-relief ou d'une mosquée.

Nous croyons être dans le vrai, en disant qu'il n'est donné qu'aux explorateurs qui ont reçu une mission de leur gouvernement, qui sont investis de la confiance d'un corps académique, qu'il n'appartient qu'à ceux-là de satisfaire aux exigences d'un programme sévère, étendu, et devant servir de base à une œuvre dans laquelle se résument toutes celles qui ont précédé. De même, n'appartient-il qu'à un gouvernement de donner à ceux qu'il charge d'une mission étendue, sans limite pour la durée ou pour les frais de l'entreprise, tous les moyens et tout le temps de la mener à fin. On peut dire qu'il n'y a que les gouvernements qui fassent aujourd'hui de grandes choses. Les particuliers en font d'utiles, certainement; par leurs efforts réunis, ils parviennent à rendre de grands services, mais les États seuls peuvent tracer des plans aux grandes entreprises, les conduire à terme, et léguer à la postérité des œuvres destinées à faire faire de grands pas à la science ou aux arts.

Il faut le reconnaître, et ce sera justice de le dire ici, le gouvernement de la France, à toutes les époques, a encouragé les missions scientiliques, a fourni à des voyageurs dévoués les moyens d'entreprendre et d'achever, par des publications importantes, des travaux aussi honorables pour le pays qu'utiles pour la science. Le grand ouvrage sur l'Égypte a consacré les noms de *Monge*, de *Denon* ou du général *Bonaparte* qui aida de tout son pouvoir les recherches des savants qui escortaient ses soldats pendant les loisirs que leur laissait la victoire. Après eux, *Champollion*, mandataire de l'Institut et du gouvernement français, a trouvé, dans cet appui généreux, les moyens d'écrire, sur les tablettes hiéroglyphiques du même pays, son nom en caractères que l'Europe connaît et n'oubliera jamais.

À côté de ces œuvres remarquables, qui ont acquis à leurs auteurs et à la France tant de titres à l'admiration du monde savant, nous pourrions citer les ouvrages sur la Morée, sur l'Asie Mineure ou sur l'Algérie, pour lesquels la reconnaissance des savants ne doit pas remonter plus à leurs auteurs qu'au gouvernement éclairé et libéral qui a su, avec tant d'à-propos, distribuer les fonds du budget de l'État.

Ce que le gouvernement français avait fait pour l'Égypte et pour la Grèce, il a voulu le faire pour la Perse. Il a compris que l'histoire monumentale de ce pays était le complément de celle des deux autres. Il a senti qu'il y avait une lacune à combler dans l'histoire de l'art, et que cette lacune était due à l'imperfection des connaissances relatives à l'art et à la civilisation des Perses. Ce fut dans le but de ne rien laisser à désirer sous ce rapport, que les auteurs de cette publication reçurent la mission d'explorer complétement les diverses provinces de la Perse. Ils ne pouvaient borner leur séjour dans ce pays, à la durée d'une ambassade extraordinaire qui ne fit que passer. Pleins de zèle et de dévouement pour l'entreprise qui leur était confiée, ils saluèrent, à la fin de mai 1840, le départ de leurs compatriotes, et restèrent seuls en Perse. Ils ne tardèrent pas à s'enfoncer dans les régions les moins explorées. Afin de ne rien omettre, ils décrivirent, dans leurs courses toujours dirigées vers un but de découverte, un réseau de lignes obliques qui se croisaient, et qui ne permirent à aucune localité intéressante d'échapper à leurs investigations.

Les marches et contre-marches des deux voyageurs offrirent à leurs études dans l'Ouest et jusque sur le territoire de Bagdad, les villes d'*Hamadán*, réputée l'antique *Ecbatane*, de *Kingavar*, qui passe pour l'ancienne *Konkabar*, les bas-reliefs et les inscriptions de *Bi-Sutoun*, et *Kermáncháh*, les fameuses grottes de *Tágh-i-Bostán*. Plus loin, passant la frontière persane, et descendant les versants occidentaux des monts *Zagros*, ils s'avancèrent jusqu'à *Holván*, et retracèrent les antiques monuments de *Serpoul*, *Takht-i-Ghero* et *Dukan-Daoud*. Le moment n'était pas venu pour eux d'aller à Bagdad, et de visiter les déserts de la *Babylonie*. Ils restèrent en Perse, et, s'avançant vers le sud-est, ils parcoururent une région presque inconnue des voyageurs, et qui ne se trouve désignée sur aucune carte. Ils suivirent les vallées qui s'étendent au pied des montagnes du *Loristán*, ils passèrent à *Boroudjerd* et à *Nehavend*, célèbre par la bataille qui décida de la religion de *Zoroastre* vaincue par le *Korán*.

Après avoir réparé, à Ispahan, leurs forces que des chaleurs accablantes avaient épuisées, ils descendirent vers les provinces du Sud. *Persépolis* devait les arrêter. Le palais de *Djemchid*, comme l'appellent aujourd'hui les Persans, et tout le territoire environnant leur offraient trop de monuments et de vestiges intéressants à étudier pour qu'ils ne s'y arrêtassent pas longtemps. Aussi leur tente fut-elle dressée au milieu des ruines, et, après s'être partagé le travail, tous deux à l'œuvre, ils restèrent deux grands mois exclusivement occupés à fouiller, rechercher, étudier tout ce que cette terre jonchée de débris antiques pouvait offrir à leurs observations. Leur moisson, sur cette localité, fut la collection complète de tous les détails d'architecture, de sculpture ou d'inscriptions existant à *Takht-i-Djemchid*, *Istakhr*, *Nákch-i-Roustám*, *Nákch-i-Redjáb* et *Cheik-Ali*.

Encouragés par ce butin, ils continuèrent leur route vers le sud. Ils visitèrent d'abord quelques antiquités dans le voisinage de *Chiraz*. A *Chápour*, ils s'arrêtèrent étonnés de la hardiesse et du grandiose des tableaux sculptés sur les sombres rocs qui resserrent entre eux les eaux du torrent qui a conservé le nom du héros Sassanide. Les bas-reliefs et les ruines éparses de la ville de *Chápour* leur offrirent une fructueuse moisson. Les deux époques remarquables de l'art persan, celle des *Archemenides* et celle des *Sassanides*, éloignées l'une de l'autre, séparées par plusieurs siècles d'asservissement, se trouvaient ainsi interprétées sur le papier, avec les nuances distinctives de leur caractère respectif, du génie artistique qui avait présidé à leur exécution.

D'autres études encore contribuèrent à augmenter le nombre des documents intéressants qui devaient faire apprécier une antiquité plutôt soupçonnée que réellement connue. Ils en trouvèrent les sujets sur les rivages du golfe Persique, à *Firouzabad*, à *Fessa* et *Darábgherd*. C'est dans cette partie de leur voyage, surtout, qu'ils découvrirent des monuments qui, s'ils n'étaient pas tous entièrement inconnus, étaient retracés pour la première fois. Ces antiquités avaient bien été entrevues par quelques voyageurs, mais elles n'avaient été recueillies d'une manière utile par aucun d'eux.

De là, remontant vers le nord, et traversant successivement les territoires de *Teherán*, de *Tabriz* et d'*Ourmyah* où se trouvait le rocher sculpté de *Selmas*, ils pénétrèrent au cœur du pays des Kurdes. Ils passèrent à *Soaukboulak*, et, franchissant la frontière de Perse à *Banáh*, ils descendirent dans les plaines du Tigre par *Solimanyèh*, et atteignirent *Bagdad*. Là de nouvelles ruines les attendaient. C'était *Ctesiphon* avec son palais de *Nouchirván*, au bord du Tigre. Sur la rive éloignée de l'Euphrate, c'était *Babylone*, et *Helláh*, la ville éteinte, la capitale civilisée de la Babylonie et la ville arabe élevée, malgré les préjugés orientaux, sur les ruines et avec les débris de la cité morte.

De *Babylone*, le désir de voir, de connaître encore quelques-uns des mystères de l'antiquité réservés aux explorateurs studieux et ardents à la recherche, les conduisit à *Mossoul*, sur le territoire de *Ninive*. Mais le temps n'était pas encore venu de fouiller cette terre pour lui arracher son secret et son trésor. L'heure n'avait pas sonné où l'archéologue devait mettre un terme à l'accomplissement de la prophétie qui avait voué la grande pécheresse assyrienne à un oubli éternel (6).

Après deux années et demie de courses, de recherches, de fatigues et de dangers, les deux voyageurs rentrèrent en France. Chargés de butin, pliant sous le poids de cartons encore tout couverts de la poussière du désert, ils vinrent soumettre leurs travaux à l'appréciation éclairée de l'Académie des Inscriptions et de celle des Beaux-Arts.

L'État, qui avait subvenu si libéralement aux frais de ce long voyage, avant de lui donner la suite complémentaire qui devait le rendre profitable à la science et aux arts, voulait avoir l'assentiment de ces deux Académies. Une commission examina tous les matériaux qui avaient été recueillis, et elle fit un rapport (7) dont la conclusion était le désir de voir exécuter leur publication, dans l'intérêt de la science. M. Duchâtel, ministre de l'intérieur, crut devoir obtempérer au vœu exprimé par la commission académique; il fournit, aux frais de l'État, les moyens de publier tous ces travaux, et de leur donner ainsi la suite dont ils avaient été jugés dignes.

Les auteurs espèrent que leur ouvrage sera accueilli du public avec une bienveillance égale à celle des hommes spéciaux qui lui ont donné leur approbation. Ils désirent que l'on y reconnaisse la preuve d'un sentiment d'orgueil national qu'ils ont cherché à satisfaire en faisant tous leurs efforts pour que le premier rang soit et demeure assigné à leur œuvre entreprise et terminée sous le patronage du gouvernement français.

VOYAGE EN PERSE

CHAPITRE PREMIER.

Départ de Toulon. — Relâches à Palerme, Messine, Agosta, Milo, Athènes. — Visite au roi Othon. — Dardanelles. — Arrivée à Constantinople. — *La Belle-Poule* et le prince de Joinville. — Visite au sultan Abdoul-Medjid. — Départ de Constantinople. — Le Bosphore. — La Mer Noire. — Relâche à Sinope. — Arrivée à Trébizonde.

Le jour du départ approchait. Le bâtiment qui devait porter tous les membres de l'ambassade attendait à Toulon. Il fallut s'y rendre sans retard. C'était le point de ralliement où chacun de nous devait se trouver à l'heure de l'embarquement.

Le *Véloce* était le navire à vapeur désigné pour nous porter à Constantinople. Bien que ce bâtiment fût d'une très-grande dimension, comme il était disposé pour la guerre, son aménagement n'était, en aucune façon, propre à recevoir des passagers. Ce ne fut pas sans peine que son commandant, M. Beichameil, résolut le problème de loger le nombreux personnel de l'ambassade. Pour qui connaît le peu d'espace qui se trouve à bord d'un bateau à vapeur, dans l'étroit carré compris entre celui des officiers du bord et la chaudière, il sera facile de comprendre à combien de difficultés donnaient lieu les combinaisons à faire pour improviser là de petites chambres, et y loger une quinzaine de personnes. Ces préparatifs exigèrent quelques jours pendant lesquels nous restâmes à Toulon, très-impatients de partir.

Enfin, le 30 octobre, à cinq heures du soir, plusieurs canots quittèrent le quai, se dirigeant sur *le Véloce.*

Tous les membres de l'ambassade s'y trouvèrent bientôt réunis sur le pont. Ils regardaient déjà du côté de l'Orient et disaient gaîment adieu à la côte de France, peu soucieux encore de l'avenir qui devait apporter tant de fatigues et de peines.

Trois ou quatre seulement parmi nous avaient eu des relations ensemble ; les autres étaient tout à fait inconnus de leurs compagnons de voyage. Nous allions tous partir et vivre en commun pendant bien des mois ; comme il arrive en pareille circonstance et entre jeunes gens, la glace fut bientôt rompue.

Le temps s'était, depuis le matin, préparé à nous mal recevoir en haute mer. A peine avions-nous dépassé la grande rade, que nous l'éprouvâmes. Les moins solides s'empressèrent d'entrer dans leur chambre, si l'on peut appeler ainsi les six pieds cubes sans air ni lumière dans lesquels on nous avait entassés par quatre. Il y en eut pour jusqu'au lendemain à renoncer au plaisir de se retrouver sur le pont.

Le jour suivant la mer était très-houleuse. Nous étions arrivés à la hauteur du cap Corse, et nous longeâmes pendant toute cette journée la côte de l'île dont on apercevait, à une petite distance, les montagnes couvertes de neige. Les vents nous contrarièrent pendant plusieurs jours, et notre espérance de voir la Sicile vers la fin du quatrième se brisa contre les vagues énormes qui nous repoussaient loin d'elle.

Cependant, le 5 novembre au matin, à travers les éclairs d'un orage qui enveloppait la mer entière, nous commençâmes à distinguer la terre. Le cap Vito ne tarda pas à être reconnu. Nous doublâmes successivement plusieurs autres caps sans que l'orage cessât. Les heures s'écoulaient, et nous commencions à craindre de voir les ténèbres de la nuit succéder au jour blafard des éclairs, lorsque le cap San-Gallo vint enfin couronner les efforts du *Véloce*, en nous promettant Palerme, dont il protégeait la rade. Quelques nœuds encore et nous jetions l'ancre dans le port. Nous y restâmes deux jours. C'était peu pour la capitale de la Sicile, pour voir ses magnifiques monuments, sa belle cathédrale et ses palais, mais ce fut assez pour savoir que Palerme est la digne rivale de Naples, et peut-être le plus beau fleuron de la couronne des Deux-Siciles.

Le 7, nous quittâmes cette ville pour aller à Messine, où nous ne fîmes que toucher le 8.

Le 9, à la pointe du jour, nous levâmes l'ancre. Nous marchâmes tout le jour à petite distance de la côte. Nous reconnûmes successivement Taormina, Jassi, Catane, dont les dômes et les maisons blanches tranchaient sur les pentes verdoyantes de l'Etna. La cime du volcan, couverte de neige et surmontée de son panache de fumée, servait de fond au magnifique panorama qui se déroulait sous nos yeux.

Le soir, nous atteignîmes Agosta. Tous, mais principalement les officiers du bord, nous étions curieux de visiter ce petit port, célèbre par une des plus mémorables victoires qu'ait remportées la marine française. C'est dans les eaux d'Agosta, en effet, que, le 22 avril 1676, Duquesne livra aux flottes combinées d'Espagne et de Hollande, le brillant combat dans lequel l'amiral Ruyter fut vaincu et blessé mortellement.

En partant d'Agosta, nous changeâmes de direction. Nous devions naviguer dans l'Est, afin de reconnaître le cap Matapan. Favorisés par un beau temps, nous traversâmes lestement l'embouchure du golfe Adriatique, et le troisième jour, 12, nous aperçûmes les côtes de Grèce. Nous entrâmes de bonne heure dans les eaux de l'Archipel, par le canal de Cerigo, l'ancienne Cythère, qui se trouvait à notre droite. Cette île n'est plus aujourd'hui qu'un rocher aride. Une plage rocailleuse et brûlée par le soleil a remplacé ses bosquets tant chantés par les poëtes. Plus d'ombrages mystérieux, plus de myrthes, de lauriers ni de roses; çà et là quelques herbes sauvages qui croissent péniblement dans les fentes des rochers : telle est Cythère aujourd'hui.

Le sillage du navire et la côte qui fuyait indiquaient que nous avancions rapidement vers Milo. Il fallait y prendre un pilote, car les Grecs seuls, nés et habitués à vivre sur cette mer semée d'écueils, peuvent y naviguer sans crainte. Ce pilote devait nous mener au Pirée. Nous y entrâmes le 14 au matin.

Pressés de voir Athènes, nous ne fûmes pas longs à débarquer. Nous montâmes dans une petite calèche allemande, conduite par un Palikare. Pourquoi ce cocher était-il tout semblable à Canaris ou à Marc-Botzaris, ces héros de l'indépendance des Hellènes? Mais ne fallait-il pas nous habituer à voir même des Bavarois dans la ville de Périclès, comme on voit d'autres Allemands dans la patrie des Sforce et des Médicis?

Grâce à l'aiguillon dont notre moderne automédon était

armé, nous franchîmes lestement la grande plaine qui, du Pirée, s'étend jusqu'au pied de l'Acropole. L'ambassadeur nous avait accordé deux jours pour voir Athènes. Pour visiter les belles ruines du temple de Minerve, pour admirer les restes magnifiques de la patrie des arts, ces types qui en ont fait l'école du monde, deux jours, c'était bien peu. Cependant il fallut nous en contenter. Nous suppléâmes au temps qui nous manquait par la promptitude de nos courses. Nous vîmes ce qu'il y avait de plus intéressant : le temple de Thésée, celui de Jupiter, les Propylées, le Parthénon, l'Erecthéon, l'arc d'Adrien, le tombeau de Philopapus, et cette tribune célèbre du haut de laquelle Démosthènes lança contre le roi de Macédoine les foudres de ses éloquentes philippiques.

Avant de partir, nous allâmes tous présenter nos hommages à Leurs Majestés le roi et la reine de Grèce, qui nous accueillirent avec une affabilité marquée. Nous emportâmes de cette visite la pensée que, si le roi Othon voulait être grec de cœur, il devait lui être facile de se faire aimer de son peuple.

Le 17 au matin, nous appareillâmes par un vent frais et une mer houleuse. Les premières heures furent assez favorables à notre navigation. Nous eûmes bientôt laissé derrière nous les rivages de Salamine, et doublé le cap Sunium. Ses colonnes blanches ressortaient sur le ciel assombri dont les teintes noires nous présageaient un mauvais temps. En effet, la mer grossit de plus en plus, et des rafales de vent et de neige venaient incessamment battre la proue du navire. Il fallut chercher un abri que nous trouvâmes dans la petite baie de la Mandrie. La tempête nous y retint deux jours.

Le 20, la mer et le vent étaient tombés. La faible brise de

nord-est qui durait encore ne pouvait nous arrêter, bien qu'elle nous fût contraire. Nous doublâmes facilement le cap d'Oro et l'île de Nègrepont, et nous atteignîmes assez promptement Ipsara. Le 24, au point du jour, nous arrivions devant Ténédos où nous espérions trouver l'escadre commandée par l'amiral Lalande. Mais nous apprîmes qu'elle était partie pour Smyrne où elle devait hiverner.

Le temps était redevenu magnifique. Nous entrâmes dans le détroit des Dardanelles en filant dix nœuds. Nous employâmes toute cette journée à passer devant les petites villes qui bordent les deux rives d'Europe et d'Asie. Nous reconnûmes une multitude de batteries à fleur d'eau, toutes garnies de canons. Leurs bastions, blanchis à la chaux, se reflétaient dans la mer. Les minarets se distinguaient au milieu du feuillage encore vert des cyprès qui bravaient l'hiver. Nous faisions une charmante promenade, et tous, assis sur le pont du bâtiment qui glissait sur une jolie mer bleue, nous jouissions de la vue d'un beau paysage et du soleil qui l'éclairait en tiédissant l'atmosphère.

Après avoir laissé, à notre droite, les ruines d'Abydos et Lampsachi, à notre gauche, la citadelle de Gallipoli et sa riante campagne, le détroit s'élargit. Nous débouchâmes au soir dans la mer de Marmara.

Nous avions traversé cette petite mer pendant la nuit, et grâce à un ralentissement de la machine que le commandant avait eu l'aimable attention d'ordonner, nous pûmes jouir, au lever du soleil, du plus beau coup d'œil qui soit réservé au voyageur. Nous étions à une très-petite distance de Constantinople. Les minarets, les coupoles, d'abord aperçus dans la brume nacrée du matin, se montrèrent bientôt dorés par le soleil qui se levait radieux au-dessus des montagnes de Nicomédie. Nous rasâmes les murailles qui protégent le côté oriental de la ville contre les vagues, et passant sous les créneaux du sérail, nous entrâmes dans le port. Nous étions dans cette fameuse *corne d'or* autour de laquelle se déroule le plus splendide panorama du monde, cercle magnifique tracé par les plus majestueux édifices, et par les plus ravissants paysages d'une nature coquettement parée de tous les charmes de l'Orient. Palais du sérail, coupoles dorées et minarets de mosquées, vieilles tours byzantines, verts cyprès des tombes, qui se groupent et s'entremêlent avec les mâts des navires de tous pays, balancés sur une belle mer que sillonnent, en tous sens, des milliers de caïks, frêles et élégants esquifs qui rasent l'eau et portent la vie sur tous les points de cette scène resplendissante. Puis le Bosphore et ses rives, où se mirent, dans un flot vif et limpide, mille palais cachés sous l'ombre des arbres séculaires de leurs jardins toujours verts; les batteries blanches où tonne le canon des fêtes, où se déploie l'étendard rouge du Sultan. Et *Scutari*, cette délicieuse ville où l'Asie commence, charmant bazar où abondent les riches productions de la Perse, de l'Inde et de l'Arabie.

A une encâblure ou deux, était mouillée devant nous, toute noire, calme et sévère, une belle frégate aux flammes tricolores. C'était *la Belle-Poule*, que commandait S. A. R. le prince de Joinville. *Le Véloce* avançait toujours, et passant de bâbord à tribord de la frégate, il fit feu de toute son artillerie, en même temps que son équipage, placé dans les hunes, sur les vergues, perché sur les haubans, partout où pouvait s'accrocher un mousse, poussait trois cris de : « Vive le Roi! » C'était le salut des marins à leur futur amiral, le salut de la France à son Roi.

Impatients de voir Stamboul (8) de plus près, nous fûmes bientôt à terre, grâce à deux vigoureux *caïkdjis* turcs qui, effleurant les petites vagues du port, nous eurent bientôt déposés à l'échelle de *Top-Hanâh*.

Quand je me fus procuré un logement et que j'eus donné les premiers soins à mon installation, je me hâtai de sortir. J'allai au hasard, trouvant un indicible plaisir à errer à travers cette immense ville, au milieu de sa population qui, à cette heure, était tout entière dehors. Je traversai le port pour voir la ville turque. Il faisait nuit, et je ne fus pas peu surpris de voir Stamboul éclairée par mille feux qui, comme des météores, planaient dans l'air au-dessus des mosquées. On était en Rhamadan, grand carême des musulmans. Ils observent le jeûne d'une manière beaucoup plus rigide que nous. Pendant toute la durée d'une lune, ils se privent entièrement de nourriture et même de fumer ou de boire, depuis le lever du soleil jusqu'à son coucher. Aussi, le moment où son disque élargi s'abaisse et va disparaître derrière l'horizon est-il attendu avec grande impatience. Alors, à une journée qu'une religieuse abstinence a fait paraître bien longue, succède une nuit pendant laquelle les réjouissances de toutes sortes se prolongent jusqu'à l'aube du matin.

Il était heure de fête quand je descendis à Stamboul. J'y trouvai les rues encombrées de promeneurs, de marchands de pâtisseries et de sucreries; dans les cafés pleins de consommateurs qui s'établissaient jusque devant les portes, des musiciens jouaient sur de méchantes violes et de grinceuses mandolines des airs discordants qui paraissaient délecter les oreilles barbares des dilettanti. Au-dessus de toutes les mosquées, les minarets brillaient des feux de mille lampions. Entre eux se balançaient, suspendus à des cordes invisibles, des quantités innombrables de petites lampes formant des dessins variés qui représentaient un canon, une étoile, ou un navire, ou bien encore des versets du Koran.

Nous avions quelques jours à rester à Constantinople ; il fallait les employer utilement, ce qui ne me paraissait nullement difficile, tant j'avais entrevu de choses à mieux connaître.

Un des premiers soins de l'ambassadeur fut d'aller saluer le Sultan. Curieux de voir ce jeune Empereur de dix-huit ans dont on parlait en Europe comme d'un zélé continuateur de la réforme entreprise par son père Mahmoud, nous désirâmes tous aller nous incliner devant Sa Hautesse. Ce fut le soir que nous nous rendîmes au sérail. Notre marche à travers les rues de Pera (9) avait quelque chose de pittoresque et de piquant qui n'était pas sans originalité. M. de Ponthois, alors ambassadeur près la Sublime-Porte, devait être notre introducteur. Il marchait devant, à côté de M. de Sercey. Nous suivions à la lueur des torches que portaient les valets de l'ambassade, précédés par des janissaires et des cavass. Nous descendîmes ainsi vers la mer. Dans les rues désertes, de temps en temps, une fenêtre s'ouvrait pour nous montrer une figure d'homme étonné et comme inquiet de la clarté subite qui, à travers ses vitres, avait envahi son appartement, et l'avait peut-être surpris dans son premier sommeil. Plus loin apparaissait, à une lucarne entrebâillée avec prudence, une jolie tête de Grecque décoiffée, dans le laisser-aller d'une toilette du soir, que la curiosité avait tirée de son sopha, où elle fumait paresseusement étendue.

Dans ces ruelles étroites, accidentées, la lumière des torches ne perdait rien de son intensité, répercutée qu'elle était par les murs et les parties avancées des maisons de bois ; elle vacillait en suivant les pentes du sol, frappant inégalement, et de temps à autre, les plans les plus reculés qui en recevaient accidentellement de brusques éclairs rougeâtres. Notre cortége arriva ainsi à l'embarcadère où nous attendaient les canots du *Véloce*. Nous y prîmes place dans l'ordre prescrit par l'étiquette, puis nous nous dirigeâmes vers le rivage du sérail où brillaient d'autres torches, et où se trouvaient préparés des chevaux tout sellés.

Nous fûmes bientôt devant la porte du palais du Sultan. Nous entrâmes dans de vastes jardins, où une double haie de soldats nous présenta les armes. Il fallut passer dans plusieurs cours avant d'atteindre la partie la plus reculée qu'habitait l'Empereur.

Là on nous introduisit dans un premier salon où nous fûmes reçus par Kosref-Pacha, Khalil-Pacha et Rechid-Pacha qui avait été ambassadeur à Paris et à Londres. Selon l'usage, les tchibouks nous y furent offerts, avec accompagnement de confitures et de café. Après ce cérémonial, on nous fit monter par un bel escalier conduisant dans un salon orné de glaces, de dorures, et tendu de tapisseries ; à la suite s'ouvrait un salon plus vaste tapissé avec magnificence, et éclairé par de gigantesques flambeaux posés à terre, ornés de ciselures et de découpures dans le style oriental.

Dans un coin de ce salon était une porte fermée par une portière ; on la souleva et nous aperçûmes le Sultan assis sur un divan. Il portait un bonnet rouge à floc bleu, le fez national, surmonté d'un croissant et d'une aigrette en diamants.

Il avait une capote militaire faite sur un mauvais patron européen. Un manteau à collet brodé, avec une agrafe en brillants, était jeté sur ses épaules. Ce costume simple et disgracieux qui fut adopté, imposé même par la réforme, on ne sait trop pourquoi, est loin de répondre au luxe et à la pompe qu'on suppose être l'entourage du Grand-Turc.

Le jeune Sultan avait l'air gracieux et affable; sa physionomie agréable et douce prévenait en sa faveur. Nous nous avançâmes, et M. de Ponthois ayant présenté à S. H. Abdoul-Medjid, M. de Sercey, celui-ci lui présenta à son tour les personnes de sa suite. Le Sultan fit dire par Reschid-Pacha, qui lui servait d'interprète, « que nous allions entreprendre un « voyage très-pénible, mais qu'il avait donné des ordres pour « que les difficultés fussent, autant que possible, aplanies « sur notre route. Il ajouta qu'il serait heureux de nous re- « voir, à notre retour, aussi bien portants que nous parais- « sions être en ce moment. » Après quelques autres compliments et lieux communs échangés, l'audience, qui avait duré dix minutes, fut terminée. Nous nous retirâmes en faisant plusieurs saluts et en marchant à reculons.

Nous fûmes reconduits dans le salon où nous avions attendu; on nous y servit de nouveau des rafraîchissements, après quoi, toutes les formes de l'étiquette étant observées, nous nous retirâmes.

Le temps s'écoulait et l'on ne parlait pas encore de départ. L'ambassadeur désirait que *le Véloce* nous portât jusqu'à Trebizonde, afin d'éviter les embarras d'un transbordement du personnel de l'ambassade et de son immense bagage. Mais *le Véloce* était bâtiment de guerre; il portait flammes à ses mâts et canons dans ses sabords. Or, d'après le fameux traité d'Unkiar-Iskelessi (10), dont une inscription consacre le souvenir sur la rive droite du Bosphore, aucun navire, de quelque nation qu'il fût, ne pouvait entrer dans la mer Noire avec une apparence militaire. Pour obtenir, en faveur du *Véloce*, une infraction au traité, il fallait avoir recours à des négociations qui parurent d'abord n'offrir aucune chance de succès ; mais les difficultés, moins grandes qu'on ne l'avait présumé, ne furent pas longues à aplanir complétement. Grâce à quelques supercheries complaisantes auxquelles on se prêta de part et d'autre, le *Véloce* dissimula son armement militaire, et reçut l'autorisation de tracer son sillage dans les eaux de la mer Noire. Ces négociations avaient exigé quelques jours que, pour ma part, j'employai le mieux que je pus à visiter Constantinople.

Les jardins du sérail, les palais des Eaux Douces, les grandes murailles romaines, l'hippodrome, les fontaines, les cimetières, et surtout les mosquées, furent pour moi de dignes objets de curiosité et d'étude. Je ne pouvais me lasser d'admirer, dans ces derniers édifices, le grandiose de leurs proportions et la délicatesse gracieuse de leurs moindres détails. Que d'élégance dans leurs gigantesques minarets si sveltes, dans leurs galeries découpées qui figurent des dentelles ou des stalactites du meilleur goût ! quelle richesse dans toutes ces fontaines de marbre, couvertes d'arabesques et de fleurs ! quelle profusion de dentelures, d'or et d'azur, dans ces palais, dans ces kiosques turcs, qui semblent avoir hérité du luxe des Blaquernes des Empereurs d'Orient ! Et ces champs des morts, vrais jardins des âmes, quelle douce mélancolie règne sous les grands et profonds ombrages de leurs noirs cyprès ! Comme les pensées sont à la fois religieuses et calmes en face de ces marbres funéraires élégamment dessinés, ornés de fleurs d'or sur un fond d'azur ! On peut dire que les Turcs, à Constantinople, ont su rendre la mort moins affreuse en donnant à leurs cimetières cet aspect riant qui en fait de charmantes promenades placées au milieu des habitations des vivants.

Le temps avait marché comme moi, à grands pas, pendant mes excursions dans cette ville remplie de beautés de tous les genres. Le canon du départ nous rappela tous à bord dans la soirée du 1ᵉʳ décembre ; nous nous embarquâmes donc de nouveau pour partir le lendemain matin. Il pleuvait à verse, le temps paraissait tout à fait gâté ; il s'éleva pourtant un peu au moment de l'appareillage, et nous permit de jouir de la vue du Bosphore, qui est admirable.

Nous trouvâmes à bord un nouveau compagnon de route, M. l'abbé Scafi, missionnaire lazariste. Cet excellent prêtre avait consenti à quitter son couvent de Constantinople pour nous accompagner dans le long voyage pendant lequel il pouvait arriver que nous eussions besoin du secours et des consolations de la religion. M. Scafi connaissait déjà en partie les pays que nous devions traverser ; il était allé jusqu'à Tabriz avec M. Eugène Boré, qui s'était fixé en Perse pour y fonder une école française. Sa bonne volonté devait nous faire profiter de son expérience (11).

Par une jolie matinée, brillante et pure, sur une mer douce et transparente, le *Véloce* glissait entre les deux rives rapprochées d'Europe et d'Asie. Nos regards se portaient avec admiration de l'une à l'autre : à gauche, c'était les palais d'été du Sultan, de jolis villages entourés de beaux arbres qui penchaient leurs longues branches sur les flots, de riantes maisons dont le pied baignait dans le courant que la mer Noire envoyait à Marmara. Nous passâmes devant Bouiuk-Dehrèh et Therapia. Ces deux grands villages reposent paisiblement au fond de deux petites anses du Bosphore ; c'est là que se retirent, loin des fatigues diplomatiques, les ambassadeurs européens.

A droite était l'Asie, avec un caractère plus sévère ; après les noirs cyprès qui couronnent les hauteurs de Scutari, venaient quelques maisons espacées, bien cachées, bien sombres, sous leurs toits de feuillages ; des coteaux agrestes, sauvages, souvent escarpés ; à leur pied, de petits châteaux forts avec leurs batteries rasant l'eau et montrant béantes les geules noires de leurs canons dans leurs embrasures. Au fond du tableau, l'entrée de la mer russe, quelques voiles cherchant le vent pour venir, puis, dans le lointain, à l'horizon, une bande sombre paraissant brisée en quelques endroits où surgissaient çà et là des pointes blanches. Pour les marins c'était un mauvais signe ; cependant sur nos têtes le temps était toujours beau. Nous eûmes bientôt atteint la passe étroite où les eaux de la mer Noire se pressent pour entrer dans le détroit ; là les batteries se multiplient et l'horizon s'élargit. Le temps se maintenait et la mer était encore calme.

Assis gaiement sur le pont, ou sur les tambours que nous avions escaladés pour mieux voir, nous plaisantions déjà sur les prétendues tempêtes de ces parages. Nous tournions presqu'en ridicule le surnom de mauvais augure de cette mer tant redoutée, quand tout à coup le vent s'éleva, les vagues grossirent, et trois ou quatre lames, frappant rudement la coque du navire brusquement soulevé, apprirent à plus d'un d'entre nous qu'il avait jugé trop tôt les chances de notre navigation sur cette mer capricieuse. Le soleil avait disparu ; de gros nuages, d'où sortaient d'horribles rafales, obscurcissaient le ciel ; le vent redoubla de violence, et les flots en se soulevant creusaient de profonds abîmes, où le *Véloce* s'engloutissait à tout instant. Nous étions en pleine tempête. Nous fûmes, pendant deux jours, ballottés par l'ouragan. Nous avions dévié de notre route. Une voie d'eau inquiétante s'était déclarée. La mer était tellement mauvaise que tout le monde, jusqu'aux matelots de l'équipage, était malade à bord. Ne pouvant pas tenir tête au temps, et craignant que la gravité de nos avaries n'entraînât quelque malheur, le commandant se décida à chercher un abri à Sinope.

C'est un petit port de l'Anatolie, qui fut jadis une des villes importantes de la Paphlagonie, et devint la capitale des rois de Pont. On peut, au reste, juger du rôle qu'elle a joué par les ruines qui s'y trouvent. Elle fut la patrie de Diogène. A ces titres, qui remontent à l'antiquité, il faut joindre ceux qui lui appartiennent aujourd'hui, et qui ne sont point sans intérêt pour le voyageur.

Les murailles, assez bien conservées, sont en plusieurs endroits revêtues d'inscriptions et de bas-reliefs. On y voit aussi des fragments d'architecture d'origine grecque et romaine incrustés çà et là, mais sans ordre, et sans doute à une époque barbare qui les fit intervenir à la consolidation de cette enceinte.

Sinope possède un chantier pour la marine militaire ; mais il y règne peu d'activité. A notre passage, on y construisait un vaisseau de haut bord. Le Pacha, gouverneur du district, en était tout fier, et nous en montrait avec orgueil le modèle, qui ornait son divan.

Du peu d'importance de cette ville, presque entièrement privée de commerce, résulte la misère de la population, qui est au reste fort peu nombreuse; car Sinope, avec ses ruines antiques au milieu desquelles se voient à peine quelques quartiers habités, a l'apparence d'une ville abandonnée.

Nous y fîmes une assez singulière rencontre, celle de M. Bell, Anglais qui avait, à ses frais, équipé un navire, le *Vixen*, qui fut, en 1836, saisi par les croisières russes sur la côte de Circassie. M. Bell était connu par sa sympathie pour les Circassiens, et par les sacrifices de tout genre qu'il fit pour leur venir en aide. Après avoir vu périr deux de ses compatriotes qui s'étaient attachés à sa fortune, et avaient, comme lui, combattu avec les Circassiens, il avait dû s'échapper pour sauver sa tête qui était mise à prix. Il voulait gagner Constantinople sur un petit navire monté par des *Tchirkess*. Mais le mauvais temps l'ayant, comme nous, forcé de relâcher à Sinope, le Pacha avait dû, d'après les ordres de son gouvernement, retenir le bâtiment et son équipage.

Les Tchirkess, à en juger par ceux que nous trouvâmes là, sont des hommes remarquables par leur extérieur fier et martial. Leur costume militaire, qu'ils portent avec noblesse, fait ressortir les belles proportions de leur corps. Jamais leurs yeux ne se baissent vers la terre, leur regard est fixe et élevé. A voir ces guerriers, on comprend les difficultés que rencontrent les Russes à les soumettre.

Nous quittâmes Sinope dans la nuit, avec une mer encore bien grosse, quoique le vent fût tombé. Notre voie d'eau avait été aveuglée, comme disent les marins, c'est-à-dire bouchée, mais d'une manière peu rassurante.

Cependant nous fîmes heureusement la seconde partie de cette traversée, et le 8 décembre, nous arrivâmes devant Trébizonde. La houle était horrible à voir, jusque dans l'espèce de rade formée par une courbe du rivage. Le commandant trouva de telles difficultés à nous débarquer, qu'il ne voulut exposer ni ses hommes ni ses embarcations. Dans notre impatience de quitter le *Véloce*, dont la mer Noire avait achevé de nous rendre le séjour insupportable, nous nous confiâmes aux gens du pays. Les vagues étaient encore tellement fortes, qu'elles s'élevaient comme des montagnes sur les flancs du navire. Plusieurs petits bateaux turcs étaient rangés le long du bord; mais, pour s'y embarquer, il fallait profiter de l'instant où une lame les amenait à la hauteur de l'échelle du bâtiment, et s'y élancer au risque de tomber à côté ou de s'y briser les jambes. Ce ne fut donc qu'avec les plus grandes peines et en courant de véritables dangers que nous quittâmes le bord. Mais ce n'était pas tout : il fallait toucher terre. Devant la côte de Trébizonde, sont, à fleur d'eau, d'énormes roches dont l'agitation de la mer fait des écueils extrêmement dangereux. On ne peut alors les franchir qu'en profitant de la lame qui soulève les barques, et, les portant à son sommet, les fait passer par-dessus. Ces précautions exigent une manœuvre toute particulière, qui est familière aux nautonniers du pays, mais que n'auraient sans doute pas su exécuter les marins du *Véloce*. Aussi rendîmes-nous grâce au commandant de sa prudence, car, nous et ses hommes, nous eussions probablement péri.

Enfin, nous étions à terre, et pour longtemps. Notre course maritime était terminée. Elle avait été si longue et si triste pendant les trente-huit jours que nous avions passés en grande partie à bord, qu'il nous semblait que l'avenir ne pouvait nous offrir que joie et bien-être. L'espace allait s'ouvrir devant nous, notre voyage jusqu'à la capitale de la Perse se présentait sous les couleurs les plus riantes.

CHAPITRE II.

Séjour à Trébizonde.—Ses antiquités.— Monastère de filles grecques.— Baïram.— Fakirs. — Messo-Messo. — M. Masson. — Turc blessé à Alger. — Droit de grâce accordé à l'ambassadeur. — Départ de Trébizonde.

Dès que nous eûmes mis le pied sur la plage, les *cavass* du consulat de France s'emparèrent de nous et nous conduisirent chez M. Outrey. Le consul ainsi que sa famille nous reçurent avec une cordialité à laquelle nous fûmes bien sensibles. On ne trouvait pas, dans cette hospitalière maison, assez de paroles, assez d'offres de tout genre, pour nous dédommager de ce qu'on pensait bien que nous avions dû souffrir. Le mauvais temps, en effet, n'avait pas été moins affreux sur la côte de Trébizonde que sur celle de Sinope. Nous avions tous une triste mine. Madame Outrey et ses filles pensèrent que nous avions besoin de réconfortants; aussi n'eurent-elles pas de peine à nous faire accepter ceux qu'elles nous offrirent de la manière la plus gracieuse.

Aux premiers soins de cette hospitalité délicate succédèrent les questions sur les lieux que nous avions visités dans nos diverses relâches, et sur la France qui fit longtemps les frais de cette première conversation.

Il faut avoir été loin de son pays, pendant des années, avoir vécu relégué sur un petit coin de terre, au fond de la mer Noire, pour comprendre cette avide et touchante curiosité sur la patrie : alors on sympathise à la joie des exilés qui voient débarquer des compatriotes encore imprégnés d'un reste de parfum de la terre natale, si doux à respirer. Avec quelle rapidité les questions se succèdent, quel intérêt on attache aux moindres nouvelles! quelle importance on donne aux faits les plus petits! tant il est vrai que, malgré l'habitude de vivre au loin, la patrie, comme la famille, ne perd jamais ses droits.

Le consul avait fait préparer une maison pour l'ambassadeur et sa suite. Elle était fort petite, et nous y étions très-gênés. Autant pour faire de la place à nos compagnons que pour être nous-mêmes plus à l'aise, M. Coste et moi nous acceptâmes l'offre d'un autre logement, qui nous était faite par un Français établi à Trébizonde depuis son enfance. M. Masson, c'est ainsi que se nommait notre nouvel hôte, avait l'air plus Turc qu'Européen. Son costume était complétement oriental, et sa langue maternelle n'était peut-être pas celle qui lui était le plus familière. Il nous mit obligeamment en possession de sa charmante maison disposée selon les règles du confort turc. Nous y occupâmes une grande pièce, entourée d'un large divan, et couverte d'un excellent tapis bien moelleux et bien chaud. Nous avions, comme promenoir, un grand balcon avec de jolis balustres, abrité par un large auvent en bois sculpté, donnant sur la mer, et d'où nous apercevions une grande partie de la ville.

Il fallait organiser une caravane de plus de deux cents chevaux et mulets. On avait à faire des préparatifs dont les détails exigeaient quelques jours. Nous nous installâmes de notre mieux, bien heureux d'entendre de loin la mer briser encore avec fureur sur les rochers de la côte. Suivant notre habitude, nous mîmes à profit ces jours de repos pour parcourir la ville et y chercher tout ce qu'elle pouvait offrir d'intéressant.

Trébizonde, l'ancienne *Trapezus*, seconde capitale du royaume de Pont, est encore aujourd'hui une ville assez importante. Le trapèze, duquel elle tire son nom et qui servit de plan pour son enceinte, s'y retrouve dessiné par d'antiques murailles, qui ont une grande épaisseur. Presque entièrement cachées sous des lierres, qui les tapissent et semblent les soutenir entre leurs rameaux vigoureux, on n'en aperçoit plus guère que les créneaux. Ces vieux murs servent de clôture à un grand nombre de jardins qui contribuent à donner à la ville un aspect très-riant. Au bord de la mer, on voit les vestiges d'un ancien château qui s'est écroulé sous les efforts des vagues qui en ont miné la base. Si l'on n'y voyait des traces de sculptures et de pierres cimentées, on prendrait ces masses, à demi submergées, pour d'énormes rochers. C'est à peu près là tout ce qui rappelle l'antiquité de Trébizonde.

Quant à ce qui rappellerait l'empire des Comnènes, on n'en retrouve aucune trace digne d'attention. Cependant sur le haut d'une montagne voisine, sont les restes d'un palais de plaisance qu'on dit avoir été construit par une impératrice de Byzance. Je n'ai pu savoir son nom, et rien ne donne de l'authenticité à cette tradition. C'est actuellement un modeste monastère de religieuses grecques. Sur la cour s'ouvre une chapelle souterraine qui est ornée de peintures exécutées sur le roc même, et qui, si elles sont d'un style barbare, ont du moins ce cachet qui pourrait les faire remonter jusqu'aux premiers temps de l'art byzantin. Quelques tableaux analogues, plusieurs lampes suspendues à la voûte, et d'énormes flambeaux posés à terre, complètent, avec une chaire, le mobilier de ce sanctuaire. A travers les barreaux de deux petites lucarnes qui laissent à peine entrer quelques rayons de lumière, le jour ne pénètre pas de manière à dissiper entièrement l'obscurité. Il règne dans cette grotte une teinte mystérieuse à laquelle ajoute l'étrangeté de sa décoration. Elle a quelque chose de bizarre et de primitif qui semble donner une idée de ce que durent être les chapelles des premiers chrétiens. Au fond de la partie la plus obscure de cette caverne est une source d'eau en vénération dans le pays.

On trouve encore, épars dans la ville et placés sans ordre, décorant des masures, quelques morceaux d'architecture remarquables par le fini de leurs scupltures. A une demi-heure de la ville, au sud, est un petit monument qui n'est digne de remarque qu'à cause de son ancienneté. C'était autrefois une église qu'on appelait Sainte-Sophie. Les Turcs lui ont conservé son nom, mais l'ont transformée en mosquée.

Trébizonde est une ville très-commerçante. Elle sert d'entrepôt à toutes les marchandises qui viennent de l'Arménie et du nord de la Perse, à destination de l'Europe. De même, celles qu'on y débarque, venant de Constantinople, pour l'intérieur de l'Asie, y sont consignées à des expéditeurs et livrées aux nombreuses caravanes qui les y attendent. Les bazars sont assez bien achalandés. Ils ont déjà une physionomie tout asiatique. On y rencontre des costumes de toutes sortes : des Grecs, des Circassiens, des Géorgiens, beaucoup d'Arméniens, de Kurdes, et même des Syriens avec des Arabes.

Le climat y est fort doux, et encore à cette époque de l'année, nous y avions des journées très-chaudes. Les fruits de toute espèce y étaient en abondance : les melons, les pastèques, les raisins s'y vendaient pour rien.

Les fêtes, ou le baïram du Rhamadan, contribuaient, en ce moment, à donner plus d'animation et de gaieté à la ville. Les jeux et les danses remplaçaient la rigidité du carême. Les Musulmans, confondus avec les chrétiens, répandus sur les places et dans les cafés, s'adonnaient à toutes sortes de plaisirs, interrompus seulement, de temps à autre, par la voix de l'iman qui appelait à la prière. A ces bandes joyeuses, qu'animaient les sons discordants d'instruments barbares, venaient se mêler des figures hétéroclites de derviches ou de fakirs. Ces exaltés, autant pour inspirer la commisération et la charité, que par excès de dévotion, se martyrisaient aux yeux de tous. Ils présentaient l'horrible spectacle de leurs souffrances volontaires aux regards contraints de leurs coreligionnaires qui, moins fanatiques, croyaient avoir assez fait pour la religion en se soumettant rigoureusement aux exigences du Rhamadan.

Ces fakirs inventaient toute sorte de tortures à leur propre usage : l'un tenait verticalement enfoncée dans sa joue une barre de fer pointue, à laquelle pendaient des boules de plomb d'un poids considérable. Dans cette position, il restait immobile et souffrait avec une résignation digne d'un plus noble martyre. Un autre se perçait le bras avec une broche, faisait couler son sang, et, impassible, paraissait ne rien sentir; tout cela pour la plus grande gloire de Mahomet et d'Omar.

C'était par ces moyens ridicules, en se martyrisant avec

une exaltation sauvage, que ces malheureux cherchaient à exciter la vénération des musulmans et la pitié des chrétiens. Auprès des Turcs, ces derviches jouissent de privilèges que le fanatisme leur a laissés s'approprier. Ils peuvent à peu près tout ce qu'ils veulent. Personne ne doit ni ne peut s'opposer à leurs désirs. Le pacha lui-même n'a pas ce pouvoir. Ils ont le droit de s'installer chez lui, de lui imposer une hospitalité souvent gênante, et d'autant plus désagréable qu'elle est moins volontaire. Celui qui paie ce tribut aux préjugés religieux, en murmure souvent, mais tout bas, car l'opinion publique lui ferait un crime de ses plaintes si elles étaient entendues.

Ces bizarreries des pratiques musulmanes sont générales, elles sont communes à tout l'Orient ; mais ce qui est plus curieux, plus exceptionnel et particulier à Trébizonde, c'est la duplicité religieuse d'une secte qui porte le nom de *Messo-Messo*. Elle habite, dans les environs de cette ville, un bourg qui porte le nom de *Kroum;* ce qui a fait donner aussi à ses habitants celui de *Kroumi*. Cette secte s'accommode aisément des exigences qu'impose toute religion ; au lieu de souffrir pour elle, comme les fakirs, ou de remplir avec austérité des devoirs religieux, ils font servir la religion, dans ce qu'elle a d'ostensible et d'extérieur, à profiter de tous les avantages matériels qu'elle peut présenter. Ces *Messo-Messo*, ou *Kroumi*, ne trouvant pas assez de bénéfices attachés au culte du Christ, auquel le baptême les rattache, et qu'ils suivent en secret, ont ouvertement apostasié. Ils simulent le plus grand zèle pour l'islamisme, afin de partager avec les vrais sectaires du Koran les privilèges dont ils jouissent dans l'état social de l'empire turc. Ainsi, le jour ils se rendent publiquement dans les mosquées, et la nuit, quand personne ne peut les surprendre, ils vont faire leurs dévotions au pied des autels du Christ. Ils sont au reste souverainement méprisés par les Turcs, qui les masacreraient sans pitié s'ils les rencontraient sur le seuil d'une église. Ils ne doivent la conservation de leur vie fourbe et inquiète qu'au mystère avec lequel ils en dérobent la moitié à la vengeance fanatique des Mahométans.

Pour occuper mes loisirs à Trébizonde je dessinai quelques costumes. Mon hôte fut assez obligeant pour m'offrir ce que je ne pouvais, avec les mœurs orientales, attendre d'aucun autre, et que je ne devais sans doute qu'à sa qualité de Français. Les mœurs et le caractère de sa nationalité n'étaient pas tellement effacés chez M. Masson, qu'il fût imbu de ces préjugés qui imposent aux femmes, même chrétiennes, une réclusion presque absolue. Par son entremise, et grâce à sa bonne volonté, je pus satisfaire mon désir artistique, et ajouter une page curieuse à mon recueil, en peignant sa femme et sa belle-sœur. Elles vinrent chez moi dans leurs plus élégants habits de fête ; j'étais confus de tant d'obligeance et de gracieuseté, mais très-enchanté, comme on peut penser, de cette excellente occasion.

Après les politesses échangées et les remerciements les plus sincères de ma part, ces dames s'installèrent sur un divan, c'est-à-dire qu'elles s'y jetèrent nonchalamment, en ramassant sous elles leurs jambes ainsi que les nombreux plis de leurs jupes et de leurs voiles. M. Masson, en véritable Européen qui n'a pas, avec le turban, adopté la susceptibilité orientale à l'égard des femmes, me laissa seul avec ces dames. Alors commença entre elles et moi une pantomime très-ridicule. Je ne savais pas un mot de grec, et deux ou trois mots turcs seulement m'étaient restés dans la mémoire ; il me fallait bien avoir recours à la langue universelle, celle des signes et des gestes. Ce fut ainsi que je leur fis comprendre ce que je désirais d'elles. Elles étaient d'ailleurs parfaitement instruites de mes intentions, et je m'aperçus que M. Masson leur avait fait la leçon. Quand il s'agit de commencer, ce furent des rires sans fin auxquels elles s'excitaient mutuellement; tout mon attirail de petits pinceaux, de couleurs, de crayons, la gomme élastique surtout qui faisait disparaître les traits arrêtés sur le papier, tout cela paraissait à ces dames fort original. Et puis, voyez donc, un homme qui vient de si loin, qui a quitté son pays, sa famille, pour faire des portraits dans des pays dont il ne connaît pas même la langue, et dont toutes les habitudes sont en continuelle contradiction avec les siennes, quelle bizarrerie! elles n'y comprenaient rien. Je lisais leur stupéfaction dans leurs grands yeux étonnés où, malgré l'apathie asiatique, brillait une curiosité que la moindre chose excitait.

Pourtant, après avoir donné à leurs rires le temps de passer, et à leur physionomie celui de reprendre leur calme habituel, je commençai. Je dois dire que je les trouvai résignées et dociles ; résignées, elles l'étaient par nonchalance, il leur allait parfaitement de ne pas remuer ; dociles, elles l'étaient par suite du désir qu'elles avaient de satisfaire leur curiosité, et de voir ce que je pourrais faire d'après elles. Pendant que je travaillais elles causèrent presque sans discontinuer ; d'après la direction de leurs regards, je supposai que ce devait être de moi, et sans doute de l'étrangeté de ce qui leur paraissait si éloigné de tout ce qu'elles voyaient habituellement. Dans un pays où l'on pousse l'indifférence jusqu'à l'affectation, comment ne pas être étonné de voir un homme passer son temps à reproduire les traits d'un visage, les plis et les dessins d'une étoffe? Quoi qu'il en soit, ces dames posèrent avec une extrême complaisance, et tous mes regrets étaient de ne pouvoir leur témoigner ma gratitude moi-même, dans leur langue, sans le secours d'un truchement. Ne sachant comment les remercier, ainsi que M. Masson, de leurs bontés, je fis pour mon hôte un portrait de son fils, joli petit garçon qui avait accompagné sa mère.

Je fis à Trébizonde une assez singulière rencontre, et ce fut dans la maison même de mon hôte. Il avait pour *cavass* un jeune Turc de grande et belle mine. Un jour que j'examinais son élégant costume, en remarquant son air martial, je m'aperçus qu'il avait deux doigts de moins; je lui demandai comment il les avait perdus et s'il avait servi : « A Alger, me répondit-« il, à l'attaque du fort l'Empereur, en 1830, quand les « Français sont venus; nous nous sommes bien battus, mais « Dieu était avec eux! » Ce brave soldat avait la conscience d'avoir bien fait son devoir, et il se résignait à la volonté de la Providence. Cette philosophie, qui commence avec l'impuissance, a réellement quelque chose de vrai et de noble; elle peut être quelquefois la cause de grandes faiblesses et cacher une pusillanime insouciance, mais il est incontestable que souvent elle est pour les Turcs une ressource contre le désespoir ou la haine. Ainsi, celui-ci, qui avait laissé deux doigts sur un champ de bataille conquis par les soldats de la France, était entré au service d'un Français. Il me parlait de ses revers et de ses blessures sans rancune, et eût mis autant de dévouement à défendre M. Masson, qu'il en avait mis à se battre sur la brèche du fort l'Empereur, pour le dey d'Alger.

Pendant son séjour à Trébizonde, l'ambassadeur trouva l'occasion d'user de la prérogative attachée à son caractère et à son pavillon. Un Turc, qui s'était rendu coupable d'homicide, avait cherché un refuge dans la maison habitée par M. de Sercey. La loi le menaçait d'un châtiment terrible, bien qu'il n'eût causé qu'une blessure peu grave; il était exposé à subir l'amputation des deux mains. Pour se soustraire à ce supplice, bien lui prit de s'échapper et de gagner le seuil hospitalier de l'ambassadeur. En Orient, les maisons qu'abrite un pavillon étranger sont inviolables et réputées lieux d'asile. Le pacha, ayant su que le coupable s'était mis sous la protection du toit français, le respecta donc, et fit demander à M. de Sercey s'il prétendait exercer, à l'égard du criminel fugitif, le droit que lui conférait la coutume du pays. La réponse ne pouvait être qu'affirmative ; le pacha fit grâce.

Cependant le temps s'était écoulé; notre caravane était prête. Nous avions quitté la France trop tard pour le long et pénible voyage que nous avions à faire à travers un pays montagneux qu'un hiver précoce couvrait de neige. A Constantinople on nous avait fait entrevoir l'impossibilité de franchir les sommets de la haute Arménie. Il ne fallait donc plus tarder; nous devions nous hâter et partir.

Le 15 décembre, après avoir entendu en plein air, dans la cour de la maison de l'ambassadeur, la première messe que nous dit M. l'abbé Scafi, et après avoir fait une quête pour les catholiques malheureux de la ville, nous montâmes à cheval. Nous étions accompagnés des consuls de France, d'Autriche et d'Angleterre, ainsi que des officiers du *Véloce* et de quelques-uns des principaux habitants de la ville, qui voulurent, malgré une pluie battante, nous serrer la main le plus tard possible.

CHAPITRE III.

Départ de Trébizonde. — Djevizelik. — Yerkeuprû. — Sources ferrugineuses. — Mont-Zingana. — Gumûch-Khânèh. — Différend avec le Mutselim. — Baïbout. — Colonel envoyé par Hafiz-Pacha. — Massat. — Khoch-ab-Poûnàr. — Passage d'un affluent de l'Euphrate. — Poutchiki. — Entrée à Erzeroum.

En sortant de Trébizonde, nous gravîmes un sentier pénible, coupé de roches glissantes sur lesquelles s'abattirent plusieurs chevaux, pauvres rosses habituées à porter des fardeaux, et qui ne se seraient jamais cru appelées à l'honneur de servir de montures à un ambassadeur et à des juges du turf de Chantilly. Le temps que nous mîmes à arriver au sommet de ce défilé rapide, nous permit de regarder plusieurs fois derrière nous. Nous dîmes un dernier adieu à cette mer qui nous avait tant maltraités, mais que nous regrettions de quitter, en pensant que bien des mois se passeraient avant que nous pussions la traverser de nouveau ; nous saluions encore le *Véloce* dont les mâts noirs se distinguaient à peine dans la brume. Après nous avoir jetés là, sur la plage asiatique, il allait retourner vers la France porter de nos nouvelles à nos amis. Le distinguer comme un point à l'horizon, c'était encore voir un petit coin de la patrie ; mais peu à peu sa mâture diminua, la flamme de son grand mât disparut, et nous nous trouvâmes seuls sur cette route qui devait être si longue jusqu'à Ispahan. Nous étions lancés ; nous marchions vers le centre de cette Asie qui nous avait paru si riante sur les bords du Bosphore, et qui nous réservait tant de difficultés, de privations et de fatigues.

Sortis de l'espèce de ravin pierreux dans lequel nous étions engagés depuis notre départ, nous débouchâmes dans un pays ouvert, planté de genêts et de bruyères. Sans la pluie, qui ne discontinuait pas, cette première journée n'eût pas été sans agrément; le pays était pittoresque. Nous quittâmes bientôt les bruyères pour suivre un étroit sentier serpentant à mi-côte d'une montagne couverte de grands arbres qui avaient encore beaucoup de feuilles ; à notre droite, au fond d'un ravin, coulait une petite rivière qui se heurtait à toutes les roches, et dont le bruit se mêlait au pas sonore de nos montures. Partout autour de nous s'élevaient sur nos têtes de grands rochers à pic, d'un aspect sévère, entourés de sapins.

La température était douce, mais nous nous dirigions vers des pics élevés, couronnés de neige, qui nous présageaient un brusque changement. Nous étions loin cependant de nous douter de tout ce que nous devions y rencontrer de souffrances et de fatigues.

Après avoir traversé quelques hameaux de pauvre apparence, nous arrivâmes, vers la fin du jour, à Djevizelik ; c'est un village placé sur le bord de la petite rivière que nous avions côtoyée, et que nous passâmes là sur un pont d'une seule arche fort élevée, et dont la chaussée présentait deux pentes fort roides. Les haltes de caravane sont fixées d'avance, et celle-ci était la première. Les muletiers, habitués à s'arrêter là où leurs bêtes doivent avoir rempli leur tâche et où ils trouvent leur pitance, ne s'étaient nullement inquiétés de la manière dont nous y serions logés. La plupart de nos chambres étaient tout bonnement des écuries; une grange nous servit de salle à manger, une planche posée sur deux cantines fut notre table. On y servit le souper qui se composait de mouton rôti, de quelques poules bouillies accompagnées de riz ou *pilau* ; c'était l'ordinaire auquel nous allions être presque invariablement soumis. Des tonneaux et des paniers que nous trouvâmes nous servirent de siéges, et nous mangeâmes d'aussi bon appétit que nous eussions pu faire à la table la plus confortablement servie.

Quand nous allâmes nous coucher, nous nous aperçûmes que les fenêtres étaient sans carreaux et que les portes ne fermaient pas. La pluie, qui tombait toujours, paraissait vouloir persévérer toute la nuit; pourtant, d'après le peu de connaissance que nous avions acquise de l'Orient depuis notre arrivée au Bosphore, nous souhaitâmes de ne jamais trouver plus mauvais gîte. Cependant il faut dire que, pour le premier jour, c'était une rude épreuve; il fallait néanmoins en prendre son parti, c'est ce que nous fîmes assez gaiement.

Le lendemain, au point du jour, nous fûmes éveillés par les muletiers qui déjà chargeaient les bagages sur le dos de leurs mules, et qui venaient réclamer à chacun de nous la portion dont il avait eu besoin pour la nuit. Après avoir laissé à la caravane, qui marchait lentement, le temps de gagner du terrain, nous nous mîmes en route. Les sites devenaient de plus en plus pittoresques ; le chemin était dominé par des pics très-élevés. Nous traversions des bois encore verts ; les arbres y étaient grands et beaux ; des torrents en cascades animaient le paysage. Nous rencontrions fréquemment des rochers creusés de cavernes servant d'abris aux troupeaux de chèvres qui broutaient suspendues aux flancs de la montagne. Nous rencontrâmes quelques voyageurs et des caravanes qui venaient d'Erzeroum.

La pluie de la nuit, les difficultés naturelles du sentier que nous suivions et dans lequel un cheval seul pouvait passer, rendaient la marche très-pénible. Un mulet y trébucha ; en se relevant il précipita toute sa charge dans le ravin. A notre grand regret nous vîmes que c'étaient deux caisses contenant du vin et des liqueurs ; elles roulèrent en cahotant, et nous eûmes la douleur de ne les voir s'arrêter qu'au fond de l'abîme, après avoir avoir été défoncées et avoir laissé sur leur passage de nombreux débris de leur précieux contenu.

Nous avancions en montant toujours ; au fur et à mesure que nous nous élevions, la pluie devenait plus froide, blanchissait et se solidifiait ; bientôt ce ne fut plus que de la neige.

Nous couchâmes à *Yerkeuprù*, misérable hameau de quelques maisons, dont la moitié sont des écuries destinées aux muletiers. Nous nous y logeâmes comme nous pûmes ; pour ma part, je m'accommodai d'une pauvre chaumière que son propriétaire voulait me vendre ; il l'évaluait lui-même à 12 francs. Je laisse à penser ce qu'elle était ; on aura, par là, une idée des gîtes que nous trouvions. Auprès du village est une source d'eaux ferrugineuses élevées à la température de 13 à 14° centigrades. Au premier aspect nous crûmes que l'intensité du froid qui se faisait déjà sentir les avait gelées à leur sortie ; mais le docteur Lachèze nous expliqua que ce que nous prenions pour de la glace était le résultat d'un phénomène qui tenait à la nature de ces eaux. Composées de parties calcaires, d'oxyde de fer et d'acide carbonique, il y avait, à l'orifice des sources, une déperdition de ce gaz, et, par suite, une précipitation de la matière calcaire. Les dépôts de chaux se sont amoncelés constamment au point de former aujourd'hui un mamelon qui a six mètres d'élévation au-dessus du sol. Après que les eaux se sont dégagées de leurs parties calcaires, elles deviennent limpides en restant ferrugineuses, bien qu'elles aient perdu une portion de l'oxyde de fer qu'elles contiennent et dont on voit les traces roussâtres sur les dépôts solides qu'elles forment. Elles ont d'ailleurs toutes les propriétés des eaux ferrugineuses les plus estimées en Europe, et il est très-fâcheux que les habitants n'en connaissent pas l'usage, car elles seraient à la fois pour eux d'une grande efficacité contre leur tempérament lymphatique, et une cause de richesse pour le pays.

A la première lueur du jour naissant nous sortîmes de *Yerkeuprù*. Il fallut gravir, à pied et avec les plus grandes peines, un sentier dont le verglas rendait la pente encore plus difficile. Les premières heures de notre marche nous offrirent des sites remarquablement beaux ; nous traversions une forêt séculaire de mélèzes, de sapins mêlés à des érables ; la neige pendait à leurs branchages, avec des lianes et des franges vertes d'une espèce de mousse légère et longue ; des rochers d'un noir roux ajoutaient leur sévérité à celle de la verdure foncée des arbres. La forêt s'étendait le long d'un ravin profond qui ouvrait une route rapide aux eaux d'un torrent bruyant. De temps en temps un pont élevé traversait le ravin dont nous suivions alternativement les deux pentes.

Depuis quelques heures nous montions sans cesse, quand nous débouchâmes, de la lisière du bois, dans une région où la nature changeait tout à coup d'aspect. Dépourvue de végétation, elle était, de toutes parts, couverte d'une neige épaisse; un silence profond attestait l'absence de tout être vivant ; tout était muet autour de nous, jusqu'au cours d'un petit ruisseau que la glace avait arrêté. Le froid était excessif, le thermomètre marquait 15°; nous étions sur le mont *Zingâna*, l'un des pics les plus élevés de la chaîne de montagnes que nous avions à traverser. Le vent soufflait avec furie et soulevait des tourbillons blanchâtres qui arrivaient sur nous glacés. Au milieu de cette neige de cinq à six pieds de profondeur aucun chemin n'était tracé ; des ours seuls et des loups que nous aperçûmes au loin y avaient empreint leurs pas. La caravane, en s'y enfonçant, y forma, au bord du précipice, un sentier mouvant qui se dérobait souvent sous les pieds des chevaux obligés de marcher l'un derrière l'autre; elle formait ainsi un long ruban noir qui serpentait sur ces crêtes éblouissantes sous les rayons du soleil. A chaque instant des mulets roulaient avec leurs fardeaux dans le ravin que nous n'avions cessé d'avoir à notre gauche ; les muletiers étaient obligés de s'y laisser rouler à leur suite pour remonter avec les plus grandes difficultés leurs animaux ainsi que leurs charges. Ils rechargeaient pour recommencer vingt pas plus loin. Ces accidents répétés nous firent perdre un mulet qui fut écrasé sous le poids d'un énorme ballot qui l'avait entraîné.

A peu près vers le milieu de ce désert de neige nous rencontrâmes, postés dans une masure, quelques soldats turcs qui se présentèrent comme préposés à la sûreté des voyageurs dans ce passage, et demandèrent un *bakchich* ou cadeau.

Après bien des peines et des accidents, nous atteignîmes

le sommet du *Zingâna*. De là le sol s'abaissait insensiblement, mais le chemin était encore plus pénible. Les chevaux glissaient sans trouver de point d'appui. Nous étions obligés de mettre pied à terre pour ne pas compromettre nos membres avec ceux de nos chevaux. Peu à peu, nous arrivâmes dans une contrée moins difficile, mais que la neige couvrait en aussi grande abondance. De ce moment nous étions voués à des neiges continuelles et à un froid qui ne varia guère que de 15 à 25°. — Les écuries du village de *Zingâna* nous reçurent le soir.

Afin d'éviter les ennuis et les difficultés de procurer les logements nécessaires à sa suite, quand elle arrivait au *Konak*, l'ambassadeur avait chargé l'un de nous de ce soin. Cette espèce de maréchal des logis partait toujours en avant, allait aussi vite que le permettaient les chemins, et préparait tout pour l'arrivée de notre petite troupe. Préférant de beaucoup faire une traite rapide, à suivre d'un pas lent la marche de notre nombreuse caravane, je partis avant le jour, en compagnie de celui qui devait pourvoir à l'installation du soir. Nous parcourûmes une route frayée dans les rochers. Ce n'était que rocs et torrents s'élançant au travers des intervalles que ceux-là laissaient entre eux. L'aspect de la contrée était grand et sévère. Des aigles et des vautours planaient en grand nombre sur nos têtes, en tournoyant, sans descendre des hauteurs où ils avaient placé leurs aires. Mon compagnon et moi, nous allions au grand trot, pour avoir de l'avance sur l'ambassadeur; nous arrivâmes promptement au village de *Bech-Kilissèh*, désigné pour la halte. Nous n'y trouvâmes que des ruines au-dessus desquelles s'élevaient encore les restes de *cinq églises*, traduction du nom turc de ce bourg. Il était impossible de penser à faire séjour en ce lieu. Nous poussâmes plus loin et allâmes jusqu'à *Gumuch-Khânèh*, petite ville adossée à une montagne et disposée en amphithéâtre, suivant les pentes d'un ravin qu'elle garnit d'une façon très-pittoresque.

Nous nous présentâmes aussitôt chez le *mutselim* ou gouverneur, au nom de l'ambassadeur. Nous trouvâmes ses gens peu empressés à nous introduire, ce qui nous parut d'assez mauvais augure. Cependant, nous montâmes sans hésiter chez le maître, après avoir mis de côté les serviteurs.

— Un petit homme, gros, à l'œil rond et stupide, était accroupi sur un divan, dans une salle obscure. Enfoncé dans une pelisse fourrée qui laissait à peine sortir sa grosse tête, nous ne pûmes deviner celle-ci que d'après la direction d'une longue pipe de laquelle sortaient des nuages d'une épaisse fumée. Le *mutselim* donnait audience. Il fallut l'interrompre, car le temps pressait. Nous exhibâmes le firman impérial, en lui demandant de donner des ordres pour qu'on préparât un logement convenable à l'ambassadeur et à sa suite. — Soit mécontentement de ce que nous, chrétiens, nous avions osé souiller ses tapis avec nos bottes couvertes de neige et de boue, soit mauvaise volonté ou ignorance au sujet de ce qu'il devait à l'*Elchi*, toujours est-il qu'il nous reçut assez mal et qu'il grommela, entre ses dents et le bouquin d'ambre de son *ichibouk*, une foule de mots rapides dont nous ne comprîmes pas le sens, mais qui nous parurent moins que bienveillants. Toutefois, sans nous déconcerter, nous réitérâmes notre demande, insistant sur la nécessité d'avoir tout de suite une maison pour l'*Elchi* qui nous suivait de près. Mis au pied du mur, et probablement ému de notre aplomb, le *mutselim* se décida, tout en murmurant, à nous offrir une salle dans sa maison. Mais nous la refusâmes en alléguant sa malpropreté, sa petitesse, et en demandant un logis plus convenable et plus vaste, pour nous contenir tous ainsi que nos gens. On nous en montra plusieurs, mais tous dans des conditions qui les rendaient inacceptables. Il était évident qu'il y avait mauvais vouloir, intention de ne pas nous loger, ou de nous loger fort mal. Nous en fîmes l'observation d'une manière sévère, et regagnâmes la route par laquelle l'ambassadeur arrivait. Nous lui fîmes part de ce qui venait de se passer.

De son côté le *katerdji-bachi*, ou *muletier en chef*, ne se souciait pas de faire gravir à ses mules le chemin un peu raide, et d'ailleurs hors de la route, qui menait à *Gumuch-Khânèh*. Il avait persuadé à l'*Elchi* de s'arrêter dans un hameau où se trouvaient, avec quelques masures en bois, trois petits cafés où il prétendait que nous serions aussi bien qu'en ville. On se rendit à ses raisons, d'autant plus volontiers, que nous ne fîmes pas de *Gumuch-Khânèh* une description très-engageante. On s'établit donc, comme l'on put, dans la maison où le prudent *katerdji* avait déjà fait décharger ses bêtes. Nous avions réellement, en restant là, peu de chose à regretter du confort de la ville voisine.

Mais la mauvaise volonté manifeste du *mutselim* ne pouvait être passée sous silence. L'ambassadeur devait à son caractère officiel et au pays qu'il représentait de lui témoigner son mécontentement. Il lui envoya un attaché de l'ambassade avec un drogman. Après l'avoir malmené et lui avoir, en termes amers, reproché les airs qu'il se donnait de ne point avoir égard au firman impérial sous la protection duquel voyageait l'ambassadeur, ces messieurs lui dirent de craindre les suites de sa conduite. Ils allèrent même, pour l'humilier, jusqu'à repousser la pipe et le café que le gouverneur leur fit offrir. Cet affront est l'un des plus graves que l'on puisse faire subir à un Turc, et celui-ci en parut très-décontenancé, d'autant plus que cette scène se passait en public, et que les deux envoyés de l'ambassadeur n'avaient, comme nous, avant eux, épargné au *mutselim* aucune des humiliations qui devaient lui être le plus sensibles.

Cependant, le gouverneur chercha à se défendre, mais avec cette apathie et cette insouciance que nous lui avions vues, et sans paraître comprendre de quel manque de procédés il s'était rendu coupable non-seulement envers l'*Elchi*, mais encore à l'égard de son propre souverain, qui nous avait mis sous la protection de son sceau impérial. Nous apprîmes plus tard que le *mutselim* de *Gumuch-Khânèh* avait été destitué.

Le nom que porte cette ville lui a été donné à cause des mines d'argent qui sont dans son voisinage : il se traduit par *Maison d'argent*. Elle est d'ailleurs fort peu importante, quant à sa population et ses autres productions.

Il était tombé pendant la nuit une quantité considérable de neige. Le pays que nous traversâmes ce jour-là ressemblait à celui de la veille. Nous passâmes au village de *Tekièh*. Ce point avait été désigné pour notre halte du jour ; mais le manque de logement à *Bech-Kilissèh*, nous ayant fait venir la veille jusqu'à *Gumuch-Khânèh*, l'ambassadeur avait donné l'ordre de pousser plus loin, et nous allâmes jusqu'à *Khâlèh*. C'est un mauvais trou qui tire son nom d'un reste de tour plantée sur la crête d'un rocher très-élevé. Nous y fûmes fort mal. On ne put nous servir à dîner ailleurs que sous un hangar ouvert à tous les vents. Le froid y était si excessif que nous avions de la peine à tenir nos timbales d'argent entre nos doigts, et que le vin y gelait aussitôt versé.

Au delà de *Khâlèh* le pays était insignifiant. Nous y trouvâmes encore une grande quantité de neige sous nos pieds et sur nos épaules. Nous atteignîmes péniblement *Balakhor*, où nous nous donnâmes le plaisir de voir que le thermomètre marquait 16° au-dessous de zéro.

De *Balakhor* nous allâmes à *Baïbout* où nous entrâmes le 21 de bonne heure. Cette ville dépend du pachalik d'*Erzeroum*. Elle a pour gouverneur le frère du Pacha de cette dernière, qui est *Hafiz-Pacha*, célèbre par le revers qu'il éprouva en face d'Ibrahïm-Pacha à la bataille de *Nezib*. En avant de *Baïbout*, nous rencontrâmes un groupe de cavaliers parmi lesquels se faisaient remarquer des officiers supérieurs. Ils s'arrêtèrent quand nous fûmes près d'eux, et se mêlèrent à notre petite troupe, en se rapprochant de l'ambassadeur. C'était le *Mutselim* de *Baïbout*, qui venait au-devant de l'*Elchi* avec un colonel et un autre officier de la maison du Pacha d'*Erzeroum*. Ils étaient tous deux envoyés à M. de Sercey, pour le complimenter de la part d'Hafiz-Pacha, et nous escorter, en veillant à ce que rien ne nous manquât sur la route, du moment où nous aurions le pied sur son pachalik. Cette attention était d'un bon augure, nous ne fûmes pas longtemps à ressentir les bons effets de l'hospitalité du Pacha. En effet, nous prîmes, à *Baïbout*, possession d'une grande maison préparée pour nous recevoir tous, et dont la cuisine était approvisionnée avec profusion.

Jusque-là notre voyage avait été modeste. Le Pacha de la

province de Trébizonde, que nous venions de quitter, ne s'était, en aucune manière, montré jaloux de justifier l'antique et proverbiale hospitalité de l'Orient. Nous avions même, comme on l'a vu, à nous plaindre de ses subordonnés, nous n'avions reçu aucun honneur, et nous étions passés partout presque incognito. A dater de ce jour, au contraire, grâce à la bienveillance que nous témoigna le Pacha d'Erzeroum, nous allions être entourés de considération, et trouver, dans les moindres villages, des ordres pour que toutes les ressources qu'ils pourraient présenter fussent mises à notre service.

Baïbout est située au pied de hautes montagnes, à l'entrée d'une vallée étroite. Elle est dominée par une vieille citadelle en ruines; elle a dû autrefois avoir quelque importance, à en juger par son étendue et les vestiges de quelques édifices; mais, actuellement, elle compte une faible population vivant au milieu des ruines. A voir celles-ci, nous nous applaudissions fort d'être l'objet des attentions du Pacha, car, sans cela, il est probable que nous eussions été beaucoup moins bien logés dans les maisons délabrées des habitants. Au lieu de cela, nous étions dans la demeure du *Mutselim*, et les appartements qui y avaient été préparés pour nous étaient, de beaucoup, plus confortables qu'aucun des logements que nous avions encore habités depuis notre départ. Nous y avions d'excellentes cheminées, de bons tapis avec des divans, et, par un raffinement dont je n'aurais pas cru les Turcs capables, les portes étaient doublées d'un feutre épais. Mais, en dépit de cette recherche, comme il faut toujours que, dans une maison turque, la misère du pays se trahisse par quelque bout, les carreaux de toutes les fenêtres étaient en papier huilé.

Le *Mutselim* se donnait beaucoup de mal pour nous traiter de son mieux; il veillait à tout, et poussa la courtoisie jusqu'à visiter chacun de nous dans sa chambre, afin de s'assurer que rien ne manquait. Il était d'une prévoyance et d'un soin auxquels nous n'étions pas habitués ; nous étions bien loin de nous attendre à tant d'empressement, d'après la réception que nous avait faite le gouverneur de *Gumuch-Khânèh*. Il était impossible de n'y pas reconnaître l'exécution d'ordres supérieurs, et de recommandations faites par Hafiz-Pacha.

Malgré les douceurs de cette halte, et nonobstant les instances du gouverneur qui voulait nous retenir, nous nous mîmes en route le lendemain, de grand matin, en compagnie du frère du Pacha, qui voulut nous conduire jusqu'à la limite de ses domaines, malgré le froid et le givre glacé qui obscurcissait l'atmosphère. Après qu'il eut marché avec nous près de deux heures, M. de Sercey le força à recevoir ses adieux, et lui réitéra ses remerciements de la manière affable dont il avait exercé l'hospitalité envers nous tous. Les deux officiers venus d'*Erzeroum* restèrent avec nous ; ils ne devaient nous quitter qu'à la frontière persane.

Nous parcourûmes, dans toute sa longueur, la vallée qui commence à *Baïbout*. Elle est très-étroite, et envahie, dans la presque totalité de sa largeur, par une petite rivière, et par des marécages où croissent des arbrisseaux au milieu de hautes herbes d'où sortirent, au bruit de nos pas, un grand nombre de canards et de perdrix.

Après six heures et demie de marche dans cette vallée, nous arrivâmes au petit village de *Massat*, qui est situé sur une haute montagne, hors de notre route, où force était d'aller coucher pour trouver des vivres. Ce village, comme la plupart de ceux de la contrée dans laquelle nous entrions, se compose de misérables huttes faites en partie sous terre, et dont les toits se confondent avec le sol. Elles sont construites ainsi, afin de garantir du froid qui sévit avec beaucoup de rigueur et dure six mois de l'année. Ces cabanes sont divisées en deux parties : l'une spacieuse, sert d'écurie ; des mangeoires et des râteliers règnent tout autour ; l'autre, plus restreinte, est séparée de la première par une balustrade, et constitue l'appartement des habitants ; elle est élevée d'une marche ou deux au-dessus du sol de l'écurie, et munie d'une petite cheminée qui ne fait pas honneur aux fumistes du pays. C'est sur cette estrade que se tient la famille dans chacune de ces cahuttes ; c'est là qu'on nous installa pour la nuit.

Le bois est très-rare dans cette contrée, on y brûle le plus ordinairement des espèces de mottes faites avec de la fiente d'animaux et de la terre liée avec un peu de paille. Cet étrange combustible a le double avantage de donner très-peu de chaleur, et de faire une fumée intense qui ne sort pas par le conduit de la cheminée ; elle se répand, au contraire, d'une manière épouvantable et cruelle pour les yeux et pour la poitrine, dans la salle où elle circule en gros nuages, monte lentement à la partie supérieure de la voûte en bois qui sert de couverture, et dans laquelle est pratiquée une petite ouverture par laquelle elle ne peut s'échapper qu'avec une lenteur désespérante.

Nous étions donc, à *Massat*, logés dans des étables, avec les buffles dont les excréments répandaient une odeur insupportable ; sans moyen de nous chauffer efficacement pour combattre les 16° qui se faisaient sentir par mille fissures, et de plus enfumés comme des renards. Pour comble de misère, quand nous voulûmes dormir, des milliers de petits animaux noirs, aux jarrets élastiques, nous firent de si cruelles morsures qu'il ne fut possible à aucun de nous de fermer l'œil. Ce n'a jamais été sans douleur que, depuis, nous nous sommes rappelé la nuit de *Massat* et ses puces.

Étant restés éveillés, nous ne fûmes pas longs à nous mettre en route, mais nous eûmes toutes les peines du monde à faire lever nos deux officiers turcs. Habitués aux incommodités du genre de celle qui nous avait paru si intolérable, ils dormaient encore d'un profond sommeil quand nous montâmes à cheval.

Le soleil ne pouvait parvenir à percer l'épais brouillard qui, par son humidité pénétrante, augmentait encore l'intensité du froid. La route était fastidieuse; pour toute distraction nous rencontrâmes, dans un grand marais, un immense troupeau de buffles gardés par des pâtres accroupis autour d'un petit feu qui faisait à peine fondre la neige sur laquelle ils se trouvaient. Nous avions, à notre droite, un pic élevé que nos guides nous dirent s'appeler le *Pic-Blanc*, parce qu'il ne se débarrasse jamais complétement des neiges qui s'y amoncellent l'hiver. Au-dessous de ce sommet s'inclinait, plus abordable, une montagne que nous gravîmes avec assez de peine sur le verglas. Quand nous en eûmes atteint le point culminant, nous eûmes devant les yeux un magnifique spectacle. Au loin se déroulait un pays immense : à nos pieds un épais brouillard, semblable à une mer calme, s'étendait jusqu'à une longue chaîne de montagnes auxquelles s'en reliaient d'autres dont les cimes se perdaient à l'infini dans l'air; une légère brume transparente adoucissait l'éclat de la neige qui les couvrait, sans en dérober les divers plans. Nous dominions de là presque toute l'Arménie, et notre vue allait se perdre au sud-est, vers les bords du lac de *Van*. Nous étions sur la montagne de *Khoch-ab-Poûnar*, et pendant que nous en descendions le versant opposé à celui que nous avions gravi, le tableau imposant de ce paysage resta longtemps sous nos yeux. Tout était sauvage et désolé dans les premiers plans, nous seuls nous animions cette grande scène silencieuse. Nous marchions impressionnés par cette nature au milieu de laquelle l'homme se sent si petit, et le voyageur si solitaire, lorsque nos yeux furent distraits par un épisode tout différent, mais qui était bien en harmonie avec le sujet. C'était une troupe de vautours dont les ébats féroces agitaient les ailes sinistres au-dessus d'un cadavre qu'ils déchiquetaient en se le disputant. Le fumet de ce repas immonde avait attiré aussi un loup; mais, assis et immobile, il tendait le cou avec convoitise, sans oser prendre place parmi de si redoutables convives. Nous passâmes sans chercher à troubler cet ignoble festin, et quoiqu'il eût lieu sur le bord du chemin, vautours et loup y étaient si acharnés, les uns par la voracité, l'autre par l'envie et la faim, qu'ils ne se dérangèrent pas.

Le village n'était pas loin. Nous y fîmes halte. Il est placé à mi-côte de la montagne dont il a pris le nom, et qui signifie *Source de bonne eau*. Nous y fûmes logés à peu près comme nous l'avions été la veille; mais du moins nous pûmes dormir, ce dont nous avions grand besoin.

Le jour suivant, il nous restait à franchir les pentes inférieures de la montagne, pour arriver à la plaine immense que le brouillard nous avait dérobée le soir précédent. Il s'était dissipé, et nous pûmes apprécier l'étendue du vaste bassin enfermé de toutes parts entre des chaînes qui reliaient sans interruption le Caucase et le Taurus. Le pays plat que nous allions traverser était celui où, pour la première fois, les eaux de l'Euphrate, divisées en plusieurs lits, coulaient paisiblement. Jusque-là, et depuis leur source, elles étaient plus ou moins entraînées sur les pentes des ravins qui les contenaient, ou brisées par les rocs de granit qu'elles rongeaient en mugissant. Nous passâmes un des bras du fleuve à gué, au milieu des glaçons brisés par les fers de nos chevaux. A en juger par la nature des rives de ce cours d'eau, aux traces creusées à différentes hauteurs sur les berges peu élevées, mais éloignées du lit actuel, nous reconnûmes que cette rivière, peu profonde et peu large en ce moment, devait s'étendre considérablement de chaque côté, lors de la fonte des neiges. L'aspect même de cette plaine que dominaient des masses gigantesques de neige, prouvait qu'elle devait être le vaste réservoir où s'écoulaient de tous côtés les mille ruisseaux formés par le soleil du printemps.

Elle présentait, au reste, quand nous la traversâmes, l'aspect d'un grand désert éblouissant de blancheur; dans son silence profond, elle semblait être le séjour de la mort dont le linceul grandiose était étendu par terre pour y recevoir la dépouille de tout un monde. Excepté le bruit de nos sabres frappant sur nos éperons, ou de la clochette lointaine du mulet qui marchait en tête de la caravane, rien ne s'entendait, rien ne rappelait une contrée habitée. Nous devinâmes cependant au loin, à leurs teintes grises qui se détachaient sur la neige, quelques cabanes de terre indices de villages. Mais aucun être vivant n'annonçait qu'ils fussent peuplés. Les habitants, comme les marmottes de la Savoie, étaient rentrés avec leurs troupeaux au fond de ces antres souterrains, et attendaient là, dans un demi-sommeil, que la nature eût déposé son manteau de glace.

Au milieu de cet océan de neige, il eût été impossible de se diriger sans le secours de longues perches enfoncées dans le sol de distance en distance, et dont l'extrémité s'apercevait. Nous suivîmes scrupleusement, sans nous en écarter d'un pas, ces précieux jalons, et nous atteignîmes vers le milieu du jour, le village de *Poutchiki*. MM. de Lavalette et Gérard ne s'y arrêtèrent pas, l'ambassadeur les dépêcha à Erzeroum pour y saluer le Pacha et le prévenir de son arrivée pour le lendemain.

Le 25 décembre, après avoir fait quelque peu de toilette, et nous être mis dans une tenue plus convenable que ne l'était celle que chacun de nous avait adoptée pour se garantir du froid, nous montâmes à cheval; nous devions, après une faible journée de marche, entrer à Erzeroum. *Abdoullahbey*, le colonel qui nous accompagnait, pensant que le peu d'heures que devait durer cette étape ne seraient peut-être pas suffisantes aux préparatifs de notre réception, nous fit faire une halte hors de la route, au petit village d'*Elidjèh*. Il avait eu l'attention d'y faire préparer quelques pipes et d'excellent café. Nous y fûmes très-sensibles, car il faisait un froid de 18°, et nous avions humé un brouillard qui nous avait gelé les entrailles. Quand nous fûmes bien réchauffés, et que le colonel eut jugé le moment venu de repartir, nous remontâmes à cheval.

Il était deux heures quand nous arrivâmes en vue d'*Erze-*

roum. A une demi-heure des murailles de la ville, nous rencontrâmes une compagnie d'infanterie et un groupe nombreux d'officiers de tous grades envoyés par le Pacha. L'un d'eux, qui marchait en tête, s'avança pour complimenter l'ambassadeur et lui offrir, de la part d'Hafiz-Pacha, un beau cheval arabe, gris, complétement et richement harnaché. C'était, disait-on, celui qui portait le Pacha à la bataille de Nezib, et qui lui sauva la vie par sa vitesse, quand il fut obligé de chercher son salut dans la fuite. M. de Sercey quitta de suite le sien et monta celui qu'il venait de recevoir. Tous les officiers turcs se mêlèrent à nous, et nous entrâmes dans Erzeroum, précédés par l'infanterie qui nous avait rendu les honneurs militaires. Nous passâmes sous des voûtes épaisses fermées par des portes doublées en fer, dont les gonds étaient fixés à d'antiques et fortes murailles. L'ambassadeur alla tout droit au sérail du Pacha, où nous mîmes pied à terre au bruit du canon qui saluait la France.

CHAPITRE IV.

Hafiz - Pacha. — Son hospitalité. — Description d'Erzeroum. — Sa population. — Présents faits par le Pacha.

L'ambassadeur voulait, avant toutes choses, remercier le Pacha de la distinction avec laquelle il l'avait fait recevoir par son frère, à son arrivée dans son pachalik, ainsi que des honneurs qu'il lui rendait lui-même à Erzeroum. Nous montâmes donc chez Hafiz-Pacha qui, contrairement aux usages turcs, se leva et vint au-devant de M. de Sercey. Il nous fit asseoir tous à ses côtés sur son divan, au grand étonnement de ses officiers qui, après s'être prosternés à ses pieds, allèrent humblement s'agenouiller au bout du tapis qui couvrait le plancher de l'appartement. Le Pacha fit beaucoup d'amitiés à M. de Sercey, et lui répéta plusieurs fois qu'il était le bienvenu, *khoch-gueldi*. Nous le trouvâmes de la plus grande simplicité, et d'une affabilité charmante. Sa physionomie franche et expressive, ses yeux pleins de vivacité et d'esprit, nous étonnèrent tout d'abord, car nous ne retrouvions plus en lui le type turc. Cette première entrevue dura près d'une heure, et ce fut au milieu des témoignages d'une franche sympathie et des instances que le Pacha faisait pour retenir l'ambassadeur tout l'hiver, qu'on apporta les *tchibouks*, et qu'on servit le thé et le café.

L'ambassadeur complimenta Hafiz-Pacha à l'occasion d'un

succès qu'il avait récemment obtenu dans une expédition contre les Kurdes. Il leur avait enlevé des chevaux, des troupeaux, ainsi que quelques prisonniers. Le Pacha agréa les compliments, tout en disant « qu'il regrettait d'avoir été « obligé de sévir, mais que, depuis trop longtemps, les « Kurdes exerçaient leurs brigandages, et qu'il y avait eu, « pour lui, nécessité de les punir, afin de les intimider. » Le Pacha pressa vivement M. de Sercey de passer l'hiver à Erzeroum, à cause du mauvais temps et du froid. L'ambassadeur dit qu'il ne pouvait ainsi disposer de son temps, qu'il lui fallait exécuter les ordres du roi. A quoi il lui fut répondu par Hafiz-Pacha « qu'il n'insistait plus, qu'il se taisait devant « une pareille considération, car il savait ce que c'était que « d'obéir à son souverain. »

L'ambassadeur remercia le Pacha d'avoir envoyé au-devant de lui des officiers de sa maison et de ses troupes ; il lui exprima le regret de les avoir fait attendre par le froid qu'il faisait. « Il n'ont fait en cela que leur devoir, répliqua le « Pacha, et une chose qui leur a été personnellement « agréable ; ils auraient voulu faire davantage, et ils auraient « ambitionné l'honneur de lui rendre hommage au moment « où il mettait le pied sur la terre d'Asie. Mais, ajouta-« t-il, cela n'a pas dépendu d'eux plus que de lui-même ; « Trébizonde est dans un gouvernement séparé du sien, et il « ne lui appartenait pas d'aller y remplir les devoirs d'une « hospitalité réservée à un autre. » A l'air du Pacha, en prononçant ces paroles, nous pûmes croire qu'il avait connaissance de la manière dont nous avions été traités dans le pachalik de Trébizonde.

Là-dessus nous prîmes congé du Pacha, qui nous fit promettre de retourner bientôt le voir. L'un des deux officiers qui nous avaient accompagnés depuis *Baïbout*, et qui paraissait plus spécialement attaché à l'intérieur de la maison du Pacha, nous conduisit aux logements préparés pour nous; c'étaient plusieurs maisons les unes à côté des autres, situées dans la partie de la ville habitée par les chrétiens. Nous fûmes tous installés dans des appartements très-confortables, garnis d'excellents tapis, et avec de bonnes cheminées bien approvisionnées en bois, ce qui était la chose que nous prisions le plus. Après les tristes feux qui nous avaient abîmé les yeux, et contre lesquels nous avions inutilement fatigué nos poumons à force de souffler, c'était une véritable fête que de trouver du bois faisant de belles flammes et pétillant dans l'âtre en répandant une douce chaleur; aussi nous grillâmes-nous à qui mieux mieux.

Le Pacha, dans sa libéralité, avait donné des ordres pour qu'on n'oubliât rien de ce qu'il fallait pour la cuisine, et la liste des approvisionnements qu'il avait ordonnés est une pièce vraiment curieuse par la prodigalité qui l'avait rédigée. Ce n'était rien moins que six bœufs, douze moutons, mille œufs, soixante poulets, cent livres de café moka, trente livres de miel, deux cents livres de beurre, plusieurs jarres de vin, du sucre et du tabac en abondance, des fruits de plusieurs espèces, conservés, ainsi que des melons, ce qui était, dans cette saison, un véritable luxe.

Fatigués de dix jours consécutifs de marche, par un froid excessif et dans un pays difficile, nous fûmes heureux de trouver un repos qui devait durer quatre à cinq jours; l'ambassadeur nous avait fait espérer que notre séjour se prolongerait jusque-là.

Dès le lendemain de notre arrivée, le Pacha vint rendre visite à l'ambassadeur, chez qui nous nous trouvions réunis. Les compliments recommencèrent comme la veille, et, comme la veille aussi, Hafiz-Pacha nous parut un excellent homme, simple et affable. J'eus, dans le cours de cette entrevue, l'explication de l'effet qu'avait produit sur moi sa physionomie intelligente et ouverte, en cela si différente de celle des Turcs. Il nous dit qu'il était Circassien. Sa nationalité native nous fut révélée à l'occasion d'un petit mannequin d'acier, figurant un homme d'armes, dont on lui fit présent : « Moi aussi, dit-il, j'ai porté la cotte de mailles quand j'étais « *Tchirkess.* » En effet, les Circassiens la portent encore, et l'on en trouve aussi beaucoup chez les Kurdes.

Ce sujet amena naturellement la conversation sur la guerre que les Russes font dans le Caucase. Très-jeune encore Hafiz-Pacha avait été amené, de Circassie, à la cour du Sultan Mahmoud. Il avait franchi successivement tous les échelons que la fortune lui rendit faciles. Voué et fidèle au service de l'empereur de Constantinople, son âme n'en était pas moins restée sensible aux malheurs comme aux victoires de ses compatriotes. Dans les entretiens que nous eûmes avec lui, sa nature franche et disposée à la sympathie le laissait aller à l'abandon des causeries intimes. Il parlait volontiers de la Circassie et du patriotisme de ses nobles enfants ; les vœux secrets de son cœur se trahissaient cependant plutôt qu'il ne les avouait hautement. Indépendamment de la raison politique venant de sa position, et qui lui interdisait des souhaits trop ouvertement manifestés, il expliquait ses réticences en disant : « Je suis allé en Russie, j'y ai été comblé de fa-« veurs et de bontés par le czar, je ne peux lui souhaiter du

« mal. Je me borne à attendre ce qui résultera des décrets
« de la Providence. » La noblesse de ce langage écartait
certes tout blâme que le plus ardent ami des *Tchirkess* aurait
été tenté d'infliger au Pacha pour ne pas désirer plus franchement leur triomphe. Mais il était d'ailleurs impossible de
se méprendre sur ses sentiments secrets en l'entendant parler
de ce que ces belliqueux montagnards ont fait et de ce qu'ils
sont capables de faire encore. Entre autres phrases qui le trahissaient, je citerai celle-ci : « Ce qui fait la force des Russes,
« c'est le manque de munitions des *Tchirkess*. Ceux-ci man-
« quaient de soufre pour fabriquer de la poudre. Tous les
« ports, tous les rivages sont gardés ; on ne pouvait leur en
« faire passer. Mais, par un miracle de la volonté providen-
« tielle, une montagne s'est ouverte, et, dans ses entrailles,
« les *Tchirkess* ont trouvé cette matière indispensable. Dé-
« sormais ils pourront mieux résister aux Russes, peut-être
« les repousser..... *Inchallah!* » Tout le patriotisme du Pacha,
tous ses vœux pour les Circassiens se révélaient dans ce
inchallah, plaise à Dieu! Cette invocation à l'Être suprême,
cette espérance en Dieu, est l'expression la mieux sentie de
la foi d'un musulman dans la protection du Tout-Puissant.
Hafiz-Pacha disait donc noblement qu'il ne voulait pas de
mal à l'empereur dont il avait été l'hôte, mais son cœur ne
pouvait se défendre de l'espoir que le ciel interviendrait dans
cette guerre et protégerait les héros du Caucase.

A propos du caractère aventureux et guerroyeur des
Tchirkess, le Pacha dit ceci, qui peut ne pas être pris en
bonne part, mais qui certainement dans sa pensée était un
compliment à notre adresse : « Je ne connais, dit-il avec
« une courtoisie marquée, que deux peuples qui soient vé-

68   VOYAGE EN PERSE.

« ritablement braves, les Français et les *Tchirkess*. Les au-
« tres se battent bien, mais toujours mus par un sentiment
« réfléchi, l'obéissance, le devoir ou le fanatisme. Les Fran-
« çais et les *Tchirkess* se battent par goût et pour le plaisir
« de se battre. »

Dans le cours de cette visite, pendant laquelle l'amabilité et l'enjouement du Pacha nous firent paraître très-courtes les deux heures qu'elle dura, j'eus tout le temps d'observer cet homme que la fortune trahit si cruellement à Nezib, dont les revers mirent alors en émoi toute la diplomatie en Orient, et furent plus tard la cause de débats sérieux en Europe (12). Hafiz-Pacha me parut avoir de quarante-cinq à cinquante ans. Sa taille est moyenne, sa barbe courte et légèrement grisonnante; il a l'air doux et noble. Sa physionomie est loin d'avoir cette immobilité que l'on remarque sur celle des Turcs, elle est au contraire très-expressive. Ses yeux, d'un bleu clair, ont une grande vivacité. Dans toute sa personne il régnait une animation excessive qui n'était que bien faiblement tempérée par les habitudes de nonchalance particulières aux Orientaux. Ses manières étaient prévenantes autant qu'aimables. Il paraissait aimer beaucoup le commerce des Européens et s'intéresser sérieusement à leurs découvertes. Il cherchait à s'en instruire pour en faire profiter son pays, et affectait de rejeter bien loin le mépris stupide qu'ont en général les mahométans pour notre civilisation. Il y avait cependant un point sur lequel nous ne pouvions passer condamnation en sa faveur; il avait pour médecin un Piémontais qui avait été *cuisinier* à bord d'un navire marchand, le Pacha ne l'ignorait pas! Il est vrai qu'il n'avait pas une foi aveugle dans sa science, mais il disait : « Que voulez-vous? faute de mieux je le garde. *Allah Kerim!* » Ce qui voulait dire, *Dieu est grand! Dieu me sauvera!*

Hafiz-Pacha, dont je cherche à esquisser le caractère, montrait de l'esprit dans la conversation, il avait même du trait et ne dédaignait pas les jeux de mots. L'un de nous lui ayant offert une boîte de cigarres, sur ce qu'il avait fait la remarque que c'était une manière de fumer plus commode à cheval que le *tchibouk* turc, il en prit de suite un. On lui présenta du feu au bout d'une pince, un charbon s'en échappa, et, comme on s'empressait de secouer sa pelisse qui brûlait, il dit en riant : « Le Pacha n'a pas peur du feu. » Je pensai à la bataille de Nezib où il le vit de très-près, et où, dit-on, il voulait se faire tuer quand il aperçut sa cavalerie tournée par les Égyptiens, et son infanterie passée du côté d'Ibrahim. Ce grand désastre avait entraîné, non-seulement la perte de sa gloire militaire, mais encore celle de toutes ses richesses; sa tente resplendissante d'or et de soie, pleine de riches tapis et d'objets précieux, était tombée au pouvoir des Égyptiens et fut saccagée par une soldatesque avide de pillage. Le Pacha nous racontait cela avec une philosophie admirable, il ne paraissait pas regretter ses biens perdus, les trésors qu'on lui avait enlevés; son front ne s'obscurcissait que quand il en venait à parler de son infortune comme soldat, et de l'obligation où il fut, pour sauver sa tête, de fuir presque seul.

En effet, quand tout fut perdu, sans qu'il pût même appliquer à son armée transfuge le mot consolant de François Ier, il s'échappa du champ de bataille, où il se voyait abandonné, escorté seulement de cinq ou six officiers fidèles et dévoués. Il se jeta dans le Kurdistân, dont les montagnes et les défilés lui offraient plus de chances de salut. Il y rencontra cependant des ennemis nouveaux, et fut attaqué par un parti nombreux de Kurdes. Sa petite troupe dut se défendre, elle le fit vaillamment. Le Pacha lui-même mit le sabre à la main, et tua deux de ces bandits. Mais c'était là une bien faible compensation aux coups que lui avait portés le sort. Tout ce que je mentionne ici d'Hafiz-Pacha n'a rien de bien saillant, mais c'est caractéristique. Cela montre cet homme sous un aspect qui n'est pas celui ordinaire aux Turcs. Ce pacha est une exception parmi eux. Il faut dire qu'on en rencontre beaucoup plus de la nature du *Mutselim* de *Gummuch-Khânèh*, que de celle du commandant supérieur de de la province d'*Erzeroum*. La plupart des Turcs, endormis, insouciants, apathiques, font ressortir comme une anomalie une nature vive, spirituelle et sympathique.

J'eus plusieurs fois, pour ma part, l'occasion de revoir le Pacha; car ayant su que j'avais le plus grand désir de faire son portrait, il s'y prêta de la meilleure grâce du monde. Et cependant, n'y avait-il pas, dans cette condescendance, une grave infraction à la règle musulmane? Jamais, dans les différentes visites que je lui fis, son amabilité ne se démentit. Malheureusement je ne savais pas encore assez de turc pour le comprendre, et sa conversation, traduite par un drogman, devait perdre beaucoup de l'esprit qui lui était personnel. Il fit preuve de beaucoup plus d'érudition artistique que je ne lui en aurais supposé. Il me parla de Raphaël et d'autres maîtres de l'école italienne dont il avait vu des tableaux en Russie. Il m'adressa plusieurs questions sur la peinture, et fit sur cet art des remarques très-judicieuses qui prouvaient de sa part de la réflexion et du goût. Ce thème était d'autant plus étonnant, traité par lui, que, dès son enfance, il avait dû être imbu des préjugés absurdes des *Sunnites* (13) concernant la peinture et les images en général.

Je fis le portrait d'Hafiz-Pacha en deux éditions, l'une que je lui donnai, l'autre que je gardai pour moi. Je lui offris aussi une vue d'*Erzeroum*, dont il me dit avoir l'intention de faire hommage au Sultan, avec une autre de *Bayazid*, qu'il me pria de lui envoyer. « Ces deux villes, me dit-il, « défendent la frontière turque du côté de la Russie et de « la Perse; elles sont, donc, d'un grand intérêt et ne peu- « vent manquer d'exciter celui de Sa Hautesse, qui sera « enchantée d'en avoir des vues. »

Pendant le séjour que nous fîmes à Erzeroum, j'allais chaque matin chez le Pacha, autant pour le plaisir de causer avec lui que dans le but de faire son portrait. Il m'avait pris en affection et me témoignait chaque jour plus d'amitié. Lorsque je lui fis ma dernière visite, il voulut me donner un souvenir de sa bienvillance, et, en me disant : « Puisque « vous allez en Perse, je vais vous faire Persan.... » il me plaça lui-même sur les épaules un large manteau de cachemire noir brodé, du nom d'*abhah* ou *machlah*, qu'il me dit avoir porté en Syrie et avoir sauvé du pillage de *Nezib*. Chose extraordinaire et incroyable pour un Turc, il m'embrassa paternellement et me dit qu'il ne m'oublierait jamais, ajoutant : « Si un jour, dans le cours de votre voyage, ou de « votre vie plus tard, vous avez besoin de moi, rappelez- « vous que je serai heureux de vous servir..... » Il me demanda ensuite mon nom, mon prénom, les écrivit en turc, et voulut que je les lui écrivisse au-dessous en français. Puis épelant les syllabes, il les répéta jusqu'à ce qu'il en eût pris exactement la prononciation. Il y avait là, de la part de ce haut personnage, quelque chose de si paternel, de si sincèrement affectueux, que j'en fus extrêmement ému. Il l'était lui-même en me disant adieu, et nous nous séparâmes le cœur très-attendri.

Hafiz-Pacha paraissait avoir une connaissance assez étendue de la politique européenne. Les principaux faits de l'histoire contemporaine lui étaient familiers. Dans les diverses entrevues que nous avions eues avec lui, il faisait de fréquentes questions sur le roi Louis-Philippe et la famille royale. Les détails de notre révolution de 1830 l'intéressaient beaucoup, sans qu'il pût toutefois en bien saisir le but : il y a des considérations de politique et de liberté, surtout comme on l'entend en France, qui n'étaient pas à sa portée. Il paraissait d'ailleurs professer une haute estime pour le caractère du roi, et pour le mérite élevé dont ce prince avait fait preuve depuis qu'il était monté sur le trône.

Hafiz-Pacha, par la manière dont il nous avait donné l'hospitalité, nous avait prouvé ce que sa bienveillance avait de positif et de réel. Nous avions déjà bien des raisons de croire que dans son caractère brillant et animé il y avait également de la solidité. Mais, la veille de notre départ d'*Erzeroum*, il nous en donna une dernière preuve qui vint ajouter la prodigalité la plus généreuse à toutes les libéralités dont nous avions déjà été l'objet de sa part. Il envoya à l'ambassade, pour être distribués entre nous, seize chevaux, seize sabres damas, et, dans sa générosité tout orientale, il alla jusqu'à faire remettre une somme énorme, 20,000 piastres, qu'il priait l'ambassadeur de répartir entre les serviteurs de sa suite. Il fallut accepter les chevaux et les armes, en retour des présents offerts par M. de Sercey au Pacha ;

mais celui qu'il entendait faire à notre domesticité était trop contraire à nos usages pour que l'ambassadeur l'agréât. Ce ne fut, au reste, qu'avec les plus grandes peines, et tout à fait malgré lui, que le Pacha renonça à une libéralité qu'il fallut, pour le décider, lui représenter comme un dangereux précédent dans les circonstances analogues que l'avenir pouvait nous réserver.

Dans l'après-midi du jour où le Pacha nous avait fait des dons si magnifiques, nous allâmes tous en grande tenue lui faire nos adieux. Rien ne flatte autant les Orientaux que l'apparat, et c'est faire un très-vif plaisir, en même temps qu'un très-grand honneur, à un personnage d'un rang élevé que de paraître devant lui avec des habits de cérémonie. Aussi Hafiz-Pacha parut-il très-sensible à la tenue dans laquelle nous étions tous pour venir le saluer et le remercier une dernière fois. Nous étions, les uns en habit brodé de diplomates, les autres en uniforme militaire, ou de fantaisie.

— Le Pacha fut visiblement flatté de nous voir ainsi, et il trouva quelque chose d'aimable à dire à chacun sur son habit ou sa tournure. Mais ce fut M. Daru qui attira surtout son attention par son uniforme de capitaine de hussards. Indépendamment de son élégance et de sa richesse, cet uniforme brillant plaisait surtout au Pacha parce que, nous dit-il, « il lui rappelait celui qu'il avait porté dans sa jeu-« nesse, et ravivait dans sa mémoire le souvenir d'un temps « heureux. » En effet Hafiz-Pacha avait été officier de cavalerie, *Nizam-Atli*, corps créé par le sultan Mahmoud lorsqu'il introduisit ses réformes dans l'armée comme dans les autres éléments constitutifs de l'empire turc.

Dans cette dernière visite, le Pacha se surpassa en cordiale amabilité ; il nous témoigna, avec toutes les marques d'une affection sincère, le chagrin qu'il éprouvait de nous voir le quitter sitôt. « Il avait espéré, disait-il, que les glaces de « l'hiver, et les passages si difficiles à franchir, dans les « montagnes que nous avions à traverser, nous auraient « retenus auprès de lui quelque temps. » Il ajouta : « qu'il « ne nous oublierait jamais; qu'il s'estimait bien heureux « de nous avoir connus; que, dans le cours de sa vie, il avait « quelquefois rencontré des hommes aimables et qu'il avait « affectionnés, mais que jamais il n'en avait trouvé autant « de réunis. » Le compliment était, certes, aussi flatteur que bien tourné. Il ne fallait pas moins que tout l'esprit et le savoir de M. Desgranges, qui servait d'interprète, pour n'être pas en reste de gracieuseté avec le Pacha.

L'ambassadeur mit à profit les bonnes dispositions où il le voyait pour lui demander la grâce d'un chrétien. Ce malheureux, pris d'une velléité d'apostasie, avait voulu se faire circoncire. Mais le repentir, plus actif chez lui que l'abjuration, le fit reculer, et il ne voulait plus devenir mahométan. La loi musulmane est formelle sur cet article, elle entraîne la peine de mort. Le pauvre chrétien, qui était d'ailleurs un Arménien schismatique, devait mourir. Cependant le Pacha accorda sa grâce, en disant : « qu'il ne savait pas comment il « s'arrangerait avec les mollahs, très-fanatiques dans cette « partie reculée de l'empire ottoman. »

Nous prîmes congé d'Hafiz-Pacha, enchantés de lui, reconnaissants de l'hospitalité si grande et si bienveillante qu'il nous avait donnée. De son côté, il paraissait très-ému en nous répétant : « *Khoch-gueldin... Allah-saklasen*, vous « êtes les bienvenus... Dieu vous conserve ! »

Après cette prise de congé officielle, nous croyions ne plus revoir Hafiz-Pacha. Aussi, fûmes-nous très-étonnés, quelques heures après, de le voir entrer chez M. de Sercey, disant qu'il ne voulait pas laisser finir la soirée sans la passer avec nous. Puis, sans plus de façon, il s'invita à dîner. Pendant toute la durée du repas, il fut d'une gaieté charmante, n'ayant aucun scrupule de goûter à tous les mets, et buvant du vin comme un Européen de bonne compagnie, plutôt que comme un musulman enchanté de trouver l'occasion d'enfreindre la règle du Koran. L'ambassadeur porta sa santé; mais le Pacha, qui comprenait fort bien l'esprit et l'intention d'un toast, se refusa à accepter celui-ci, disant : « qu'il fallait, avant, boire à la santé du roi de France et de « sa famille. »

La soirée qui succéda à ce dîner fut remplie par les récits d'une foule d'anecdotes gaies, intéressantes, et racontées spirituellement par Hafiz-Pacha qui en fit presque à lui seul tous les frais. Il fut reconnu dans le salon de l'ambassadeur, par le *Tchiaouch-bachi*, ou *chef des serviteurs* turcs de l'ambassade, à qui il avait sauvé la vie, il y avait vingt ans. Cet homme, qui s'appelait Fesy, avait été janissaire à Constantinople, et mauvais sujet, comme ils l'étaient tous, ne connaissant d'autre loi que celle du sabre, d'autre argument que le poignard. A la suite d'une querelle et d'une rixe dans laquelle il avait tué un homme, Fesy avait été condamné à perdre la tête. Hafiz-Pacha, par les fonctions qu'il remplissait alors, put intervenir d'une manière efficace, et sauva le janissaire. Cet épisode datait déjà de loin, et si le coupable gracié se souvenait du bienfait, le bienfaiteur avait oublié sa clémence. Le Pacha retrouvant, après vingt années, l'ancien janissaire, la moustache grise, ayant changé la crânerie de sa jeunesse contre un air posé et une tournure grave, revint sur le meurtre qu'il avait pardonné et demanda à Fesy comment, lui qui paraissait maintenant un homme si sage, il avait pu se laisser aller à une extrémité si fâcheuse. Le vieux *Tchiaouch* répondit, avec le plus grand sang-froid, et comme s'il se fût agi d'une simple peccadille : « J'étais « jeune, dans ce temps-là..... et janissaire. »

Il se faisait tard, le Pacha dut se retirer; les adieux recommencèrent, et avec eux des protestations réciproques de souvenir affectueux.

Pendant la durée de notre halte à Erzeroum, l'ambassadeur avait reçu la visite de tous les Européens, agents politiques ou autres, qui habitaient cette ville. Parmi les premiers, les seuls qui fussent accrédités officiellement, étaient le consul d'Angleterre et celui de Russie. Ces deux puissances sont les seules qui, à partir de ce point, aient des représentants en Asie. La France n'en a aucun; Trébizonde est la limite extrême du rayonnement de son influence dans le nord du continent oriental. Dans une autre direction, elle s'étend sur quelques points du littoral de la Méditerranée, puis, franchissant les déserts du sud, elle déploie son pavillon à Mossoul et Bagdad. Mais dans tout l'intérieur de l'Asie Mineure, en Arménie, en Kurdistan, en Perse, et au delà, jusqu'en Chine, il ne se rencontre aucun agent français. Aussi le terrain politique, c'est-à-dire celui des intrigues, celui où se joue le sort de ces vastes pays, est-il abandonné à l'ambition envahissante de la Russie et de l'Angleterre. Cet abandon porte ses fruits depuis longtemps. Ces deux nations sont toutes-puissantes sur leurs faibles voisins, tandis que le nom français est à peine connu d'eux. — Au reste, la mission de M. de Sercey avait pour but de faire cesser cet état de choses, du moins en partie, en se rendant auprès du Châh de Perse pour y poser d'une manière honorable le crédit de la France.

A Erzeroum nous trouvâmes, indépendamment du consul anglais, M. Brandt, trois personnes attachées à l'ambassade anglaise, en ce moment retirée de la Perse. M. Mac-Nill, ministre représentant la Grande-Bretagne, à la cour de Teherân, avait dû quitter son poste, à la suite d'un différend qu'avait soulevé entre lui et le gouvernement de Mehemet-Châh, le siége d'Herat, entrepris par ce souverain (14). M. Mac-Nill était parti pour Londres, rendre compte de ce qui s'était passé, et chercher de nouvelles instructions. Il avait laissé à Erzeroum, point rapproché de la frontière persane, M. le colonel Shill et deux autres attachés, qui attendaient, pour rentrer en Perse, les ordres de leur gouvernement et un accommodement qu'ils ne mettaient nullement en doute. Ces agents paraissaient d'ailleurs un peu intrigués et inquiets de la mission de M. de Sercey. La politique anglaise, en Orient comme partout, est tellement ombrageuse qu'elle ne peut souffrir de concurrence. Aussi, les visites de ces messieurs étaient-elles fréquentes, et faites sans doute dans l'espoir d'emporter de chacune d'elles quelque renseignement utile à l'attitude qu'ils devaient prendre, ou aux instructions secrètes qu'ils devaient adresser à leurs agents restés en Perse.

Erzeroum est une des villes importantes de la Turquie d'Asie. Capitale de l'Arménie septentrionale, ou haute Arménie, elle est aussi le chef-lieu du pachalik qui porte son nom, et qui se divise en plusieurs districts commandés par des pachas qui relèvent de celui qui y fait sa résidence.

Quelques étymologistes font dériver son nom de *Arx Romanorum*, *citadelle romaine*. Elle paraît d'ailleurs avoir été fondée, ou plutôt avoir pris de l'importance, en 415, sous le règne de Théodose II. Cette contrée, qui fut le berceau du christianisme arménien, est célèbre par le martyre de saint Grégoire, qui vint y prêcher l'Évangile. Torturé par Tiridate, sa constance et sa foi triomphèrent du fanatisme ignorant de ce prince, qui se convertit à lui avec une grande partie de son peuple et reçut le baptême. De là le surnom d'Illuminateur que les Arméniens donnèrent à saint Grégoire.

Erzeroum tomba au pouvoir des Ottomans dans l'année 1517. Les Russes s'en sont emparés en 1829, mais ils la rendirent à la Porte l'année suivante. Ce n'est pas sans que leur passage en cette ville lui ait fait beaucoup de tort, car ils en emmenèrent un grand nombre de familles arméniennes pour les établir au delà de l'Araxe devenu leur frontière. Ils ne firent d'ailleurs aucune différence entre les orthodoxes ou catholiques et les schismatiques ; et ils opérèrent sur une si vaste échelle dans cette rapine, que, pour ne parler que des catholiques, de quatre cent cinquante familles de ces derniers, il ne s'en trouve plus que trente-six. La population de cette ville est aujourd'hui peu industrieuse ; la première raison en est l'émigration forcée dont je viens de parler, la seconde tient à la nature du pays et à celle de la nation arménienne. L'une et l'autre sont agricoles. Anciennement, le peuple de ces contrées passait pour être essentiellement pasteur et agriculteur. Ses goûts lui sont restés, et la fécondité de ses plateaux élevés, la richesse de ses vallées arrosées par de nombreux cours d'eau, ont entretenu ses penchants naturels. Aussi, la plaine d'*Erzeroum*, qui est très-vaste, est-elle un des points les mieux cultivés et les plus riches par ses magnifiques récoltes, que l'on puisse voir dans l'empire ottoman où généralement tout languit, tout meurt, la nature comme les générations.

A part les marchés nécessaires aux cultivateurs des nombreux villages qui avoisinent *Erzeroum*, le commerce de cette ville est tout de transit. Dans ses vastes *khans* où se succèdent les caravanes, les ballots qu'elles y apportent restent intacts. Venus de la Perse ou de l'Inde, ils s'acheminent vers Constantinople. S'ils arrivent de cette ville ou du Frenguistân, ils continuent leur route pour aller dans les bazars éloignés de Tabriz ou d'Ispahan. Ce passage continuel de caravanes est une cause d'aisance pour la population, qui trouve ainsi l'écoulement d'une grande partie de ses denrées; mais il est surtout, pour le gouvernement turc, une source de richesses, à cause des droits énormes que prélèvent la douane et le fisc.

Erzeroum est bâtie sur un terrain en pente, lié à la base d'une haute montagne qui la domine du côté du sud. Cette disposition permet à ses divers quartiers et à ses édifices de former des plans de hauteurs différentes qui contribuent à lui donner un aspect pittoresque. A peu près au centre de la ville, est comme un noyau enveloppé de tous côtés par les vastes quartiers ouverts sur la campagne, et qu'habitent séparément, les musulmans pour les neuf dixièmes, les chrétiens pour le reste. La partie centrale s'appelle l'*ark*, nom qu'on peut traduire par la *forteresse*, la *ville fortifiée*, et qui semble dérivé du latin *arx*; cette portion, séparée du reste de la ville, est conforme aux usages de l'Orient. Elle se rencontre généralement, je pourrais même dire sans exception, dans toutes les villes d'Asie. C'est le quartier clos, défendu par des murailles, où habite le chef, prince, Pacha, ou simple *mutselim*, qui fait sa résidence dans ce lieu. L'*ark* d'Erzeroum est très-fort. Il est entouré de hautes murailles crénelées, bastionnées, avec embrasures pour des canons, au pied desquelles sont creusés, pour en défendre l'accès, de profonds et larges fossés. Quatre portes y donnent entrée; elles sont doubles, extrêmement grandes, et garnies d'épaisses plaques de fer fixées sur les vantaux par des barres et des clous de même métal, qui en assurent la solidité. La physionomie de cette enceinte n'est point turque; elle a une apparence de force et d'antiquité qui la font attribuer vraisemblablement aux Romains, au moins pour son origine. Elle justifie pleinement le nom de *arx* ou *citadelle* que ceux-ci lui avaient donné.

Cette partie de la ville est d'ailleurs la plus importante par ce qu'elle renferme, et la plus intéressante par les édifices qui la distinguent des faubourgs circonvoisins. On y voit un grand nombre de mosquées et de bains. Un statisticien du pays portait les premières à cent, les seconds à seize. D'après ces chiffres, on devrait croire la population de cette ville considérable, car ces lieux publics peuvent, en Orient, être considérés comme une échelle proportionnelle propre à faire connaître le nombre des habitants. Il est vrai que les chiffres cités ici comprennent les mosquées en ruines, et s'appliquent non-seulement à celles situées dans l'ark, mais encore à celles des faubourgs. Néanmoins, en portant la population d'Erzeroum à cinquante mille âmes, je crois être aussi près de la réalité qu'il est possible d'en approcher dans un pays où l'on ne tient aucun registre d'état civil, et où des à-peu-près sont les seules données que l'on doive espérer. La portion de la ville que renferme l'*ark* paraît plus ancienne que celle qui l'entoure. En effet, on y rencontre des restes de monuments qui ne portent point le caractère turc ; ils ont le cachet d'un art antérieur à l'invasion des Osmanlis dans ces contrées. L'authenticité de l'origine de quelques-uns d'entre eux est douteuse; cependant il y en a qui paraissent être du premier temps de l'islamisme. A la forme des coupoles de certaines mosquées, à la courbe de leurs arceaux, aux mosaïques de briques émaillées qui ornent leurs minarets, et surtout aux inscriptions coufiques qui les accompagnent, on doit croire qu'elles ont été élevées sous la domination des Seldjoucides. De celles-ci, il y en a plusieurs de ruinées. A côté d'elles s'élèvent les restes d'un édifice que les Turcs disent être l'ouvrage des *guiaours*, ou *infidèles*, c'est-à-dire des *chrétiens*. Je n'ai pu recueillir sur cette origine aucun renseignement certain, et j'ai pensé que les *guiaours* auxquels est attribué ce monument n'étaient autres que les Arméniens, possesseurs aborigènes du pays avant l'intrusion des hordes mahométanes. Quoi qu'il en soit, voici ce que sont ces ruines, qui sont dignes d'attention : elles paraissent être celles d'une église, autant que, pour justifier cette opinion, on peut s'appuyer sur la disposition intérieure. Ce plan forme une croix latine, et la nef principale aurait été comprise entre deux rangs d'arcades, surmontés chacun d'un second étage d'arcades semblables. Les notions que l'on peut recueillir auprès des gens du pays sont toujours tellement obscures et mêlées de traditions si invraisemblables, qu'il est difficile d'y ajouter foi. Cependant je pense que l'on ne serait pas éloigné de la vérité en croyant ce que disent de ce monument les Arméniens, qui racontent que ce fut bien une belle église renversée et ruinée presque de fond en comble par les Turcs. Mais à quelle époque, pourquoi, et à la suite de quel événement? c'est là ce que je ne pus réussir à découvrir. Aujourd'hui quelques réduits abrités au milieu de ces décombres servent de magasins d'armes. Il y en a de toutes sortes, et, parmi elles, je ne fus pas peu étonné d'en voir qui portaient le cachet d'armures européennes, semblables à celles des guerriers de la croix. Les Turcs paraissent attacher un grand prix à leur possession ; ils disent qu'elles proviennent des *guiaours* qu'ils ont vaincus. Ne seraient-ce pas les dépouilles des infortunés Croisés qui périrent dans l'Asie Mineure, et ne faudrait-il pas voir là les tristes trophées enlevés, par les princes musulmans de *Koniah*, aux chrétiens massacrés dans les défilés du Taurus ou sous les murs d'Antioche? Il est difficile d'expliquer autrement la présence de ces armures à Erzeroum, car jamais, aux temps les plus propices et les plus glorieux de leur puissance, les Croisés ne se sont avancés jusque-là. Il ne me semble pas qu'il soit plus admissible de les attribuer aux Génois. Ces négociants, aussi aventureux qu'ils étaient intrépides marins, avaient tous obtenu des empereurs de Byzance des comptoirs ou colonies dans la mer Noire ; mais nul souvenir, que je sache, ne rappelle qu'ils aient fondé aucun établissement dans l'intérieur du continent asiatique.

Voici bien des hypothèses et des doutes relativement à l'intérêt moral que peuvent offrir au voyageur les vestiges du bel édifice dont je parle. Sans vouloir y chercher des souvenirs historiques, on peut lui accorder une attention que méritent réellement sa construction et les belles formes architecturales qu'il a conservées. Extérieurement, la façade en est fermée par une grande porte ogivale, surmontée de chaque côté de deux espèces de petites tours à larges cannelures, et dont la surface était entièrement couverte de briques émaillées. Les dessins de cette mosaïque, si l'on en juge par ce qu'il en reste, étaient variés et d'une grande élégance ; malheureusement la dégradation qui s'est opérée sur les diverses parties de l'édifice a déjà atteint et fait en beaucoup d'endroits disparaître l'ornementation éclatante de ces tourelles. Une puissante porte bardée de fer interdit l'accès de ces ruines que les habitants d'Erzeroum décorent du nom d'arsenal, à cause de ces heaumes, de ces cuirasses et autres fragments d'armures entassés dans un coin où la rouille de plusieurs siècles les dévore.

Au centre de l'ark, et lui-même enfermé dans des murailles solides, se trouvait le sérail du Pacha. C'était un vaste bâtiment dépourvu d'élégance, pour lequel on avait fait peu de frais d'ornementation. La plus grande partie en était construite en bois. Dans la cour intérieure étaient une mosquée et un bain pour le gouverneur et les officiers de sa maison. J'ai appris, l'année suivante, par des voyageurs que je rencontrai en Perse, que, dans l'hiver de 1840, tout ce sérail avait été la proie des flammes. Hafiz-Pacha, que la fortune semblait avoir complétement abandonné, y perdit encore tout ce qu'il avait.

Quant aux faubourgs ou quartiers qui sont groupés autour de l'ark, peu de chose y attire l'attention. Il s'y trouve quelques belles maisons appartenant à de riches Arméniens, ou habitées par les consuls, mais dépourvues de tout intérêt. Les chrétiens du pays ont de singulières prétentions relativement à l'antiquité d'Erzeroum : ils affirment, avec une grande naïveté, qu'elle remonte à Noé, et que ce patriarche, étant sorti de l'Arche, et ayant descendu les pentes du mont Ararat, vint fonder cette ville. Il ne faut voir là qu'une vanité commune à plusieurs populations de ces contrées, qui non-seulement font remonter l'origine de leur hameau à Noé, mais veulent aussi que l'Arche se soit arrêtée sur le pic qui en est le plus voisin. Sans doute, il faut bien que quelqu'un dise vrai. Mais comment découvrir la vérité au milieu de l'obscurité et de la multitude des traditions.

Le climat d'Erzeroum est un des plus désagréables qui se puissent rencontrer sur le globe. Cette ville est située dans une vaste plaine qui est à plus de 2,000^m au-dessus du niveau de la mer Noire; la neige y couvre la terre pendant au moins six mois de l'année; et quelle neige! jamais moins de cinq à six pieds. Le froid, qui commence en septembre, s'y prolonge jusqu'en mai. Il y devient très-intense, variant durant trois à quatre mois de 15° à 25°. Pendant notre séjour, nous vîmes le thermomètre descendre à 23°. De tout cela il résulte que, dans certaines années, les cultivateurs n'ont devant eux que quatre mois pour labourer leurs terres, les ensemencer et faire leurs récoltes. Il faut dire que, par compensation à ces grands froids, le soleil y a une telle force, et la terre y est si féconde, que ces quatre mois suffisent à la germination et à la complète maturité des grains.

Nous nous étions bien refaits pendant les cinq jours que nous avions passés sur de moelleux divans et auprès d'excellentes cheminées. Il fallait partir. Nous n'avions d'ailleurs aucun regret de quitter Erzeroum qui, malgré toutes les bontés du Pacha, ne pouvait être pour nous une *Capoue*. Aussi nous préparions-nous à marcher en avant avec résignation, et dans l'espoir d'en finir bientôt avec ces affreux frimas. Mais nous ignorions les horreurs qui nous attendaient non loin de là.

Le 30 décembre, nous sortîmes d'*Erzeroum* au milieu d'une nombreuse troupe de cavaliers de toutes sortes, Européens, Arméniens, Turcs, officiers du Pacha envoyés par lui pour faire honneur à l'ambassadeur. Mais le froid était tellement grand que cette brillante escorte n'eut pas le courage de nous accompagner bien loin. Les plus délicats ne tardèrent pas à nous quitter. Peu à peu les rangs s'éclaircirent, et bientôt nous nous trouvâmes seuls, au milieu d'un immense désert de neige, sur lequel il était impossible de deviner une route.

CHAPITRE V.

Hassan-Khalèh. — Passage de l'Araxe. — Delibaba. — Ouragan de neige. — Daar. — Passage du Djedek. — Mollah-Suleïman. — Beloul-Pacha. — Karakilissèh. — Guilassour. — Utch-Kilissèh, — Diadin. — Mont Ararat. — Arrivée à Bayazid.

La journée était déjà fort avancée. Notre colonne était divisée par petits groupes de distance en distance. La différence du pas des chevaux allongea peu à peu ces espaces, et chaque groupe isolé ne tarda pas à marcher seul, sans s'inquiéter des autres. Nous traversions un pays où l'on ne distinguait aucune trace de chemin dans la neige. Chacun marchait de son côté. Aussi, dans l'ignorance de la direction qu'il fallait suivre, plusieurs d'entre nous s'égarèrent.

Resté seul avec un de mes compagnons, je ne sais ce qui arriva des autres qui allaient sans doute, comme nous, à l'aventure. Nous forcions nos montures, car la nuit venait à grands pas. Les cimes blanches des montagnes, tout à l'heure encore dorées par un dernier rayon du soleil, commençaient à bleuir et s'assombrissaient rapidement. Rien sous nos pas ne nous donnait confiance dans la route que nous suivions. Tout, au contraire, nous faisait penser que nous étions dans une mauvaise voie. Nous voulûmes regagner celle que nous supposions la bonne, en coupant brusquement sur notre gauche. A chaque pas nous nous enfonçions dans une neige profonde. Nous roulions avec nos chevaux dans des ravins que le vent avait comblés, en y portant les petites avalanches qu'il soulevait dans la plaine. Mais sur une neige si épaisse les chutes étaient sans danger, et nous en prenions gaiement notre parti.

Cependant, ce qui ne nous provoquait pas autant à rire, malgré notre philosophie, c'était la nuit qui était tout à fait close, et la crainte que nous commencions à avoir de coucher à la belle étoile. Depuis quelques instants nous éperonnions plus énergiquement nos montures, quand nous vînmes à reconnaître une faible trace qui, malgré l'obscurité, se laissait apercevoir sur la blancheur du sol, et attestait le passage récent d'une caravane. Reprenant confiance, grâce à cette découverte, nous poussâmes vigoureusement dans la direction des pas symétriquement empreints par des chameaux sur la neige.

Mon cheval ne voulait plus aller ; celui de mon compagnon, plus obéissant au fouet et aux éperons, trottait encore. Peu à peu il me devança, et je finis par me trouver seul. J'ignorais à quelle distance j'étais du gîte, si même j'étais sur la route qui y conduisait. Dans la crainte de perdre la piste que nous avions découverte, je me penchais, tout en cheminant, sur un de mes étriers, et je regardais avec la plus minutieuse attention si je ne m'en écartais pas. Je ne sais combien de temps se passa de la sorte, mais j'étais transi de froid, et mon cheval ne pouvait plus aller, quand il s'arrêta en hésitant sur le bord d'une rivière gelée. Au delà, j'apercevais des lumières vacillant d'une manière indistincte. Je ne savais si c'était *Hassan-Khalèh*, halte du jour, mais enfin c'étaient des habitations, et plutôt que d'errer toute la nuit, je résolus d'aller y chercher un abri. Sans connaître la profondeur de la rivière, sans savoir si la glace pouvait nous porter, mon cheval et moi, je me hasardai à la passer. A peine étions-nous arrivés au milieu que la glace se rompit. Au même moment, et dans la perplexité où je me trouvais, les jambes dans l'eau, je m'entendis apostropher sur l'autre bord par un groupe de cinq ou six cavaliers armés, dont les lances brillaient aux premiers rayons de la lune qui se levait. La position était critique. Je les pris pour des voleurs et je me mettais en défense, quand, à la faveur de quelques mots turcs que je savais, je compris qu'ils cherchaient l'*Elchi*. Ce devaient être des amis. Cependant, sans remettre dans mes fontes le pistolet que j'en avais tiré à leur vue, j'allai jusqu'à eux; je me fis reconnaître pour être de la suite de l'ambassadeur. Ils m'apprirent que j'étais tout près du village où l'on devait coucher, qu'il était là où scintillaient les lumières que j'avais distinguées, et ils m'y conduisirent.

Le compagnon qui m'avait abandonné y était déjà depuis près d'une heure; je le trouvai installé auprès d'un grand feu qui m'eut bientôt fait oublier toutes mes misères de la soirée. Les cavaliers que j'avais rencontrés avaient été dépêchés par lui à la recherche de l'ambassadeur, personne de sa suite n'ayant encore paru. Il se passa plus d'une heure avant que nous fussions tous réunis.

Assis enfin autour d'une excellente cheminée, et appel fait de tout notre monde, personne ne manquant, il y en eut pour chacun à raconter ses aventures et ses tribulations pendant cette longue et froide soirée.

Nous passâmes la nuit à *Hassan-Khalèh*, qui est une petite

ville fortifiée, au pied d'une colline qui porte une vieille citadelle crénelée. Murs, citadelle ou maisons, tout tombait en ruines.

Dans le voisinage est une source d'eau thermale au-dessus de laquelle une coupole posée sur quatre murs abrite quelques rares baigneurs. Nous la vîmes le lendemain en partant de *Hassan-Khalèh*. Non loin de là, nous traversâmes l'Araxe sur un pont de pierre à neuf arcades que l'imprévoyance des Turcs laisse dans un délabrement déplorable. Les eaux du fleuve charriaient d'énormes glaçons qui descendaient assez rapidement vers la mer Caspienne.

Nous couchâmes au village d'*Amracoum*. Nous nous y éveillâmes le 1er janvier 1840, et ce fut au milieu des cahuttes de ce pauvre hameau que nous nous souhaitâmes une heureuse année, tout en mettant le pied à l'étrier pour faire une traite rapide jusqu'au bourg de *Delibaba*. Cette journée fut beaucoup moins froide que les précédentes : il y eut même un peu de dégel, et le thermomètre était remonté de dix degrés. Nous rencontrâmes plusieurs villages, tous habités par des chrétiens qui forment la plus grande partie de la population de cette contrée à laquelle on donne le nom de *Pazin*. L'étape vers laquelle nous marchions était un des bourgs importants de ce district particulier. *Delibaba* est en effet un grand village mieux bâti, et où, en apparence du moins, il règne plus d'aisance que dans la plupart de ceux que nous avions rencontrés sur notre route depuis Trébizonde. Il est situé à l'extrémité d'une belle plaine dont l'hiver nous empêchait de juger la fertilité, mais qui nous parut devoir mériter les travaux et les efforts des agriculteurs, que nous révélaient de nombreux instruments aratoires et même des chariots qui attendaient, sous des hangars, une saison plus favorable. Ces objets attestaient également, de la part des habitants de *Delibaba*, une industrie agricole plus développée et mieux entendue que nous n'étions habitués à en voir.

Nous nous ressentîmes du bien-être qui paraissait régner dans ce village. Nous y fûmes mieux logés ; à la vérité toujours dans des étables, selon la coutume de l'Arménie, mais avec plus de propreté, ce qui rendait moins désagréable la partie de l'écurie réservée à l'habitation.

Delibaba est à l'entrée d'une gorge qui pénètre dans une montagne fort élevée et très-dangereuse dans cette saison, à cause des tempêtes qui y règnent presque constamment. Le temps qui, dans la journée, avait été superbe, s'était assombri vers le soir. Le vent commençait à souffler, tout s'annonçait assez mal pour la marche du lendemain, qui devait être fort pénible. La montagne que nous devions traverser s'appelle *Delibaba* ou *Daar*, indifféremment, du nom du village où nous étions, ou de celui qui se trouve presque au sommet, et où nous devions nous rendre.

Nous avions rencontré à *Delibaba* des voyageurs qui n'avaient pas osé s'aventurer seuls dans ces passes redoutées, et qui attendaient une occasion favorable. On nous disait qu'on avait vu des caravanes demeurer là jusqu'à quinze et vingt jours avant de pouvoir les franchir ; c'était bien mal commencer l'année, mais nous étions résolus à tenter le passage.

Le 2 janvier donc, malgré les vives instances que le colonel turc, Abdoulla-Bey, chargé d'accompagner l'Elchi, fit pour nous retenir et nous persuader d'attendre un meilleur temps, nous partîmes. Nous nous engageâmes bravement dans les premiers défilés de la montagne, bordés à droite et à gauche d'escarpements très-élevés, composés de rochers volcaniques. Nous n'avions pas marché une heure que le vent souffla avec violence en face, chassant devant lui des tourbillons de neige qui nous glaçaient et nous empêchaient de distinguer le sentier à peine tracé que nous avions à suivre. Plus nous nous élevions, plus la tempête augmentait. Bientôt nous ne trouvâmes plus aucune trace de route, et la neige était, autour de nous, tellement remuée par le vent, que le chemin se fermait immédiatement entre un cavalier et celui qui le suivait. Nous nous égarâmes. Nos guides ne savaient plus eux-mêmes où ils étaient. Pourtant, il fallait avancer et retrouver quelque faible indication qui nous tirât d'embarras.

Nos officiers turcs semblaient triompher. Ils nous disaient : « On vous avait prévenus, vous n'avez pas voulu croire.... » Puis, ils répétaient à tout instant : *Allah!* — Pour toute réponse, nous poussions nos chevaux dans la neige, y cherchant une trace; et nous y enfoncions tellement que nous y disparaissions presque en entiers.

Enfin, après des efforts incroyables, et avoir franchi plusieurs ravins que le vent avait comblés, nous fûmes assez heureux pour apercevoir au loin un sommet qui nous servit de jalon et sur lequel nous pûmes nous diriger. Au-dessous était *Daar*. — Six mortelles heures avaient été employées à lutter contre les rafales et la neige, quand nous arrivâmes à ce village.

C'est un de ces hameaux comme nous en avions déjà vu beaucoup, qui se composent de quelques cabanes creusées en partie sous terre. Celui-ci était habité par des *Kurdes*. Ils s'y réfugient l'hiver quand les neiges les chassent des montagnes où ils vont camper, pendant la belle saison, avec leurs familles et leurs troupeaux.

Une fois en sûreté, l'ambassadeur voulut, comme un général après une bataille, connaître l'état de ses pertes. Il manquait quatre chevaux, qui étaient restés engloutis sous la neige.

Daar était un si misérable trou que nous eûmes beaucoup de peine à nous y loger. Pour moi, ne trouvant pas supportables les antres infects qu'on avait mis à notre disposition, je cherchai si, parmi les maisons qu'on ne nous montrait pas, je n'en trouverais pas quelqu'une plus commode, et où je pusse me réconforter un peu, après la pénible route que nous venions de faire.

Je pénétrai donc dans une de ces étables dont le battant de la porte en bon bois, assez proprement travaillé, promettait quelque chose d'analogue à l'intérieur. J'entrevis dans le fond, dans un demi-jour, et autour d'un bon feu qui me faisait envie, quelques Turcs qui semblaient être des courriers ou des soldats. La pièce, les tapis sur lesquels ils fumaient leurs *tchibouks*, surtout leur excellent feu, me tentèrent, et, sans autre forme de procès, je priai le maître du logis, très-poliment, de les mettre à la porte. Le froid et la fatigue m'avaient rendu exigeant. Je fis si bien comprendre à ces braves Turcs qu'il ne fallait pas me faire dire deux fois de vider la place, qu'ils déguerpirent, emportant leurs bagages, ce qui fut bientôt fait.

Aux objets apportés pour les hôtes que j'avais si impitoyablement délogés, à la cheminée qui ne fumait pas trop, et où brûlait une ravissante fiente de cheval et de buffle, je présumai que j'étais chez un des principaux habitants du village. Mon logement était spacieux, et je pouvais le faire partager à trois de mes compagnons qui n'avaient pu en découvrir, ou qui n'avaient pas voulu user d'un droit que j'avais cru pouvoir m'arroger, en ma qualité de *Frengui* et *Naïeb-Elchi*. J'avais compris que, dans ces pays, on devait bien se garder de jamais transiger avec les Musulmans, et qu'il fallait, au contraire, du premier coup, leur imprimer le plus profond respect. Le meilleur moyen était, pour cela, d'user de la force en payant d'audace, car les Orientaux sont ainsi faits que, si on ne les maltraite pas, ils deviennent insolents.

Je n'avais donc que fort peu de regret de m'être approprié ce logement; et ceux de mes compagnons à qui je le fis partager, s'ils me désapprouvaient tout bas, n'en jouissaient pas moins en gens chez qui les scrupules n'allaient pas jusqu'à repousser le partage d'un bien mal acquis.

Une fiente de cheval ou de buffle, bien sèche et bien pétrie en mottes, était jetée incessamment dans l'âtre par le maître de la maison, qui déployait avec empressement toutes les ressources de son hospitalité. Il pensait sans doute qu'il ne devait rien épargner à des personnages qui se faisaient place avec un sans-façon si assuré. Nous avions chaud, nous étions à couvert, et douillettement étendus sur d'excellents tapis. Nous entendions les rafales passer sur le toit de notre tanière, sans en être émus. Les heures d'angoisses étaient passées; nous laissâmes s'écouler sans inquiétude celles du repos et du *kief*.

Nous espérions cependant quitter Daar le lendemain. Nous n'avions gravi qu'une partie de la montagne; celle qui nous restait à franchir était au moins aussi difficile que la première. Mais, dans la nuit, le temps avait empiré. Le vent que nous avions entendu souffler avec force avait précipité des sommets élevés, où reposaient de gros nuages noirs, une quantité prodigieuse de neige.

Le matin, quand nous voulûmes sortir de notre écurie, la porte en était entièrement obstruée et comme barricadée. Les flocons blancs qui tombaient étaient si serrés et si gros que l'on ne pouvait rien distinguer; on ne se voyait pas d'une hutte à l'autre.

L'ambassadeur avait envoyé quelques éclaireurs reconnaître la route. Au bout de deux heures ils revinrent, en assurant que tous les passages étaient fermés, et qu'il n'était pas possible de penser à partir. Il n'y avait pas de raison pour que le temps s'améliorât de quelques jours. Nous avions donc la triste perspective de rester cernés dans cet endroit indéfiniment et sans pouvoir avancer ni reculer. Tapis comme des renards dans les sombres tanières de nos hôtes farouches, nous n'avions que de tristes réflexions à faire sur la position dans laquelle pouvait nous tenir notre imprudente précipitation. Cependant, le mieux était de nous résigner en nous arrangeant le moins mal possible dans nos sales et obscures demeures. Par malheur, nous ne pouvions nous y occuper. L'air et la lumière ne nous y arrivaient qu'à grand'peine par l'étroite ouverture pratiquée à sa voûte; ils y étaient refoulés par une épaisse fumée dont les tourbillons se pressaient pour s'échapper.

Nous passions des heures sans fin à consulter le temps, à écouter les rafales et à en apprécier la force. Par désœuvrement nous causions quelquefois avec nos hôtes. Avec le fanatisme sauvage qui les caractérise, ils nous avouaient la haine qu'ils ressentaient pour les *Frenguis*, qui sont des *Guiaours*. « Mais, ajoutaient-ils, tout en jetant un regard « fauve sur la longue lance accrochée à leur mur, vous « recevez notre hospitalité, vous êtes, pour le moment, sacrés « à nos yeux. » Ce qui voulait dire, pour qui connaît les Kurdes, leur goût pour le pillage et le sang : si nous vous rencontrions avec la chance de vous vaincre, nous vous attaquerions, votre bagage serait à nous, et votre poitrine percée par nos *kandjiars*.

Pour tuer le temps, je fis comprendre à une jeune femme dont le costume était fort original, que je serais très-heureux qu'elle me permît de le dessiner. Afin que ma demande, fort indiscrète aux yeux d'un Musulman, ne fût pas rejetée par le mari, je l'appuyai de l'offre d'une petite monnaie d'or. Les deux époux se prêtèrent de suite, et de la meilleure grâce du monde, à mon désir, ce qui me fit penser que les Kurdes devaient être moins bons musulmans que les Turcs.

Fatmé, c'était ainsi que se nommait la jeune Kurde, portait une longue robe rouge, serrée autour des reins par un châle jaune à petites palmes ; des manches blanches, très-larges et très-longues, pendaient de ses épaules jusqu'à terre. Elles étaient d'une étoffe transparente qui laissait voir ses bras ornés de plusieurs bracelets d'argent et de verroterie de toutes couleurs. Son teint était très-brun ; ses traits réguliers ne manquaient pas d'une certaine accentuation énergique et intelligente. Ses yeux et ses sourcils étaient parfaitement noirs, et ses dents fort blanches prêtaient à sa bouche un ornement dont avaient besoin ses lèvres un peu épaisses. Elle avait sur la tête une calotte en drap rouge, qu'entouraient, pour la maintenir, des rubans noirs auxquels étaient suspendus, en couronne, une quantité prodigieuse de petites pièces d'or de tous les coins et de toutes les grandeurs. Des pendants d'oreille très-allongés, composés de perles de corail et de verroteries mélangées, venaient jusque sur sa poitrine se mêler à une profusion de colliers de toutes nuances et de toutes matières ; l'or, l'argent, le corail, le verre, les amulettes, s'y confondaient au point qu'on ne distinguait plus rien.

Pendant que je mettais ainsi à profit la complaisance de Fatmé, son mari, penché sur mes épaules, ne perdait pas un trait de crayon ; il paraissait ravi de la 'promptitude avec laquelle le croquis se trouvait tracé. Pour être juste envers lui, je dois dire que ce qui lui plaisait le plus dans ce dessin, c'était le prix par lequel j'avais alléché ses préjugés. Mais quand je voulus le lui remettre, la femme le réclama comme un gain acquis par elle seule, par sa docilité et sa patience. Elle convoitait sans doute ma modeste pièce d'or pour l'ajouter à la guirlande qui retombait sur son front, comme le chasse-mouche sur le nez d'un cheval harnaché à la hussarde. Je laissai le mari et la femme vider le différend entre eux, tout en remettant mon offrande à qui de droit.

La journée tirait à sa fin, et le temps ne paraissait pas devoir s'améliorer. Nous étions au fond d'une de ces petites vallées en forme d'entonnoir, comme on en trouve fréquemment dans les montagnes. Sans horizon, elle était dominée de tous côtés par des pics glacés.—Le vent s'y enfournait avec violence en labourant et éparpillant la neige de toutes parts.

La nuit précédente nous avions entendu les hurlements

rapprochés des loups, auxquels répondaient les aboiements de gros chiens en vedette sur chaque maison. Au jour, nous eûmes la satisfaction de voir ces mêmes loups descendre par bandes énormes des sommets les plus élevés, et venir, à quelques centaines de pas, flairer les troupeaux, dont les pâtres nous dirent qu'ils trouvaient toujours moyen de dérober quelques brebis. Pendant cette longue journée, qu'ils ne savaient comment employer, plusieurs d'entre nous allèrent s'embusquer dans des trous, et, cachés sous la neige, envoyèrent quelques balles à ces visiteurs affamés. Mais les coups de feu ne parurent point les intimider, quoiqu'ils n'eussent pas la hardiesse de venir plus près du village. Il fallait bien ne savoir que faire pour se livrer à ce passe-temps glacial et sans résultat.

Le second jour ne fut pas plus favorable que ne l'avait été le premier, et nous dûmes encore renoncer à quitter Daar. L'ambassadeur envoya des hommes de corvée pour essayer de faire un passage dans la partie la plus difficile à franchir. *Fesy*, le *Tchiaouch-Bachi*, se joignit à eux. Il devait marcher tant qu'il pourrait, et revenir le soir dire comment il avait trouvé la route. Ce brave homme, véritablement courageux, était flatté de la confiance qu'on avait dans sa bonne volonté et sa résolution. Il partit en riant, sa pipe d'une main, sa bride de l'autre, s'en reposant sur Dieu du soin de le ramener.—Il ne revint que le soir, couvert de neige et de givre, mais il était triomphant ; il avait dépassé le sommet du *Djedek*, col de *Kussèh-Dâgh*, et assurait que nous pourrions le franchir le lendemain.

Le lendemain donc, le ciel étant un peu moins noir, nous pliâmes bagage, enchantés de quitter Daar, et préférant mille peines ou dangers à un plus long séjour parm ses farouches habitants. Quarante hommes étaient partis, dès le point du jour, avec pelles et pioches, pour faire une tranchée dans la neige, au point où la montagne devait nous offrir le plus de difficultés. L'expérience que nous commencions à avoir de ces routes pénibles, et la perte que nous avions faite, dans notre dernière marche, de quatre chevaux ensevelis dans la neige, nous suggérèrent quelques dispositions dont l'effet devait être de ne laisser en arrière ni traînard ni bagage. Quelques-uns d'entre nous reçurent en conséquence la mission de fermer la marche, et de rester constamment derrière le dernier mulet de la caravane, afin qu'aucune charge ne fût abandonnée, en cas d'accident, dût-elle être portée par les muletiers eux-mêmes. Ceux qui acceptèrent cette surveillance à l'arrière-garde d'une colonne dont l'ordre était rompu à chaque instant par les difficultés de la marche, purent se convaincre qu'elle n'était point inutile. A chaque pas les mulets trébuchaient ou s'enfonçaient; les ballots roulaient et disparaissaient dans la neige. Il fallait les relever, les recharger, pour recommencer plus loin. Les pauvres *Katerdjis* étaient sans cesse occupés à rattacher les bâts et ce qu'ils portaient sur le dos de leurs bêtes.

Mais le ciel était devenu magnifique et le soleil nous ranimait tous. Nous fûmes assez heureux pour que ces accidents n'eussent pas d'autre résultat que de ralentir notre marche. Nous eûmes, le long de notre route, la preuve qu'il aurait pu en être autrement, et que les conseils d'*Abdoullad-Bey*, comme les craintes des habitants de *Daar*, n'étaient pas dénués de raison. Nous rencontrâmes en plusieurs endroits, mal recouverts par la neige, des lambeaux de vêtements et des cadavres de chevaux. A moitié dévorés par les bêtes féroces et les oiseaux de proie, ils témoignaient des dangers auxquels avaient succombé récemment de malheureux voyageurs surpris par une de ces bourrasques que nous avions vues parcourir avec fureur toutes les gorges de ces montagnes. Cependant cette fois nous n'eûmes à déplorer aucune perte.

Les quarante travailleurs chargés de faire une trouée pour que nous passions, avaient bien réussi à tracer un chemin ; mais il était tellement mou, que les premiers chevaux y entrèrent jusqu'au poitrail. Peu à peu chaque cheval durcit avec ses sabots ce sol mouvant, et les derniers cavaliers, passant assez facilement, ne se doutaient pas des culbutes qu'avaient faites ceux qui les précédaient. De chaque côté de ces étroites et profondes coupures étaient des murailles de neige qui avaient jusqu'à douze pieds de haut, que nous touchions des deux genoux, et entre lesquelles nous disparaissions tout entiers, glacés par un froid excessif qui rayonnait de toutes parts.

Après avoir franchi heureusement le pas le plus dangereux, nous arrivâmes au petit village de *Kurd-Ali*, dont les habitants parurent fort surpris de notre témérité. Nous y trouvâmes plusieurs caravanes arrêtées depuis plusieurs jours. Notre exemple rendit un peu de courage aux *Katerdjis* qui, après s'être consultés, résolurent de profiter, avant la nuit, du sentier que nous venions de leur frayer si péniblement.

Nous achevâmes notre étape, qui ne fut pas de moins de huit heures. C'était la marche la plus aventureuse et la plus rude que nous eussions encore faite. Nous passâmes la nuit à *Mollah-Suleïman*, grand village assez bien bâti, et assez propre, habité entièrement par des catholiques. Nous y fîmes la rencontre de Belloul-Pacha, gouverneur héréditaire du pachalik de Bayazid, relevant du Pacha d'Erzeroum, et qui, sur un avis de celui-ci, était venu au-devant de l'ambassadeur. Bien que nous dussions penser que les recommandations d'Hafiz-Pacha étaient pressantes pour qu'il traitât l'Elchi français avec les plus grands égards, nous étions loin de nous attendre à le rencontrer à une si grande distance de sa résidence. Mais un autre motif l'y avait amené. Il nous dit que depuis longtemps les Kurdes des environs commettaient tant de brigandages, et montraient des dispositions si hostiles à l'autorité du Sultan, qu'il avait été obligé de se mettre en campagne pour les châtier. A cet effet, il s'était établi à *Toprak-Khâlèh*, petite ville fortifiée voisine de notre halte. C'est là qu'il avait appris l'arrivée prochaine de l'ambassade, et il s'était empressé de venir saluer son chef.

Belloul-Pacha fit ses offres de services à M. de Sercey, en homme qui veut plaire en même temps qu'il remplit un devoir. Il mit à notre disposition son palais de Bayazid, où, dit-il, son fils aurait l'honneur de nous recevoir et de nous donner la plus cordiale hospitalité. Le Pacha nous donna avis du peu de sécurité que présentait la route que nous devions suivre. Il nous engagea à ne pas nous séparer, dans la crainte d'être rencontrés par un parti de maraudeurs Kurdes qui, comptant sur la difficulté de les poursuivre, venaient souvent le braver jusque sous les murs de *Toprak-Khâlèh*.

Nous remerciâmes le Pacha de son avis, mais sans en être aucunement alarmés. Dans toute autre circonstance, et dans tout autre pays, il nous eût sans doute inspiré de l'inquiétude; ici il fut accueilli avec plaisir par chacun de nous. Mollah-Suleïman est un bourg entièrement habité par des Arméniens catholiques. Aussi y trouvâmes-nous un accueil tout différent de celui qui nous avait été fait à Daar. Nous étions, de la part des habitants, l'objet de toutes les prévenances imaginables. En arrivant, c'était à qui nous tirerait nos bottes, à qui soufflerait le feu avec sa bouche ou un pan de sa robe; on nous y apportait tout ce qu'on avait de bon, de la crème, du miel, du café, le *tchibouk*. Et puis, ces pauvres gens nous faisaient tout bas leurs confidences; ils se plaignaient des Turcs, de leurs vexations, de leur avarice. Ils imploraient la protection de l'Elchi. Cependant, et quelque compatissants que nous eussions bonne envie d'être à leurs maux, nous ne pouvions point ne pas remarquer l'air d'aisance qui régnait partout dans ce village. Les maisons en étaient bien bâties, propres, divisées de façon à ne pas, comme chez les Kurdes, mettre en communauté les hommes et les animaux. Nous en déduisîmes cette conséquence que, si les catholiques étaient malheureux sous le joug turc, ils ne l'étaient certes pas plus que les musulmans eux-mêmes.

Nous aperçûmes de cet endroit le pic blanc de l'Ararat, à une distance immense.

Au moment où nous mettions le pied à l'étrier, le lendemain matin, arriva un *Tatar* qu'Hafiz-Pacha avait eu l'attention d'expédier avec un paquet arrivé de France par Constantinople. C'était le premier que nous recevions depuis notre départ de Trébizonde, et nous nous jetâmes avidement dessus.

Après avoir donné une demi-satisfaction à notre curiosité, nous partîmes. — Chemin faisant, nous pensions aux Kurdes et nous les espérions. Peut-être était-ce témérité de notre part, peut-être eussions-nous payé chèrement le plaisir d'une rencontre avec eux; mais nous désirions ardemment une aventure de ce genre. D'ailleurs, nous étions assez nombreux et assez bien armés pour résister à une attaque, à moins qu'elle ne fût faite par une force numériquement disproportionnée avec nous. Or, il n'était pas probable que les Kurdes se présentassent en grand nombre. Ordinairement ces coups de main de leur part sont le fait de quelques cavaliers appartenant à une tribu, à une famille. S'ils se réunissent et font cause commune pour résister à l'autorité des Pachas turcs, ils ne s'entendent guères quand il s'agit de vol et de pillage. Puis, nous avions bravé tant de dangers contre lesquels le courage et la force étaient presque impuissants, que nous envisagions avec plaisir et comme une agréable diversion à nos tribulations, une lutte avec des ennemis de chair et d'os comme nous. Aussi est-ce avec toute sincérité que je dirai le regret que nous éprouvâmes de ne voir paraître aucune lance kurde.

Ce jour-là le temps fut couvert, et nous ne revîmes pas l'Ararat. Nous allâmes coucher au village de *Kara-Khilissèh*, après avoir traversé, presque dans toute son étendue, une immense plaine au milieu de laquelle coule une des branches de l'Euphrate le *Mourad-tchaï*. Nous fûmes obligés de nous porter plusieurs fois sur l'une et sur l'autre rive de ce fleuve, à cause de ses nombreux détours.

Kara-Khilissèh, qui signifie l'*Église noire*, est un bourg à peu près de la même importance que *Mollah-Suleïman*. Il est également habité par des Arméniens; mais ceux-ci sont schismatiques. Généralement ce pays est peuplé d'aborigènes, c'est-à-dire d'Arméniens. Les uns ont leur pape à *Etchmiazin*, les autres reconnaissent celui de Rome. Leurs villages sont nombreux, surtout dans cette grande plaine où la culture doit leur donner de l'aisance, si l'on en juge par les apparences de fertilité du sol et les nombreux troupeaux qui remplissent leurs étables. Nous avions déjà plusieurs fois eu l'occasion de remarquer la différence notable qui existe entre l'aisance apparente, la propreté des villages chrétiens, et la misère, la saleté de ceux des musulmans. La religion de Mahomet a extirpé l'idolâtrie sans donner à ses sectaires le goût d'un travail intelligent et productif. L'apathie et l'insouciance ont survécu; elles sont restées les compagnes d'une croyance dont les préceptes ne satisfont que les appétits sensuels. La religion du Christ, au contraire, a élevé l'âme, agrandi l'esprit de tous ceux auxquels les apôtres l'ont enseignée; elle leur a inculqué le goût d'une laborieuse activité qui adoucit leurs mœurs et augmente leur bien-être dans cette vie, sans nuire au bonheur qui les attend dans l'autre.

Dans la soirée que nous passâmes à *Kara-Khilissèh*, il y eut une noce, à laquelle les habitants vinrent nous inviter. Je m'y rendis par curiosité. La fête était bien peu animée et ne semblait que fort peu réjouir les assistants ou les intéressés. Les mariés étaient si jeunes qu'ils formaient à peine trente ans à eux deux. J'en fis l'observation avec étonnement à l'un de mes voisins qui, pour toute réponse, me montra à l'autre bout de la salle un veuf qui avait douze ans, et une petite femme de treize qui allaitait son enfant. La nature est donc bien précoce dans ce pays; mais alors qu'est l'âge mûr? et que devient la vieillesse?—Il y a une fâcheuse compensation.

—A vingt-cinq ans, on en paraît quarante, puis, à ce dernier âge, devenu vieillard, on ne change presque plus. On n'a donc, à atteindre vite la puberté, que le triste avantage d'être vieux plus longtemps.

De *Kara-Khilissèh* nous nous rendîmes à *Guilassour*, en remontant toujours la vallée de l'Euphrate que nous côtoyâmes jusqu'à ce dernier village, où nous le traversâmes sur la glace. Guilassour est un pauvre hameau qui n'existe que depuis quelques années. Il s'est élevé sur un territoire concédé par le sultan à une colonie d'émigrés Persans qui, pour échapper à la rapacité de leur gouvernement, sont venus se mettre sous la main non moins avide et despotique des pachas turcs.

Le lendemain, sans quitter la rive droite du fleuve que nous avions repassé, nous arrivâmes en vue d'un couvent qui porte le nom de *Utch-Khilissèh*, ou les *Trois Églises*. En 1808, le général Gardane, suivant la même route, était arrivé à l'improviste devant ce même monastère, au moment où il était assiégé par un parti de Kurdes qui en voulaient même à la misère des pauvres moines arméniens qui l'habitaient. Ce secours que le ciel leur envoyait si fortuitement fut très-efficace, car les Kurdes se sauvèrent à l'approche du général et de sa suite. M. de Sercey voulut y faire une courte halte, et il envoya demander aux moines la permission de les visiter. Sur la réponse affirmative qu'ils firent à la demande de l'ambassadeur, nous nous détournâmes de notre chemin. Nous traversâmes le fleuve sur un beau pont construit solidement avec de grosses pierres noirâtres très-dures qui nous ont paru volcaniques. Le couvent avait l'aspect d'un lieu fortifié. Sa situation, au milieu des tribus dangereuses qui, des gorges du Kurdistân, viennent faire des incursions dans le pays arménien, le danger d'être soudainement assailli par ces pillards, avaient sans doute nécessité le genre de construction qui avait été adopté pour ce séjour de religieux pacifiques. Le fait est qu'il ressemble plus à une petite forteresse qu'à un monastère. Les murailles, épaisses et hautes, sont munies de meurtrières ; les portes énormes sont doublées de fer et percées de guichets grillés. Tout respire en ce lieu la défiance. Mais ce qui frappe le plus, et ce qui semblerait devoir être la meilleure sauvegarde des moines, c'est la profonde misère dans laquelle ils paraissent vivre. Autour des bâtiments habités par les religieux, quelques maisons servent de demeure aux serviteurs qui en dépendent. Les moines arméniens mirent de l'empressement à recevoir l'ambassadeur, et nous offrirent une collation. Mais la frugalité en était telle que nous nous estimâmes heureux de lui donner pour supplément quelques provisions qui avaient été préparées pour notre déjeuner habituel.

Nous visitâmes l'église, qui est un type assez remarquable d'architecture arménienne un peu lourde, massive, mais ne manquant ni de la sévérité, ni de la grandeur qui siéent à un édifice de ce genre.

Après avoir pris congé des religieux d'*Utch-Khilissèh*, et leur avoir souhaité de ne pas recevoir de longtemps la visite des maraudeurs kurdes, accident auquel ils paraissaient d'ailleurs fort résignés, nous remontâmes à cheval. La seconde partie de l'étape de ce jour fut longue et difficile, à cause de la quantité considérable de neige que nous rencontrâmes. Nous vîmes très-distinctement le mont Ararat à notre gauche ; nous nous en étions beaucoup rapprochés, cependant il restait toujours entre lui et nous une chaîne de montagnes que nous longions et que nous ne devions voir s'abaisser que plus loin.

A la nuit tombante, nous arrivâmes à *Diadin*. C'est un bourg qui a dû autrefois être important. On y voit, sur un rocher escarpé, au-dessus de l'Euphrate, les restes d'un château fort qui ne commande plus aujourd'hui qu'à des ruines. Au milieu d'elles se traînent quelques malheureux à l'œil fauve, dont la physionomie, abrutie par la misère, a quelque chose de sauvage et de repoussant. Ils n'ont sur le corps que quelques haillons; tout juste assez pour satisfaire la décence.

A *Diadin*, l'Euphrate se trouve encaissé entre de hautes parois de roches granitiques, sur lesquelles on l'entend bondir avec impétuosité de cascade en cascade. Il prend sa source à six heures de là, dans un canton qui s'appelle *Frat*, et qui lui a donné son nom que nous avons modifié, selon notre détestable habitude.

Pour atteindre *Bayazid*, il nous fallut encore passer un défilé dangereux, obstrué par les neiges. Nous y marchâmes avec beaucoup de lenteur, mais n'y éprouvâmes aucun accident. Nous redescendîmes dans une vallée circulaire entourée de hautes montagnes. Elle semblait être le vaste cratère d'un volcan gigantesque : partout sous nos pieds, ou perçant la neige de chaque côté de notre route, nous voyions des roches volcaniques présenter leurs angles noirâtres. Tout le territoire qui avoisine le mont Ararat porte ainsi les traces d'une combustion dont les restes calcinés attestent l'étendue sur laquelle se faisait sentir autrefois l'action des feux souterrains. Concentrés maintenant dans la région seule de l'Ararat, le sol environnant n'en éprouve le voisinage que par des secousses fréquentes, mais sans autre effet.

Nous fîmes dans cette vallée deux rencontres : la première était celle d'une famille arménienne changeant d'habitation. Ces malheureux, à peine couverts, poussaient devant eux trois ou quatre vaches et buffles sur lesquels ils avaient, au moyen de courroies, attaché leur pauvre bagage. Deux femmes avec leurs enfants s'étaient placés dessus, et se tenaient accrochés à quelques paquets de hardes et d'autres objets qui pendaient de chaque côté de leurs montures. Ces animaux, chargés et naturellement lents, marchaient péniblement dans une neige profonde, et paraissaient insensibles aux coups de bâton que les hommes leur appliquaient sur la croupe. C'était la première fois que je voyais cette espèce de quadrupèdes transformés en bêtes de somme. Mais c'est un usage très-répandu dans ces contrées et parmi les Arabes. Je le vis plus tard.

L'autre rencontre fut celle d'un cavalier kurde, qui s'avança sur notre flanc, s'arrêta à petite distance, et sembla nous observer. Il montait un petit cheval noir. Il avait sur la tête une calotte basse en feutre gris, et le reste de sa personne était entièrement caché par un ample manteau en feutre noir, garni de longs poils. Dessous on voyait reluire quelques armes, et en travers de sa selle, sur le pommeau, reposait un long fusil. Arrêté, il portait ses yeux en tête et en queue de notre colonne, comme s'il avait voulu nous compter et calculer les chances d'une attaque. — Quand il s'aperçut qu'on l'avait remarqué, il partit comme une flèche, et en un clin d'œil, malgré les obstacles, malgré la neige, il se fut enfoncé dans la montagne. Les Turcs qui étaient avec nous, connaissant les intentions des bandits kurdes à leurs allures, nous assurèrent que celui-là avait dû être dépêché en reconnaissance pour savoir quelle était notre force numérique et voir s'il n'y aurait pas moyen de nous enlever. Nous ne revîmes du reste ni l'émissaire ni ceux qui avaient pu l'envoyer.

En avançant vers Bayazid, le pays se découvrit peu à peu, et nous aperçûmes au nord, à une petite distance, le grand et le petit Ararat, qu'on appelle aussi dans le pays *Agri-Dâgh*, ou la *haute montagne*. On lui donne encore le nom de *Khoù-Noùh*, *montagne de Noé*. Les habitants de cette contrée sont très-jaloux de l'honneur de posséder cette montagne sainte sur laquelle ils prétendent que se trouvent encore les débris de l'arche. Ils ont à ce sujet une foule de traditions qui tendent toutes à dire que Dieu ne veut pas que personne puisse atteindre au sommet de la montagne, et que tous les téméraires qui ont tenté d'y arriver sont morts en chemin. D'où il résulte que le pic du grand Ararat attend encore quelque courageux touriste qui entreprenne son ascension.

De l'endroit où nous étions, nous découvrions à la fois les trois frontières russe, turque et persane, dont l'Ararat est le point d'intersection. Son versant septentrional est à la Russie, celui opposé est turc, et les montagnes qui lui font suite à l'orient sont à la Perse.

Nous chevauchions dans une vaste plaine où nous apercevions en face de nous, très-distinctement, perchée dans les rochers comme le nid des oiseaux sauvages qui planent sans cesse au-dessus d'elle, la ville de Bayazid. Nous croyions en être tout près, et nous mîmes encore trois heures à y arriver.

Nous étions trompés par un effet d'optique dû sans doute à la blancheur éblouissante de la neige, qui rapprochait les objets.

Nous trouvâmes au bas de la ville le fils de Belloul-Pacha, qui venait au-devant de l'ambassadeur. Il lui dit les lieux communs de politesse officielle en usage, et lui offrit pour lui, comme pour sa suite, le palais de son père. La ville, dominée par le sérail qui était placé sur une pointe élevée de rocher, se dressait au-dessus de nos têtes. Les maisons, partagées en groupes disposés sur plusieurs mamelons, étaient entremêlées çà et là de petits forts disposés pour la défense de ses divers quartiers. Au fond, et derrière le palais, pour clore cet amphithéâtre de maisons et de citadelles en ruines, se dressaient, sur des rochers à pic, de vieilles tours crénelées, dernier asile de la population quand elle était serrée de trop près par les Kurdes, qui l'ont souvent assiégée et rançonnée.

CHAPITRE VI.

Bayazid. — Palais de Belloul-Pacha. — Prison de M. Jaubert. — Chiens dangereux. — Cavaliers persans. — Départ des officiers turcs. — Frontière de l'Empire ottoman.

Accompagnés par le fils de Belloul-Pacha, et précédés de ses gens, nous entrâmes à Bayazid. Nous suivîmes longtemps les ruelles étroites, pavées partout de roches glissantes, et bordées d'habitations ou de khâns délabrés, où les muletiers pouvaient à peine trouver le moyen de loger leurs bêtes. Nous gravîmes avec beaucoup de peine ces sentiers tortueux et rapides qui mènent au sérail.

Si nous avions voulu juger de celui-ci par l'aspect que nous offraient les rues et les maisons, nous nous serions grandement trompés. En effet, après être passés entre deux pièces de canon renversées et hors de service, qui flanquaient la porte du Palais, nous pénétrâmes d'abord dans une cour spacieuse sur laquelle s'ouvraient de vastes et magnifiques écuries. De cette cour nous passâmes dans une plus petite, comprise entre des bâtiments dont l'architecture était remarquable par son élégance et la délicatesse de ses ornements. Le fils du Pacha nous installa dans des appartements donnant sur cette cour, et nous souhaita d'y trouver le repos dont il supposait avec raison que nous avions besoin.

L'ambassadeur avait décidé que nous nous arrêterions un jour entier à Bayazid, et que le surlendemain seulement nous franchirions la frontière de Perse, dont nous n'étions éloignés que de quelques *agatchs*. Cette courte halte était très-suffisante pour voir cette ville, dont la position était fort pittoresque, mais qui n'était aucunement intéressante d'ailleurs. Ainsi que nous l'avions jugé de loin, elle est entièrement construite sur des rochers. Elle est environnée de murailles crénelées et de forts bâtis sur le sommet de la montagne à laquelle elle est adossée, ou sur des mamelons qui se trouvent au milieu même des habitations. Ainsi fortifiée, si elle est à l'abri d'un coup de main, son territoire n'en est pas moins exposé aux incursions des Kurdes, qui s'y répandent l'été. Cependant ces fortifications n'ont point été faites dans le but de protéger Bayazid contre le pillage dont la menaçaient les redoutables tribus nomades du Kurdistân. Elles passent pour être l'ouvrage du sultan Bayazid, ou Bajazet, qui les fit exécuter dans la vue d'assurer, sur ce point de la frontière de ses États, un poste inexpugnable à ses troupes qui agissaient contre les hordes tartares de *Taïmour-Lenk*, *Taïmour le Boiteux*, ou *Tamerlan*. — La ville reçut, avec son importance militaire, le nom du Sultan.

La plaine qui s'étend au bas de *Bayazid* serait très-fertile et produirait beaucoup de grains, beaucoup de fruits de toute espèce, si la crainte des Kurdes n'empêchait ses habitants de la cultiver. Il ne s'y trouve aucun village, et les environs de cette place sont complétement abandonnés aux nomades qui viennent, pendant l'été, faire paître leurs troupeaux, le *kandjiar* à la main, le fusil sur l'épaule, presque sous les murs de la ville.

Lorsqu'à leur tour les Russes firent irruption dans ce malheureux pays, en 1828, ils en emmenèrent 3,000 Arméniens qui composaient la portion industrieuse de la population. Celle-ci se trouva ainsi très-réduite, et aujourd'hui on aurait de la peine à trouver à Bayazid 500 maisons habitées. Tout commerce y est mort, et cette ville n'est, en réalité, qu'un monceau de ruines.

C'est au-dessus de ces décombres que s'élève, majestueusement placé sur un rocher isolé, au centre de la ville, le somptueux sérail de Belloul-Pacha. Son architecture est aussi originale qu'élégante. Nous étions loin de nous attendre à rencontrer un pareil joyau enchâssé dans un entourage aussi misérable. Témoins de notre admiration pour le luxe de cette habitation, les gens du Pacha nous assurèrent qu'il existait dans le harem une salle qui, à elle seule, avait coûté plus de 800,000 piastres turques, environ 200,000 francs. Bien que cela nous parût un peu exagéré, nous estimions pourtant que le créateur de cette belle demeure avait dû certainement y dépenser des sommes énormes. Les appartements les moins beaux, ceux qui sont destinés aux hôtes du Pacha, et que nous habitions, étaient ornés de peintures ou de boiseries sculptées; les plafonds en étaient peints et portés par des corniches en encorbellement, dont toutes les parties étaient rehaussées d'or; les fenêtres étaient fermées par des vitraux de couleurs formant des dessins variés. Partout des idées d'un goût délicat étaient rendues avec un art habile; dans les moindres détails se révélait une pensée élégante exécutée avec grâce.

Sur la cour d'honneur ouvraient deux grandes portes en marbre blanc sculpté; l'une conduisait dans les appartements que nous occupions, l'autre, fermée avec soin, ne s'ouvrait qu'avec la plus grande circonspection ; c'était celle du harem. Dans un coin de cette cour était un petit jardin planté d'arbustes divers, au milieu desquels se dressaient les pyramides sombres de quelques cyprès. Ces arbres entouraient un monument funéraire grandiose, aussi élégant de forme que riche d'ornementation. Au-dessus des cyprès funèbres, alors tout frangés de neige, s'élevait un large dôme qui couvrait le sanctuaire d'une mosquée attenante, dont le minaret, construit avec des pierres de deux couleurs, élevait dans l'air ses anneaux alternativement rouges et blancs. Ce palais est un véritable bijou, et l'on se demande comment il se trouve à Bayazid, triste séjour qui ressemble à un repaire de brigands. Il fut bâti, m'a-t-on dit, il y a soixante ans, par le père de Belloul-Pacha, qui en avait confié la construction à un architecte arménien. J'ai appris depuis que, dans le cours de l'été suivant, le mont Ararat, par une des secousses terribles qu'il imprime fréquemment à toute cette contrée, renversa le sérail et confondit dans la même poussière son or et ses sculptures, avec les décombres des masures situées au-dessous.

Un des objets qui devait exciter le plus notre curiosité à Bayazid, c'était naturellement la prison où avait été enfermé, en 1805, le célèbre orientaliste, M. Jaubert. Envoyé en Perse, à cette époque, pour préparer les voies à l'ambassade que Napoléon méditait de faire partir pour ce pays, il fut victime de la rapacité et de la perfidie de Mahmoud-Pacha, qui était alors gouverneur de ce district. Notre infortuné compatriote avait été descendu, à l'aide de cordes, dans un caveau creusé dans le roc, au-dessous du sol d'un des fortins qui dominent la ville. Cette prison, presque entièrement privée de lumière, humide et silencieuse comme un puits, dut être un bien triste séjour. On conçoit que M. Jaubert, qui y resta trois mois entiers, y ait fait de sombres réflexions en pensant à la cruauté du Pacha et à l'abandon dans lequel il se trouvait, victime réservée aux plaisirs sanguinaires d'un chef kurde. Il fallut que la peste, plus puissante que celui-ci, vînt frapper le geôlier pour délivrer le prisonnier. En effet, ce ne fut qu'à ce fléau terrible que M. Jaubert dut sa délivrance.

Il y a, à Bayazid comme dans tout le pays, une espèce de chiens redoutables. Ils sont très-méchants, et d'autant plus dangereux que, n'appartenant à personne, ils errent par les rues pour y chercher leur nourriture. Il n'est pas toujours sans péril de les rencontrer. — Un jour, l'un de nos compagnons parcourant la ville, seul, fut assailli par une bande de ces animaux. Ils s'animèrent peu à peu au bruit de leurs aboiements, et, leur nombre s'accroissant, ils s'enhardirent et se rapprochèrent de l'étranger dont le costume avait sans doute attiré leur attention. Les efforts qu'il fit pour se débarrasser de cette troupe hideuse furent impuissants, et ne firent qu'exciter la férocité de ses agresseurs. Il eut le malheur de tomber, et à l'instant même, saisi avec fureur à la jambe, il aurait infailliblement eu le sort de Jézabel, sans l'intervention de quelques Turcs qui vinrent à passer et le dégagèrent.

Le 14 janvier, nous quittâmes Bayazid. Après avoir marché quelque temps dans la direction du mont Ararat, nous prîmes à droite, et, tournant les rochers auxquels est adossée la ville, nous nous dirigeâmes vers l'est. Il y avait deux heures que nous étions partis quand nous vîmes venir à nous, au galop, deux cavaliers que, de loin, à leurs bonnets pointus, nous reconnûmes pour des Persans. Ils venaient au-devant de l'ambassadeur, le saluer et le prévenir que le fils et le neveu du gouverneur de la province de Perse limitrophe du territoire de Bayazid, l'attendaient à la frontière dont nous n'étions éloignés que d'une heure environ.

Nous fîmes une pause au village de *Sulhân*, à deux agatchs de Bayazid. Là, l'ambassadeur adressa ses remerciements aux deux officiers turcs Abdoullah-Bey et son compagnon, qui nous firent leurs adieux pour retourner auprès d'Hafiz-Pacha à qui ils portèrent un dernier témoignage de notre reconnaissance des soins hospitaliers dont il n'avait cessé d'entourer l'ambassade.

Au moment de passer d'un pays dans l'autre, nous changeâmes de guides, et nous suivîmes les deux Persans venus au-devant de nous. Nous quittions l'Arménie sans regrets; elle ne nous avait partout présenté qu'un aspect sauvage et triste, des montagnes rudes et difficiles, couvertes de neiges inabordables, une nature désolée, grande seulement de solitude, et des huttes inhospitalières peuplées d'habitants farouches. L'Arménie nous avait fait désirer la Perse; le moment était venu pour celle-ci de réaliser nos espérances.

CHAPITRE VII.

Passage de la frontière persane. — Courses de Djerid. — Makiou. — Aventure désagréable. — Rencontre d'un Meïmandar. — Arrivée à Khoï.

Ce fut le 11 janvier 1840, à trois heures de l'après-midi, que nous mîmes le pied sur le territoire de la Perse. A la limite des deux pays, une troupe de cavaliers nous attendait; elle avait pour chefs le fils et le neveu du commandant de la frontière, qui les avait envoyés au-devant de l'ambassadeur. Ces deux personnages portaient une espèce d'uniforme européen. L'un, qui était à peine âgé de quatorze ans, avait une petite redingote verte avec des boutons en argent, un collet et des parements en velours amarante. Il avait chargé ses épaules d'une paire d'épaulettes d'or, dont la grosseur démesurée était disproportionnée avec sa taille. A sa ceinture pendait un grand sabre soutenu par des agrafes en émail; ses petites jambes, enfermées dans de larges pantalons, se perdaient dans d'énormes bottes à cœur et à glands.

Le second avait le même costume, sauf que sa capote était en drap écarlate. Celui-ci avait le grade de colonel, quoiqu'il ne fût pas beaucoup plus âgé que l'autre.

Autour d'eux étaient groupés une centaine de cavaliers. Quand nous n'en fûmes plus qu'à quelques pas, les deux jeunes gens se détachèrent de leur troupe, s'avancèrent vers l'ambassadeur et le complimentèrent de l'air le plus aimable, avec une aisance et une politesse qui nous charmèrent. Puis, nous invitant à les suivre, ils nous montrèrent un village qui n'était pas éloigné et où nous devions passer la nuit.

Pendant que les compliments s'échangeaient entre l'Elchi et les deux jeunes Persans, les cavaliers qui accompagnaient ceux-ci étaient restés immobiles et dans une attitude respectueuse. Ils nous avaient considérés avec des yeux où la curiosité la plus avide se mêlait à l'étonnement de voir des hommes d'un autre pays et habillés différemment qu'eux.

Au moment où les salamaleks (15) cessèrent, il se fit un grand mouvement dans cette masse d'hommes jusque-là compacte et immobile. Ils vinrent se ranger derrière nous, en nous débordant de chaque côté, de manière à former un grand arc de cercle ; ce fut sous cette escorte que nous avançâmes sur les terres du Châh. Il faut dire que nous avions plutôt l'air d'être emmenés prisonniers par une troupe de brigands que d'être accompagnés par des gens qui voulaient rendre hommage à des étrangers de distinction. Leurs costumes étaient des plus bizarres et des plus pittoresques que nous eussions encore vus. Ainsi qu'il arrive à la limite de pays divers, ils portaient des vêtements particuliers à chacun d'eux ; les Kurdes surtout se faisaient remarquer par la sauvage originalité de leur accoutrement. Ils avaient des vestes de couleur tranchante, bleu clair, rouge ou jaune vif, pardessus des gilets rayés serrés autour des reins par un châle ou par une large ceinture de cuir brodé. Sur leur hanche droite pendait un petit bouclier en peau de rhinocéros, bombé, dont le fond brun était orné de dessins en or, que le temps et les coups reçus avaient fort endommagés ; du côté gauche, ils avaient un sabre d'une courbure très arquée, sans garde, et dont la lame était enfermée dans un fourreau en peau de chagrin noir. Quelques-uns portaient dans leur ceinture, par derrière, un pistolet retenu au cou par un cordon en sautoir; à côté figuraient deux ou trois petits sacs en cuir qui renfermaient de la poudre et des balles. Leurs larges pantalons blancs flottaient sur le coude-pied, ou étaient serrés par de larges rubans au-dessus de la cheville. Les bottes des uns, comme les souliers des autres, se terminaient par une pointe allongée et relevée à la manière chinoise. Leur tête était couverte d'un haut bonnet pointu, en feutre fauve, ou d'une longue calotte autrefois rouge, que retenait sur le front un turban dont la couleur variait autant que la forme et l'ampleur. Une lance démesurée se balançait appuyée sur leur épaule; elle était faite d'un long bambou, terminée par un fer extrêmement effilé, autour duquel voltigeaient deux houpettes noires en plumes d'autruche.

Quelques Persans en costume plus grave se mêlaient à eux ; ils se distinguaient par leurs longues robes sur lesquelles se drapaient d'amples manteaux à larges manches plissées jusqu'au coude, ou tombant sur le côté. Leur longue barbe semblait faire suite au bonnet pointu national en peau d'agneau noir qui couvrait leurs oreilles et devait être un excellent préservatif contre le froid. Ils portaient presque tous de longs fusils dont quelques-uns étaient à mèche ; ils les tenaient suspendus, par la bretelle, à leur épaule ou devant eux en travers de leur selle.

Peu à peu cette masse, d'abord calme, s'ébranla, et quelques cavaliers se détachant, commencèrent à courir de droite et de gauche, les uns en brandissant leur flexible bambou, les autres en maniant leur fusil avec beaucoup d'adresse ; puis ils se couraient sus, s'évitant, se rejoignant, exécutant avec la hardiesse d'excellents cavaliers, et une grande agilité, un simulacre de combat. On voyait un Kurde s'élancer à la poursuite d'un Persan, en le menaçant de sa lance qu'il agitait à la hauteur de son épaule ; le Persan, couché sur sa monture, cherchait à éviter le coup, puis, se retournant sur ses étriers, en abandonnant les rênes à son cheval lancé, il lâchait un coup de fusil à son adversaire.—C'est ainsi que Quinte-Curte raconte que les Parthes combattaient, tirant toujours leurs flèches de loin, en fuyant.—Les cavaliers se croisaient en tous sens, se rapprochaient, se dispersaient pour se réunir et s'éparpiller de nouveau avec une étonnante promptitude.

On ne nous laissa pas ignorer que c'était une marque de grande distinction qu'ils nous donnaient ainsi. C'était pour nous rendre hommage qu'ils cherchaient à faire ressortir leur adresse, leur habileté et la souplesse de leurs chevaux, dont nous avions remarqué toute la docilité. Cependant, à voir certain sentiment de vanité et de contentement de soi-même qui s'épanouissait sur la physionomie de quelques-uns de ces hommes, il était permis de croire que, si l'*Elchi* était pour quelque chose dans leurs exercices militaires, ils n'étaient pas fâchés de trouver une occasion de faire briller la supériorité qu'ils s'attribuaient dans ces sortes de passes-d'armes.

Nous étions passés subitement des habitudes graves et indolentes des Turcs aux jeux animés et aux fanfaronnades des Persans. Nous ne pouvions pas ne point nous apercevoir que nous avions changé de pays : la variété des scènes, le renouvellement incessant des épisodes, ce spectacle auquel nous portions tout l'intérêt qu'excite la nouveauté, nous faisaient paraître le chemin plus court, et nous arrivâmes, sans nous douter que nous étions déjà loin de la frontière turque, au premier village persan nommé *Bazergân*. Nous y trouvâmes une garde d'honneur de *Tuffekdjis*, ou fusiliers de l'infanterie régulière. Nous ne remarquâmes pas, entre les cabanes de cette localité et celles que nous venions de laisser derrière nous en Turquie, la même différence qu'entre les costumes de leurs habitants. C'étaient encore de ces tanières plutôt faites pour des animaux que pour des hommes. Nous y passâmes une assez mauvaise nuit, à la suite de laquelle nous partîmes pour *Makiou*, résidence du gouverneur de cette partie de la frontière. Ce personnage vint au-devant de l'ambassadeur, à la tête de plusieurs cavaliers, semblables d'air et de tournure à ceux qui nous avaient servi d'escorte la veille.

Nous étions très-impatients de voir une ville persane, lorsque, à une heure de l'après-midi, nous atteignîmes *Makiou*. Celle-ci est trop petite pour que notre curiosité en fût satisfaite. Si elle a des dimensions fort restreintes, elle est du moins fort bizarre d'aspect; elle est bâtie sur le versant rapide d'une montagne, qui l'embrasse comme un large hémicycle. Dans la partie haute de la ville, le rocher est taillé à pic, et s'avance en saillie de cinquante à soixante pieds, en surplombant la ville de la façon la plus effrayante pour elle. Il semble, en effet, que cette saillie doive un jour s'écrouler, en enterrant la population sous la masse de ses éboulements. Au reste, il arrive fort souvent, nous a-t-on dit, que les pluies ou la fonte des neiges entraînent des fragments de rocs qui écrasent plusieurs maisons, sans que les habitants s'en effraient autrement. Ils se consolent en disant : *Allah Kerim!* ce qui équivaut à *Dieu l'a voulu!* expression de résignation, après laquelle ils rebâtissent au même endroit, sans s'inquiéter de l'avenir. Pour le moment, ce qui me paraissait le plus imminent, c'était la chute de quelques-uns des énormes glaçons, qui, suspendus comme des stalactites à la voûte de ce rocher, semblaient autant d'épées de Damoclès. Au centre de la ville sont trois éminences, sur lesquelles sont placées des tours, ou vigies, qui lui donnent un aspect belliqueux, mais qui n'empêchent nullement les Kurdes de pousser leurs excursions jusqu'au pied des murs.

Dans la partie basse, sont les caravansérails, les bazars et quelques fontaines. Les maisons, qui ont toutes d'énormes roches pour soubassement, s'élèvent en amphithéâtre, les unes au-dessus des autres, jusque sous la voûte menaçante, qui sert d'abri au sérail du gouverneur. De grands vergers clos de murs sont en dehors, sous la protection des créneaux de la muraille.

Nous escaladâmes la ville par un sentier tortueux et fort roide, qui nous mena successivement au niveau de tous les toits en terrasse. Le verglas rendait ce chemin très-dangereux, et ce fut avec bien de la peine que nous atteignîmes le sérail où nos logements avaient été préparés. Nous voyions s'échapper des cheminées une fumée qui nous promettait de meilleurs feux que ceux que nous avions eus jusqu'alors. Notre hôte nous y fit servir des pâtisseries, des sucreries, des cherbets ou limonades, et le thé que suivaient des pipes à eau. C'était la première fois que nous voyions les *tchibouks* turcs ainsi remplacés. Ces pipes se composent d'un réservoir en cristal, ou en métal, ou simplement en coco, dans lequel on met de l'eau à peu près aux deux tiers de sa capacité; un tuyau y plonge, qui porte à son extrémité supérieure une cheminée garnie, selon l'aisance du fumeur, d'or, d'argent ciselé et émaillé, ou de simple cuivre. C'est là que se place le tabac, ou *Tombeki*, légèrement mouillé, puis le feu dessus. A cette cheminée, ou fourneau, pendent d'ordinaire de petites chaînettes en guirlandes, qui lui donnent une tournure tout à fait élégante. Par une seconde ouverture pratiquée dans le réservoir d'eau, on introduit un second tube en bois, dont l'extrémité reste au-dessus du niveau du liquide. C'est par ce tuyau qu'on aspire la fumée qui descend de la cheminée dans l'eau, la traverse, vient dans la partie vide du réservoir et est attirée vers la bouche. C'est au moyen de cet appareil, qui se nomme *Kalioûn*, que les Persans fument un tabac dont la feuille contient une huile essentielle très-âcre, mais très-aromatique. Par son trajet dans l'eau, la fumée s'adoucit et arrive fraîche à la bouche. Quelques-uns de nous essayèrent de ces pipes préparées avec un soin extrême, et prirent plaisir à en savourer le tabac. Les Persans ne fument pas comme l'on fait généralement en Europe ; ils ne se contentent pas d'attirer la fumée dans la bouche ; ils y vont de meilleur cœur, et aspirent, de toute la force de leurs poumons, cette fumée, qui s'introduit en très-grande quantité dans leur poitrine. Ils l'y gardent quelques secondes, après quoi ils l'expectorent en formant de gros nuages épais, au travers desquels on a peine à les distinguer. Cette manière de fumer paraît leur procurer de très-agréables jouissances, mais elle cause une ivresse qui dégénère en un malaise grave pour un fumeur novice. Au lieu du tube en bois court, que l'on met dans la bouche, et qui est généralement usité en Perse, on se sert quelquefois d'un long tuyau en peau, flexible, que l'on allonge ou replie sur lui-même à volonté. Celui-ci s'appelle *Marpitch*. C'est de ce dernier que font usage les Turcs qui fument la pipe à eau, à laquelle ils donnent le nom de *Nahrghilèh*. Les Persans ne s'en servent qu'à cheval, parce qu'alors il leur est commode de faire tenir le *Kalioûn* par un serviteur chevauchant à deux ou trois pas, et de n'avoir à prendre que l'extrémité du *Marpitch*. Ce serviteur, qui s'appelle *Kalioûndji*, a un équipage des plus pittoresques; il a, au pommeau de sa selle, en guise de fontes à pistolets, d'un côté, un petit carton ou étui dans lequel est enfermé le *Kalioûn;* de l'autre le *Marpitch* enroulé sur lui-même, avec lequel est attaché le sac à *Tombeki*. Sur le côté de sa selle, et pendu à une chaîne qui y est accrochée, se balance un fourneau en fer, dans lequel se conserve le feu pour le voyage. Du côté opposé pend une bouteille en cuir, où se trouve contenue l'eau qui doit se changer souvent, afin de ne pas communiquer à la fumée l'âcreté dont elle a pour rôle de la dégager. Pour compléter cet attirail, le *Kalioûndji* doit avoir dans sa ceinture une paire de pincettes pour prendre le charbon nécessaire à la combustion du tabac. Ce serviteur, qui est le plus indispensable dans la suite d'un Persan en voyage, me parut un des acteurs les plus curieux de ces scènes de mœurs que j'étudiais pour la première fois. Rien n'était si comique que de le voir préparer avec peine son *Kalioûn*, chercher à modérer le pas de son cheval excité par les autres, pour prendre du tabac, de l'eau ou du feu; puis regagner son maître, le *Kalioûn* à la main, le tenir en équilibre en faisant trotter doucement sa monture, entre les jambes de laquelle se balançait, comme un encensoir, le malencontreux réchaud, qui heurtait souvent le pauvre animal.

On conçoit qu'il faut que le besoin de fumer soit bien impérieux chez les Persans pour qu'ils traînent en voyage un semblable attirail. L'usage du *Kalioûn* est, en effet, général parmi eux et presque sans exception; mais il n'est point très-ancien, il ne remonte pas au delà du xvie siècle. Ce fut sous le règne de Châh-Abbas qu'il s'introduisit en Perse. L'inexpérience ayant produit des effets analogues à ceux de l'ivresse et même de l'empoisonnement, ce prince rendit des ordonnances très-sévères pour défendre de fumer. Il alla même, dit-on, jusqu'à menacer de mort ceux de ses sujets qui enfreindraient son véto. Mais l'attrait de la nouveauté et la volupté que les Persans trouvaient à aspirer la fumée du *Tombeki* furent plus puissants que le grand roi.

On raconte que, las de rendre des édits inutiles, Châh-Abbas eut recours au ridicule, et usa de supercherie pour faire comprendre à ses courtisans tout ce qu'avait d'insensé leur engouement pour la plante narcotique qui leur faisait encourir les risques de sa disgrâce. Il leur fit apporter, dit-on, un jour qu'ils étaient en grand nombre réunis au palais, des pipes préparées avec du crottin de cheval. Tous fumaient imperturbablement et aspiraient avec délices la fumée de ce singulier tabac. Châh-Abbas, indigné, s'écria : « Maudite « soit la drogue qu'on ne peut distinguer de la fiente des ani- « maux!... » Mais cette épreuve ne fut pas plus efficace que les tentatives faites précédemment par ce roi, et l'usage du

Kalioûn resta irrévocablemnt adopté par le peuple persan.

Au moment où, dans la cour du sérail, nous avions mis pied à terre, nous avions aperçu plusieurs têtes féminines suspendues aux fenêtres du *Harem*, ce qui nous étonna beaucoup, car nous croyions qu'on tenait les femmes plus recluses que ne paraissaient l'être celles-ci. A la vivacité et à l'empressement avec lesquels elles se disputaient la place derrière les gros barreaux de fer qui défendaient leurs lucarnes, nous comprîmes que leur curiosité était vivement excitée par la vue des Européens.

Nous ne tardâmes pas à avoir la preuve de l'exigence de cette curiosité féminine et de ce qu'elle pouvait inspirer même en pays musulman. A peine étions-nous descendus de cheval que les habitantes du harem firent demander le docteur de l'ambassade. Elles usaient, en cela, un peu effrontément de la tolérance qui ouvre les portes les plus secrètes de l'*Andéroum* aux *Hekim*, dans les cas graves. Cependant le gouverneur à qui appartenait celui-ci, nous parut être de bonne composition, car il ne s'opposa pas le moins du monde aux indiscrets désirs de ses femmes, et notre médecin fut introduit auprès d'elles. — Je jugeai, d'après une question que me fit un de nos hôtes, placé à côté de moi, que les hommes n'étaient pas moins curieux. Il me demanda si l'*Elchi* n'amenait pas de femmes françaises pour le Châh. Il aurait, dans ce cas, revendiqué sans doute pour lui et pour le gouverneur, comme compensation, l'avantage de les voir. Mais nous ne pouvions les satisfaire sur ce point.

Après quelques instants de repos, je redescendis les pentes glissantes qui conduisaient au bas de la ville, dans l'espoir d'y trouver quelque objet digne d'intérêt. Ce que j'y rencontrai ne fut guère de mon goût, quoique j'y trouvasse une nouvelle note à prendre sur l'esprit de nationalité des Persans. Mon habit européen m'attira, en effet, bientôt une aventure fort désagréable, qui me donna la mesure de la sympathie que les Russes provoquent sur cette frontière des États du Châh. J'étais monté sur le parapet de la muraille, afin de mieux voir et dessiner la ville. Je ne tardai pas à y être en but aux injures les plus grossières, au travers desquelles m'arrivait le seul mot que je comprisse : *Moscov, Russe*. Je faisais la sourde oreille et n'en continuais pas moins mon travail, car l'injure ne me semblait pas personnelle. Mais aux mots succédèrent les gestes, et des pierres vinrent tomber autour de moi. Cette fois, la manifestation était plus *ad hominem*. Cependant, je ne m'en émus en aucune façon, résolu que j'étais à finir d'abord ce que je voulais faire, et à compter ensuite avec les drôles qui donnaient un si lâche démenti à l'hospitalité proverbiale de leur pays.

Lorsque j'eus terminé mon dessin, je descendis du mur où un créneau m'avait servi de siége, et où j'avais été le point de mire des projectiles. Je marchai droit à un groupe d'hommes assez nombreux duquel je présumais qu'avaient dû partir les coups.—Je leur demandai quel était le motif qui avait pu faire agir envers moi comme on venait de le faire; et m'adressant à ceux qui me paraissaient les plus raisonnables, je les engageai à me désigner les coupables. Bien entendu que je cherchai à leur faire comprendre qu'il ne fallait pas confondre tous les Frenguis; que s'ils avaient de justes raisons de se plaindre de leurs voisins les Russes, ils ne devaient pas envelopper tous les Européens dans leurs malédictions et leurs rancunes. Je leur représentai que j'étais

Français, que tous mes compagnons l'étaient comme moi, et que personne de nous n'était Russe ou *Moscov*. — Ces gens parurent me comprendre, quelques-uns même firent mine de vouloir excuser ceux qui m'avaient insulté et lapidé; mais aucun ne voulut me dire qui avait été coupable de cette lâche agression. — Je les quittai en les menaçant du beglier-bey. En rentrant au sérail, je racontai mon aventure, qui fit froncer le sourcil à l'ambassadeur. Il y vit avec raison un outrage à son caractère, à nos personnes, sinon à notre nation, et il se plaignit vivement au gouverneur. Celui-ci envoya de suite quelques-uns de ses gens avec des *Serbas* à la recherche des gens qui avaient manqué au respect qu'ils devaient à ses hôtes. Il en faisait une affaire personnelle; de plus il craignait que l'ambassadeur ne se plaignît au Chahzadèh dont il relevait. Il y mit donc tout le zèle possible. Au bout d'une heure, on amena deux ou trois individus désignés par la populace elle-même, et on leur administra la bastonnade, pour leur apprendre à témoigner plus d'égards aux Frenguis qui passeraient à *Makiou*. C'était en même temps une leçon de géographie qui ne devait pas être perdue, car certainement les bâtonnés n'oublieraient pas que s'il y avait des *Moscovs*, il y avait, à un autre bout de l'Europe, des *Français*. Pour que cet enseignement fût plus profitable, et pour mieux montrer son zèle, le gouverneur voulait leur couper le nez. Mais l'ambassadeur demanda grâce pour cette partie du visage des coupables qui ne méritaient, en vérité, pas d'être stygmatisés aussi cruellement. Les coups de bâton guérissent et s'effacent; ils n'ont d'ailleurs rien d'infamant dans un pays où tout le monde, grand ou petit, peut en recevoir pour la moindre peccadille.

Le 13, nous partîmes de Makiou, accompagnés du fils du gouverneur. Nous traversâmes un pays couvert de rochers énormes arrachés aux montagnes environnantes. Nous suivions une vallée tourmentée par des volcans, où nous rencontrions fréquemment des terrains creux ressemblant à des cratères, tout couverts et entourés de laves et de scories. Toute cette contrée portait les traces évidentes des ravages qu'y avaient faits, à des époques éloignées, les feux souterrains. Mais si les volcans sont éteints, le sol n'en est pas moins souvent encore secoué par des tremblements de terre qui y occasionnent de fréquents malheurs. Dans le fond de ces vallées calcinées, les eaux de l'Araxe suivent leur cours solitaire et triste vers la mer Caspienne.

Nous couchâmes ce jour-là à *Sophiân*, habité par des Kurdes soumis et tributaires du Châh. Ce village avait une meilleure apparence que tous ceux que nous avions encore vus, et nous commencions à espérer que la Perse vaudrait mieux que la Turquie. Une grande quantité de jardins plantés de très-beaux arbres, entouraient les maisons que nous y trouvâmes meilleures et moins sales que celles de l'Arménie ; tout y décelait l'aisance et une vie industrieuse dont la culture des terres semblait être la partie importante. Nous y fîmes connaissance avec un nouveau mode de chauffage qui nous parut aussi original qu'économique. Dans la principale pièce de chaque maison est un trou profond de quatre pieds environ, et large de trois. Il est de forme circulaire, et fait à peu près comme une grande jarre. Il n'a qu'un orifice étroit, d'un pied seulement de diamètre. Tout l'intérieur en est mastiqué ou revêtu de pierres noires. Le matin, c'est le four ; on le chauffe au moyen de mottes faites avec du fumier, ou avec de petits fagots très-minces, et l'on y cuit le pain de la famille. Après la cuisson, il devient calorifère ; on couvre son orifice d'un châssis en bois sur lequel on étend d'amples couvertures, de manière à y concentrer la chaleur. En entrant dans ces maisons, on voit le père, la mère et tous les enfants accroupis, les jambes sous les couvertures ainsi que les mains, et dans l'inaction la plus complète, se laissant vivre dans la torpeur et l'oisiveté. Ces sortes de trous s'appellent *tendours*.

Le lendemain nous fîmes la rencontre d'un personnage que le gouverneur de *Khoï*, envoyait au-devant de l'ambassadeur. Il nous apprit que nous ne tarderions pas à voir le *Meïmândar*, chargé par le *Chahzadèh* qui commande dans l'Azerbaïdjân, de nous accompagner jusqu'à Tabriz sa résidence. Nous vîmes, en effet, peu après, une troupe nombreuse de cavaliers en tête de laquelle marchait un grand vieillard à longue barbe : c'était le *Meïmândar* annoncé. Ce personnage dont le titre indique les fonctions, est chargé du soin de rendre à un hôte de distinction les devoirs de l'hospitalité. Il reçoit à cet effet, du Châh, ou de tout autre chef dans les possessions duquel l'hospitalité doit s'exercer, la mission d'escorter l'étranger qui en est l'objet, de veiller sur lui, de lui faire rendre les honneurs dus à son rang, et de l'approvisionner de tout ce dont lui et les siens peuvent avoir besoin.

L'ambassadeur de France et sa suite étaient considérés comme les hôtes du Châh, du jour où nous avions mis le pied sur le territoire persan. Ce prince avait donné des ordres pour que, dès cet instant, nous fussions chaque jour logés et pourvus de tout ce qui était nécessaire pour notre table, pour nos gens, ou même pour nos chevaux. C'était à cette prévenance royale, à cette hospitalité d'étiquette, que l'ambassadeur devait d'avoir rencontré à la frontière les envoyés du gouverneur de Makiou, qui allaient être relevés par le nouveau *Meïmândar*, remplacé bientôt lui-même par un personnage plus élevé, officier de la maison du roi, et envoyé de Teherân au-devant de l'Elchi.

Pour lui donner les moyens de subvenir aux frais de cette hospitalité, on revêt ordinairement celui qui en reçoit la mission, de pleins pouvoirs à l'aide desquels il prélève sur les populations du pays traversé toutes les denrées nécessaires. Ce tribut, consacré par un usage immémorial, s'appelle *sursât*, et fait partie des impôts que le peuple paie. Mais on conçoit tout ce qu'il y a d'irrégulier, de capricieux dans une contribution frappée ainsi selon le passage plus ou moins fréquent des hôtes du roi, selon leur importance ou leur exigence plus ou moins grande. Puis c'est une porte ouverte aux vexations, aux exactions des *Meïmândars*, qui profitent de la faveur qui leur est faite pour remplir leurs poches. Ils extorquent, au nom du personnage hébergé royalement, de l'argent ou toute autre chose des malheureux qui, non-seulement font les frais de l'hospitalité, mais qui encore sont forcés de satisfaire la rapacité de celui qui semble l'exercer. Cette charge temporaire de *Meïmândar* est considérée comme une bonne fortune, et un moyen d'enfler sa bourse; aussi est-elle briguée à l'envi, et même souvent achetée fort cher. On conçoit alors que celui qui l'a payée veuille récupérer d'abord ses déboursés, et grossir ensuite le plus possible les bénéfices qu'il a espérés. Aussi les villes, mais surtout les villages, voient-ils avec effroi s'approcher de leurs murs des étrangers accompagnés d'un Meïmândar.

Nous n'étions pas témoins des lamentations ou des rébellions que devaient nécessairement exciter chaque jour, aux lieux où nous nous arrêtions, ces exactions; on avait soin de nous dérober ce revers de la médaille dont on ne nous laissait voir que le côté brillant. Le *Meïmândar* envoyait devant des cavaliers au *Menzil;* ils se présentaient au *Ket-Kodah;* ils réglaient ensemble la contribution et la répartissaient entre les habitants, qui la payaient de gré ou de force. A l'un on prenait son pain, à l'autre ses poules, au voisin des œufs, plus loin c'était le beurre ou l'orge, tout enfin, sans compter ce que nous ne voyions pas. Les récalcitrants étaient bâtonnés sans miséricorde et sans égard pour leur misère, qui était trop souvent cependant une excuse à leur révolte.

Quand nous arrivions, il était rare que nous n'entendissions pas des gémissements non apaisés, ou des pleurs encore mêlés d'imprécations. Presque toujours, sur notre passage, les visages des habitants exprimaient le mécontentement, quelquefois la colère, mais jamais nous n'y vîmes la moindre apparence de plaisir à nous recevoir.

L'ambassadeur eût voulu ne pas être l'effroi des pays que nous devions traverser, il eût préféré payer la dépense de toute sa suite; mais c'était chose impossible, il fallait se soumettre à l'usage, et c'eût été à la fois outrager le Châh et manquer à sa propre dignité; les mœurs persanes le voulaient ainsi. Et telle est la contradiction qui s'établit dans l'esprit humain, entre la raison, l'intérêt même et l'usage, quand une fois il a adopté des préjugés, que, si l'ambassadeur eût refusé de se soumettre à la coutume qui était une cause de ruine pour le peuple persan, ce même peuple eût cessé d'avoir aucune considération pour l'Elchi Frengui. Il y avait, au reste, un moyen de tout concilier, et il fut adopté. Chaque matin, avant de monter à cheval, l'ambassadeur faisait distribuer aux *raïas* qui avaient été mis à contribution des *pichkèchs* en argent, afin de les indemniser. Il ne pouvait convenir à un représentant du roi de France à la cour de Perse, que ce fût un peuple misérable qui fît les frais d'une hospitalité que le Châh n'exerçait qu'en apparence. Mais nous ne pouvions, en arrivant dans un village, prévenir les habitants du salaire qui leur était réservé ; d'ailleurs ils n'y auraient pas cru. Il nous était donc impossible de leur éviter les regrets, les plaintes, trop souvent accompagnés de coups de bâton. Le remède employé était donc un simple palliatif, sans avoir aucune puissance préservatrice.

Le personnage par lequel nous avions été rejoints s'appelait Nazer-Ali-Khân. Il était venu à Paris, au commencement du siècle, avec son oncle, que le roi Fet-Ali-Châh avait envoyé en ambassade auprès de l'empereur Napoléon. Il avait assisté au couronnement, il n'était donc pas jeune. C'était un grand vieillard, maigre, osseux, au teint brun, à l'œil encore vif ; il portait sa barbe très-longue, et d'un noir brillant qui contrastait avec les rides de son visage ; elle était teinte, selon la mode usitée par tous les Persans. Il prononça d'une voix un peu rauque le compliment habituel, et prit des notes d'autant plus basses que sa parole devenait plus emphatique. Il s'excusa avec une extrême politesse d'être en retard, et donna pour raison de fausses indications qu'il avait reçues sur la route que suivait l'ambassadeur. Au demeurant, il avait l'air d'un bon vivant, aimable et civilisé. Nous eûmes, tant qu'il demeura avec nous, l'occasion de reconnaître qu'il avait profité de son séjour en France.

Ce nouveau *Meïmândar* nous fit faire halte au village de *Karaziadèh*, et le lendemain nous arrivâmes à *Khoï*. Un peu en avant de cette ville, les principaux habitants et un fort détachement de troupes nous attendaient. Parmi les nombreux cavaliers qui venaient à nous, celui qui paraissait le plus en relief, soit par la déférence que les autres lui témoignaient, soit par la richesse de son habit de cachemire, était le *topdji-bachi*, ou chef de l'artillerie de la province d'*Azerbaïdjân*. Il était entouré de quelques officiers portant un costume semi-européen. Ils avaient de larges pantalons enfermés dans des espèces de bottes à la hussarde, et des vestes rondes galonnées en or, à plusieurs rangs de boutons, croisées par un large baudrier auquel pendait une giberne. Leur barbe noire et leur haut bonnet fourré rendaient à leur physionomie la nationalité que cet accoutrement bâtard lui faisait perdre ; ils avaient d'ailleurs l'air assez martial.

Cet *istakball* (16) était composé de plus de quatre cents cavaliers. Ils s'avancèrent gravement jusqu'à quelques pas de l'ambassadeur qu'ils attendirent. Alors le *topdji-bachi* fit le compliment d'usage, et nous invita à entrer à *Khoï*. Toute cette foule bigarrée de costumes de toutes sortes se groupa autour de nous, et, pour nous faire honneur, quelques cavaliers commencèrent à courir sur nos flancs et en avant ; ce fut le signal pour tous ceux qui étaient jaloux de montrer leur adresse et la souplesse de leurs chevaux. Les mêmes courses que nous avions vues à la frontière se répétèrent devant *Khoï*, mais sur une plus grande échelle, avec une recherche et une affectation de grâce qui prouvaient que nous n'avions plus devant les yeux des Kurdes sauvages pour acteurs dans ces scènes militaires, mais des citadins policés, élégants, qui ne le cédaient, au reste, ni en force, ni en agilité à ceux qui nous avaient, les premiers, fait connaître ces sortes de jeux chevaleresques.

CHAPITRE VIII.

Khoï. — Le prince Mehemet-Rhaïm-Mirza. — Dîner envoyé à l'ambassadeur par le Châhzadêh. — Ah! vous dirai-je maman..... — Départ de Khoï. — Lac d'Ourmyah. — M. Boré. — Instructeurs français. — Entrée à Tabriz.

Tout en regardant à droite et à gauche ces fantasias dont j'avais eu un avant-goût en Algérie, je cherchais des yeux Khoï qu'on nous avait annoncée comme une grande ville. Nous étions dans une plaine magnifique, bornée au loin par d'immenses et belles chaînes de montagnes. Devant nous s'étendait une longue muraille crénelée dont le ton brun tranchait fortement sur la blancheur de la neige; beaucoup d'arbres placés derrière surmontaient ses créneaux; mais, du reste, aucune maison, ni même aucun minaret n'accusaient là l'existence d'une ville. Nous traversâmes pourtant de larges fossés sur des ponts que dominaient d'un air assez martial des ouvrages de défense qui portaient l'empreinte de l'art européen.

En effet, lors de l'ambassade du général Gardanne, des officiers qui étaient à sa suite, et parmi lesquels figuraient MM. Trezel, Fabvier, Lami (17), avaient proposé des plans de fortifications au gouvernement persan. Ils ne furent pas adoptés de suite ; mais plus tard, avec son envie de bien faire, et, en même temps, son ignorance de la science militaire, le prince Abbas-Mirza, gouverneur de l'Azerbaïdjân, voulant défendre cette province contre les Russes, les fit exécuter en les modifiant. Il en était résulté que ces travaux, tout en valant mieux que ceux qui sont dus aux simples maçons du pays, étaient insuffisants pour protéger la ville contre un siége régulier fait par une armée européenne.

Nous passâmes une première porte, puis une seconde en retour, et nous nous trouvâmes dans les rues de la ville, où notre étonnement de ne point l'avoir aperçue de loin cessa quand nous pûmes voir de près les constructions. Toutes les maisons sont basses ; elles n'ont qu'un rez-de-chaussée, et aucune ne s'élève même à la hauteur des murs d'enceinte. Contrairement à ce qui se voit dans les villes turques, les mosquées de celle-ci n'ont pas de minarets, et leurs coupoles s'élèvent à peine au-dessus des plus modestes maisons. Peu faits encore à l'usage persan de bâtir en briques, nous étions frappés de la monotonie et de la tristesse de l'aspect des rues dans lesquelles ne se voyaient d'ailleurs aucune fenêtre. Ces rues sont fort étroites, à l'exception de quelques-unes au milieu desquelles coulent des ruisseaux d'eau vive, ombragés par des saules dans toute leur longueur.

Autant qu'il est possible d'évaluer le chiffre d'une population en Orient, il faut porter celle de Khoï à environ vingt mille âmes. Elle a été, nous a-t-on dit, plus considérable jadis ; mais les guerres civiles l'ont considérablement diminuée, notamment lors de l'usurpation des Kadjârs. Les habitants passent pour être d'origine tartare, comme presque tous ceux du nord de la Perse; mais parmi eux il y a un grand nombre d'Arméniens.

Le territoire de Khoï, que nous ne pouvions juger à cette époque de l'année, est un des plus fertiles du royaume, aussi est-ce un de ceux qui fournit au trésor du Châh un des plus forts tributs.

On ne peut savoir au juste quels sont les souvenirs historiques qui se rattachent à cette contrée. Les uns disent que c'est à Kerim-Khân le Zend, qui régna vers le milieu du siècle dernier, qu'il faut attribuer la première importance que prit Khoï comme cité. Il paraîtrait que les premières bases de son enceinte sont dues à ce prince; cependant ce point a dû, longtemps avant, au commencement du xvi° siècle, être un des plus importants de cette province. Ce fut là, en effet, que Châh-Ismaïl attendit l'armée du Sultan Selim Ier, pour lui livrer une bataille restée célèbre dans les fastes de la Perse.

Ce fut au milieu d'un grand concours de peuple accouru pour nous voir que nous fûmes conduits au logement que le prince avait fait préparer pour nous. Ce devait être autrefois un palais élégant, mais, alors tout délabré, il ne pouvait nous préserver que bien peu du froid, qui était toujours très-intense. Au fond d'une vaste cour plantée de hauts platanes, dans laquelle un peloton d'infanterie avait été placé comme piquet d'honneur, s'élevait un édifice dont la façade indiquait plusieurs appartements. Les immenses vitrages qui leur servaient de fenêtres étaient composés de verres de couleur enchâssés dans un treillage de bois très-mince, sculpté et disposé avec beaucoup d'art, de manière à figurer des rosaces et d'autres dessins d'une combinaison gracieuse. Mais ces fenêtres, qui étaient à coulisse et s'ouvraient de bas en haut, manquaient d'une très-grande partie de leurs carreaux que nous fûmes obligés de remplacer par quelques morceaux de papier collés à la hâte. Cependant les cheminées dont ces appartements étaient munis et les énormes tas de bois que nous avions aperçus nous rassurèrent un peu.

Un nouveau personnage qui attendait l'ambassadeur l'introduisit dans l'appartement préparé pour lui. On y avait étendu de beaux tapis sur lesquels on avait placé une telle profusion de plateaux contenant du thé, des sorbets, des gâteaux, des bonbons et des fruits, qu'il nous fut très-difficile de passer au milieu d'eux. Notre tenue de voyage, tant soit peu étoffée de pelisses et de fourrures, ne rendait pas notre circulation très-facile au milieu de toutes ces friandises persanes. De plus, nos grosses bottes couvertes de neige paraissaient être un objet de scandale pour nos hôtes habitués à traiter leurs tapis avec plus d'égards ; mais nous n'avions pu encore adopter leur usage de laisser les chaussures à la porte. Néanmoins, nous fîmes comme eux, nous nous assîmes sur nos talons, faute de siéges, et goûtâmes, pour leur faire honneur, à toutes ces sucreries étalées devant nous. Nous n'en fûmes pas très-satisfaits ; un goût de beurre un peu rance, de safran et de mauvais sucre mal raffiné, répondit mal aux essais qu'avec la meilleure volonté nous tentâmes successivement sur chaque plateau.

Peu après, un *hachpass-bachi*, ou *cuisinier en chef* du prince, parut dans la cour, précédé de gens portant des torches, et suivi par une douzaine de marmitons. Ceux-ci portaient tous sur la tête des plateaux recouverts de petits tapis à franges d'or, qui s'élevaient en cônes. Il en émanaît un parfum culinaire auquel notre odorat n'était pas encore accoutumé, mais dont il ne laissa pas d'être flatté, vu que nous étions arrivés tard à Khoï, et que nous avions fait une longue route. C'était un dîner complet que nous envoyait le prince Mehemet-Rhaïm-Mirza. Le service se composait de plusieurs espèces de pilaus, ou plats de riz, aromatisés avec des épices ou des herbes; de viandes cuites dans des sauces assez bonnes, et de petits mets sucrés. Au milieu s'évasaient de grands bols de sorbets, ou *cherbets*, à la rose et au citron, dans lesquels nageaient de grandes cuillères en bois, très-creuses, dont les manches à jour étaient découpés comme de la dentelle. Ce dîner nous parut préférable aux pâtisseries.

Nazer-ali-Khân en faisait les honneurs avec beaucoup d'affabilité. Il disait avoir appris à Paris à bien boire, et l'on voyait qu'il avait avec succès continué une habitude qui semblait lui être très-douce. Le vin de l'ambassadeur avait mis le Meïmândar en gaieté, et après diverses historiettes qu'il nous raconta en écorchant cruellement quelques mots de français, il voulut nous prouver jusqu'où allaient sa mémoire et ses souvenirs, en nous chantant : *Ah! vous dirai-je, maman.....* Pour notre malheur, il se rappelait cet air jusqu'au bout, après trente-cinq ans, et il nous le répéta plusieurs fois, croyant sans doute flatter en même temps nos oreilles et notre patriotisme. C'était, du reste, à cette chanson et au goût du vin que paraissait se borner tout ce qu'il avait rapporté de la civilisation européenne. Mais, pour être tout à fait juste envers lui, il faut dire qu'il supportait l'un mieux qu'il ne chantait l'autre.

L'officier, qui avait attendu l'ambassadeur dans son logement, avait été invité au dîner. Moins habitué à la liqueur proscrite par le *Korân*, il s'était grisé tout à fait, et était tombé dans un état d'abrutissement qui avait nécessité que des *ferrachs* l'emportassent. Le vieux Khân ne s'en émut guère; seulement, quand on eut emmené son infortuné compatriote, il se prit à dire, à *mezza voce* : *Pezevink!*... ce qui était, d'après le sens de ce mot, la manifestation de l'indignation qu'il ressentait, par suite de l'état dans lequel s'était mis son maladroit coreligionnaire, devant des *guiaours* et des *Frenguis*. Il avait bu, lui, dix fois autant, mais à son teint animé et à sa loquacité seuls on pouvait s'en apercevoir.

La déconvenue du pauvre officier lui attira une punition infligée par le Châhzadèh, blessé de ce qu'un de ses serviteurs se fût ainsi oublié, et qui lui défendit de reparaître devant lui.

Nous nous arrêtâmes un jour entier à Khoï, afin de rendre visite au prince, qui était frère du Châh. Il nous reçut avec une affabilité et une politesse très-gracieuses. Le Châhzadèh pouvait avoir environ vingt ans; il était d'une charmante figure; sa physionomie était très-douce, sa parole facile et aimable. Il adressa de pressantes sollicitations à l'ambassadeur pour qu'il restât son hôte au moins quelques jours, pendant lesquels, disait-il, il serait enchanté de nous voir souvent et de parler un peu du *Frenguistân*, dont il avait entendu vanter les arts et la civilisation. Mais, arrivé en Perse depuis peu, l'ambassadeur n'en était que plus impatient de se rendre à la cour du Châh, et toutes les instances du prince ne purent l'empêcher de partir le lendemain pour Tabriz.

Avant de monter à cheval, nous assistâmes à une messe dite par notre aumônier, en mémoire de M. Bernard, officier attaché à la mission du général Gardanne, qui mourut à Khoï. La veille nous avions cherché sa tombe, sans pouvoir la retrouver.

De Khoï, nous allâmes coucher à *Seïd-hadji-ed-din*, distant de quelques farsaks seulement (18). Ce village est entièrement habité par des descendants du Prophète; c'est ce qu'exprime son nom, que l'on peut traduire par *Enfants* ou *Pèlerins de la foi*. Si cette traduction n'est point littérale, elle rend du moins l'idée attachée au surnom donné à la population de ce bourg. Les habitants passent pour avoir le pouvoir de guérir les personnes qui ont été mordues par des chiens enragés, pourvu que quarante jours ne se soient point écoulés depuis l'accident. La puissance de ces *Seïds* est tellement accréditée en Perse, que l'on vient de très-loin à *Seïd-hadji-ed-din*, pour se faire soigner. Cette crédulité, parfaitement d'accord avec le fanatisme des musulmans pour tout ce qui tient à la religion, ne devait pas, au reste, nous étonner. N'avions-nous pas vu, même en France, dans les campagnes, des réputations semblables basées probablement sur tout aussi peu de cures réelles?

Le jour suivant, nous passâmes un défilé à travers des rochers glissants amoncelés les uns sur les autres, et qui semblaient avoir été oubliés là au jour où cessa le chaos. Nous descendîmes au pied de montagnes volcaniques, dont la base est couverte de salines. A notre droite, une chaîne de montagnes très-élevées indiquait la position de *Van*; devant nous s'étendait une grande plaine, terminée par un horizon dont la ligne parfaitement droite était celle des eaux du lac d'*Ourmyah*. Nous ne le distinguâmes que très-imparfaitement, à cause de la brume qui couvrait le pays. Nous le côtoyâmes cependant tout le jour, en marchant vers la petite ville de *Tassouitch*, qui avait été autrefois importante, mais qui était alors ruinée. Diverses causes y avaient contribué : les guerres civiles pendant lesquelles les populations de l'Azerbaïdjân furent décimées ; mais aussi les tremblements de terre qui ébranlent le sol de cette province.

L'ambassadeur reçut à *Tassouitch* la visite d'un nouveau *Meïmândar*, *Chah-Abbas-Khân*, envoyé par le roi. Ce personnage était le véritable *Meïmândar ;* c'était lui qui devait accompagner l'*Elchi* pendant tout le temps qu'il séjournerait en Perse. D'après l'usage persan, le rang de ce fonctionnaire détermine le degré de considération que l'on doit accorder à l'ambassadeur auprès duquel il est placé. Or, Châh-Abbas-Khân était un des principaux officiers du Châh, un des grands de Perse. Son arrivée devait donc donner la mesure de l'honneur que le souverain entendait faire à l'ambassade de France, et de l'estime qu'il lui témoignait d'avance.

De *Tassouitch*, nous nous rendîmes, toujours en nous rapprochant du lac d'Ourmyah, à *Tchebister*, autre petite ville entourée de grands jardins qui semblaient en devoir faire un séjour fort agréable en été. Malgré la neige, nous pouvions nous convaincre, à la quantité de vergers que nous voyions de tous côtés, et à l'aisance qui régnait dans les maisons, que cette partie de l'Azerbaïdjân est bien cultivée, productive et riche.

Nos deux Meïmândars nous firent voyager à très-petites journées jusqu'à Trabiz, ce qui contrariait notre impatience ;

mais ils prétendaient que rien n'était encore prêt pour notre réception en cette ville dont le gouverneur n'avait été prévenu que fort tard de notre arrivée. Ils nous forcèrent ainsi à nous arrêter dans les villages de Nazerlou et Alvar, qui ne sont distants l'un de l'autre que de deux à trois farsaks, le dernier étant très-près de Tabriz.

Depuis quatre jours nous marchions dans une belle et vaste plaine que bornaient, au nord, de hautes montagnes présentant tous les caractères volcaniques, et dont la partie méridionale se perdait dans des marécages formés par les eaux du lac d'Ourmyah.

Le 22 janvier, nous partîmes pour Tabriz, curieux de connaître enfin une des grandes villes de la Perse. Peu de temps après notre départ d'Alvar, nous commençâmes à distinguer une silhouette indécise de forme et de couleur, dont l'ombre grisâtre, s'étendant sur la nappe de neige qui l'entourait, faisait deviner la capitale de l'Azerbaïdjân. Les Persans qui nous accompagnaient nous l'indiquaient au pied d'une montagne, au nord-est du lac, mais nous ne pouvions la distinguer que très-confusément encore.

Nous ne tardâmes pas à rencontrer un petit groupe de cavaliers qui venaient à nous avec empressement. Quoiqu'ils portassent le bonnet pointu, nous ne pouvions les prendre pour des Persans ; il y avait dans leur allure quelque chose qui nous faisait deviner des Européens. En effet, quand ils furent près de nous, nous reconnûmes en eux des compatriotes, et à leur tête M. Eug. Boré. Ce dernier était en Perse depuis une année ; son nom était déjà venu jusqu'à nous. Nous savions qu'il s'était distingué comme orientaliste par des recherches savantes sur les langues sémitiques ; nous savions aussi que, poussé par l'ardeur d'un zèle chrétien, il avait entrepris de propager en Orient les bienfaits de la civilisation. Dans ce but, il avait fondé une école à Tabriz où la langue française était enseignée, comme base et moyen d'une éducation que les arts de l'Europe devaient compléter.

Derrière M. Boré venaient des instructeurs, sous-officiers pris dans nos régiments, et que j'ai dit avoir été accordés à l'ambassadeur persan, Husseïn-Khân, venu à Paris en 1838. Ils portaient le costume de leur corps, mais l'avaient défiguré par le *Coula* du pays qu'ils étaient venus servir. C'était un premier pas fait vers des coutumes étrangères dont ils ne se doutaient pas encore qu'ils auraient à souffrir cruellement.

Tous les cent pas, nous rencontrions quelque nouvelle députation. C'étaient les consuls des différentes nations, les principaux négociants, et enfin le gouverneur militaire lui-même à la tête d'une troupe nombreuse de cavaliers, tous officiers supérieurs de la province, en grand costume et portant les insignes de leurs grades.

Le coup d'œil de ce brillant *Istakball* était magnifique. Cette multitude de cavaliers, de costumes variés, présenta surtout un tableau extrêmement pittoresque et original lorsqu'il fallut passer la rivière de *Adji-Sou*, ou *Talk-Tchaï*, *rivière amère*, qui doit son nom à ses eaux saturées de sel. Un pont étroit se présentait devant nous. Il ne pouvait livrer passage à tout le monde, et toute cette foule désordonnée, impatiente, ne voulant pas rester en arrière, se partagea et s'éparpilla de chaque côté. Les principaux officiers, à qui les autres avaient cédé le pas, nous suivirent, tandis que ceux-ci, trop pressés pour attendre leur tour de passer, se divisèrent, et, malgré le froid, lancèrent leurs chevaux dans la rivière et la traversèrent de chaque côté du pont.

Nous fîmes notre entrée à Tabriz à deux heures de l'après-midi, avec cette escorte de cinq à six cents cavaliers au moins. Nous refoulions, dans les rues étroites, une population immense accourue de toutes les parties de la ville et des bazars qu'elle avait abandonnés pour voir l'Elchi et les Frenguis que saluaient en ce moment les canons de la citadelle.

CHAPITRE IX.

Séjour à Tabriz. — Discussion d'étiquette. — Visite au gouverneur. — Le prince Malek-Khassem-Mirza. — Chasse. — Harem d'un Châhzadèh.

Obligés de percer la foule accourue pour nous voir, nous eûmes beaucoup de peine à arriver jusqu'à la maison qui avait été disposée pour l'ambassadeur. Plus commode et plus confortable qu'aucune de celles que nous avions encore vues, elle avait été construite par un résident anglais, qui l'avait cédée à un Arménien. Celui-ci, assez opulent, avait habité quelque temps l'Angleterre. On voyait, en entrant chez lui, qu'il avait pris dans ce pays des goûts de bien-être et de confort inconnus à ses compatriotes.

Depuis le moment où l'Elchi-bek avait pris possession de cette demeure, son salon ne désemplit pas, jusqu'au soir, de personnages qui venaient le féliciter sur son heureuse arrivée en Perse. On y voyait se succéder, sans interruption, les dons des visiteurs, consistant en plateaux surchargés de sorbets, de fruits et de sucreries, qui, aussitôt emportés par les ferrachs, ou domestiques de la maison, étaient remplacés par d'autres.

Des logements plus modestes, mais tous très-commodes, avaient été préparés pour les attachés à la mission. Chacun de nous prit possession de celui qui lui était destiné, et s'arrangea pour y jouir d'un peu de repos, loin de ces complimenteurs qui encombraient les tapis de l'ambassadeur, et dont la phraséologie banale, toujours la même, commençait à être fatigante.

Nous étions à peine installés dans nos *Konaks*, qu'il fallut songer à aller officiellement rendre hommage au prince *Karamân-Mirza*, frère du Châh et *Beglier-bey* de la province. La visite devait avoir lieu le surlendemain de notre arrivée; mais la neige tomba sans discontinuer, et c'eût été froisser l'un des préjugés les plus délicats des Persans que d'arriver mouillés chez le prince. En effet, pour un bon musulman, sa demeure est souillée si elle porte les traces de l'humidité qui aurait découlé des habits d'un chrétien. Notre Meïmândar, trop poli pour faire valoir cette raison, dit simplement qu'il serait peu convenable de ne pas attendre que le temps fût plus beau pour nous rendre au sérail. Et de fait, il était désirable, pour nous comme pour le Châhzadèh, d'ajourner l'entrevue. On renvoya donc au jour suivant cette cérémonie, qui, depuis qu'il en était question, donnait lieu à des discussions qui, puériles à nos yeux, avaient une très-grande importance à ceux des Persans. — Il faut savoir que l'usage, en Perse, est d'entrer sans chaussures chez les grands, et de rester debout devant eux. — Il s'agissait donc de décider si nous entrerions avec nos bottes chez le Châhzadèh, et si nous y serions assis. Cette grave affaire causa beaucoup d'embarras à Châh-Abbas-Khân, qui fut chargé de la traiter et dut avoir plusieurs conférences, à ce sujet, avec le prince lui-même. Il est admis, à la cour, que les ambassadeurs ont la liberté de s'asseoir devant le Châh, bien que les princes du sang restent debout. Il y a donc une très-grande différence entre le souverain et les Châhzadèhs. Il était par conséquent logique, naturel, en suivant la proportion, d'établir que : si les ambassadeurs avaient, à l'exclusion des princes, le droit de rester assis en présence du roi, les attachés, les personnes faisant partie de l'ambassade, devaient avoir celui de s'asseoir devant ces princes. Cette dernière conséquence ne paraissait pourtant pas toucher *Karamân-Mirza*, et l'on nous fit craindre qu'il ne voulût nous assujettir à l'étiquette que suivaient les Persans. La morgue qui lui était particulière et ses préjugés à l'égard des Européens l'empêchaient de se relâcher de son orgueilleux rigorisme.

La seconde des deux questions soulevées, qui, pour un Européen, pourrait paraître la plus grave, n'était cependant pas celle sur laquelle le prince insistait le plus ; il céda assez facilement sur ce point, plus facilement que nous ne pouvions nous y attendre, et fit préparer un siége à chacun de nous. Mais il n'en était pas de même de la difficulté de conserver nos bottes, et là-dessus *Karamân-Mirza* semblait intraitable. Pour apprécier toute l'importance que les Persans attachent à l'usage établi chez eux de laisser ses chaussures à la porte de celui à qui l'on fait visite, il faut savoir que l'affranchissement de cette coutume fut l'objet d'une clause particulière insérée dans les traités conclus entre la Russie et la Perse. Il ne fallut pas moins que les victoires de la première, et la crainte que ses armes inspiraient à la seconde, pour que le Châh consentît à dispenser désormais les Russes de se soumettre à une forme d'étiquette incompatible avec le costume européen. Cependant, pour ne pas blesser les idées reçues et ne pas offenser ce monarque, il fut convenu, de part et d'autre, que les Russes couvriraient leurs bottes de pantoufles pour venir jusqu'au seuil du palais, afin que leurs semelles ne fussent point souillées de boue pendant le trajet.

Naturellement, l'ambassadeur de France devait revendiquer, comme un bénéfice pour tout Européen, la clause introduite par le plénipotentiairerusse. Son exécution fut réclamée pour nous, et nous dûmes nous conformer au léger correctif que la susceptibilité persane y avait intercalé, en nous procurant un nombre considérable de *babouches* que nous nous partageâmes.

Bien que la lettre des traités pût, à bon droit, être invoquée par l'ambassadeur, il crut devoir se servir d'un argument qui était sans réplique, et qui leva les derniers scrupules du prince. Il fit dire au Châhzadèh : « Le roi de France a
« reçu l'envoyé du Châh, Husseïn-Khân, et sa suite, avec le
« bonnet sur la tête, quoique ce soit tout à fait contraire aux
« usages européens ; le prince peut donc, à son tour, rece-
« voir l'ambassadeur français et ses attachés avec leurs
« bottes. » C'était péremptoire, cela fit effet.

Mais l'étiquette persane se réservait de nous soumettre à une autre exigence que nous ne pûmes éviter, quelque désagréable qu'elle fût. Il est de tradition que le prince auquel va rendre hommage un ambassadeur, envoie des chevaux de ses écuries, tout harnachés, pour ce personnage et sa suite ; il fallut donc subir le supplice de monter les chevaux du Châhzadèh sellés à l'orientale, et sur lesquels nous étions fort mal à l'aise ; ce fut ainsi que, précédés chacun d'un *saïs* ou palefrenier, nous nous rendîmes au sérail. Un bataillon d'infanterie d'assez bonne mine nous attendait rangé en bataille dans la cour. Il nous présenta les armes à notre arrivée, et au moment où nous mîmes pied à terre, une musique quelque peu barbare, mais dont les instruments à vent annonçaient des prétentions d'européanisme, entonna des airs nationaux.

Un maître de cérémonies, en habit d'apparat, et tenant une canne, marque distinctive de ses fonctions, nous reçut au seuil du palais. Après nous avoir fait traverser un jardin, il nous introduisit dans une salle dont les murs étaient entièrement revêtus de glaces, de peintures arabesques et de tableaux représentant des batailles livrées aux Turcs par le père du Châhzadèh, *Abbas-Mirza*; entre autres sujets on voyait la prise de *Toprak-Khâlèh*, en Arménie. A droite et à gauche de ces tableaux se trouvaient quatre portraits : c'étaient ceux de *Tchenghiz-Khân*, *Châh-Ismaïl*, *Rouslâm* et *Nadir-Châh*, quatre héros favoris des Persans. De chaque côté de cet appartement étaient des fauteuils où nous prîmes place après avoir salué le prince. Karamân-Mirza était lui-même assis au fond. Sa complète impassibilité et son air peu aimable semblaient témoigner du mécontentement qu'il ressentait de la persistance qu'avait mise l'ambassadeur à réclamer contre un usage qui était un acte de respect trop servile pour être admis par le représentant de la France.

Le Châhzadèh portait une tunique verte boutonnée jusqu'au menton, avec un collet et des parements de velours amaranthe. Il avait un pantalon à l'européenne, tombant sur des chaussettes de cachemire à petites palmes, seule chaussure qu'il eût. Sur ses épaules brillaient de grosses épaulettes d'or, et sur sa poitrine, croisée par le grand cordon du Lion et du Soleil, se voyait la plaque des grands dignitaires de cet ordre. Une ceinture en or, fermée par une large agrafe en diamants, ceignait ses reins; à son côté reposait un sabre dont le fourreau était de velours monté en or, et dont la poignée étincelante était couverte de brillants.

Le prince nous parut être de taille moyenne, et, malgré son teint brun et ses longues moustaches noires, il avait l'air extrêmement efféminé. Il crut sans doute de sa dignité de pousser l'étiquette jusqu'à l'immobilité la plus absolue quand l'ambassadeur se présenta, car il ne se leva pas, ne fit aucun geste jusqu'à ce que les salutations d'usage aient eu lieu. Alors seulement il daigna nous faire signe de nous asseoir. Il reçut avec une froideur remarquable les compliments obligés qui lui furent adressés. Quelles que fussent les fleurs dont l'interprète embellît son discours, le prince ne parut pas en goûter les parfums. Il ne put cependant se dispenser de dire quelques mots à l'ambassadeur sur son arrivée dans sa résidence et sur son voyage, mais ils furent aussi secs que laconiques.

Cette entrevue fut très-courte, et nous en emportâmes une opinion peu favorable à Karamân-Mirza. Heureusement pour la famille royale de Perse, tous les princes qui la composent ne ressemblent pas à celui-ci. Nous ne tardâmes pas à faire la comparaison avec un autre Châhzadèh, en allant, au sortir de chez le frère du Châh, voir son oncle *Malek-Khassem-Mirza*. C'est, un des soixante-dix fils du dernier roi Fet-Ali-Châh, et l'un des hommes les plus remarquables en Orient, par l'élévation de ses idées, son instruction, ou l'intérêt qu'il porte à toutes les connaissances de l'Europe.

Il parle six langues, sans compter la sienne : le français parfaitement bien, l'anglais, le russe, le turc, l'arabe et l'indostani. C'était un des plus zélés protecteurs de l'école française. Il avait obtenu du Châh, son neveu, pour la fondation de cette école et pour tous les Européens qui voudraient apporter en Perse leur industrie, des firmans dont la teneur était de nature à encourager des émigrations vers ce pays. Mais plus tard, par un revirement ordinaire aux choses de ce monde, surtout aux promesses des Persans, le Châh, probablement mal conseillé, avait révoqué lui-même les firmans qu'il avait rendus dans un moment d'entraînement vers des idées civilisatrices. Des intrigues de toute sorte et le mauvais vouloir des autorités avaient achevé d'entraver l'essor que semblait vouloir prendre la civilisation en Perse.

Contrairement à ce qui avait eu lieu chez le prince Karamân-Mirza, la conversation fut fort animée et fort intéressante chez son oncle, qui y prenait une part très-active. Il paraissait flatté de voir l'effet qu'il produisait sur nous, et l'étonnement où nous étions de l'entendre s'exprimer aussi bien dans notre langue. Il nous dit qu'il l'avait apprise d'une dame française, Mme de la Marinière, que nous trouverions à Téhérân. Malek-Khassem-Mirza est un fort bel homme, jeune encore. Ses traits sont nobles et fortement caractérisés. Selon la mode qu'a fait adopter le souverain actuel, il porte sa barbe très-courte; mais, en revanche, ses moustaches sont excessivement longues. Son costume était un mélange de persan et d'européen : par dessus une petite redingote à un seul rang de boutons, serrée simplement par une ceinture de soie amaranthe, il portait une pelisse en cachemire fourrée de martre; il avait un pantalon européen, et à ses pieds des chaussettes à dessins de cachemire sur un fond blanc; le bonnet de peau d'agneau noir couvrait sa tête. Le prince avait effacé, par son amabilité et son esprit, la mauvaise impression qu'avait faite sur nous son neveu le beglier-bey, et nous prîmes congé de lui enchantés de son accueil.

Le lendemain, l'ambassadeur envoya quelques présents aux deux Châhzadèhs. Afin de se conformer à cet usage oriental, il était parti de France muni d'une grande quantité de cadeaux, parmi lesquels figuraient des montres, des pendules, des armes, des bijoux, des étoffes magnifiques, des porcelaines de Sèvres, et de beaux ouvrages à gravures.

On se rappelle que dans plusieurs passages difficiles des montagnes, et au milieu des neiges, des mulets de charge avaient roulé dans des ravins où plusieurs même étaient restés. Il était impossible que des objets précieux et délicats, ainsi précipités au fond des abîmes du Zingana et du Djedek, n'eussent pas éprouvé quelques légères avaries.

L'ambassadeur destinait à Karamàn-Mirza un service à thé exécuté à Sèvres. Malheureusement, la fragilité et la délicatesse du travail, si appréciables dans ce produit de la manufacture royale, étaient cause qu'il n'était pas parfaitement intact. Dans l'impossibilité de le remplacer ou de le faire réparer, il fallut bien l'envoyer tel qu'il était. Le prince le refusa en faisant dire à l'ambassadeur : « Qu'une « feuille de rose, envoyée par un ami, avait à ses yeux la « valeur du revenu de l'univers; mais qu'il fallait qu'elle ne « fût pas fanée. » Ce refus, quelque enveloppé qu'il fût de métaphores orientales, n'était pas gracieux, et devait naturellement donner des craintes pour le sort réservé aux autres marques de la munificence de notre gouvernement.

Quelques jours plus tard, désireux de nous faire les honneurs de son pays et de nous montrer les environs de Tabriz, le prince Malek-Khassem-Mirza envoya à l'ambassadeur un de ses officiers chargé de nous inviter tous à une partie de chasse au faucon et aux levriers. Ce sont les deux seuls genres de chasse usités par les Persans qui ne connaissent ni l'usage du chien d'arrêt ni le tir au vol. Ils sont cependant grands chasseurs, mais avec le secours des oiseaux de proie qu'ils dressent très-habilement, et dont ils possèdent d'excellentes espèces. Comme au temps où la volerie haute et basse était en honneur en France, ils ont une grande estime pour les faucons courageux et les fauconniers adroits.

La partie de plaisir à laquelle nous conviait le Châhzadèh était toute nouvelle pour nous. Nous étions trop curieux de connaître ce genre de chasse pour ne pas accepter avec empressement. On se rendit dans les montagnes voisines de la ville, où l'on ne tarda pas à trouver du gibier. Cette chasse se fait ainsi : le fauconnier porte sur son poing, recouvert d'un gant long, l'oiseau retenu par un petit cordon attaché aux pattes, et chaperonné. Le chaperon couvre les yeux du faucon et ne lui permet aucune distraction qui l'empêche d'apercevoir à temps la proie qu'on lui destine; c'est une espèce de petite calotte en drap rouge, quelquefois ornée de broderies, de pierreries et de grelots d'or. Dès que l'on rencontre et que l'animal est visible, le fauconnier découvre la tête de l'oiseau, le tourne de manière à ce qu'il voie le gibier, et lance le faucon qui part comme un trait, suit une ligne droite, s'élève au-dessus de sa proie, et s'abat sur elle avec force en la saisissant des serres et du bec. Aussitôt que le faucon en est maître, on court sur lui, et, en lui donnant quelque petit morceau de viande qui lui fait lâcher sa prise, on la lui enlève sans difficulté. Les fauconniers du prince et le prince lui-même prirent ainsi quelques lièvres et perdrix.

Avec ces faucons, on chasse encore la grosse bête et les oiseaux de proie de grande taille, même les aigles, sur lesquels on est obligé le plus souvent d'en lancer deux. Il n'y a pas d'animaux qu'on ne réussisse à saisir de cette manière. Le dernier moyen auquel a recours l'oiseau chasseur, et qui ne manque jamais son effet, c'est de se placer sur le front de sa proie et de lui crever les yeux à coups de bec.

— On prétend qu'autrefois certains princes cruels avaient dressé des faucons à se jeter même sur les hommes. Mais quel que soit le peu de cas que les Persans fassent de la vie d'autrui, il est difficile de croire que ce passe-temps ait jamais été toléré par une nation, fût-ce en Asie.

Quant au temps présent, cette chasse est très-innocente, et n'a en vue que quelques timides perdrix, lièvres ou gazelles. — On court aussi ces quadrupèdes avec des levriers qui ont d'excellents jarrets. Ce sont les seules manières de chasser usitées en Perse; ce sont d'ailleurs celles des grands qu'on ne voit que très-rarement se servir du fusil qu'ils laissent à ceux qui n'ont pas le moyen d'entretenir un chenil ou une fauconnerie. Il faut ajouter que l'art du fauconnier s'en va se perdant de plus en plus, car parmi les Persans, même parmi les membres de la famille royale, il s'en trouve peu d'assez riches pour en entretenir. — Il s'en faut que ce soit comme au temps des Sophis, dont les traditions rapportent qu'il y avait jusqu'à huit cents oiseaux dans la fauconnerie du roi.

Bien que la date de notre connaissance avec les Persans fût encore récente, nous avions pu reconnaître en eux un goût prononcé pour tous les arts, et surtout pour ceux du dessin. Les tableaux qui ornent les palais ou les plus simples maisons en sont la preuve. Ce fut dans le prince Malek-Khâssem-Mirza que je trouvai un des plus grands amateurs de peinture que j'aie connus dans ce pays. Cette inclination commune à ses compatriotes m'étonnait d'autant plus, que j'avais naguères vu avec quel mépris les Turcs leurs voisins dédaignaient les productions du pinceau. Ce fut, au reste, là ce qui me valut de la part du Châhzadèh une bienveillance et une affabilité toutes particulières. Il m'offrit pour atelier son *Divan-Khânèh*, où il donnait ses audiences quotidiennes, et il m'y facilita l'étude de plusieurs costumes que j'aurais eu autrement beaucoup de peine à faire. Les premiers l'amusèrent, puis il y prit un tel intérêt que, quand à l'heure habituelle où je me rendais au sérail je n'étais pas arrivé, il m'envoyait chercher. Cet empressement, qui avait dégénéré presque en exigence de sa part, me servit extrêmement, parce qu'il me donna le moyen de faire une ample collection des costumes variés des diverses provinces de la Perse.

Peu à peu il s'établit entre le prince et moi une intimité qui me le fit connaître davantage. Loin de rien diminuer de l'opinion que nous avions tous conçue de lui à notre première visite, je découvris dans ce Châhzadèh des qualités que j'étais loin de soupçonner chez un musulman. Ainsi, il professait un grand respect pour la liberté de conscience, en matière de religion; sa tolérance, à cet égard, était sans bornes. Il parlait avec une absence de préjugés bien remarquable de tout ce qui touchait aux femmes ou aux rapports entre chrétiens et musulmans. Il eût été élevé en Europe, en France, le pays de la liberté par excellence, qu'il n'eût pas été plus large dans ses idées, plus indépendant dans la manière de les exprimer. Mon intimité avec le Châhzadèh et la connaissance que j'avais acquise de son caractère, me permettaient d'apporter dans mes causeries avec lui un laisser-aller qu'il encourageait, un abandon auquel il répondait parfaitement. Ce fut à la faveur de cet échange de franchise réciproque dans l'émission de nos pensées, que j'osai un jour demander au prince de me faire dessiner une femme en costume de *harem*.

Or il faut savoir que je n'avais encore pu en apercevoir une seule; c'était chose impossible. Les Persanes sortent peu, et, dans les rues, elles sont tellement bien cachées et enfermées dans un grand voile qui les couvre de la tête aux pieds, qu'il est impossible de les distinguer; leur tournure même se dérobe dans les longs plis de l'espèce de manteau qui les enveloppe, et qu'on appelle *tchader*. De plus, elles agrafent de chaque côté de la tête une petite pièce d'étoffe blanche, au milieu de laquelle est une broderie à petits jours placée sur les yeux. Ce grillage leur permet de se guider, sans laisser aucun regard curieux se glisser au travers. Le bas de leurs jambes est enfermé dans de larges pantalons à pied. Elles sont chaussées de petites babouches jaunes ou vertes, à pointe retournée, et dont le talon fort pointu ne vient guère qu'au milieu de la plante du pied.

Quelquefois, quand elles ne voient aucun homme dans la rue, elles se permettent de relever le voile qui leur sert de masque, afin de respirer plus à l'aise ; mais elles le ramènent sur leur visage dès qu'elles aperçoivent un homme, fût-ce leur mari. Un jour, au moment où je passais près d'une femme qui, à ce qu'il paraît, n'avait pas baissé sa grille assez tôt, je l'entendis apostropher rudement par un fanatique qui ne la connaissait nullement, mais qui lui reprochait en termes violents la faute qu'elle avait commise, et lui faisait honte de son impudeur. Je ne doute pas que ma qualité de chrétien n'ait beaucoup augmenté la sévérité de cette réprimande. Tous les *tchaders* se ressemblent, et, aux yeux d'un Européen, toutes les tournures paraissent, à peu de chose près, les mêmes. Cependant des Persans m'ont assuré qu'il leur était très-facile de reconnaître les femmes de leur connaissance.

Les difficultés de voir une femme sans l'intervention officieuse et la complaisance d'un Persan, me faisaient donc désirer vivement de profiter des bonnes grâces du prince Malek-Khassem-Mirza. La confiance avec laquelle je le lui avouai le fit sourire, et après y avoir un instant réfléchi, il prit l'engagement de me satisfaire. Deux ou trois jours se passèrent sans que j'osasse renouveler ma demande ; d'ailleurs l'air de bonne foi avec lequel le Châhzadèh y avait répondu me donnait tout lieu de croire qu'il y pensait.

En effet, je reçus un soir un message du prince, qui m'invitait à aller souper avec lui. Son médecin, vieux Frengui à barbe blanche, dont la science nous était aussi inconnue que l'origine, mais assez bon homme et confident intime du Châhzadèh, se chargea de me conduire au rendez-vous. La nuit était fort sombre ; nous marchions, précédés par un *fer-*

rach porteur d'un falot en toile blanche, dans lequel brûlait une énorme bougie. A la lueur incertaine de cet éclairage qui nous dénonçait au loin à la fureur des chiens errants dans tous les carrefours, nous évitâmes, tant bien que mal, les tas de neige formés dans les rues par les habitants qui y jetaient celle tombée sur les terrasses de leurs maisons. Nous traversâmes ainsi des ruelles désertes et obscures, et nous suivîmes, en les tournant, les murs de ce qu'on appelle l'Ark, ou la partie de la ville qui renferme les sérails des princes et les casernes. Puis, au lieu d'aboutir à la grande porte du palais, nous nous baissâmes pour passer sous une poterne ouvrant sur une petite cour de derrière, sombre et silencieuse.

Notre guide éteignit son fanal, et le docteur, me faisant signe de le suivre, frappa doucement à une petite porte qui s'ouvrit avec précaution. Tout cela sentait bien le mystère, et n'était peut-être pas sans péril ; mais, ravi de l'originalité d'une aventure qui prenait une tournure fort piquante, je me laissai faire, au risque de ce qui pouvait m'arriver.

Par le seuil que nous avions mystérieusement franchi, nous pénétrâmes dans une première salle obscure qui ouvrait sur un corridor noir que nous suivîmes dans ses longs détours. Nous montâmes quelques marches, traversâmes une seconde salle faiblement éclairée, mais dans laquelle je pus cependant remarquer un grand nombre de peintures représentant des femmes dansant ou faisant de la musique, sujets que je n'avais encore vus nulle part. J'en conclus que j'étais dans la partie de la maison qui n'est jamais ouverte aux étrangers, c'est-à-dire dans le *Zân-Khânèh*, ou appartement des femmes.

Je continuai à suivre le *hekim* qui, lui, paraissait connaître toutes les issues, et nous ne tardâmes pas à nous trouver en face d'une de ces grandes portières appelées *Perdèh*, qui se leva brusquement devant moi. Je fus tout à coup ébloui par la vive clarté qui remplissait un grande salle toute resplendissante de lumière, d'or, de peintures et de miroirs. Au milieu, une vingtaine de femmes, surprises par mon apparition, poussèrent des cris d'effroi en cherchant à cacher leur visage. Le prince Malek-Khassem-Mirza, que je ne distinguais pas au fond de ce salon où il était étendu sur des tapis et des coussins, partit d'un grand éclat de rire en voyant ma stupéfaction qui, à vrai dire, n'était pas moins grande que celle de ces dames. Le Châzadèd m'invita à approcher, et me dit que, voulant satisfaire le désir que je lui avais manifesté, et ne pouvant disposer du bien des autres, il n'avait pu mieux faire que de me recevoir dans son propre *Anderoûm*. Je le remerciai dans les termes les plus propres à lui prouver ma reconnaissance de la manière, aussi aimable que flatteuse pour ma discrétion, dont il répondait à la démarche que j'avais hasardée.

J'avais déjà vécu assez au milieu des Orientaux pour comprendre tout ce que la confiance que le prince me témoignait avait de généreux et d'obligeant. Car, si par mon indiscrétion, on eût appris qu'il avait admis un chrétien dans l'intérieur de son harem, il aurait certainement encouru la disgrâce du Châh; et, tout prince qu'il était, la population de Tabriz aurait murmuré hautement contre une telle violation des mœurs musulmanes, un si notable mépris de tous les préjugés reçus.

Cependant les dames que ma venue avait troublées au

milieu de leurs plaisirs et de leurs danses se remirent bientôt de leur frayeur. Elles commencèrent à laisser échapper quelques plis des voiles sous lesquels elles s'étaient empressées de dérober leurs visages que j'avais à peine entrevus ; ces voiles s'abaissèrent de plus en plus et finirent par tomber tout à fait. Effarouchées d'abord, les maîtresses du logis reprirent de l'assurance et s'apprivoisèrent peu à peu. Elles ne tardèrent pas à attacher sur moi des regards qui ne le cédaient en rien à la curiosité des miens ; elles reprirent leurs attitudes naturelles que la surprise avait brusquement dérangées, et, s'habituant tout à fait à ma présence, elles revinrent aux poses nonchalantes dans lesquelles leur vie de harem s'écoule paresseuse et insouciante. Celles qui avaient jeté leurs instruments sur le tapis se décidèrent à les reprendre. Quelques sons rendus par hasard attirèrent machinalement leurs doigts sur les cordes, et bientôt un air de danse ranima ces femmes pour qui l'interruption du plaisir était temps perdu.

Au milieu de ces *houris* du Paradis terrestre qu'avait créé pour son usage le prince Malek-Khassem-Mirza, nous nous assîmes à une petite table où un souper élégamment préparé nous réunit au docteur et à un autre Châhzadèh, Mossem-Mirza, cousin de notre hôte. Pendant le repas, qui fut servi avec une recherche et une galanterie tout à fait en harmonie avec notre entourage, les danses ne discontinuèrent pas. Ordinairement, une femme seule dansait; de temps à autre, une seconde venait se joindre à la première, mais elles n'étaient jamais plus de deux. Elles avaient dans leurs doigts de petites cymbales, comme des castagnettes, en métal parfaitement sonore, avec lesquelles elles marquaient la mesure et accompagnaient les instruments qui jouaient un air de danse. L'un de ces instruments était une sorte de viole sphérique faite avec des os de poisson ; elle était munie d'un manche très-long, n'avait que trois cordes, et reposait debout sur un pied. Des sons un peu aigres en sortaient sous les frottements d'un archet en soie. Celle qui figurait dans l'orchestre du Prince était entre les mains du seul homme qui fût avec nous, et qui devait cette exception en sa faveur à ce qu'il était aveugle. A côté de lui une femme grattait, avec une pointe d'écaille, les cordes métalliques d'une mandoline ; une autre battait des deux mains sur un petit tambourin qu'elle avait passé sous son bras gauche ; tandis qu'une troisième l'accompagnait en frappant de sa main droite sur un autre tambourin, fait exactement comme nos tambours de basque.

Ces danses ne laissèrent entre elles que de très-courts intervalles, et ces femmes, qui avaient d'abord paru ne danser que par complaisance pour le maître, finirent par y prendre un si grand plaisir et s'y animer tellement, que la vivacité et l'étrangeté de leurs mouvements les faisaient paraître folles. Dans ces moments d'excitation, l'orchestre jouait avec encore plus de précipitation et de force, de manière à faire atteindre aux danseuses le paroxysme de l'exaltation et à les faire tomber étourdies dans une agitation nerveuse singulière.

Ces danses étaient trop nouvelles pour moi, pour qu'elles ne maintinssent pas ma curiosité attentive ; mais je dois dire qu'elles furent loin de me satisfaire. C'étaient des mouvements brusques et désordonnés, empreints d'une certaine originalité, mais sans grâce et sans légèreté. Je préférais de beaucoup voir toutes ces femmes en repos et dans l'attitude qu'elles prenaient avec la nonchalance qui leur est naturelle, qu'excitées par cette musique barbare, à faire des bonds qui tenaient de la folie.

Quand les danses eurent duré assez longtemps pour que ces dames fussent disposées à la tranquillité, je pus examiner tout à mon aise la manière dont elles étaient accoutrées. Leurs vêtements étaient tous taillés sur le même patron, qui me parut fort simple. Le prince, par ses explications, eut la bonté de suppléer à ce que je ne voyais pas. Les femmes persanes ne portent pas de chemises; elles ont seulement un corsage juste qui serre la taille et la dépasse un peu ; de manière à retomber sur la jupe. Sur la poitrine, les deux côtés de ce corsage ne joignent pas; ils y laissent un intervalle un peu plus large que la main, que remplit une pièce d'étoffe indépendante de la veste, et qui s'y attache à volonté au moyen d'agrafes. Une large jupe, serrée au-dessus des hanches, traîne sur les pieds. Leurs cheveux sont taillés droit au-dessus des sourcils et pendent en longues nattes par derrière. Elles y ajoutent des fleurs, des rubans ou d'autres ornements. Une grande beauté, recherchée des Persanes, au point qu'elles l'imitent quand la nature la leur a refusée, est d'avoir les sourcils très-allongés et joints au-dessus du nez. Il est d'ailleurs très-fréquent d'en trouver ainsi de naturels.

Les dames persanes, à en juger par celles de l'*anderoûm* où je me trouvais, m'ont paru avoir de très-petites bouches, de belles dents, les traits généralement fins et doux, et les yeux très-fendus. Elles ont l'habitude de se peindre en noir le bord intérieur des paupières et de prolonger dans les coins la ligne noire qu'elles tracent à la racine des cils, au moyen d'une petite pointe très-fine trempée dans du noir. Les plus raffinées se placent des mouches et se mettent du rouge. Toutes se teignent les mains d'une couleur orange, avec du *hennèh*, teinture qu'on apporte exprès de l'Inde ; elles se font ainsi comme des gants jusqu'aux poignets. La plante des pieds subit la même opération, de manière à figurer un soulier, et les ongles sont peints avec du carmin. Elles portent des colliers et des bracelets. Leurs cheveux sont d'un noir-bleu naturel et très-beau ; mais, autant pour les rendre encore plus noirs, que pour les lustrer, les adoucir et les conserver, elles les teignent de temps en temps avec une préparation qui a cette propriété multiple.

Il se faisait tard ; le médecin qui m'avait amené me fit signe qu'il fallait partir, et nous fîmes nos adieux aux deux princes ainsi qu'aux dames, qui furent plus gracieuses en nous les rendant qu'elles ne l'avaient été à notre apparition au milieu d'elles.

Nous suivîmes le labyrinthe à travers lequel nous étions venus, et nous nous retrouvâmes à la petite porte qui s'était mystérieusement ouverte pour nous laisser pénétrer dans ce secret asile ; elle se referma, sans doute cette fois pour ne jamais se rouvrir à aucun autre homme, surtout à aucun autre *Frengui*, car ce sont de ces mystères qu'on ne risque pas deux fois de dévoiler. Nous commencions à marcher à tâtons dans les ruelles qui entourent les hautes murailles du sérail, quand nous nous entendîmes interpeller brusquement par des sentinelles. Nous ne savions pas le mot d'ordre, et, pour moi surtout, il eût été embarrassant de le dire en persan. Heureusement les soldats de la garde du Beglier-bey n'étaient pas très-sévères sur la consigne ; ils nous laissèrent approcher, et, ayant reconnu mon habit européen, ils nous laissèrent passer. Nous en fûmes quittes pour la peur d'aller coucher au violon d'un corps de garde persan, et je rentrai chez moi, aussi content de ma soirée que fier de pouvoir raconter à mes camarades les féeries que j'avais vues.

CHAPITRE X.

M. Boré. — Fondation d'une école française. — Instructeurs. — Visite du Cheik-el-Islam. — Dîners persans. — Origine de Tabriz. — Causes de sa ruine. — Son commerce. — Sa population. — Sa langue.

Nous avions trouvé à Tabriz plusieurs Français qui y formaient une petite colonie à la tête de laquelle était M. Eug. Boré, installé dans cette ville depuis un an environ. Après un long voyage et des recherches dans le pays des Chaldéens, qui avaient conduit ce savant explorateur jusqu'aux bords du lac d'Ourmyah, il était venu s'arrêter dans la capitale de l'Azerbaïdjân. Tout ce que M. Boré avait vu sur sa route, tout ce qu'il avait recueilli sur les populations de ces contrées, lui avait fait désirer de leur prêter le flambeau de la civilisation en le tenant lui-même de sa main habile.

En conséquence, il avait, dès le mois de janvier 1839, préparé ce qu'il appelait une *université humanitaire* à Tabriz. La langue française devait en être la base, et il espérait, par son intermédiaire, communiquer aux Persans les connaissances européennes. Pour atteindre le noble but qu'il se proposait, il ne faisait exclusion de personne, et appelait au bénéfice de son enseignement toutes les religions, tous les dissidents. Il ne s'agissait point alors, pour M. Boré, de faire du prosélytisme religieux. Il s'en reposait sur l'instruction pour détruire d'elle-même l'ignorance et les préjugés du mahométisme, aussi bien que l'erreur ou les fausses doctrines des chrétiens schismatiques. A son arrivée en Perse, et à son début, il posait donc une sage limite à son zèle de chrétien. Mais peu à peu la solitude, la vie contemplative à laquelle le condamnait son isolement, peut-être son contact avec les Arméniens schismatiques, exaltèrent ses idées religieuses, et l'esprit de propagande catholique remplaça la neutralité qu'il s'était imposée d'abord; c'est au moins ce qu'on devait penser en l'entendant lui-même se dire *Pèlerin de la foi, plus encore que de la science.*

Ses idées ainsi modifiées, il était impossible que ses plans ne le fussent pas. Une éducation laïque ne pouvait plus le satisfaire, et il pensa à la faire répandre en Perse par le secours des pères Lazaristes qui avaient un couvent à Constantinople. Ce fut dans cette vue qu'il demanda au gouvernement du Châh des concessions fort difficiles à obtenir, et en échange desquelles il offrait d'instruire gratuitement vingt jeunes gens choisis. Mais les Persans ne sont pas gens à apprécier les avantages que présentaient les offres de M. Boré, à un assez haut degré pour faire violence à leurs préjugés. Cette négociation fut sans résultat.

Cependant le prince Malek-Khassem-Mirza, qui était alors à Tabriz, était trop intelligent et trop porté vers les connaissances européennes, pour ne pas prendre sous sa protection l'œuvre de M. Boré. Aussi, notre compatriote trouva-t-il dans ce Châhzadèh un protecteur zélé. Il dut à son intervention bienveillante de voir d'une façon inattendue s'aplanir les difficultés que l'établissement de son école rencontrait. Il obtint des firmans conçus dans des termes tout à fait neufs, inusités, et qui semblaient de nature à faire prospérer son entreprise civilisatrice.

Les choses en étaient là quand nous arrivâmes à Tabriz. M. Boré avait déjà réuni dans son école quelques jeunes gens de la ville, et, plein d'espoir dans l'avenir de la mission qu'il s'était donnée, il pensait à l'étendre plus loin. La venue d'une ambassade française ne pouvait que le fortifier dans ses projets, en lui offrant l'appui d'une protection puissante. Ses forces s'en trouvèrent accrues, et son courage doublé. L'Azerbaïdjân ne suffit plus à sa propagande, et, résolu de la faire circuler dans toutes les parties de la Perse, il conçut le projet de déterminer un centre pour son rayonnement. Aucun point ne pouvait convenir mieux qu'Ispahan, qui était le centre du royaume. Il le choisit donc et se proposa de partir avec nous pour cette ville.

Les autres compatriotes que nous trouvâmes à Tabriz étaient des sous-officiers qui, à la suite de Husseïn-Khân, et sur les promesses de cet envoyé du Châh, en France, avaient quitté leurs régiments pour venir instruire les troupes persanes. Ils se plaignaient amèrement de tout ce qu'ils avaient eu à souffrir pendant leur voyage, de la hauteur et de la mauvaise foi de Husseïn-Khân. Loin de remplir les engagements qu'il avait contractés envers eux, au nom de son gouvernement, il ne satisfaisait même pas à leurs premiers besoins. Leur solde était arriérée de plusieurs mois, et nous les vîmes dans un dénuement révoltant. Leur position et l'intérêt qu'ils excitèrent parmi nous tous, furent l'objet de la première affaire qu'eut à traiter l'ambassadeur. Mais que de paroles pressantes d'un côté, que de promesses éludées de l'autre! — L'ambassadeur ne connaissait point encore tout ce qu'il y a de mauvaise foi sur la langue d'un Persan; il ne savait pas non plus que rien, en Perse, ne se paie intégralement et à son échéance. Il ignorait surtout, à son arrivée dans ce pays, les intrigues de toutes sortes qui devaient empêcher d'utiliser les services que des instructeurs européens pouvaient rendre à l'armée persane.

Les obstacles que ceux-ci rencontraient étaient de plusieurs natures et partaient de plusieurs points. La politique russe était en première ligne. Il ne pouvait convenir au Gouvernement impérial que les soldats persans, braves et naturellement disciplinés, complétassent leurs qualités militaires en acquérant celles que leur donnerait une éducation faite par des Français. Les Anglais, qui avaient aidé Abbas-Mirza dans la guerre qu'il soutint contre les Russes, afin de les empêcher de s'emparer de la Géorgie, ne se souciaient plus, alors que cette conquête était consommée, de voir les Persans devenir meilleurs soldats. Les différends qu'ils avaient eus avec le Châh, à propos du siége d'Hérat, et ceux qu'ils pouvaient avoir dans la suite, à cause des envahissements qu'ils préméditaient dans l'Affghanistân, leur faisaient redouter tout ce qui pouvait ajouter aux forces militaires de la Perse. On comprendra que le zèle des jeunes sous-officiers amenés par Husseïn-Khân, ainsi que la diplomatie française, étaient entravés par d'aussi puissants obstacles, et que plus tard ils devaient se briser complétement contre eux. (19)

A ces causes de refus d'employer les talents des instructeurs français venait se joindre l'orgueil des chefs de l'armée persane. Les généraux, comme les autres officiers, craignaient de voir amoindrir leur importance, de laisser annihiler leur autorité, s'il s'introduisait parmi eux des *Frenguis* qui possédaient la science dont ils ne connaissaient pas les premiers éléments. Plus vaniteux que patriotes, peu leur importait de faire progresser leur pays, et de prendre euxmêmes, à son profit, leur part de l'instruction qu'on leur apportait. Ils ne pensaient qu'à se pavaner dans leurs uniformes à la russe, et à se charger d'insignes ridicules, pour ne pas dire grotesques.

Ce fut dans cette situation peu favorable à leur avenir, qu'à notre entrée en Perse nous trouvâmes les jeunes instructeurs que notre Gouvernement avait, avec trop de confiance, accordés aux instances de l'envoyé du Châh. Il était aisé de voir que, désireux de s'affranchir du joug pesant des Russes et des Anglais, les Persans s'étaient fait illusion sur les moyens d'y arriver, et qu'ils n'avaient pas exactement calculé la durée probable de leur persévérance dans leur volonté d'indépendance. Au lieu de leur résister, ils cédaient, et le Châh, au lieu d'être encouragé et secondé par l'esprit national de son peuple, trouvait dans les préjugés de ses officiers une difficulté de plus.

Peu de temps après l'arrivée de l'ambassadeur à Tabriz, le chef de la religion musulmane, ou *Cheik-el-Islam*, était venu lui rendre visite, accompagné d'un grand nombre de *Mollahs*. C'était un des plus grands honneurs qu'on pût faire à un ambassadeur chrétien. Il est fort probable que, dans leur for intérieur, le fanatisme de ces prêtres se révoltait contre un pareil hommage, et qu'ils en demandaient pardon à Mahomet. Mais, comme les Persans sont les gens du monde les plus habiles à déguiser le fond de leur pensée, la démarche du cheik ne laissa rien entrevoir du déplaisir qu'elle pouvait lui causer. Pendant le séjour de l'ambassade à Tabriz, quelques fêtes furent données en son honneur. Sans être toujours de notre goût, elles ne laissaient pas d'exciter notre curiosité par la variété des divertissements, auxquels les Persans paraissaient prendre un très-vif plaisir. Nous fûmes ainsi conviés chez l'*Emir-Nizam*, commandant supérieur de l'armée, et chez Hussein-Khân. Tous deux nous donnèrent de somptueux dîners dont le service se rapprochait assez de l'usage européen. La table était couverte de fleurs et de fruits, et, sans respect pour la défense de Mahomet, le vin circulait, sans distinction de religion, parmi les Persans et les Frenguis. J'ajouterai même, entre parenthèses, pour faire connaître le degré de fanatisme qu'ils conservent à cet égard, que, du côté des Persans, toutes les bouteilles étaient vides, et que quelques-uns d'entre eux étaient ivres.

Après le repas, on nous régala d'un feu d'artifice, genre de plaisir pour lequel les Persans sont passionnés. Ils ont, en Orient, une grande réputation dans l'art pyrotechnique, et il faut dire qu'ils y ont en effet un certain talent. Puis nous eûmes des bateleurs de toute espèce, des hercules, ou *Pehlavâns*, des jongleurs qui, au moyen de coton imbibé d'huile de naphte enflammée, semblaient mâcher des charbons ardents ou crachaient des étincelles, au grand ébahissement des spectateurs. Ces cérémonies se terminaient par des vers composés et récités en l'honneur de l'Elchi. Le poëte ou les poëtes, car, dans l'espoir d'une gratification, ils étaient souvent plusieurs, s'abandonnaient à toute la prolixité adulatrice qui caractérise la littérature orientale. Ils n'avaient rien épargné en fait d'hommages; les flatteries les plus outrées leur semblaient devoir être aussi les plus goûtées, et ils les débitaient avec l'assurance d'une faconde certaine de plaire.

Nous restâmes seize jours à Tabriz; pendant ce long repos, nous eûmes le temps de chercher tout ce qui s'y trouvait de curieux et d'intéressant. Cette ville a été l'objet de grandes discussions au sujet du nom qu'elle portait dans l'antiquité. Dans la confusion qui en est résultée, il est très-difficile de choisir. Certains auteurs veulent que ce soit la *Gabris* de Ptolémée, d'autres que ce soit la fameuse *Ecbatane* de l'Écriture sainte. Il est impossible d'admettre cette dernière opinion; car, d'après ce que les traditions historiques nous ont rapporté des magnifiques palais d'Ecbatane, on devrait en retrouver des traces quelconques à Tabriz. Or, il ne s'y voit absolument aucun vestige de l'antiquité. — J'aurai plus tard, dans le cours de ce voyage, occasion de parler du site présumé de cette grande capitale de la Médie, ainsi que des restes qui en désignent l'emplacement.

Quant à Tabriz, il me semble plus raisonnable d'admettre une autre opinion qui la représente comme devant être l'ancienne *Gaza*, dont la position géographique se rapproche de celle de la ville en question. Dans ce cas-ci, l'absence de souvenirs antiques s'explique par le peu d'importance de Gaza dans les âges reculés.

Pour ce qui est du nom moderne de Tabriz, il semble, d'après plusieurs écrivains, très-indéterminé. En effet, on le voit écrit par eux de diverses manières, mais je n'ai jamais pu comprendre pourquoi quelques-uns l'écrivent d'une façon toute différente de celle dont le prononcent les Persans. Ainsi, on lit dans certains ouvrages *Tauris*, dans d'autres *Tebris*. Si cette dernière ortographe se rapproche de celle qu'indique la prononciation, il faut dire que la première en est fort éloignée. Les Persans disent *Tabriz*, et l'on va voir que cette manière d'écrire le nom de cette ville se justifie par les traditions qui s'y rattachent.

La plupart des historiens persans font remonter la fondation de cette ville à l'an 165 de l'hégire ou 787 de l'ère chrétienne. Ils attribuent sa construction à *Zobeïdèh*, femme d'*Haroun-el-Rechid*, khalife de Bagdad. D'accord sur cette origine, ils diffèrent sur ses causes. Les uns disent que la femme du Khalife étant dangereusement malade, un médecin de Perse la guérit. La princesse, lui ayant une profonde gratitude de ses soins efficaces, voulut le récompenser selon son désir. Le *Hekim*, ayant le choix, demanda qu'il fût fondé une grande ville en son pays. Les autres, admettant également la maladie de la Sultane, prétendent qu'elle fit le voyage de Bagdad pour venir se guérir de la fièvre, en ce lieu même qui passait pour jouir d'une grande salubrité. Par reconnaissance, la femme d'Haroun-el-Rechid aurait, selon eux, jeté les fondements d'une ville à laquelle, en raison des vertus fébrifuges de son territoire, elle aurait donné le nom *Tabriz*. — Ce nom est composé de deux mots persans : *tab* et *riz*, qui signifient *fièvre* et *partie*, ou bien *chasse-la-fièvre*. — Quelque légitime que paraisse cette explication, il se pourrait bien qu'il n'y eût là qu'un conte fait pour aider à l'étymologie du nom de cette ville. Cependant, pour défendre la véracité des auteurs persans contre l'incrédulité, il faut dire qu'à Tabriz il reste plusieurs édifices ou ruines auxquelles se rattachent le souvenir et même le nom de Zobeïdèh.

Si l'air de Tabriz est salutaire aux malades, en revanche

son territoire expose les habitants à des dangers continuels, par la fréquence des tremblements de terre qui s'y font sentir. C'est aussi là une des causes qui font que la province d'*Azerbaïdjân* est couverte de ruines. Cherchant dans la fréquence de ces phénomènes l'origine du nom de la province dont Tabriz est la capitale, des Persans m'ont dit qu'il fallait traduire *Azerbaïdjân* par *Terre de feu*.

Mais cette dénomination conduit à cette pensée que, si le feu l'a fait attribuer à cette contrée, ce pourrait être le feu sacré, dont le culte y prit naissance, ainsi que Zoroastre. En effet, ce célèbre promoteur de la religion guèbre naquit à *Maragha*, ville située sur la rive orientale du lac d'*Our-myah*, à peu de distance de Tabriz. C'est là qu'il posa les premiers dogmes de la nouvelle religion, et qu'il écrivit le livre connu sous le nom de *Zendavesta*.

Il est fort difficile de distinguer ce qu'il y a de vrai dans ces étymologies; mais ce qu'il y a de certain, c'est que Tabriz n'a conservé aucun vestige d'un âge antérieur à l'islamisme. Son sol volcanisé a fait disparaître tout ce qui pourrait rappeler une origine antique, et tous les monuments, la plupart en ruines, que l'on y voit, sont d'une époque très-rapprochée de la nôtre.

Les écrivains d'Orient rapportent que Tabriz comptait à peine soixante-neuf ans d'existence, quand elle fut renversée de fond en comble, en l'an 858. Malgré ce fléau permanent, elle fut relevée, agrandie et notablement embellie. Depuis elle éprouva plusieurs autres secousses, parmi lesquelles celle qui lui fut le plus funeste date de 1721; elle coûta la vie à quatre-vingt mille de ses habitants. C'était sous le règne de *Châh-Sultan-Husseïn*, au moment où ce prince malheureux, mais sans courage, venait de céder la couronne de Perse à un aventurier affghan, qui avait mis le siége devant Ispahan.

Indépendamment des secousses imprimées à Tabriz par les feux souterrains qui sillonnent son sol, il faut attribuer sa ruine aux combats que s'y livrèrent les Persans et les Turcs. Ceux-ci la prirent à Châh-Ismaïl et la perdirent sous le règne de Sultan-Selim; ils la reprirent sous celui de Soliman, et la gardèrent jusqu'à ce que le grand Châh-Abbas, le dernier régénérateur de la Perse, la leur ait enfin arrachée après une possession d'environ soixante ans. Toutes ces causes réunies font qu'aujourd'hui Tabriz est une ville peu intéressante par ses édifices, qui y sont tous plus ou moins endommagés.

Parmi les débris que l'on y rencontre se voient les ruines d'une grande mosquée qui a dû être fort belle. Elle fut élevée, à la fin du XIIIe siècle, par Sultan-Ghazan-Khân prince moghol. Elle était revêtue d'émaux de couleur, formant, sur un fond bleu, des dessins d'une délicatesse exquise. On en retrouve encore quelques fragments, mais incomplets. La base des murailles est restée, en quelques endroits, revêtue de larges plates-bandes sculptées, faites d'une espèce d'albâtre veiné. Cette matière, qui est une sorte de marbre transparent, est employée à l'ornementation des principaux édifices du pays. Elle est produite par des sources voisines de Maragha, situées sur le bord du lac d'Ourmyah. Elles déposent à leurs orifices des parties calcaires dont l'agglomération incessante forme des couches qui se solidifient et deviennent à la longue extrêmement dures. Elles sont si épaisses qu'on a pu y tailler des blocs de grandes dimensions. Ce sont des plaques de cette espèce qui formaient les soubassements des murailles de cette mosquée.

La partie qui a le mieux résisté et qui donne le mieux l'idée de ce qu'a été ce superbe édifice, est le portail qui est un chef-d'œuvre d'architecture orientale. C'est une admirable mosaïque de petites briques émaillées, dont les dessins variés s'entrelacent sur un fond d'azur brillant et pur, en dépit du temps et de la ruine. Celle-ci a commencé il y a deux cents ans ; mais, comme elle était partielle, on continuait à faire la prière en ce lieu. Ce n'est que depuis soixante ans, que, complétement renversée par un tremblement de terre, cette mosquée a été abandonnée, probablement pour ne jamais être relevée.

Des restes également dignes d'attention sont ceux d'un édifice considérable sur lequel les traditions ne s'accordent pas. Les unes rapportent qu'ils faisaient autrefois partie d'un palais immense qu'avait fait construire *Zobeïdèh*, et qui renfermait une belle mosquée dont les voûtes et les murs s'aperçoivent à peine aujourd'hui, enterrés qu'ils sont sous les décombres ou enchâssés dans l'enceinte de la ville. Les autres, et celles-ci paraissent plus vraisemblables, disent que ce sont les restes d'un grand château que fit bâtir Soliman, après sa conquête, afin de la protéger. Il y réunit, dit-on, trois cent cinquante pièces de canon et une garnison de quatre mille hommes. Il est fort possible, au reste, que Soliman n'ait fait qu'utiliser un point qu'il trouva favorablement disposé à recevoir la destination qu'il voulait lui donner. Cette hypothèse probable concilierait les deux opinions entre lesquelles les auteurs persans semblent avoir hésité.

De cette masse grandiose on ne retrouve d'ailleurs que les

murs extérieurs auxquels on avait donné beaucoup d'épaisseur. Ils se présentent d'une façon imposante, et donnent une grande idée de l'édifice, quel qu'il fût, auquel ils se rattachaient. On y a enfermé récemment les ateliers et les magasins de l'arsenal.

L'ensemble de Tabriz est triste. Pour éviter les conséquences désastreuses des oscillations du sol, les maisons y sont très-basses, et les mosquées sans minarets. Par la même raison, les bazars sont d'un aspect pauvre comme construction ; dépourvus de toute ornementation, ils sont en grande partie simplement couverts en bois ; mais, très-achalandés, ils renferment une grande variété de marchandises.

Indépendamment de l'importance de Tabriz comme capitale d'une des principales provinces de la Perse, cette ville en a aussi une très-grande par son commerce ; c'est incontestablement le marché le plus considérable qui soit dans tout le royaume. Les nombreuses caravanes qui peuplent ses caravansérails y apportent les produits de l'intérieur de l'Asie et ceux de l'Europe. Celle-ci y est représentée par quelques négociants qui y ont des comptoirs dans lesquels règne une grande activité. Les indiennes, et en général les étoffes de cotons anglaises y ont un grand débit, en raison de ce qu'elles peuvent y être vendues à un prix inférieur à celui auquel les Persans les fabriquent. Cette branche de négoce et celle des soieries sont entre les mains des Anglais dont la suprématie commerciale va toujours croissant. Après le siége d'Hérat, lorsque le Châh témoigna au ministre d'Angleterre son mécontentement de ses menées, il voulut interdire l'usage des étoffes de ce pays. Certes il y avait pour les négociants de cette nation et pour tous ceux qui commerçaient avec eux de quoi s'émouvoir ; mais le patriotisme des Persans ne put tenir contre les avantages que leur présentaient les marchandises anglaises. Quelques maisons grecques de Constantinople leur font une faible concurrence. Des Géorgiens, représentant la Russie, apportent de ce pays de la verrerie et de la faïence grossière, des matières premières, telles que cuir, cuivre, ou des draps ; mais ceux-ci sont d'une si mauvaise qualité qu'ils trouvent peu d'amateurs. Les Persans achètent de préférence, quoiqu'ils soient plus chers et qu'il s'en trouve peu, les draps de France. Malheureusement pour le commerce français, il n'a dans ce pays aucun mandataire. (20)

Tabriz est fermée de tous côtés par une double enceinte crénelée, flanquée de tours rondes, avec fossés et bastions. Elle a plusieurs portes parmi lesquelles trois, plus importantes que les autres par leurs dimensions et leur décoration, sont flanquées de tourelles très-élevées, en forme de minarets, et brillantes d'émaux de couleur qui forment des dessins sur toute leur surface.

Au delà des murs, et dans toutes les directions, s'étend comme une seconde ville ouverte sur la campagne, formant actuellement d'immenses faubourgs. Il est probable, d'après l'étendue qu'avait autrefois Tabriz, que toutes ces parties se reliaient pour ne faire qu'une seule et même ville. Mais après la dernière et la plus fatale des catastrophes qui ait ruiné cette malheureuse cité, une grande partie des habitants ayant émigré, ou étant morts, la ville s'est restreinte à la portion qui avait le moins souffert. C'est celle qui se trouve aujourd'hui enfermée dans les murs.

Au milieu des faubourgs et dans les environs sont de nombreux et vastes vergers qui produisent beaucoup de fruits et sont assez bien plantés; l'eau y est en abondance. La ville elle-même est traversée par une rivière appelée *Spin-tchaï*, qui a ordinairement peu d'eau, mais dont les crues subites du printemps causent souvent des dégâts funestes.

Parmi les sources voisines de la ville, il y en a de sulfureuses; ce sont celles de *Barendj* et de *Seïd-Kent*. La population de Tabriz n'est plus de cinq cent mille âmes, comme du temps où Chardin la visita, il y a deux cents ans; elle est réduite à cent cinquante mille au plus, et se compose de musulmans et d'Arméniens.

Le rôle que Tabriz a joué en Perse, s'il a varié, n'en a pas moins eu toujours une grande importance sur les destinées de ce pays. Après avoir été, comme nous l'avons vu, un des points qui avaient fixé l'attention des Khalifes, elle devint la résidence de la nouvelle dynastie que fondèrent les princes de la race de *Cheik-Sophi-ed-din*. Son petit-fils *Ismaïl* quitta *Ardebil*, berceau de sa famille, pour venir s'y établir. Après avoir planté l'étendard de la révolte à côté de la bannière d'Ali, sur les ruines dispersées de l'empire fondé par *Taïmour-lenk*, ou *Tamerlan*, il fit de Tabriz sa capitale. Il s'y installa, en qualité de *Châh des Chiites*, c'est-à-dire Châh des dissidents, Châh des sectateurs d'Ali. Plusieurs tribus turques qui avaient les premières embrassé le nouveau schisme, furent aussi ses plus fermes soutiens. On retrouve encore les débris de celles-ci dans l'Azerbaïdjân où elles ont conservé le nom de *Kizil-bach*, ou *Têtes d'or* que leur chef leur avait donné, à cause du bonnet rouge qui les distinguait. Châh-Ismaïl eut alors à soutenir une guerre de religion contre le sultan Selim qui accourait de Constantinople à la tête d'une armée considérable, pour soutenir et venger le drapeau d'Omar. Cette guerre fut encore fatale à Tabriz qui tomba aux mains des Turcs. Ils n'y restèrent pas; mais, après s'y être chargés de butin, ils en emmenèrent trois mille familles d'artisans qu'ils transplantèrent dans l'Asie Mineure.

Rentrée sous la domination du roi de Perse, elle ne tarda pas à retomber de nouveau au pouvoir du sultan de Constantinople, dont l'armée la pilla et la brûla, après l'avoir prise d'assaut. On raconte que tous les palais ou autres édifices furent rasés. Cependant Tabriz se souleva, massacra la garnison turque; mais, reprise par Osman, général et grand vizir d'Amurat, elle fut une dernière fois saccagée, et resta dix-huit ans sous le joug turc, jusqu'à ce qu'enfin Châh-Abbas-le-Grand en eût chassé pour toujours les Turcs, dans l'année 1603.

Depuis ce temps Tabriz resta à la Perse, mais ne fit que s'amoindrir. Déchue de son rang de capitale, elle avait vu les successeurs de Châh-Ismaïl transporter le siége de la monarchie d'abord à Cazbin, puis à Ispahan où il resta à peu près jusqu'au milieu du siècle dernier.

Si Tabriz n'a jamais, depuis, reconquis la première place dans le royaume, on peut dire qu'elle a du moins conservé la seconde. Sa position au centre d'une des plus grandes et des plus riches provinces de la Perse, sa proximité des frontières turque et russe, en feront toujours le siége du principal gouvernement d'Irân. Sous le règne de Fet-Ali-Châh, son fils Abbas-Mirza y avait placé son quartier général et sa base d'opérations contre les Russes. Il y trouvait en même temps de grandes ressources pour son armée et un appui en cas de revers. Mais la fortune des armes ayant été contraire à ce jeune prince plein de patriotisme et de courage, tout ce qui resta à Tabriz, après la paix de *Turkmân-tchaï*, fut son commerce; il a toujours été trop important pour que cette grande ville n'y ait pas trouvé le moyen de soutenir son rang. Un prince de la famille royale y est Beglier-bey, et il a sous ses ordres immédiats l'*Emir-Nizam*, ou le chef supérieur de l'armée, ainsi qu'un *Serdar* qui commande les forces militaires de la province.

J'ai dit que Tabriz et ses environs étaient habités par les tribus turques auxquelles fut donné le nom de Kizil-bach. De la réunion de ces diverses populations d'origine turcomane, il résulte que, dans l'Azerbaïdjan, la langue la plus généralement usitée n'est point le persan; c'est une sorte de dialecte qui tient à la fois du djagataï, ou langue turcomane, et du turc parlé à Stamboul ou dans l'Anatolie; ce langage s'étend jusqu'à Téhérân, où il se mêle au persan, avant de disparaître complétement, en descendant vers le sud où le farsi, c'est-à-dire le persan pur, est exclusivement usité.

CHAPITRE XI.

Départ de Tabriz. — Mianèh. — Passage du Kaplan-Khou. — Khâlèh-Doukhtar. — Accident de voyage. — Passage du Kizil-Ouzen. — Arrivée à Zenguiân.

Le 8 février, tous bien remis des fatigues de la première partie de notre voyage, nous travérsâmes les faubourgs à l'est de Tabriz, accompagnés de tous les Européens et des officiers que les Châh-Zadèhs avaient envoyés pour nous faire honneur à notre sortie de la ville. Nous nous mîmes en route pour Téhéran, désireux de pénétrer plus avant dans cette Perse qui commençait à nous intéresser vivement, et dont la physionomie devait être, plus loin encore, plus caractérisée et plus curieuse à connaître. Nous allâmes coucher à *Basmitch*, grand village entouré de beaucoup de vergers, à quatre farsaks de Tabriz.

Le lendemain, sans nous arrêter au caravansérail que nous rencontrâmes, et qui paraissait avoir été un édifice remarquable par la solidité de sa construction et la grandeur de ses proportions, nous gravîmes une montagne assez difficile, mais peu élevée. Après en avoir descendu le versant oriental, nous atteignîmes *Hadji-Aga*, où nous devions passer la nuit.

Dans le voisinage de ce bourg est une maison de plaisance appartenant au prince gouverneur de l'Azerbaïdjân, et dans l'enceinte de laquelle se trouve une source d'eau sulfureuse, qui jouit d'une certaine réputation.

Le froid se soutenait toujours, et la neige couvrait tout le pays que nous traversions.

Le 10, nous eûmes à supporter la fureur d'un ouragan qui, en soulevant la neige, nous la fouettait avec force au visage. — Nous nous rappelâmes les terribles scènes de *Daar*. Pourtant notre position n'était pas aussi déplorable. Au bout de quelques heures, la tourmente finit par s'apaiser, et nous arrivâmes à *Tikmèdach*, où les gens du Meïmandar avaient eu l'attention de faire préparer de grands feux de bois qui nous firent oublier nos souffrances. Le jour suivant le ciel s'était éclairci. Après une courte halte dans un caravansérail où nous déjeunâmes, nous allâmes coucher à *Karatchumen*. C'est un gros bourg, au fond d'une vallée étroite, où les logements nous rappelèrent les étables d'Arménie, dont les maisons plus soignées des Persans nous avaient fait perdre l'habitude.

Le temps s'était gâté, et nous partîmes de *Karatchumen* avec un brouillard épais qui nous glaçait en nous mouillant beaucoup. Ce jour-là nous rencontrâmes un tchapar, ou courrier, qui nous apprit que le Châh avait quitté Téhéran pour se rendre dans le sud.

Lorsque nous commençâmes à distinguer les maisons du village où nous devions nous arrêter, nous vîmes arriver une foule de paysans, précédée de danseurs et de musiciens en tête desquels un homme portait un agneau. Il le présenta à l'ambassadeur qui lui fit remettre quelque monnaie, et aussitôt le malheureux animal fut égorgé de manière à ce que son sang ruisselât sous les pieds de nos chevaux. On prétend que cette coutume date du temps de Cyrus; considérée comme une des plus insignes marques d'honneur qu'on puisse rendre à un personnage, peut-être faut-il la faire remonter plus haut, et y voir le souvenir du sacrifice d'Abraham. Cet usage ne signifie en effet rien autre chose que le respect et le dévouement de celui qui répand le sang de la victime.

Nous nous trouvions au bourg de *Turkman-tchaï,* célèbre par le traité de paix qui y fut conclu, en 1827, par les plénipotentiaires russe et persan, à la suite de la guerre qui avait fait tomber entre les mains de la Russie toute la Géorgie. L'effet de ce traité, pour la Perse, fut de lui donner pour limite, du côté du nord, le fleuve Araxe, à partir du mont Ararat jusqu'à la mer Caspienne.

Le 13, après avoir suivi tantôt des collines âpres et difficiles, tantôt, au fond d'une vallée étroite, le cours d'une rivière que nous traversâmes plusieurs fois, nous mîmes pied à terre à *Mianèh.* C'est une petite ville de six à sept cents maisons, située dans une belle plaine entourée de montagnes. Deux rivières, qui ont leur confluent à très-peu de distance, arrosent le pays, et, en se répandant sur les terres basses qui les bordent, engraissent des pâturages étendus où paissent de nombreux troupeaux.

Le nom de *Mianèh* exprime sa position : il signifie mitoyen. On l'a donné à cette petite ville parce qu'elle est située à la limite des deux provinces d'Azerbaïdjân et d'Irak-Adjemi.

Nos guides nous avaient parlé de cet endroit comme étant funeste aux voyageurs par la piqûre d'une espèce d'araignées qui se tiennent dans les maisons, et sont dangereuses pendant le sommeil. Ils nous racontaient même, à ce propos, des histoires incroyables sur les effets terribles du venin de ces insectes qui passent, dans tout le pays, pour donner la mort, mais qui ne s'attaquent jamais qu'aux étrangers. Nous savions bien à quoi nous en tenir sur la véracité des exagérations persanes; cependant nous ne laissions pas d'être inquiétés par l'idée que ces sales insectes pouvaient être, sinon malfaisants, au moins fort incommodes pendant la nuit que nous devions passer. Le lendemain vint sans qu'aucun de nous fût victime des morsures qu'on nous avait fait craindre.

J'eus à Mianèh un échantillon du savoir-faire des paysans persans en maçonnerie. Il faut dire d'abord qu'en Perse celui qui n'a pas le moyen de payer un architecte et un maçon fait lui-même le plan de son habitation, et la construit seul; la simplicité des matériaux rend au reste cette opération très-facile. On fait un grand trou en terre, on y jette de l'eau, puis on y remet peu à peu, en la pétrissant, la terre qu'on en a retirée; on en fait ainsi, assez ferme pour qu'il puisse se soutenir, un mortier avec lequel on façonne des briques carrées, au moyen d'un cadre en bois qui sert de moule. Un homme peut ainsi confectionner une prodigieuse quantité de briques dans la journée, jusqu'à deux ou trois mille. On les laisse se sécher, presque se cuire à l'ardeur du soleil, et, au bout de quelques jours, elles sont propres à la construction. Toutes les maisons sont bâties de cette manière. Leur durée n'est pas longue, mais la facilité avec laquelle on peut les reconstruire, fait qu'on s'inquiète peu de celle qu'elles ont à se détruire.

Dans la chambre que j'habitais à Mianèh, la cheminée fumait beaucoup parce que le manteau en était trop élevé. Je fis comprendre à mon hôte qu'il faudrait pouvoir y suppléer au moyen de quelque planche ou rideau qui contînt la fumée ; il me répondit que c'était inutile, que je ne m'en inquiétasse pas, et que, dans un instant, il me répondait que je n'aurais aucun reproche à lui faire à cet égard. Au bout d'un quart d'heure, en effet, il revint avec de la terre qu'il avait gâchée ; il fit une espèce de petite charpente avec quelques petits morceaux de bois sur lesquels il appliqua son mortier. En quelques minutes il eut façonné, de ses mains seules, sans faire la moindre malpropreté, avec une adresse surprenante, un manteau plus allongé qui réussit parfaitement à faire tirer la cheminée et à l'empêcher de fumer.

En sortant de Mianèh, nous vîmes un grand nombre de ruines qui s'étendaient assez loin pour nous prouver que cette ville avait perdu beaucoup de son importance passée. Nous atteignîmes bientôt une large rivière que nous traversâmes sur un pont de vingt-trois arches, parfaitement construit en briques entremêlées de fortes assises de pierres. Ce cours d'eau s'appelle *Roud-Khânèh-Mianèh*, ou *rivière* de *Mianèh*. L'usage, en Perse, est de donner aux rivières le nom de l'endroit où elles coulent, ou au moins de la ville ou du village le plus important qui les avoisine. Celle-ci, qui est très-forte, et surtout fort large à la fonte des neiges, a sa source à deux journées de Mianèh. Elle va se jeter dans le *Kizil-Ouzen*, après avoir serpenté dans des gorges de montagnes noires et sauvages qui contiennent ses eaux entre des bords escarpés d'une hauteur qui nous les a fait paraître inabordables.

Ces montagnes font partie de la chaîne du Kaplânkhou qui sépare la province que nous quittions de celle d'Irak-Adjemi. Le défilé que l'on suit pour les traverser est aussi long que difficile à gravir; partout nous y remarquâmes des rochers de forme bizarre et d'une couleur toute particulière, arides et sans végétation. Des ravins profonds s'y croisent et s'entrecoupent en tout sens; toutes les pentes étaient couvertes de neige qui commençait à fondre, et laissait voir çà et là quelques pointes rocailleuses.

A l'est, sur le sommet d'un rocher, nous aperçûmes les restes d'un château fortifié, dont quelques historiens font remonter la construction jusqu'au temps d'Ardechir, ou Artaxerce, qui y fit enfermer une princesse de sa famille. Les Persans l'appellent encore aujourd'hui le *château de la Pucelle* ou *Kalèh-Douktar*. Abbas le Grand le détruisit, il y a environ deux mille ans, parce qu'il était devenu le repaire d'une bande de brigands qui infestaient le pays. Nous n'y avons plus trouvé que des ruines qui, par la différence des matériaux de construction, attestent qu'à diverses époques ce lieu fut occupé et fortifié.

Je venais de quitter mes compagnons de route pour m'approcher de ce château, afin de le mieux observer, lorsque je me trouvai tout à coup précipité au fond d'un ravin. Mon cheval avait glissé sur la terre détrempée par la fonte de la neige, et je roulai avec lui au fond de l'abîme. Je ne puis dire par quelle intervention providentielle je ne fus point brisé dans cette chute. Rassuré sur mon compte, ma première pensée fut pour le pauvre animal qui gisait à terre, étourdi et ne remuant pas plus que s'il eût été mort. Toute ma crainte était qu'il n'eût quelque membre fracturé, car personne ne m'avait vu disparaître, et je n'aurais pu rejoindre mes camarades. Grâce à Dieu, mon cheval n'était qu'abasourdi de sa terrible chute. Je le dessellai et le fis relever; mais dans quelle fondrière me trouvais-je! plus de vingt pieds de profondeur; des murs de terre à pic de chaque côté; un couloir si étroit que je ne pouvais y tourner mon cheval; les deux extrémités en étaient fermées par deux espèces d'arches qui avaient tout au plus trois pieds de haut et qu'avaient forcées les eaux qui, engagées dans ce ravin, s'y étaient fait une issue. Il était impossible que mon cheval passât sous ces arcades naturelles. Qu'allais-je devenir dans ce trou?

Je ne perdis pas courage. Je laissai la pauvre bête, l'oreille basse, faire de tristes réflexions sur ce lieu qu'elle considérait d'un œil découragé. Il n'y avait d'autre moyen de sortir de là que d'agrandir l'une des deux ouvertures; mais étais-je sûr qu'après je n'en trouverais pas une autre et que je ne retomberais pas dans un traquenard semblable? Je fis une reconnaissance et j'acquis la certitude qu'en remontant le ravin je n'avais plus à redouter d'obstacle du même genre. Je m'armai donc de résolution et me mis à l'œuvre. Par bonheur le terrain n'était aucunement pierreux. Je creusai des mains, des pieds, avec mes talons de bottes, le fond que les eaux avaient un peu amolli, et, me servant de mon sabre, je me mis à couper la voûte à son point le plus élevé. Je travaillais depuis longtemps et j'avais déjà agrandi cette ouverture, qu'il s'en fallait de beaucoup encore qu'elle permît à mon cheval de passer.

Je repris mon travail avec un courage désespéré et j'avançais quand, épuisé, fatigué, les pieds et les mains en sang, je crus avoir fait une assez large issue. J'y présentai mon cheval, je lui baissai la tête, elle passa; mais, désespoir, son garrot touchait, impossible de le faire avancer. Alors s'établit entre lui et moi une lutte de désespoir. Je veux le pousser, il reste immobile; je le tire, il résiste. J'emploie tous les moyens, la douceur, la force, jusqu'à la rage. La malheureuse bête fait quelques efforts, comme si elle comprenait enfin que son salut et le mien en dépendent. Son garrot se déchire, saigne et ne peut passer; mais je remarquai qu'il s'en fallait de bien peu que le passage ne fût assez grand. La douleur empêchait ce pauvre animal de forcer, et, seul, il était difficile que je l'y contraignisse, car il eût fallu le tirer par la bride en même temps qu'on l'aurait fouetté par derrière : c'était ma seule ressource.

Il y avait trois mortelles heures que j'étais à moitié enterré dans ce trou, le jour baissait, la nuit allait m'y surprendre, et alors que deviendrais-je ? Cette sombre pensée m'inspira l'idée de chercher, au loin, si je n'apercevrais pas quelque voyageur ou quelque retardataire de notre caravane. Dieu ne m'avait pas abandonné; il avait pitié de moi, car au moment où je jetais les yeux du côté de la route, j'aperçus deux Tchervadars qui étaient restés en arrière et qui regagnaient, sur leurs ânes, le Khonak du soir. Je les appelai, je leur fis comprendre ce que j'attendais de leur humanité et leur montrai ma bourse en leur disant qu'elle était à eux s'ils m'aidaient à tirer mon cheval du lieu où il était.

L'un d'eux se détacha, vint avec moi dans le ravin, prit la bride, tandis qu'à grands coups de pied et de plat de sabre appliqués vigoureusement sur la croupe du pauvre animal je le forçai, pour les éviter, à passer sous la malencontreuse voûte. Il s'y déchira affreusement, mais il passa ;

nous étions sauvés. Nous remontâmes assez longtemps le ravin, jusqu'à ce qu'enfin, trouvant un endroit moins profond, nous pûmes faire gravir l'escarpement à cette malheureuse bête qui pouvait à peine se tenir sur ses jambes. Après avoir laissé mon cheval se remettre un peu, et marchant à pied à côté de lui, je regagnai la route en compagnie des Tchervadars. Mais quel était le chemin qu'avaient suivi mes compagnons? où était le Khonak? Je l'ignorais, et les muletiers ne le savaient pas davantage; il fallut chercher, aller au hasard.

Il faisait presque nuit quand nous eûmes traversé le Kaplân-Khou; nous n'étions pas à mi-chemin de l'étape à faire ce jour-là. Pour surcroît de malheur, mon cheval blessé, meurtri de toutes parts, pouvait à peine me porter. La neige et le vent me glaçaient. Cependant je rencontrai des traces du passage de la caravane ; elles me donnèrent du courage, et, après une marche des plus pénibles, j'atteignis dans la soirée le village de *Akent*, où j'appris avec joie que l'ambassadeur s'était arrêté. Je trouvai, en arrivant, un grand mouvement : des cavaliers montaient à cheval, mon domestique les stimulait et partait à leur tête. C'était moi qui étais la cause de tout ce tumulte. Mes camarades s'étaient inquiétés de ne pas m'avoir encore revu; on ne savait ce que j'étais devenu, et l'ambassadeur s'était décidé à faire faire une reconnaissance pour me retrouver. Quand on m'aperçut, l'expression des visages changea, ils devinrent sévères, on m'accabla de reproches pour l'inquiétude que j'avais causée à tout le monde; mais quand j'eus raconté ce qui m'était arrivé, il n'y eut plus chez chacun assez de paroles affectueuses pour me plaindre et me consoler : c'était à qui me donnerait sa pipe pour me réchauffer, son thé pour me réconforter, et tous voulaient savoir les détails de ma mésaventure, qu'il me fallut répéter à chaque nouvel arrivant. Le moins content c'était le *Tchervadar-Bachi*, le chef de la caravane, à qui appartenait le cheval que je lui ramenais dans un assez piteux état. Je le consolai en lui donnant un *Bakchich*, accompagné de cette remarque : que c'eût été bien pire si nous fussions restés tous deux au fond du ravin, et qu'il devait considérer comme un miracle qu'il n'en eût pas été ainsi.

Si je raconte cet épisode qui m'est tout personnel, c'est que je pense, par ce détail et par d'autres encore, pouvoir donner à ceux qui feront le même voyage une idée des risques qu'ils auront à courir, et peut-être les y soustraire en les rendant plus prudents que je ne l'ai été. Mais cette digression ne doit pas me faire oublier la description des lieux, et je reprends mon récit au point où je l'ai laissé en disparaissant dans le ravin.

Le Kaplân-Khou est une montagne qui a un très-grand développement; elle se relie, dans le sud, aux Monts-Zagros qui séparent la Perse du pachalik de Bagdad, et, dans le nord, elle se rattache au Caucase; elle sépare les deux plus grandes provinces de Perse, l'Azerbaïdjan, que nous quittions, et l'Irak-Adjemi, où nous venions d'entrer.

Le climat de cette dernière province est beaucoup plus doux que celui de la première, où le froid est excessif et de longue durée. Dans l'Irak, au contraire, il n'y a pour ainsi dire pas d'hiver. Un Persan me raconta, à ce propos, que le dernier roi Fet-Ali-Chàh, grand-père du souverain qui règne aujourd'hui, revenant de Tabriz à Téhéran, dit, en voyant du haut du Kaplân-Khou les collines verdoyantes qui sont de l'autre côté du Kizil-Ouzen : « De ce côté, l'air embaumé sent bien l'*Irak*. » Un officier qui était à côté du roi et qui n'avait entendu que la dernière partie du mot, croyait que le prince avait dit : « Cela sent bien l'*arak*, » qui signifie *eau-de-vie*. Il se prosterna aussitôt devant le roi, le priant de lui pardonner cette infraction aux règles sévères du Koran, de laquelle le prophète avait sans doute voulu le punir en permettant que le prince s'aperçût de sa faute, aux émanations spiritueuses qui l'avaient trahi. Le roi rit beaucoup de la méprise et pardonna sans doute à cause du singulier jeu de mots qui avait fait connaître l'intempérance du coupable. On dit d'ailleurs que S. M. avait de bonnes raisons pour excuser ceux qui enfreignaient ainsi la défense de Mahomet. La facilité avec laquelle les Persans se laissent aller à sauter par dessus les austères préceptes du Koran n'est pas récente, car le chevalier Chardin, en rendant compte des différents repas auxquels il fut invité à la cour et chez les grands, raconte des scènes d'ivrognerie qui font très-peu d'honneur à la sobriété musulmane.

Au bas du Kaplan-Khou on traverse sur un assez beau pont très-élevé, sans doute à cause de la crue des eaux, le fleuve Kizil-Ouzen qui va se jeter dans la mer Caspienne près d'Enzeli et de Recht, après avoir traversé le Ghilân, où il change son nom contre celui de *Sefid-Roûd*, ou *fleuve blanc*. L'architecture de ce pont, et quelques inscriptions couffiques, sembleraient faire remonter sa construction à une époque reculée ; mais quelques traditions portent qu'il fut bâti par les Turcs au temps de leurs guerres avec les Persans, pour faciliter leurs irruptions dans le pays. Quoique ce pont ait pu être un danger pour les habitants de l'Irak-Adjemi, les Turcs ne leur en ont pas moins, en le faisant, rendu un grand service, car le fleuve est tellement large et rapide qu'à l'époque des pluies et de la fonte des neiges il est impossible d'y trouver un gué. Le paysage, en cet endroit, a une tournure grandiose et sauvage; le fleuve s'enfonce dans des gorges resserrées qu'assombrissent des masses élevées de rochers fortement colorés. Sur leurs bases écument les eaux tourmentées par les pierres auxquelles elles se heurtent en mugissant. Du milieu des nuages qui reposent sur les sommets de la montagne on voit sortir et tourner en rond de grands aigles qui planent lentement au-dessus des précipices au fond desquels aucun être humain n'a jamais dû poser le pied. C'est un vrai site de brigands, c'est un paysage à la Salvator-Rosa. Pour le rendre complet, ce passage est, dit-on, quelquefois guetté par des montagnards féroces qui viennent y surprendre les voyageurs sans défense. Un Anglais qui avait déjà parcouru une grande partie de l'Asie, vint y mourir massacré par des bandits, sans qu'on ait jamais pu retrouver ni la trace de ses assassins ni celle de son cadavre. On rencontre à une petite distance du pont un grand caravansérail et plusieurs villages qui paraissent récemment abandonnés.

La journée suivante fut encore très-froide, et, bien que voyageant dans une plaine de l'Irak-Adjemi, nous eûmes de la neige en abondance. Nous n'arrivâmes que tard à *Harmân-Khânèh*, gros bourg situé au pied de hautes montagnes. De là l'horizon s'étendait au loin sur un territoire qui avait toutes les apparences d'une culture riche et variée. Les habitants de ce village furent très-récalcitrants sur la fourniture des vivres, ce qui leur valut force coups de bâton de la part des gens du Meïmândar ; mais celui-ci ayant appris que le *ferrach* chargé de la répartition de l'impôt des provisions avait irrité la population en voulant lui extorquer de l'argent, il le fit bâtonner et lui retira son emploi qui fut confié à un de ses camarades probablement tout aussi rapace.

Le 16, après avoir traversé un grand nombre de ravins et de torrents dont les basses eaux étaient encore gelées, nous arrivâmes à *Zenguiân*.

CHAPITRE XII.

Zenguiân. — Dispute. — Flagellation. — Sultaniêh. — Abbher. — Arrivée à Kazbin.

Zenguiân est le chef-lieu du district de *Hamzé*, qui compte cent villages. C'est une ville de médiocre importance ; elle est située au fond de la grande plaine que nous avions déjà parcourue en partie la veille. Elle est entourée d'un grand nombre de vergers dont les fruits sont renommés dans le pays. Les murs sont en mauvais état, ainsi que les portes. Il s'y trouve une grande mosquée et de vastes bazars ; mais ce qu'il y a de plus remarquable c'est le palais où l'ambassadeur et quelques-uns des attachés furent logés. On les installa dans les meilleures pièces que l'on put trouver au milieu des restes délabrés de cet édifice, qui dut être très-beau autrefois, et dont les grands jardins, les kiosques élégants, attestent que celui qui le fit construire ne voulut rien épargner pour en faire une brillante demeure. Çà et là on y voit des lambris dorés, des plafonds à compartiments de glaces et des ouvrages en marqueterie d'un goût exquis ; mais le sol est jonché de leurs débris.

Les jardins de ce palais sont immenses, et le harem, qui se trouvait au milieu, devait être une prison charmante pour les femmes qui y étaient renfermées, à en juger par les bassins de marbre et les peintures que nous y avons retrouvés.

Comment se fait-il que les princes de la Perse aient fait jadis tant de belles choses, et que ceux qui leur ont succédé n'aient pas même l'idée de les conserver? Au reste, la destinée de Zenguiân a été de subir plusieurs fois le sort des vaincus, et, comme tant d'autres villes de l'Asie, elle a été saccagée par les Tartares.

Le gouverneur de Zenguiân, Soliman-Khan, était un jeune homme de quinze ans, à qui le Châh avait donné le gouvernement de ce district, en récompense des services qu'avait rendus son père tué au dernier siége d'Hérat; mais son peu d'expérience des affaires avait nécessité qu'on lui adjoignît, comme conseiller ou tuteur, un autre Khân, qui avait reçu de son pupille la mission de remplir vis-à-vis de l'ambassadeur et de sa suite les devoirs de l'hospitalité.

Nous n'avions pu tous trouver place dans le palais, et il fallut qu'on imposât à plusieurs habitants de la ville l'obligation de livrer leurs maisons. La population de Zenguiân, qui est tout entière de race turque, passe pour très-turbulente et insoumise aux vexations devant lesquelles nous avions vu tant d'autres se courber docilement. L'aventure suivante, qui ne laissa pas d'être très-fâcheuse, nous prouva que les Zenguiânis méritent leur réputation.

Depuis notre départ de *Tabriz*, pour faciliter le logement des différentes personnes attachées à la mission, en arrivant au gîte, il avait été convenu entre nous, que, chacun à notre tour, nous irions en avant, avec les gens du Meïmândar, choisir les maisons et en faire la répartition. Le jour où nous devions aller à Zenguiân, mon tour était arrivé. — Le palais étant en trop mauvais état, ainsi que je l'ai dit, pour que nous pussions nous y installer tous, il fallut que le gouverneur Soliman-Khân donnât des ordres pour qu'on nous ouvrît des maisons de la ville. Il en indiqua plusieurs, que j'allai voir, et sur lesquelles je fis une croix en signe de prise de possession, ou afin de les faire reconnaître par ceux de mes compagnons à qui elles étaient destinées. Avant de décider le choix de celles qui devaient recevoir ce stygmate indicateur de l'hospitalité forcée que je demandais au nom du gouverneur, j'avais vu et refusé un très-grand nombre de logements que je n'avais pas jugés convenables. Sans chercher un confort impossible à trouver, nous ne pouvions accepter de pauvres gîtes, sous peine de nous faire tort dans l'esprit de nos hôtes, qui nous eussent pris pour des gens de peu d'importance en nous voyant nous contenter de misérables maisons. Il en fallait donc de bonnes. Je comprenais le devoir que j'avais à remplir vis-à-vis de mes camarades, vis-à-vis de l'ambassadeur, et j'en voulais d'aussi bonnes que possible. Je les trouvai ; mais dans l'une d'elles était un vieillard, qui, à son costume de cachemire et à son ameublement, paraissait assez opulent. Une nombreuse valetaille encombrait sa cour. Dès qu'il sut pourquoi je me présentais chez lui, et nonobstant l'ordre du gouverneur, il me reçut fort mal. Il me dit qu'il ne pouvait me donner sa maison, attendu que, le soir même, il devait y marier sa fille. Fatigué que j'étais d'avoir cherché inutilement un autre logis, je lui répondis que j'étais désolé de le déranger et de lui causer un tel désagrément en pareille circonstance ; mais qu'ayant cherché ailleurs sans avoir pu me procurer une autre habitation, j'étais obligé de profiter de l'autorisation du gouverneur, qui me donnait droit sur la sienne. J'ajoutai que l'ambassadeur ne devant s'arrêter qu'un jour, sa fille pourrait prendre patience encore quelques heures. J'avouerai, pour tout dire, que je croyais qu'il me faisait un mensonge à la persane pour éluder la contribution que je venais lui imposer. J'insistai donc, ce qui l'irrita beaucoup. Il me répéta que la noce avait lieu le soir même, et qu'il ne pouvait sortir de chez lui pour faire place à des *Frenguis*. Je lui répétai, à mon tour, ce que je venais de lui dire, et, malgré toutes ses observations où la colère se dissimulait mal, je n'en fis pas moins sur sa porte une petite croix qu'il regarda d'un air consterné, mais fort courroucé, en me criant que je n'aurais pas sa maison. Je méprisai sa colère, pensant que la réflexion le rendrait plus souple. Une heure après, je me rendis de nouveau chez cet hôte de mauvaise volonté, pour voir s'il avait fait ses préparatifs de départ, et s'il s'était décidé à vider la place. Je trouvai cette fois sa maison pleine de gens armés dont la mine fort mauvaise se rembrunit encore quand je parus. Je demandai au propriétaire s'il était devenu plus traitable, et s'il voulait enfin de bon gré loger les *Naïeb-Elchi;* c'est ainsi qu'on qualifiait les membres de l'ambassade, par le titre de *lieutenants de l'ambassadeur*. Sa réponse fut négative, et elle était accompagnée d'un geste impératif par lequel il m'ordonnait de sortir de chez lui. Les hommes armés qui l'entouraient se joignirent à lui, et ils allaient porter leurs mains sur moi pour me mettre dehors. C'était la première fois, depuis notre arrivée en Perse, que je voyais des Persans manquer des égards qu'ont en général les Orientaux pour tous les Européens, surtout pour ceux qui sont revêtus d'un caractère officiel.

J'étais seul, sans armé aucune ; cependant je repoussai rudement le premier qui avança ; à l'instant même les sabres et les poignards sortirent des fourreaux. Cherchant autour de moi un objet quelconque qui pût me servir, sinon d'arme offensive, du moins de défense ; je saisis un morceau de bois que le hasard fit tomber sous ma main, et je m'escrimai de mon mieux contre ceux qui me serraient de plus près ; mais je ne pouvais lutter contre vingt, et je fus bien obligé de battre en retraite ; du moins le fis-je honorablement. J'avais été assez heureux pour parer tous les coups qui m'étaient portés, quand je me sentis blessé à la jambe, au moment où je me jetais sur un de ces hommes pour lui arracher son sabre. Alors tous se précipitèrent ensemble sur moi et me poussèrent hors de la maison.

Avant de porter plainte au gouverneur, je voulus tirer vengeance de cet acte de lâche brutalité, et j'allai chercher mes armes. Mais, revenu devant la maison, accompagné d'un de mes camarades, M. de Chazelles, qui voulut se joindre à moi, nous trouvâmes la porte barricadée. Ce ne fut qu'après avoir menacé de l'enfoncer qu'un vieillard vint timidement nous l'entr'ouvrir. Nous pénétrâmes dans la maison, y fîmes d'inutiles recherches pour découvrir quelqu'un de ceux qui m'avaient assailli si lâchement. La réflexion leur était venue ; ils avaient compris, à ce qu'il paraît, tout ce que leur conduite pourrait leur attirer de fâcheux, car ils avaient disparu sans vouloir s'opposer davantage à notre prise de possession

Mais tout n'était pas fini pour eux ; la plainte avait été portée au gouverneur par l'ambassadeur lui-même ; car ce qui s'était passé n'était plus seulement une question individuelle, c'était un fait qui intéressait l'ambassade tout entière. On lui avait manqué de respect dans la personne d'un de ses membres ; il fallait un prompt et exemplaire châtiment. On fit chercher partout les coupables, et le lendemain on en amena deux que je reconnus facilement aux coups que je leur avais portés, tout en me défendant, et dont ils conservaient les traces sur le visage et les bras. Leur faute était grave, il fallait que leur punition le fût également. Soliman-Khan parla d'abord d'une oreille ou du nez coupé. Ce traitement, tout à fait dans les habitudes orientales, n'allait pas à notre susceptibilité européenne, et l'ambassadeur réclama simplement une flagellation, premier degré des châtiments qu'on inflige en Perse. Les coupables furent donc condamnés à recevoir cinq cents coups de fouet sur les épaules. Aussitôt on s'empara d'eux, on les déshabilla et on les attacha debout, les membres étendus le long d'une machine en bois sur laquelle ils étaient garrottés de manière à présenter le dos. Deux vigoureux soldats, placés de chaque côté, et armés de fouets faits de lanières de cuir, les eurent bientôt mis en sang. Les cris que la douleur leur arrachait, et qu'ils rendaient plus lamentables encore dans l'espoir d'exciter notre commisération, ne furent pas sans effet, et l'on arrêta le bras des exécuteurs au cent cinquantième coup. Les patients, touchés de la générosité avec laquelle on leur faisait grâce des trois cent cinquante autres, vinrent nous baiser la main et nous demander pardon, disant, pour s'excuser, qu'ils ignoraient notre qualité. Ces pauvres diables me prièrent particulièrement de leur pardonner, et ils parurent très-humiliés quand je leur fis observer combien ils avaient fait preuve de lâcheté en attaquant un homme désarmé. Le soir, ils envoyèrent un chandelier énorme, orné de fleurs en cire, dont ils faisaient, disaient-ils, *pichkech*, ou cadeau à l'ambassadeur. C'était une manière de demander une aumône qui leur fut donnée.

Nous apprîmes, le lendemain, par ceux de nos camarades qui avaient été logés dans la maison cause de toute cette affaire, que le feu y avait pris dans la nuit. Ils avaient tiré parti de cet accident pour donner une leçon à leur hôte, en lui disant que Dieu le châtiait ainsi de son inhospitalière humeur.

Au reste, nous avions pu remarquer qu'il y avait dans cette ville un mauvais vouloir général à notre égard; car le gouverneur avait manqué à plusieurs convenances. Il fallut que l'ambassadeur se plaignît, et que notre Meïmândar se fâchât, au nom du Châh et de ses hôtes, pour obtenir que les honneurs dus à l'ambassade lui fussent rendus. Le peuple paraissait partager les idées du gouverneur; indépendamment de ce qui m'arriva, nos gens et principalement un de nos Saïs furent fort maltraités au bazar.

Nous avions trouvé à Zenguiân le père de notre Meïmândar, Mahmoud-Khân, qui était venu de Téhérân, pour partager avec son fils, Châh-Abbas-Khân, les soins de l'hospitalité royale. C'était un vieillard fort gai, vif et beau parleur; d'ailleurs d'une exquise politesse et ayant toutes les manières d'un homme de cour. Le voyage à cheval étant trop fatigant pour son grand âge, il se faisait porter, dans une litière, par deux mules. Cette sorte de véhicule est usité par les vieillards ou les femmes de qualité. Il consiste en une petite cabane, assez longue pour qu'on puisse s'y étendre, et assez élevée pour qu'on s'y dresse sur son séant. Il y a un brancard en avant et un en arrière; on les fait porter sur le dos de deux mules qu'on accouple le mieux possible, et qui doivent marcher au pas d'amble. Cette allure que les Persans appellent *raouân*, a fait donner à cette litière le nom de *Takht-i-Raouân*, ou *lit de Raouân*.

Le 18, assez peu satisfaits de l'hospitalité que nous y avions reçue, nous quittâmes Zenguiân, pour nous rendre à *Sultanyèh* qui n'en est éloignée que de cinq farsaks. Jamais encore, malgré la quantité de ruines que nous avions trouvées éparses autour des villes persanes, nous n'en avions vu autant couvrir une aussi grande étendue de terrain. Celles-ci pouvaient occuper près d'une lieue carrée. Debout, au milieu d'elles, on apercevait de très-loin, comme une reine déchue sur les débris de son trône, une imposante mosquée. Longtemps avant qu'on arrive, on voit sa superbe coupole briller de tout l'éclat des faïences azurées et vertes dont elle est revêtue.

Cet édifice est de forme octogonale. Ses huit faces sont ornées d'arcades auxquelles sont encore attachés des restes de balcons percés à jour comme des dentelles. Les archivoltes et les tympans en sont émaillés et présentent des dessins variés sur un fond bleu. On pénètre à l'intérieur par de grandes portes également couvertes d'émaux et encadrées de légendes en caractères couffiques. La partie supérieure des huit côtés se termine par une gracieuse corniche ou encorbellement, sur laquelle posaient, aux huit angles, huit minarets émaillés comme la coupole. On les retrouve tous, mais fort endommagés. Un seul est entier; balancé par le vent, il menace à tout instant d'aller au loin joncher la terre déjà couverte des débris des autres. Entre eux s'élève le dôme dont la hardiesse et la courbe gracieuse complètent ce monument, en lui donnant une grandeur imposante. L'élévation de cette mosquée est de quarante à cinquante mètres, son diamètre de trente mètres.

L'intérieur ne le cédait en rien à ce que l'on avait déployé de richesse et de goût à l'extérieur; mais on aurait peine actuellement à se former une idée de ce qu'il devait être, si l'on ne retrouvait ses murs nuancés de mille couleurs brillantes sous le replâtrage dont ils sont couverts. Les habitants racontent, pour donner une idée de la splendeur de cette mosquée, qu'au point le plus élevé de l'intérieur du dôme, il y avait une énorme turquoise. L'abandon dans lequel resta cet édifice, après la chute des successeurs de Tchenghiz-Khân, fit naître, dans l'esprit des profanateurs de ce lieu, l'idée de s'approprier cette pierre. Ne pouvant arriver jusqu'à elle, ils eurent recours à leurs arcs, et la brisèrent par morceaux à coups de flèches.

On ne connaît pas l'origine de Sultanyèh. Les auteurs qui en ont parlé ont des opinions divergentes. Les uns lui attribuent une antiquité qui remonterait au temps des Parthes; les autres disent, au contraire, qu'elle ne date que de la domination des Monghols, et qu'elle fut fondée au xive siècle par Châh-Khodah-Bendèh, descendant de Tchenghiz-Khân. Ils rapportent que ce prince fit de cette ville sa capitale, et, par cette raison, lui donna le nom de *Sultanyèh*, qui signifie *royale*.

C'est au même prince qu'est due la mosquée. On dit que c'est au milieu que fut placé le mausolée dans lequel il fut inhumé. Il paraît, en effet, que ses restes ont été déposés dans un caveau pratiqué au centre de l'édifice. Des voyageurs qui allèrent en Perse, au commencement de ce siècle, y virent alors des fragments de marbre blanc à la place même qu'occupa le tombeau. Les Monghols étaient Sunnites ; il faut sans doute attribuer à la haine nationale, comme aux préjugés religieux, la destruction du sépulcre de Châh-Mohamet-Khodah-Bendèh, et la dispersion de ses cendres royales. Ce prince aurait dû cependant trouver grâce devant les Chïas, car certains de leurs historiens prétendent qu'il avait, au fond du cœur, des sympathies acquises à la secte d'Ali. En raison de cela, les Persans qui se piquent de connaître l'histoire de leur pays, ont de la vénération pour le fondateur de Sultanyèh. Mais le peuple ignorant ne voit en lui qu'un prince issu de la race monghole, qui à ses yeux a le double tort d'avoir conquis la Perse et professé la foi sunnite. On voit aussi, près du tombeau de Châh-Khodah-Bendèh, les restes, encore très-élevés, des murs qui probablement formaient autrefois l'ark de la ville.

Une autre cause, qui a certainement dû contribuer puissamment à la destruction de la magnifique mosquée de Sultanyèh et des autres édifices, c'est l'emploi de leurs matériaux à la construction des palais qu'y ordonna, au commencement de ce siècle, Fet-Ali-Châh. Ce monarque allait passer la saison des chaleurs, intolérables à Téhérân, dans la plaine de Sultanyèh, où la température est moins élevée. Le roi de Perse rassemblait dans cette résidence les grands de sa cour; il y appelait une partie de son armée, et s'y donnait le plaisir de la faire manœuvrer sous ses yeux, sur un terrain propice aux exercices militaires. C'était là aussi, dans les magnifiques pâturages qu'entretiennent de nombreux cours d'eau, que l'on mettait au vert les innombrables chevaux du roi.

L'usage, en Perse, veut que chaque année on donne de l'herbe aux chevaux, pendant une quarantaine de jours, à partir du mois d'avril. Les Persans prétendent que cela les rafraîchit, les purge et leur donne de nouvelles forces. Ils ne s'en servent pas pendant tout le temps qu'ils les tiennent à ce régime.

Nous trouvâmes les palais abandonnés et presque en ruine eux-mêmes, bien qu'ils ne comptassent pas quarante ans d'existence. L'un d'eux, qui est à un kilomètre à peu près de la ville, fut construit, dit-on, d'après les plans donnés par un des officiers français qui accompagnaient le général Gardanne. A cette époque, Fet-Ali-Châh était animé du généreux désir de donner un nouvel essor à sa patrie. Il voulait régénérer la Perse ruinée par de longues guerres civiles. Il entrait alors dans ses vues, non pas de relever l'ancienne ville monghole, mais d'édifier une nouvelle cité qui aurait porté le nom de *Sultanabad*, et qui, groupée autour de son palais, se serait étendue dans la belle plaine de Sultanyèh. Ce projet avorta, comme tant d'autres, et le palais lui-même abandonné ne sera bientôt plus qu'un monceau de décombres.

Dans le sud, on voit encore la coupole et les restes considérables d'une autre mosquée qui paraît avoir la même origine que celle qui est au centre des ruines.

Nous fîmes, à Sultanyèh, la rencontre d'un personnage important, Mirza-Djafer, envoyé comme ambassadeur à Constantinople. Ce pauvre Mirza était alors loin de se douter du sort qui l'attendait. Nous sûmes en effet plus tard, que, par ordre de son auguste maître, il avait eu les yeux crevés, à la suite d'une intrigue dans laquelle il s'était engagé, et avait, dit-on, mal servi les intérêts persans, à Stamboul.

Au moment où nous le rencontrâmes, il venait de quitter Téhérân, et il confirma à l'ambassadeur la nouvelle qu'il connaissait déjà, du départ du Châh pour Ispahan. Il en expliqua les raisons. Le roi était appelé dans cette ville par la nécessité de réprimer des désordres qui, depuis très-longtemps, la troublaient. Sa Majesté devait y prolonger son séjour, et, selon toutes probabilités, c'était là que nous serions obligés d'aller la joindre.

Ces détails firent hésiter un instant l'ambassadeur à continuer sa route vers Téhérân. Il pensa qu'il était plus simple d'aller droit à Ispahan, d'autant mieux que nous étions arrivés au point d'intersection des deux routes conduisant à ces deux villes, et que, devant se rendre auprès du Châh, le détour de Téhéran ne laisserait pas d'allonger inutilement le voyage. Cependant l'ambassadeur résolut d'aller dans cette ville. Nous continuâmes donc notre route à travers les plaines de Sultanyèh, où nous rencontrâmes de nouveaux villages. Nous allâmes coucher à *Hidecht*, grand bourg bien bâti et fort propre, qui est traversé par un ruisseau assez large d'eau courante et limpide.

Le lendemain, après une très-courte marche, nous nous rendîmes à *Abher* qui a l'apparence d'une petite ville, grâce à plusieurs mosquées et à une espèce de bazar. Les auteurs persans en font remonter l'origine au temps des Achemenides et en attribuent la fondation à Kaï-Khosrou. Ils prétendent encore qu'Alexandre contribua à la fortifier; et l'on voit, sur une éminence du voisinage, des ruines qui portent le nom de *Khalèh-Darâb*. Mais après avoir été, comme tant d'autres villes dont nous avions vu les ruines, la proie des conquérants et des dévastateurs de plusieurs époques, nous ne la vîmes que réduite aux proportions d'un grand village assis sur les bords, assez riants d'ailleurs, d'une petite rivière qui lui emprunte son nom. On y voit plusieurs tombeaux remarquables et une mosquée revêtue d'émaux. Les jardins y sont vastes et en grand nombre ; leurs propriétaires nous offrirent d'excellent raisin très-bien conservé.

Toujours en suivant la vallée et le cours de la rivière d'Abbher, nous passâmes au milieu de terres bien cultivées ; elles avaient toutes les apparences d'une grande fertilité. Nous commencions à ne plus voir de neige.

Nous couchâmes à *Farsidjèh*, autre bourg de 4 à 500 maisons ; nous étions arrivés au point où l'idiome turc se perd et fait place au persan : c'est indiqué par le nom même de ce bourg. Le lendemain nous traversâmes la rivière et nous la côtoyâmes. Après avoir traversé de vastes landes, nous arrivâmes à *Siadèh*, grand village bien bâti. Il renferme un grand nombre de fermes et il est entouré de clos immenses remplis d'arbres fruitiers. Nous y remarquâmes beaucoup de vignes et des irrigations parfaitement bien entendues.

Je choisirai Siadèh, où les ruines ne dominent pas, pour donner une idée de l'aspect d'un village de Perse : ils se ressemblent presque tous. Au premier plan, se voient des murs en terre dont les lignes droites sont accidentées par quelques arbres ou interrompues par des brèches causées par leur peu de solidité. Des coupoles, rapprochées les unes des autres, basses et petites, indiquent le caravanserail, si elles sont en grand nombre ; le bain, s'il y en a peu. Çà et là se voient, à différentes hauteurs et dispersées, d'autres coupoles semblables qui surmontent les habitations. Si le village est important, comme celui-ci, par exemple, les maisons des principaux habitants dépassent les autres et montrent leurs devantures garnies de larges croisées en marqueterie de bois travaillé et de vitraux de couleurs. Quelquefois, et c'était le cas à Siadèh, des murs, appuyés à des tours en briques crues, forment une espèce d'enceinte fortifiée au village. D'autres fois, celles qu'on voit parmi les maisons indiquent le séjour du Ket-Khodâh, si c'est un Khân ou un personnage tant soit peu important. Ordinairement un dôme en briques, sur la pointe duquel brille le plumage blanc d'une famille de cigognes, qui y a fait son nid, surmonte ce tableau et indique la mosquée.

Au dehors de Siadèh, j'allai voir une ruine qui, de loin, avait attiré mon attention, et qui m'a paru être un tombeau. Ce monument est d'une forme toute particulière. Sur un massif carré de briques pose une coupole; celle-ci est très-endommagée, mais, sur les faces du mausolée, on retrouve des ornements faits de petites briques de plusieurs dimensions, et figurant une quantité de petites niches ou d'encorbellements superposés les uns aux autres. Il n'y a d'autre ouverture qu'une porte basse, qui est aujourd'hui complétement obstruée par les décombres. Le caractère et la physionomie de ce tombeau ne m'ont semblé nullement persans; il faut sans doute l'attribuer à l'époque des Monghols : le monument a en effet quelque chose qui se rapproche de ceux de l'Inde.

Le vizir du Châh-Zadèh qui commande à Kazbin attendait à Siadèh l'ambassadeur, pour le complimenter de la part du prince. Depuis notre départ de Zenguiân, nous avions été parfaitement accueillis dans tous les villages où nous avions séjourné. Nous y avions trouvé les logements très-propres et très-convenables ; on nous avait rendu tous les honneurs qu'il est d'usage d'accorder aux étrangers de marque, sans oublier l'agneau égorgé et l'offrande de sa tête sanglante à l'ambassadeur qui ne la prenait jamais. Les Persans, pour augmenter la valeur de cet hommage, assuraient que c'était un honneur qu'on ne rendait ordinairement qu'aux princes de la famille royale.

Toute la contrée que nous venions de parcourir était fertile, et, dans beaucoup d'endroits, sa culture faisait honneur aux habitants ; mais à cette partie de la Perse, comme à toutes les autres, ce qui manque ce sont des bras. Et il faut ajouter : quel intérêt peuvent avoir à faire produire la terre, et à travailler pour la couvrir de moissons, des hommes auxquels on extorque les profits de leur labeur, qui sont obligés d'être pauvres, ou d'affecter la misère, pour échapper aux exactions des grands? Pour se soustraire à leurs rapines, ils sont forcés d'avoir une industrie clandestine ; ils doivent gagner le pain de leur famille dans l'ombre et le silence, sous peine de se le voir arracher pour entretenir les écuries ou les harems de leurs seigneurs, et subvenir aux nombreuses exigences de leurs débauches. Comment, avec ce régime, pourraient-ils travailler au soleil, et demander à la terre cette exubérance de productions que lui promettrait sa fertilité? La Perse pourrait être le plus beau pays de l'Orient ; mais son déplorable système gouvernemental en a peut-être fait la plus misérable contrée de l'Asie.

C'était en échangeant ces tristes réflexions sur le sort d'un État mal gouverné, que nous cheminions à travers la plaine de Kazbin. Le pays était couvert de villages, aussi loin que la vue pouvait s'étendre. Si cette contrée est plus peuplée, paraît plus heureuse que d'autres, peut-être faut-il l'attribuer à ce que, plus rapprochée de la capitale et sous les yeux du Châh, elle est, plus que d'autres, ménagée par la rapacité de ceux à qui son administration est confiée.

De tous côtés s'élevaient des monticules, que les Persans appellent *Tepèh*, ou *Tell*. Ces éminences sont aujourd'hui isolées et sans objet. Les habitants y attachent plusieurs idées : celle du culte du feu, au temps de la religion ignicole, et celle de postes militaires. Rien d'ailleurs n'indique que l'une ou l'autre de ces explications soit juste; la dernière cependant paraît assez probable. On conçoit, en effet, que, dans les guerres de conquête et d'usurpation qui ont désolé, dans les derniers siècles, principalement le nord de la Perse, les envahisseurs du pays aient eu besoin, pour le surveiller et le garder, d'établir des petits forts de distance en distance. Leur élévation, au milieu de ces vastes plaines, les mettait à l'abri d'un coup de main, en même temps qu'elle donnait à leurs garnisons les moyens de se prévenir mutuellement des dangers qui pouvaient les menacer.

Nous étions encore à plus d'une farsak de Kazbin, dont nous apercevions les dômes et les minarets, quand nous vîmes déboucher tout à coup, en face de nous, une troupe de cavaliers. C'était une députation d'honneur qu'envoyait le Beglier-Bey au-devant de l'ambassade. Le Vekil du gouverneur marchait en tête, accompagné de tous les hauts fonctionnaires; ils étaient entourés par une cavalerie nombreuse, qui nous escorta en se livrant à ses jeux favoris du Djerid et de combats simulés. Les fréquentes décharges de mousqueterie que faisaient ces cavaliers, en courant à toute bride, témoignaient de la considération qu'ils avaient pour l'ambassade. Nous fûmes tout à fait ravis de la manière honorable dont on nous accueillait, quand nous vîmes aux portes de la ville une population immense, que de doubles haies de *Serbas* avaient peine à contenir. Le prince résidant à Kazbin, désireux de nous faire honneur selon les usages, avait donné l'ordre à tous les gens du bazar de quitter leurs boutiques et leurs ateliers pour aller au-devant de l'Elchi. Ils étaient, comme dans les grands jours, armés de pied en cap; les uns avaient leurs sabres et des pistolets dans la ceinture; les autres portaient sur leurs épaules des fusils à mèche ou de fortes massues en bois, garnies de pointes de fer, avec des boucliers. Il n'y avait pas jusqu'aux femmes qui ne fussent venues, et qui, pour satisfaire leur curiosité, n'eussent enfreint la loi sévère du harem.

CHAPITRE XIII.

Entrée à Kazbin. — Description de cette ville. — Imâm-Husseïn. — Ab-Ambars. — Solimanyèh. — Courses de chevaux. — Kent. — Grande dispute. — Musiciens du Chàh. — Istakball. — Arrivée à Téhérân.

Ce fut au milieu de ce concours de peuple, de cette foule bigarrée de costumes de toutes couleurs, d'accoutrements de tous genres, que nous fîmes notre entrée à Kazbin. Entourés, comme je l'ai dit, des cavaliers et des officiers du Chàh-Zadèh, nous étions précédés par un nombre considérable d'hommes armés. On voyait, à leur tournure et à leurs armes, que ce n'étaient point des soldats réguliers, et qu'ils étaient sortis de leurs habitudes pour venir nous faire honneur. Ces pauvres gens, tous artisans ou marchands, arrachés à leurs occupations et à leurs boutiques, se prêtaient, du reste, d'assez bonne grâce, à la cérémonie dont ils faisaient les frais. Il fallait leur en savoir d'autant plus de gré, qu'il n'était pas certain qu'ils partageassent complétement la courtoisie tout à fait exceptionnelle avec laquelle le gouverneur nous accueillait. Peut-être bien les mots de *Allah* et *Ali*, que nous entendions sortir de côté et d'autre du milieu des groupes, étaient-ils des invocations de pénitence prononcées à voix basse par les plus fanatiques, honteux de céder à l'autorité du prince plutôt qu'à leurs préjugés.

Mais ces expressions de repentir qui auraient pu nous blesser, si nous en avions bien compris la portée, étaient étouffées par le bruit du canon passant par-dessus la foule. Son roulement prolongé semblait bondir sur ces mille têtes, et nous arriver en refoulant leurs pensées peu sympathiques. Pour nous rendre au logement que le prince avait fait préparer pour nous, nous traversâmes la ville presque tout entière, au milieu de la multitude grossissant, à chaque pas, des curieux et de ceux qui s'étaient trouvés en retard pour venir au-devant de l'ambassadeur. Nous suivions de grandes et larges rues, beaucoup plus spacieuses et plus droites qu'aucune de celles que nous avions vues dans les villes précédentes. L'une d'elles surtout, qui aboutissait à la grande porte du palais, était vraiment remarquable par ses proportions. Longue de sept à huit cents pas et large de soixante-dix, deux longues lignes d'arbres parallèles ombrageaient les boutiques qui la bordaient de chaque côté. Les édifices que nous avions entrevus dans cette première course nous donnèrent une idée avantageuse de cette ville, que je visitai plus en détail, grâce au jour de repos que nous y prîmes.

Kazbin est située au fond d'une immense plaine, presque au pied de la chaîne de l'Elbours qui s'étend jusqu'à Téhéran. Ces montagnes séparent l'Irak-Adjemi des provinces qui bordent la mer Caspienne. Quelques géographes ont voulu voir dans Kazbin l'ancienne Arsacie, capitale des rois parthes; d'autres la Rhagès dont il est question dans l'Écriture. Des historiens persans ont écrit qu'elle avait été fondée par Châpour qui lui donna son nom. On verra plus tard que les restes de la ville de Châpour sont au sud de la Perse, dans la province de Fars, et que ceux de Rhagès, aujourd'hui Rhey, sont également attestés par une immense étendue couverte de décombres, dans le voisinage de Téhérân. Quoi qu'il en soit de l'antiquité apocryphe de Kazbin, je dois dire que je n'ai retrouvé, ni dans son enceinte, ni dans ses environs, aucuns vestiges qui aient pu appartenir à d'anciens édifices. Il faudra donc se contenter de faire remonter, selon la tradition la plus digne de foi, l'origine de cette grande cité au viiie siècle de notre ère, en l'attribuant à Haroun-el-Rechid. Ce prince voulut en faire une place de guerre et un puissant rempart contre les Hyrcaniens et les Dilémites, qui ravageaient cette belle province de l'empire des Khalifes.

Kazbin eut, ainsi que Sultanyèh, sous les Monghols, et Tabriz, sous Châh-Ismaïl, l'honneur d'être la capitale du royaume de Perse. Lorsque les Turcs se furent emparés de la dernière de ces villes, Châh-Thamas établit sa résidence à Kazbin, vers le milieu du xvie siècle. Elle resta celle des successeurs de ce monarque jusqu'à l'avénement de Châh-Abbas-le-Grand qui transporta à Ispahan le siége du royaume. Depuis, elle fut, à différentes fois, le séjour des rois de Perse, mais temporairement. On lui a conservé, à cause de cela, le nom de *Dar-el-Seltenet*, ou *siége de la royauté*.

Les phases de l'existence de cette ville furent très-diverses; elle dut nécessairement s'en ressentir. Souvent ravagée par les guerres, remuée par les tremblements de terre, on conçoit qu'elle n'a pu conserver un cachet original. Plusieurs fois reconstruite, ses édifices ne sont pas d'ancienne date.

Pourtant il y en a un, la mosquée qu'on appelle *Matchit-Djuma*, qui, dit-on, remonte au temps d'Haroun-el-Rechid. Les autres monuments ne datent que de la dynastie des Sophis. Parmi ces derniers, on remarque la mosquée appelée *Matchit-i-Châh*, qui fut commencée par Châh-Ismaïl et achevée par Châh-Thamas. On doit encore à ce prince un Imâm-Zadèh, ou tombeau très-remarquable, et heureusement dans un parfait état de conservation. Sa coupole, presque intacte, brille de tout l'éclat de ses faïences coloriées. Ce monument religieux fut élevé à la mémoire d'un Imâm du nom de Hussein. Je ne pus résister à l'envie de pénétrer dans l'enceinte de ce lieu interdit aux chrétiens, et, profitant d'un moment où personne ne me voyait, j'y entrai furtivement.

L'Imâm-Zadèh s'élève au milieu d'une grande cour semée de tombes, et fermée de tous côtés par un mur. Au-dessus de la porte qui y donne entrée, s'élève un pavillon en bois. C'est là que monte le Mollah chargé d'appeler à la prière. C'est de là que, d'une voix élevée au diapason le plus haut, il crie au-dessus de la ville : « Je confesse qu'il n'y « a point d'autre Dieu que Dieu, et que Mahomet est son « prophète. » Puis, après une pause : « Levez-vous tous, « musulmans, faites vos prières; livrez-vous à l'acte le plus « parfait qu'ordonne Mahomet, le plus parfait des êtres. » Cette espèce de psalmodie lente qui traverse l'air et semble descendre du ciel, a une vibration mélancolique et solennelle qui produit un grand effet. On ne peut lui refuser l'avantage sur nos cloches de causer une émotion plus pénétrante, plus vive, qui agit non-seulement sur l'âme des mahométans, mais aussi sur celle des chrétiens. Cette voix du Muezzin, perdue dans les airs, a quelque chose de céleste. Je compris, en l'entendant, cette impulsion irrésistible qui faisait aussitôt prosterner les musulmans répétant, en échos fidèles, les paroles sacramentelles que leur prophète semblait lui-même leur adresser du haut du ciel.

Ne trouvant aucun obstacle, je pénétrai jusqu'au sanctuaire qui était fermé, mais à l'intérieur duquel je vis, au travers des fenêtres, un grand catafalque d'or et de soie. Aux quatre coins se dressaient des étendards de toutes couleurs, bariolés de dessins et d'inscriptions arabes. Ce tombeau a une grande analogie avec les marabouts algériens.

J'abrégeai ma curieuse exploration le plus possible, mais pas assez cependant pour ne pas donner le temps à quelques hommes de me surprendre; ils paraissaient très-stupéfaits et comme inquiets de ma présence en ce lieu. Quand je passai devant eux, je m'attendais à recevoir de violentes apostrophes pour avoir osé franchir ce seuil, qu'ils considéraient sans doute comme profané, et je fus très-étonné de leur silence. Mais, quand je fus à quelques pas, je les vis se frapper la poitrine et pousser des exclamations, tous ensemble, en levant leurs bras vers le ciel. Je demandai à mon guide l'explication de leurs gestes et de leurs paroles; c'était une espèce d'exorcisme, me dit-il, au moyen duquel ils voulaient apaiser leur saint Husseïn, et purifier son tombeau de la profanation imprimée par mes pas.

Parmi les édifices remarquables de Kazbin, il ne faut pas omettre les bazars, les caravansérails, et surtout les citernes qui s'y trouvent en très-grand nombre, et dont quelques-unes sont de véritables monuments. La petite rivière de Châh-Roûd ne suffit pas aux besoins de la ville, qui manquerait d'eau si on ne la faisait venir de la montagne au moyen de canaux souterrains qui l'amènent dans de grands réservoirs. Ces citernes publiques sont parfaitement construites, et conservent l'eau pure et fraîche toute l'année. Ce sont de grandes caves creusées au-dessous du sol, maçonnées au moyen d'un ciment hydraulique, et couvertes par une coupole. Un escalier intérieur conduit jusqu'à l'eau, et les marches en sont en nombre suffisant pour l'atteindre, quel que soit l'abaissement de leur niveau; ces citernes s'appellent *âb-ambar*.

Le Châh-Zadèh qui commandait à Kazbin était un jeune frère de Méhémet-Châh. Il habitait un des appartements du vaste palais qui fut élevé, dit-on, par Châh-Thamas, augmenté par Châh-Abbas, mais qui tombe en ruines faute d'entretien.

Quoique les tremblements de terre éprouvés par Kazbin aient, à diverses reprises, fait écrouler les murailles qui ferment cette ville de tous côtés, nous trouvâmes son enceinte en assez bon état. Elle consiste en une succession de tours percées d'embrasures et reliées entre elles par des murs crénelés.

La population de Kazbin peut être de trente à quarante mille habitants. L'une de ses industries est la fabrication des armes blanches; des sabres, qui ont l'aspect de ceux du Khorassan, mais dont la qualité est bien inférieure, et qui n'ont en Perse que très-peu de valeur. On les exporte à Constantinople et dans l'Inde.

Kazbin peut revendiquer, comme l'un de ses titres à l'intérêt du voyageur, d'avoir vu naître *Locman*, célèbre fabuliste, et *Hâm-d-Oullah*, l'un des géographes et des historiens de la Perse, dans les œuvres duquel on trouve les documents les plus certains sur ce pays.

Pendant la journée que nous passâmes à Kazbin, la maison du docteur ne désemplit pas. Sa porte était assiégée par une foule de gens qui venaient le consulter et lui demander des remèdes contre des maux insignifiants ou imaginaires. Les uns le faisaient de bonne foi, les autres, en obtenant des médicaments, avaient en vue un trafic que des Persans seuls pouvaient imaginer : ils vendaient à d'autres, à un prix exorbitant, les pilules, les collyres, le quinine que notre médecin leur avait gratuitement donnés ; les marchés se concluaient à sa porte, où les vendeurs arrêtaient les gens qui venaient pour consulter. Quand il eut découvert la fraude, le docteur ne voulant plus être leur dupe, voulant encore moins leur fournir les moyens de donner, sans discernement, des remèdes nuisibles à leurs compatriotes, ferma sa porte à tous ceux qui ne se présentaient pas avec des symptômes apparents de maladie. Il avait pour domestique un Génois élevé à Péra, digne de servir de compère à un empirique. En vrai Levantin qu'il était, il lui vint dans l'esprit un moyen de prélever un impôt sur l'industrie des faux malades qui se présentaient chez son maître, et d'empêcher leur honteux trafic d'avoir de fâcheux résultats. Quand le docteur, fatigué de consultations dénuées d'intérêt, fut sorti, il les continua en se faisant passer pour le *hekim-bachi*. Les Persans ne savaient point faire la différence entre le maître et le valet, tant l'aplomb de celui-ci les trompait. Leurs prédécesseurs avaient accepté avec reconnaissance les médicaments que le véritable *hekim* avait donnés ; ceux-ci payaient à son valet, en lui témoignant une reconnaissance non moins grande, les prétendus remèdes qu'il leur vendait, avec une gravité toute doctorale : c'étaient des boulettes de pain saupoudrées de farine, ou de la farine en petits paquets, dont ils espéraient tirer dix fois le prix, en les vendant pour du *quinè-quinè*, comme ils appellent le sulfate de quinine.

La supercherie pouvait paraître innocente et sans danger ; mais ce qui était coupable, c'était le prix que l'esculape mettait à ses drogues. Il lui avait paru très-original de prélever un impôt sur la spéculation des clients de son maître, mais il ne pouvait être du goût du docteur de passer pour avare et pour vendre cher sa science européenne ; aussi traita-t-il fort mal son valet. Celui-ci se consola en secouant dans sa poche quelques *sabcrans* arrachés à l'avarice des Persans, et en riant du tour qu'il leur avait joué.

Le territoire de Kazbin est très-fertile et très-cultivé ; il abonde en excellent raisin qu'on appelle *châhauny* ou *royal*. Les chrétiens en font un excellent vin. Au nombre des arbres qui croissent dans les vergers, il y a beaucoup de pistachiers renommés pour la qualité de leurs fruits.

Après nous être reposés un jour entier à Kazbin, et avoir fait au jeune prince une visite dans laquelle il fut fort aimable, nous reprîmes la route de Téhéràn dont nous n'étions éloignés que de trois à quatre journées de marche.

A la fin de la première, nous couchâmes à *Kichlek*, grand village entouré de murailles. Sur notre route nous rencontrâmes quelques *Iliâts* ou nomades, qu'on appelle aussi *Kara-tchâder*, à cause de la couleur noire de leurs tentes. Ils campaient au bord d'un petit courant d'eau ; autour d'eux leurs troupeaux broutaient la rare et courte végétation qui n'avait pas encore assez de force pour verdir la plaine sablonneuse. Cette contrée était couverte de villages. Le lendemain nous traversâmes des terrains marécageux et nous arrivâmes à *Tenkiamân*, grand bourg éloigné de notre route, mais vers lequel le Meïmândar avait détourné notre marche afin de lever plus facilement sa contribution quotidienne.

Le jour suivant nous continuâmes à marcher sur un sol à peu près semblable. Après avoir parcouru une distance d'environ six farsaks, nous rencontrâmes, à notre droite, un Imâm-Zâdèh, dont la coupole se distinguait à travers les branches d'un groupe de platanes séculaires. Auprès, coulait un ruisseau dont les eaux rapides lavaient les pierres blanches de plusieurs tombes. Derrière s'apercevaient les murs d'un grand palais, c'était celui de *Solimanyèh*, où nous couchâmes. Cette résidence princière était celle de Soliman-Mirza, l'un des fils de Fet-Ali-Châh. Ce monarque avait, en cet endroit, formé un apanage à ce Châh-Zâdèh, au moyen de plusieurs villages voisins du palais. Celui-ci est désert aujourd'hui et sera probablement bientôt en ruines, ce qui est d'autant plus regrettable que plusieurs de ses parties sont réellement remarquables ; entre autres, le harem où se trouve une salle fort curieuse, ornée de grands tableaux peints à l'huile, sur le mur, et qui représentent des sujets tirés de l'histoire de la dynastie régnante. L'un d'eux retrace l'avénement au trône du chef de la dynastie des Kâdjars, Aga-Mohamet-Khan, cet eunuque cruel qui se fit, pour monter sur le trône de Perse, des degrés avec les cadavres des princes assassinés par lui. Dans d'autres salles, on voit plusieurs portraits qui représentent des personnages de la famille régnante, ou des héros dont la renommée est en grand honneur auprès des Persans. La porte supérieure du harem est terminée par une espèce de donjon dont les fenêtres sont grillées, et d'où la vue s'étend très-loin dans toutes les directions. Les harems des princes, en Perse, ont ordinairement cet appendice ; c'est là qu'il est loisible aux femmes de se tenir ; elles peuvent y passer leur temps et occuper leur oisiveté à regarder dans la campagne, sans s'exposer à devenir l'objet de regards indiscrets.

Au-dessous de ce belvédère, et tout autour du palais, sont de vastes jardins qui en dépendent, ainsi qu'un village qui y est attenant.

En quittant Solimanyèh, nous traversâmes, sur un pont construit en briques, un cours d'eau qu'on appelle *Ab-Karatch*, et qui descend de l'Elbours. Ce pont a, vers son milieu, une grande arche qui s'appuie aux rochers entre lesquels est encaissée la rivière. Dans la saison des pluies et de la fonte des neiges, les eaux grossissent de manière à ne plus être contenues dans leur lit habituel. Ces crues périodiques ont nécessité l'ouverture de deux autres arches plus petites, dont le pied pose plus haut sur les roches qu'atteignent les grandes eaux, afin d'en faciliter l'écoulement. Nous côtoyâmes quelque temps cette rivière, puis nous la quittâmes pour suivre le pied de la chaîne de l'Elbours en nous dirigeant sur Kent.

Notre Meïmândar nous avait souvent entendu parler des courses de chevaux d'Europe. Jaloux de nous montrer la vitesse des siens, ou de nous flatter, en imitant un usage frengui, il avait ruminé le projet d'une course entre ses propres chevaux montés par ses domestiques, en longues robes, à grandes barbes noires, en guise de jockeys. En effet, à un endroit convenu et choisi préalablement, Châh-Abbas-Khan nous pria de faire halte, et nous expliqua le motif pour lequel il nous arrêtait. Aussitôt on dégagea de leurs couvertures de route, et du bagage qu'ils portaient, les chevaux qui devaient entrer en lice. Lorsqu'on eut reconnu le terrain, choisi le *turf*, et désigné les limites, on distribua les courses, il y eut des paris engagés, et l'on eût pu, avec un peu de complaisance, se croire sur la pelouse de Chantilly ; car, à distance, on pouvait prendre pour des jockeys les coureurs persans, à ne voir que les couleurs jaunes, roses ou bleues de leurs longues robes qu'ils avaient ramassées et nouées de leur mieux à leur ceinture. Mais soit qu'ils fussent mal montés, soit qu'ils n'eussent réellement pas les moyens nécessaires, aucun des chevaux engagés ne fournit sa carrière d'une façon quelque peu remarquable. Notre Meïmândar n'en parut d'ailleurs pas très-satisfait lui-même, et ce fut d'un air assez dépité qu'il nous remit en marche. Cependant, dans notre opinion, cette épreuve ne diminuait en rien l'estime que nous avions pour les chevaux de Perse. Leurs qualités essentielles sont la sobriété et la persévérance avec laquelle ils fournissent de longues traites et supportent de grandes fatigues. A nos yeux, ces vertus hippiques valaient mieux, dans les circonstances où nous nous trouvions, que la vitesse d'un cheval de course.

Nous ne tardâmes pas à arriver au village de *Kent*, situé au pied même du Chimrân, l'un des monts de la chaîne de l'Elbours. Ce village est placé au-dessus d'un ravin au fond duquel coule une petite rivière qui sort de la montagne. En y arrivant nous crûmes aux apparences d'un accueil qui nous faisait espérer une hospitalité gracieuse. Beaucoup d'habitants étaient sortis de leurs maisons pour venir à notre rencontre, et de jeunes garçons, accompagnés de musiciens, vinrent, en dansant, au-devant de nous. Nous fûmes logés dans un petit palais que Fet-Ali-Châh fit construire, pour rendez-vous de chasse, lorsqu'il venait prendre ce plaisir dans la montagne qui abonde en perdrix. Mais un orage populaire nous y attendait : les gens de notre Meïmandâr rencontraient de grandes difficultés à se procurer les provisions journalières; ces difficultés faisant naître des querelles violentes d'abord, finirent par donner lieu à une rixe qui eût pu avoir les suites les plus graves, sans la fermeté que montra Châh-Abbas-Khân, et la démonstration armée que nous dûmes faire nous-mêmes, pour le soutenir lui et ses gens. Soit que ceux-ci eussent mis trop de brutalité à prélever la contribution en notre faveur, soit que les habitants de ce village, placé sous la protection d'un des grands personnages de la cour, qui en est propriétaire, eussent cru pouvoir, à l'aide de ce patronage, se dispenser de payer le tribut qui leur était imposé pour l'Elchi, toujours fut-il qu'ils se révoltèrent. Après avoir repoussé les gens du Meïmândar, ils allèrent jusqu'à les battre, et ce fut même avec assez de peine que nous parvînmes à leur en arracher un qu'ils foulaient à leurs pieds, devant la porte du palais qu'habitait l'ambassadeur. Nous sûmes que ces scènes de désordres étaient la suite de nombreuses marques de mécontentement données par une partie des habitants, lorsqu'on était venu préparer d'avance les logements. Déjà, alors, ils avaient manifesté l'intention de s'opposer à l'installation de l'ambassadeur et de sa suite dans leur village. Les plus mutins avaient menacé de s'emparer du palais où nous devions loger, et d'en chasser tous ceux qui s'y trouveraient; mais une contenance résolue et digne, de la part de nos camarades qui y étaient arrivés les premiers, leur avait imposé assez pour qu'ils ne crussent pas devoir aller jusqu'à cette extrémité. Ils préférèrent sans doute s'en prendre au Meïmândar et à ses gens. Grâce cependant à notre intervention moitié conciliatrice, moitié menaçante, nous parvînmes à rétablir le calme et à obtenir le *sursat*, c'est-à-dire l'impôt en denrée, prélevé au nom du Châh. Mais les habitants de Kent, fort mécontents d'avoir été obligés de céder, envoyèrent à Téhérân une députation chargée de porter leurs plaintes au Beglier-bey, gouverneur de la ville en l'absence du roi. C'était la plus sérieuse révolte que nous eussions encore vue contre les ordres royaux et formels dont notre Meïmândar n'était que l'exécuteur. Nous en étions d'autant plus étonnés que le village de Kent n'est distant que de trois farsaks de la capitale. Le calme s'étant parfaitement rétabli, nous passâmes tranquillement la journée, nous préparant à faire notre entrée à Téhérân le lendemain.

Le 1er mars, de grand matin, l'ambassadeur reçut, comme préambule à tous les honneurs qui l'attendaient à son entrée dans la capitale, et comme prologue aux scènes de tous genres qui devaient avoir lieu sur notre route, reçut, dis-je, la visite des musiciens du Châh, qui lui avaient été envoyés pour lui donner un concert à la persane. Les dilettanti royaux firent preuve d'habileté dans leur genre, et de supériorité sur tous ceux que nous avions entendus avant eux. Les musiciens du Châh, c'est tout dire, et nos amis de Perse épiaient sur notre physionomie l'effet qu'ils s'attendaient que cet orchestre de choix produirait sur nous. Pourtant, malgré toute notre envie de témoigner notre satisfaction, et de répondre, de la manière la plus aimable, aux attentions dont nous étions l'objet, nous ne pûmes dissimuler le peu de plaisir que nous faisait cette musique barbare ; nous ne pouvions trouver mélodieux les sons discordants qui se couraient après, d'une façon sauvage, sous les doigts des exécutants, lesquels paraissaient d'ailleurs assez déliés et exercés dans leur métier. Quand l'ambassadeur crut que ses oreilles et les nôtres avaient assez donné de marques de patience pour ne pas paraître incivils à ces honorables dilettanti, il profita d'un repos et leur donna le *pichkech* obligé en les congédiant.

La distance qui nous séparait de Téhérân était très-courte. Nous ne montâmes à cheval qu'à onze heures, afin de donner le temps aux personnages qui devaient se porter au-devant de l'ambassadeur de faire leurs préparatifs. Nous quittâmes le village de Kent, avec l'espoir de trouver, dans la capitale et auprès des personnages chargés par le Châh de recevoir l'Elchi français, un accueil plus affable que celui qui nous avait été fait à la porte de Téhérân.

Nous ne tardâmes pas à rencontrer, venant au-devant de nous, un grand nombre de cavaliers au milieu desquels se faisaient remarquer les principaux officiers du Beglier-bey et du Serdar. A mi-chemin, une tente magnifique en drap rouge, brodée de diverses couleurs, avait été dressée pour y offrir une collation à l'ambassadeur. Mais comme le gouverneur ne s'y trouvait pas, pour lui en faire les honneurs, l'ambassadeur ne voulut pas s'y arrêter. Un cheval blanc, tout harnaché, attendait l'Elchi, pour son entrée en ville. Son premier mouvement fut, par le même motif, de refuser de le monter; cependant, ne voulant pas indisposer les Persans qui étaient là, et pensant que la première leçon suffirait, il se décida à accepter cette monture d'honneur. Des cavaliers et des gens à pied encombraient la route de plus en plus. Au milieu de cette populace, on distinguait la voix rauque des derviches. Ils étaient remarquables par leurs cheveux et par les peaux de bêtes dont leurs épaules étaient couvertes. Armés de longs bâtons ou de massues garnies de fer, ils semblaient vouloir exciter l'enthousiasme de la multitude, en poussant fréquemment le cri de *Yâ-Ali*. — Quel était le sens de cette invocation au patron des Chiias? Était-elle faite en notre honneur, ou appelait-elle sur les têtes des Frenguis la colère du gendre du Prophète? — Malgré l'empressement dont nous étions l'objet, il nous était difficile de nous défendre d'une certaine défiance des sentiments secrets de ce peuple fanatique, dont tout récemment nous avions eu si peu à nous louer. A voir les regards sauvages et la mine farouche de ces derviches, dont le fanatisme est exalté par la vie errante et contemplative, nous avions bien quelque raison de ne pas croire de très-bon aloi ces marques équivoques de sympathie accompagnées des cris religieux de *Yâ-Ali*. Mais peu nous importait. Aussi bien notre attention était-elle détournée de ces personnages bizarres par d'autres non moins ridicules. Nos yeux étaient distraits par une variété d'épisodes successifs et entremêlés, auxquels donnait lieu la grande démonstration populaire et officielle dont nous étions l'objet.

Au milieu des curieux, gens de toutes sortes, on faisait place à des danseurs accompagnés de leur orchestre, à des bateleurs revêtus de déguisements grotesques, empruntés la plupart à des dépouilles d'animaux ; d'autres faisaient danser et sauter des animaux véritables, des ours, des singes, ou traînaient enchaînés de jeunes tigres; à côté d'eux, des lutteurs, nus jusqu'à la ceinture, se tordaient en tout sens, en décrivant de grands cercles avec d'énormes massues; ils les faisaient mouvoir tout autour de leur corps, faisant ressortir ainsi la vigueur de leurs membres et l'élasticité de leurs muscles. Plus loin, c'étaient des confiseurs qui brisaient devant l'ambassadeur des fioles remplies de petites dragées qui s'éparpillaient sous les pieds de son cheval. Puis enfin, comme pour purifier la terre et abattre la poussière soulevée par la foule, venaient des *Sakkas*, ou porteurs d'eau, soutenant des outres immenses sur leurs épaules, et répandant l'eau qu'elles contenaient entre les jambes de nos chevaux.

Tout fut mis en œuvre pour nous recevoir dignement. Les pâtissiers, les fruitiers et les confiseurs des bazars étaient accourus. C'était à qui offrirait à l'ambassadeur ses oranges ou ses grenades, ses gâteaux ou ses sucreries. Jusqu'aux lions du Châh, que l'on avait envoyés à notre rencontre, et qui nous saluèrent de leurs rugissements. Ils étaient simplement tenus par une chaîne de fer passée dans un collier, et obéissaient à deux hommes qui n'avaient pour toute arme qu'une petite baguette de bois vert.

Un peu avant d'arriver aux portes de la ville, nous vîmes successivement venir à nous les attachés de l'ambassade russe, qui se distinguaient de loin dans la foule par leurs casquettes blanches. Un peu après, à leurs bonnets rouges, nous reconnûmes les officiers de l'ambassadeur turc. Tous ces messieurs étaient dépêchés par leurs chefs, pour aller, de leur part, complimenter l'ambassadeur de France.

CHAPITRE XIV.

Téhéran. — Visites officielles. — Le Sérail. — Insalubrité de la ville. — Environs. — Kasr-è-Kadjâr. — Negaristân. — Peintures murales. — Rhey. — Bas-reliefs modernes. — Châh-Abdoul-Azim. — Pic de Demavend.

Le 1er mars, à deux heures de l'après-midi, nous fîmes notre entrée dans Téhérân, au bruit du canon et au milieu de la foule qui se pressait sans interruption. Une double haie de soldats bordait les rues dans lesquelles nous passâmes. Le tonnerre commençait à gronder, les éclairs se succédaient avec rapidité, et quelques grosses gouttes d'eau, tombant au moment où nous arrivions au palais de l'Ambassade, firent dire aux Persans que Allâh nous protégeait, puisqu'il avait permis que nous arrivassions avant l'orage. En effet la pluie tomba alors par torrents; elle nous parut agréable, car, depuis notre départ de Trébizonde, nous n'avions encore vu que de la neige.

Comme dans toutes les villes précédentes, la maison destinée à l'ambassadeur fut, pendant plusieurs heures, le rendez-vous de personnages chargés de lui porter les compliments du Beglier-bey et de tous les hauts fonctionnaires qui se réservaient de venir plus tard en personne. Des plateaux chargés de sorbets et de toutes sortes de friandises vinrent encore couvrir les tapis autour desquels nous nous étions assis, selon le rang que nous avions dans le personnel de la mission. Le palais qu'on avait mis à la disposition de l'ambassadeur avait dû être une habitation charmante ; il était encore, pour le pays, en assez bon état de conservation, mais il ne nous offrit pas assez de logement pour que nous pussions tous y tenir. On fut obligé de mettre à notre disposition quelques maisons du voisinage, ce qui ne se fit pas sans difficulté. — Les riches, ne se souciant pas de nous héberger, donnaient de l'argent aux ferrachs du gouverneur pour qu'ils ne violassent pas leur domicile. Ceux-ci, afin de prélever cet impôt d'une hospitalité gênante, retombaient sur les pauvres ou sur les plus avares, qui cédaient dans la crainte d'encourir le châtiment dont le bâton toujours levé les menaçait. — Enfin, on parvint à nous loger assez convenablement, et nous fûmes établis de manière à ne pas trop mal passer les jours de repos que nous devions prendre à Téhéran.

L'ambassadeur ne tarda pas à recevoir la visite du Ministre de Russie, le général Duhamel, qui vint le lendemain de notre arrivée, accompagné de tous les membres qui lui étaient adjoints. Le général raconta qu'ayant hasardé des représentations au Châh sur son départ de Téhéran, au moment de l'arrivée d'un Elchi français, S. M. avait répondu qu'Ispahan était la capitale de son royaume tout autant que Téhéran.

Après le ministre de Russie vint le Serdar, commandant supérieur de toutes les forces militaires réunies dans la province. Ce personnage, qui s'appelle Baba-Khân, est beaufrère du Châh.

Le jour suivant, ce fut le tour du Beglier-bey, qui s'excusa sur sa santé de ne pas être sorti de la ville pour aller audevant de l'Elchi. Il chercha, par les manières les plus gracieuses et les compliments les plus aimables, à dissiper le nuage dont il pouvait s'apercevoir qu'était couverte la réception que lui fit l'ambassadeur, mais il n'y réussit que faiblement. Le manque d'égards dont il s'était rendu coupable était trop flagrant pour être si vite pardonné; il fallait des preuves plus réelles de ses bonnes dispositions, pour faire oublier l'impolitesse par laquelle il avait débuté.

Plus tard vint le ministre de Turquie, Sarim-Effendi, le même qui fut, deux ans plus tard, ministre des affaires étrangères à Constantinople.

Une foule d'autres personnes plus ou moins importantes se succédèrent. Chacune d'elles était jalouse de faire aussi sa cour au *Veziri-Moukhtar* (21), mais avec cette arrière-pensée toute persane, qu'elle ne serait pas oubliée dans les cadeaux que M. de Sercey était présumé devoir faire. Malgré l'adresse et l'esprit que les Persans y mettaient, cette espérance perçait dans leurs discours. La prétention même d'y avoir part se déguisait mal sous les milles détours qu'ils employaient astucieusement pour arriver à dire que le *Padichâh* français, et l'Elchi en particulier, devaient leur avoir de la reconnaissance pour de prétendus services rendus. « Votre roi, disaient-ils, et votre pays sont trop grands
« en munificence pour ne pas les reconnaître. » Le tout était

entremêlé de compliments et de flatteries si adroitement tournés, d'insinuations si subtiles, que, tout en devinant leur cupidité, nous ne pouvions nous empêcher de les trouver fort aimables. Au reste, tous ne perdirent pas leur temps : les uns reçurent des étoffes de soie, des pièces de drap, des montres; les autres, des armes, des porcelaines ou des bijoux. On peut dire que tous ces présents étaient distribués en pure perte, mais ils sont d'usage en Perse pour se faire bien venir. On ne peut y arriver que les mains pleines, et depuis le temps où Chardin a dit que pour vendre un diamant il en donnait deux, les choses n'ont pas changé ; elles ne changeront probablement jamais, tant sont enracinées dans les mœurs persanes l'habitude et la passion des *pichkech*, que la pauvreté toujours croissante de toutes les classes ne pourra qu'augmenter et rendre plus avide.

Nous ne tardâmes pas à faire à M. le général Duhamel la visite que nous lui devions. Nous le trouvâmes installé dans une habitation aussi confortable que le permettait le pays; c'était une espèce de palais très-vaste, ayant une belle apparence, et précédé d'une grande cour plantée. Chacun de nous n'eut qu'à se louer des manières polies et affables avec lesquelles l'ambassadeur russe et tous ses attachés lui firent accueil.

Téhérân n'a pas une très-grande étendue. Son circuit n'est guère que de quatre à cinq kilomètres. Les murailles sont, comme celles des autres villes, flanquées de tours et placées sur l'escarpement d'un large fossé. Elles sont percées de six portes ornées de briques émaillées de diverses couleurs; quelques-unes sont défendues par une espèce de petit fortin également entouré de fossés, qui se trouve à une centaine de mètres en avant des murs d'enceinte. Presque tous ces ouvrages tombent en ruines, et ne pourraient être d'aucune utilité en cas d'attaque sérieuse.

Cette ville est d'une importance bien moindre que Tabriz et Ispahan. Elle n'est pas, comme celles-ci, précédée d'immenses faubourgs; toute la population est renfermée dans ses murs et ne dépasse pas cent mille habitants. Au premier aspect, elle n'offre qu'une longue ligne horizontale de murs de briques jaunâtres que surmontent quelques coupoles de mosquées et quelques kiosques du palais du Châh.

On y compte six à sept mosquées, trois ou quatre medressèhs, plus de cent bains et autant de caravansérails; mais aucun de ces édifices n'est remarquable. Les bazars sont laids et sales, la construction en est misérable. Les mosquées n'ont rien de grand comme ensemble, rien d'élégant comme détails. On voit que cette ville ne se trouve capitale que par accident: n'étant pas destinée à jouer ce rôle, elle a brusquement passé du rang de ville de second ordre à celui de capitale, sans que son importance ait motivé cette usurpation. Les princes Kadjârs qui s'y sont établis et en ont fait le siége de leur royaume n'ont eu ni les goûts, ni sans doute les ressources qui ont fait exécuter, aux souverains de la race Sophi à Ispahan, les magnifiques monuments qui font de cette ville, encore aujourd'hui, la vraie capitale de la Perse, bien que le Châh n'y fasse pas sa résidence. Toute l'importance de Téhéran est dans le séjour qu'y font la cour et les hauts fonctionnaires de l'État.

La seule partie de la ville qui soit digne d'intérêt est celle qu'on appelle l'Ark. Selon l'usage d'Orient, c'est un quartier placé au centre, séparé des autres par une muraille fortifiée et des fossés sur lesquels sont jetés des ponts-levis. C'est là qu'est le palais du Châh, avec toutes ses dépendances, les habitations de quelques princes du sang royal et de quelques grands personnages attachés à la cour. C'est là aussi qu'est logée une partie de la garde du roi.

La principale porte de l'Ark est au sud, vers le centre de Téhérân, et à l'entrée des bazars. Après avoir franchi le pont qui traverse le fossé, on s'engage dans une longue galerie sombre où se tiennent des soldats et quelques Kalioundjis. De là on arrive sur une grande place qui porte le nom de *Meïdân-i-Châh*, ou place Royale. Elle est fermée de toutes parts, soit par des murailles flanquées de tours garnies d'artillerie, soit par des casernes ou par les murs d'enceinte du sérail. Au milieu de cette place est une plate-forme élevée d'un mètre environ, où repose une énorme pièce de canon dont on ne comprend pas la destination. — Sous son affût brisé, je vis un jour un homme qui mendiait et invoquait Ali. On me dit que c'était un meurtrier qui s'était réfugié là comme en un lieu d'asile. Le coupable qui parvient à l'atteindre y est inviolable, quel que soit le crime qu'il a commis. Il y attend le passage du roi, qui ne peut lui refuser sa grâce. Ainsi l'impunité d'un criminel dépend de l'activité de ses jambes.—Il y a d'autres lieux d'asile, notamment la mosquée royale.

Sur le Meïdân-i-Châh, figurent encore quelques pièces d'artillerie qui sont en batterie de chaque côté de la porte du palais, mais toutes hors de service — ou il leur manque une roue, ou les flasques en sont brisés, ou les affûts vermoulus ne peuvent plus les porter — elles semblent être des enseignes indiquant le palais du roi, plutôt que des moyens de défense pour en interdire l'approche.

L'intérieur du sérail se compose de plusieurs édifices ou kiosques placés dans de grands jardins et des cours plantées au milieu desquelles sont des bassins. La porte par laquelle on y pénètre ouvre sur le Meïdân-i-Châh; elle porte le nom de *Déri-sa-adet* ou *porte de la Félicité*. Au dessus de cette entrée s'élève un pavillon dont le centre, garni d'une immense fenêtre, est un salon réservé au Châh, pour les occasions où il lui prend fantaisie de voir manœuvrer ses troupes ou d'assister aux divertissements du *bairam*. A droite de ce pavillon sont les jardins du sérail, dont les grands arbres dépassent le mur qui ferme la place. Au-dessus de leurs têtes s'élève une espèce de tour à plusieurs pans, percée de petites fenêtres et terminée par une galerie à jour — c'est le belvédère réservé aux femmes du harem, qui viennent, sans qu'on les aperçoive, y jouir de la vue des environs de Téhérân ou des lieux qui avoisinent le palais.

— On ne peut visiter l'intérieur du sérail ; la seule portion qui en soit accessible est celle qu'on rencontre après avoir suivi une longue voûte bordée de soldats et où se tiennent les officiers de service, les maîtres des cérémonies, les *goulams* et les *yassaouls* ou gardes d'élite.

Les habitations particulières sont, comme dans la partie de la Perse que nous avions déjà parcourue, très-basses; c'est à peine si l'on peut en citer quelques-unes ayant un étage au dessus du rez-de-chaussée. La manière dont les Persans bâtissent, et la qualité des matériaux qu'ils emploient, ne permettent pas qu'ils donnent à leurs constructions une grande élévation ; en effet, des briques crues assemblées avec un peu de boue, ne peuvent offrir de grandes garanties de solidité; nous ne tardâmes pas à en avoir la preuve. Le temps était devenu très-mauvais, et, la pluie ayant duré quatre jours consécutifs, ce qui arrive fréquemment après l'hiver, nous vîmes un grand nombre de maisons s'affaisser sur elles-mêmes et tomber en obstruant les rues de leurs décombres. Partout on voyait des ouvriers occupés à déblayer et à relever ces ruines instantanées. Mais si quelque chose surpasse l'imprévoyance des Persans en fait de construction, c'est la facilité et la promptitude avec lesquelles ils réparent leurs habitations. Deux jours après ces désastres, le temps étant devenu beau, on ne pouvait reconnaître qu'à une couche de boue encore fraîche les maisons qui avaient été renversées.

Comment concevoir que les Persans, si industrieux et si intelligents d'ailleurs, qui ont autour d'eux de la pierre et de la chaux à profusion, préfèrent, en bâtissant avec la fange de leurs ruisseaux, s'exposer à se voir, en quelques heures, enterrés sous les débris de leurs demeures? Quand on voit, dans la capitale de ce grand royaume, les maisons détruites parce que des pluies abondantes en ont miné la base, on ne saurait s'étonner de voir tant de ruines couvrir la surface du pays.

On a peine à comprendre ce qui a pu déterminer la position de Téhérân. Assise dans une plaine basse, au pied du *Chimrân*, qui l'abrite des vents du nord, et sans autre eau que celle des pluies recueillies dans des citernes; elle est ainsi exposée, pendant près de six mois de l'année, à des chaleurs intolérables; le vent du sud lui arrive brûlant, et le manque d'eau y entretient une malpropreté pernicieuse.

Aussi cette ville passe-t-elle pour être très-malsaine. Les rues et les bazars, où les chaleurs de l'été vaporisent la fange des cloaques infects que la négligence laisse sans cesse s'y former, exhalent des miasmes malfaisants qui engendrent la fièvre et d'autres maladies dangereuses. Pour s'y soustraire, la cour, les gens riches, et en général tous ceux que leurs affaires journalières ne retiennent pas dans la ville, la fuient à partir du mois de mai, et se retirent dans les gorges de la montagne qui en est voisine. Les pentes méridionales de Chimrân sont couvertes de grands villages et de jardins, où les émigrants vont se réfugier, et auprès desquels ils campent pendant six mois. Les Persans, comme en général tous les Orientaux, ont beaucoup de goût pour la vie sous la tente. Cependant Fet-Ali-Châh, qui, à ce qu'il paraît, goûtait moins cette existence mobile, avait fait bâtir pour sa cour, à environ une farsak de Téhérân, au pied de la montagne, un grand palais qu'il habitait l'été. Il porte le nom de *Kasr-è-Kadjâr, Château des Kadjârs*, ou *Takht-i-Kadjâr, trône des Kadjârs*. Le plan en est grandiose et les détails en sont assez remarquables. Les jardins en amphithéâtre, et plusieurs étages de terrasses auxquelles on arrive par de nombreux escaliers, séparent le château du parc, dont la végétation est d'une beauté surprenante pour un pays où l'on en rencontre si rarement.

Les appartements de Kasr-è-Kadjàr sont ornés de glaces et de peintures qui ne sont pas sans mérite. Plusieurs représentent les héros favoris des Persans, tels que Roustâm, Afrasiab, Taïmour, ou Tchenghis-Khân (22). Au milieu de ces figures orientales, on est très-étonné de trouver le portrait d'un Européen, en costume du siècle dernier. L'on m'a dit que c'était celui d'un jeune homme attaché à l'une des ambassades anglaises, et pour lequel Fet-Ali-Châh s'était pris d'une affection toute particulière. Cette habitation, la plus belle que nous eussions vue, est certainement bien digne, encore aujourd'hui, de loger le roi; mais Mehemet-Châh, qui a des goûts plus nomades, a abandonné cette demeure pour la tente, sous laquelle il préfère aller chercher la fraîcheur, au bord de quelque petit ruisseau échappé d'une des gorges du Chimrân.

Aux portes de la ville sont deux autres résidences royales : l'une, qu'on appelle Lalazar, est fort petite; l'autre, qui se nomme Négharistân, est plus importante. Dans cette dernière se voit une salle sur les murs de laquelle on a figuré la présentation au roi de Perse des ambassadeurs de France et d'Angleterre, qui vinrent à la cour de Fet-Ali-Châh, au commencement de ce siècle.

Le fond de la salle montre le Châh sur son trône, entouré de ses fils. Sur le mur de droite, le général Gardanne s'avance avec quelques-uns de ses attachés. Sur le mur de gauche sont, en pendant, sir Malcolm et trois personnes de sa suite. Autour des envoyés européens sont représentés, dans diverses attitudes, tous les hauts dignitaires de l'État, assistant à la cérémonie. Ces peintures sont, comme toutes celles que nous avions vues déjà, d'une exécution qui laisse à désirer. La perspective appliquée aux personnages ou aux objets y est mal comprise. Mais il faut dire, et j'en fus étonné, que leur couleur est d'une puissance, a un relief qui prouvent que les Persans pourraient être d'excellents peintres. Ce qui leur manque, ce n'est ni l'intelligence de l'art, ni le coloris; mais, comme ils peignent d'inspiration et sans étude, ils ne savent pas toujours tenir compte des distances et resserrer les détails dans un petit espace, d'après les lois de la perspective. Poussés vers l'art de la représentation de la nature, par un goût naturel, ils cherchent à imiter les objets isolément, sans bien observer les rapports qui existent entre eux. Par cette raison, ils excellent dans les ouvrages de détail et délicats ; ainsi ils font de petites peintures de fleurs ou d'ornements, qui sont d'une vérité et d'un fini exquis. Mais, aussitôt qu'ils sortent de ce genre pour représenter de grandes scènes, les défauts que je viens de signaler, et qu'il ne faut attribuer qu'à leur peu de science, reparaissent et font tort à leurs tableaux. Toutefois, il faut convenir qu'il est surprenant de trouver chez un peuple qui a si peu de contact avec l'Europe et avec ses arts, des productions aussi remarquables que celles de Negharistân ou celles que j'aurai plus tard occasion de signaler à Ispahan.

Parmi les sites intéressants qui se trouvent aux environs de Téhérân, sont les ruines de la ville de Rhey que l'on suppose avoir été la Rhagès de la Bible, patrie de Tobie. L'histoire rapporte qu'Alexandre poursuivant Darius s'arrêta à Rhagès, après une course de dix jours qu'il venait de faire depuis Ecbatane. Or, cette ville qui est généralement reconnue aujourd'hui dans celle qui porte le nom de Hamadân, est en effet à cette distance ; de plus, il faut remarquer que Rhey n'est qu'à une journée des portes Caspiennes que franchit Alexandre le lendemain de son départ de Rhagès ; on a donc quelque raison de croire que, sous le nom moderne et altéré de Rhey, les Persans ont conservé celui de la ville antique.

Quoi qu'il en soit, si les titres de *première ville du monde*, de marché de *l'univers* que Rhagès reçut dans les temps anciens, ne sont pas justifiés par l'importance actuelle de ses ruines, il faut dire cependant que les restes de remparts que l'on retrouve, et les tertres élevés qui indiquent les places de fortifications ou d'édifices, attestent la position d'une grande ville. De longues éminences, qui ne sont plus que de la terre aujourd'hui, s'étendent au loin dans une grande plaine déserte. Elles sont rompues, à intervalles réguliers, par des traces de tours; elles se croisent et tracent un immense périmètre à l'intérieur duquel le sol accidenté est jonché de débris.

Au milieu de ces tertres de toutes formes et de toutes grandeurs, sont restées debout trois tours bâties en briques. Les inscriptions couffiques qu'elles portent prouvent qu'elles ne sont pas d'une date plus ancienne que l'islamisme. La plus grande de ces tours est aussi la plus remarquable comme construction; elle est formée par des plans verticaux qui du haut en bas, se coupent de manière à former une succession de vingt-quatre angles alternativement rentrants et sortants, ce qui figure des espèces de grandes canelures qui sont d'un bel effet. Ce monument, qu'on appelle *Bourdj-Yezid*, ou tour de Yezid, doit probablement sa fondation au fameux *Yezid-ebn-Mahleb* qui fut gouverneur du *Khorassan*, puis de l'Irak, au commencement du viiie siècle. Ce monument, qui date des premiers temps de l'ère musulmane, paraît devoir durer encore bien des siècles, à moins que l'exploitation du sol de Rhey par les maçons du pays ne vienne à s'attaquer à elle comme à toutes les autres ruines, pour en tirer des matériaux de construction.

Les deux autres tours que l'on voit, plus rapprochées de

la montagne, dans la direction du nord-est, ont probablement une origine commune à celle de Yezid, car elles portent des inscriptions semblables.

Tout cet ensemble de souvenirs de l'époque où s'étendait jusque-là, et plus loin encore, la puissance des khalifes, se trouve d'accord avec les traditions, car celles-ci rapportent que Rhey, où naquit le célèbre Haroun-el-Rechid, fut un des centres les plus considérables du vaste empire de ce Khalife. Certains écrivains prétendent même qu'elle fut sa résidence de prédilection.

Tchenghiz-Khân à qui on peut attribuer, à bon droit, une très-grande partie des ruines de ces contrées, passe pour avoir saccagé complétement cette ville qui, quoique déchue, avait jusque-là conservé de l'importance. On pense que les habitants de Rhey, obligés d'en abandonner les décombres, se seront portés vers Teheran pour y fonder une cité nouvelle.

Les ruines de Rhey s'étendent au pied de rochers âpres et sauvages dont les crêtes hérissées se dressent comme une muraille. On retrouve, sur leurs sommets, des vestiges de construction qui font penser qu'ils furent jadis utilisés pour la défense de la ville. A leur pied est une belle et abondante source d'eau qu'on appelle . *Tchechmèh-i-Ali, fontaine d'Ali.* Elle forme un petit étang dont les eaux s'écoulent dans la plaine, et y sont divisées selon les besoins des irrigations. C'est comme une oasis dans ce désert brûlé par l'ardeur du soleil, où la vue se perd dans un horizon immense sans s'y reposer sur aucune végétation. Ce lieu est un but de promenade, et un rendez-vous pour les Téhérânis qui viennent y chercher un peu de fraîcheur, ou chasser au faucon dans les environs.

Un pauvre kalioundji vit là, comme un ermite, dans une maisonnette où il tient quelques pipes à la disposition des promeneurs.

Le site de *Tchechmèh-i-Ali* paraît avoir été fort goûté par le roi Fet-Ali-Chàh, s'il faut en croire le grand bas-relief que ce prince y fit exécuter. Il est au-dessus de la source et sur les rochers taillés et préparés ad hoc. Il représente le monarque assis sur une espèce de trône, dans son costume royal. De chaque côté sont rangés les princes au nombre de quatorze. Dans un des compartiments formés par deux colonnes, on voit le roi en habit ordinaire, tenant un faucon sur son poing, sans doute en souvenir des chasses qu'il faisait dans la campagne de Rhey.

Si cette sculpture est un nouvel indice du goût naturel des Persans pour les arts du dessin, je suis obligé de convenir qu'elle n'en est pas un échantillon aussi satisfaisant que les peintures que j'ai citées précédemment.

On voit en ce lieu un second bas-relief sur le revers méridional d'une chaîne de rocs sauvages, au milieu des nids d'aigles et de vautours qui planent au-dessus. Ce tableau, situé à l'est des ruines de Rhey, représente encore Fet-Ali-Chàh à cheval, terrassant un lion d'un coup de lance. Un vieillard, qui faisait partie de la cour du prince, m'a dit avoir été témoin du fait. Mais il faut se rappeler que les Persans aiment le merveilleux et se piquent très-peu de véracité.

Les voyageurs qui m'ont précédé racontent avoir vu, à cette même place, une sculpture de l'époque sassanide, et j'appris qu'en effet elle avait existé, mais que le roi Fet-Ali-Chàh l'avait transformée en celle que l'on voit actuellement. Il est fâcheux que ce monarque, qui avait du goût et qui aimait les arts, n'ait point respecté l'antiquité et n'ait pas jugé une autre place digne de porter son effigie.

A l'ouest des ruines de Rhey est le village de Châh-Abdoul-Azim, au milieu duquel s'élève une grande mosquée. C'est un lieu de pèlerinage très-fréquenté, où les Persans viennent de fort loin faire leurs dévotions. Cet endroit est de plus le rendez-vous de toutes les cigognes qui s'abattent dans le pays. Elles ont, paraît-il, pris en affection les minarets, les coupoles, tous les toits de Châh-Abdoul-Azim, au point qu'on y compte des familles de ces oiseaux par centaines.

Dans une direction opposée, au nord-est, s'élève le pic de *Demavend*. Ce gigantesque cône, dont la glace est éternelle, s'aperçoit de très-loin. De quelque côté que vienne un voyageur, il peut, grâce à cette montagne, reconnaître la position de Téhéran. Bien que Ispahan soit à plus de cent lieues de cette ville, on peut, quand le temps est pur, voir sa cime blanche au-dessus des montagnes.

Les Persans ont des contes traditionnels absurdes qui se rapportent au Demavend. Le plus accrédité est celui de l'existence d'une plante qui ne croît que sur ses pentes, et produit de l'or. Ce qui a donné lieu à cette erreur, c'est la teinte dorée que prennent les dents des moutons qui paissent sur cette montagne. Mais, au lieu de voir dans cette particularité un fait tout simple, résultant de la vertu colorante de l'herbe broutée par leurs troupeaux, les Persans, dans leur prédilection pour tout ce qui tient du merveilleux, ont préféré y voir l'indice du précieux métal. Quelques-uns, plus crédules encore que les autres, ont la simplicité d'aller, avec les plus grandes peines, cueillir cette herbe pour en extraire les parties aurifères. Si j'ai entendu vanter la propriété singulière du Demavend, je n'ai pas ouï dire que personne y ait trouvé la fortune.

CHAPITRE XV.

Famille royale. — Françaises établies à Téhérân — Chyisme. — Fêtes religieuses. — Esprit du clergé. — Motifs du voyage du Châh à Ispahan.

Téhérân sert de résidence, je pourrais presque dire de prison, à un grand nombre de membres de la famille royale. Ce sont des Châh-Zadèhs, tous frères ou cousins de Mehemet-Châh. Pauvres, sans consistance politique et sans argent, ils vivent des aumônes du souverain, souvent même de celles que veulent bien leur faire les grands. C'est là une triste portion de l'héritage que légua à son successeur Fet-Ali-Châh, qui, jouissant pleinement et royalement de la liberté accordée par le Koran sur le nombre des femmes, en eut jusqu'à cinq ou six cents dans son harem, et laissa une progéniture masculine de soixante-dix princes. La politique ombrageuse du Châh et les événements qui s'étaient passés lors de son avénement au trône, ne lui permirent pas de conserver à ses oncles ou cousins la position que leur avait faite son grand-père, de qui ils tenaient le gouvernement de toutes les provinces ou villes importantes du royaume. Les postes dans lesquels Méhémet-Châh avait trouvé ces Châh-Zadèhs les rendaient trop dangereux pour son repos et celui du pays. Ayant une grande influence, due à leur autorité ou à leurs richesses, il était à craindre qu'ils en abusassent pour aliéner les populations et les détourner de leurs devoirs envers le nouveau souverain. L'ébranlement que causa dans toute la Perse la prise de possession de la couronne par le fils d'Abbas-Mirza, dont les droits furent vivement contestés, rendit plus soupçonneux et plus défiant le successeur de Fet-Ali-Châh. En conséquence, il résolut de priver de leurs forces tous les compétiteurs qui pourraient surgir, en dépossédant tous les membres de sa famille qui se trouvaient à la tête de gouvernements importants. C'était en même temps un moyen de se faire des partisans, en distribuant ces mêmes gouvernements aux Khâns à la fidélité desquels il croyait pouvoir se fier. Cette politique était, à la vérité, peu faite pour rattacher à Mehemet-Châh les princes du même sang que lui, et par conséquent se croyant aussi des droits au trône; mais la prudence la commandait, surtout dans un pays où la raison du plus fort a toujours été considérée comme la meilleure. Elle eut naturellement pour résultat d'appauvrir et de laisser dépérir dans l'oisiveté de nombreux princes qui, bien que vivant pauvrement, n'en sont pas moins, pour l'État et le roi lui-même, une lourde charge.

Parmi les Châh-Zadèhs qui se trouvaient ainsi les commensaux de Mehemet-Châh, il y en avait un qui lui tenait de plus près par le sang; c'était Ferrhâd-Mirza, fils d'Abbas-Mirza, par conséquent son frère, mais né d'une autre mère. Beaucoup plus jeune que le roi, il n'avait que vingt ans. L'ambassadeur, accompagné de toute sa suite, lui rendit visite le sur lendemain de son arrivée à Téhérân. Nous trouvâmes en lui un jeune homme extrêmement aimable et paraissant ne rien avoir de la morgue que nous avions eu à reprocher à son autre frère Karamân-Mirza.

Lors de notre passage à Téhérân, il y vivait encore une vieille dame française venue en Perse depuis une trentaine d'années; elle y avait accompagné son mari, M. de La Marinière, qu'elle avait perdu presque aussitôt. Seule, sans appui, sans ressources, elle n'eut pas les moyens de quitter la Perse; force lui fut donc d'y chercher des moyens d'existence. Sa position intéressa le roi Fet-Ali-Châh, ainsi que le prince Abbas-Mirza, et tous deux lui ouvrirent leur Anderoûm pour lui confier l'éducation des jeunes princes et leur apprendre la langue française. Ce fut à cette circonstance qu'elle dut de devenir l'institutrice du roi régnant et du prince que nous connaissions déjà, Malek-Khassem-Mirza, celui de tous ses élèves qui lui fait le plus d'honneur. Elle était âgée de plus de soixante ans quand nous la vîmes. Sa situation était loin de ce que l'avait rendue autrefois la générosité de Fet-Ali-Châh; cependant elle vivait encore d'une pension qu'elle touchait sur la cassette royale. Elle avait alors la confiance de la reine-mère, et faisait ses affaires en ville. Madame de La Marinière parut heureuse de voir des compatriotes; elle en était privée depuis bien des années. L'ambassadeur s'intéressa à elle, et, prenant en considération les services qu'elle avait rendus à la France en inculquant à plusieurs jeunes princes des idées françaises, il espérait obtenir de notre gouvernement une subvention qui la mît à même de ne plus tendre la main aux Persans, et surtout de ne plus avoir à souffrir de leur ingratitude. — Cette pauvre dame mourut très-peu de temps après, à Chiraz, où les fièvres de l'été l'emportèrent.

Nous trouvâmes également à Téhérân une autre Française : c'était une jeune femme qui était d'Orléans. Son mari, Persan, l'avait enlevée dans un voyage qu'il fit en France ; elle était alors enfant. Devenue Persane et Musulmane, elle avait presque oublié sa langue natale. Elle comprenait encore le français, mais elle ne le savait plus parler ; elle paraissait d'ailleurs très-satisfaite de son sort et se louait beaucoup de son mari, qui était resté toujours rempli d'égards pour elle et n'avait jamais voulu profiter du privilége que les mœurs de son pays lui conféraient pour donner à sa première femme une rivale dans son Zânkhânèh (23).

Parmi les scènes de mœurs les plus originales et les plus curieuses que l'on puisse voir en Perse, il faut mettre en première ligne les fêtes religieuses qui se célèbrent au commencement de chaque nouvelle année, le premier jour de Moharrem. Les Persans appellent ces fêtes *E'id qatl*, c'est-à-dire *fêtes du Meurtre*, ou communément *Taziéhs*. Elles ont lieu en mémoire d'Ali, gendre du Prophète, et de ses fils Husseïn et Hassan, dont la fin tragique engendra le schisme qui partage les Musulmans en *sunnites*, ou partisans d'Omar, et *chyas* ou *chyites*, sectateurs d'Ali. Ce schisme, qui n'a rien changé quant au fond de la doctrine de Mahomet, a pour base le droit d'hérédité d'Ali, comme gendre, et de Husseïn et Hassan, comme petits-fils de Mahomet, au détriment d'Aboubekhr et d'Omar que les Persans considèrent comme des usurpateurs. Après la mort du Prophète, son beau-père Aboubekhr, qui était aussi celui d'Omar, s'empara de la souveraineté, afin de la transmettre à son second gendre. Ali, qui non-seulement avait épousé la fille de Mahomet, mais qui de plus était son neveu, revendiqua sa succession au nom du sang, mais ce fut sans succès. Cependant, à la mort d'Aboubekhr, ayant réussi à s'emparer du *khalifat*, il ne put le conserver dans sa famille, et périt lui-même massacré par les partisans d'Omar, qui étaient les plus nombreux. Husseïn et Hassan, les deux fils d'Ali, voulurent venger sa mort, et reconquérir par la force des armes ce que la trahison avait arraché des mains de leur père; mais le premier, attaqué par Yezid, général d'Omar, sur les bords de l'Euphrate, près de Kerbelèh, y perdit la vie; l'autre périt empoisonné. Ainsi fut tranchée cette question qui, après plus de cinq cents ans, devait faire surgir en Perse un schisme redoutable pour l'orthodoxie turque, et cause de guerres auxquelles le fanatisme religieux prêta toute la violence d'une foi ardente.

Les partisans des victimes de l'ambition d'Omar n'ayant pu les faire triompher, conservèrent du moins leur dévouement à la postérité de Fatmé. Ils formèrent ainsi la première et faible branche naissante qui, partant de la souche mère de l'Islamisme, devait plus tard étendre ses rameaux vigoureux sur une grande partie de l'Asie.

Un dévot philosophe, un rêveur, vivait au xive siècle, à Ardebil, sous le nom de *Seffi-ed-Din*, ou *pureté de la foi*. Il approfondissait, dans une extase solitaire, les questions les plus ardues, les plus délicates qui séparaient déjà les Sunnites, ou partisans d'Omar, du petit nombre adhérents d'Ali. Ce sophi ou philosophe, comme on l'appelle en Perse, prétendait lui-même descendre du gendre du Prophète. C'était d'ailleurs un homme de bien, vénéré dans tout le pays, et dont la sainteté avait acquis une renommée telle que Taïmour lui-même se détourna de ses conquêtes pour aller le visiter dans sa retraite. Animé d'une piété fervente, exalté par l'idée de faire revivre les droits de l'époux et des fils de Fatmé, il eut des inspirations qui fondèrent les premières bases du schisme au moyen duquel il anima d'une foi nouvelle le cœur des Persans. Profitant habilement de tout ce qu'il y avait de touchant et de noble dans le caractère et les actes d'Ali, il le représenta aux Persans comme la généreuse victime des détestables Khalifes reconnus par les sunnites. L'imagination de ses disciples s'enflamma aux récits des malheurs de la famille immolée par Omar, et, touchés de sa fin misérable, ils embrassèrent avec ardeur l'hérésie que leur présentait ardente et passionnée l'anachorète d'Ardebil. — Telle fut l'origine de la secte des Chyas ou Chyites, et aussi celle de la puissance des princes issus de Cheik-Sefi-ed-Din.

La Perse était depuis longtemps dominée par des princes de race tartare. Les guerres l'avaient désolée, ravagée dans tous les sens. Les successeurs de Taïmour, qui opprimaient le pays et le déchiraient entre eux, suivaient la religion contre laquelle s'étaient élevées les prédications de Cheik-Sefi-ed-din. Ces causes réunies durent aider puissamment les descendants de ce sectaire dans la continuation de son œuvre. Des idées d'indépendance agitaient la Perse. Les persécutions dont les disciples de la nouvelle doctrine étaient l'objet de la part des chefs de tribus tartares, au lieu d'en diminuer le nombre, ne firent que l'augmenter. A cette ardeur de secte s'ajoutait celle du patriotisme, et ce fut alors qu'Ismaïl, petit-fils du Cheik d'Ardebil, crut le moment favorable pour lever l'étendard de la révolte, au cri d'Ali et de Husseïn, devenu l'expression de la foi qui se répandit par toute la Perse et mit le pouvoir dans les mains de la dynastie qui porta le nom de *Sophis* ou *Seffevièhs*.

De ce moment fut creusé, entre les *Sunnites* et les *Chyas*, un abîme infranchissable. Ils se vouèrent réciproquement la haine la plus profonde, la plus envenimée. Ainsi qu'il arrive et que nous l'avons vu nous-mêmes dans le sein de notre religion chrétienne, la communauté de foi dans le principe religieux ne fut plus rien. Elle fut remplacée, de part et d'autre, par une intolérance violente, exclusive, qui ne voulait admettre aucune opinion dissidente. De là, le fanatisme le plus aveugle, le plus acharné; de là, cette aversion mortelle qui règne entre les Turcs et les Persans, plus profonde qu'entre les chrétiens et les musulmans.

On conçoit, d'après cet exposé rapide du schisme qui distingue les Persans, ce que devaient être leurs fêtes religieuses qu'ils appellent *Tazièhs*. — Pendant tout le temps qu'elles durent, leur fanatisme est développé au plus haut degré; il serait dangereux alors de l'exciter et de lui donner le moindre prétexte de se traduire par des actes qui deviendraient sanguinaires.

Ces *Tazièhs* ne sont autre chose que des spectacles dans le genre des anciens mystères que l'on représentait en Europe au moyen âge. Ces représentations dramatiques ont lieu sous de grandes tentes dressées sur les places publiques, dans les cours des mosquées, ou à l'intérieur des palais des grands, qui en font alors tous les frais par zèle religieux. Ces tentes sont ornées avec un grand luxe : on y étale des cachemires, des étoffes riches, que prêtent à cette occasion les personnes dévotes. On y accroche des peaux de bêtes, sur lesquelles figurent des cottes de mailles, des boucliers, des poignards et des armes de toute espèce. Au milieu s'élève l'estrade qui doit servir de scène, ainsi qu'une chaire du haut de laquelle, avant chaque représentation, un Mollah prêche pour préparer les assistants au drame sanglant qui va être joué. On y retrace, aux yeux des nombreux spectateurs que la dévotion attire, les combats livrés aux deux petits-fils de Mahomet, leur mort et la captivité de leur famille. On y fait paraître un envoyé franc, qui intercède en faveur de la femme et des enfants de Husseïn, auprès du Khalife, qui le fait aussi mettre à mort.

Les différents personnages qui figurent dans ces espèces de tragédies sont habillés avec autant de vérité que possible. Le Frengui qui s'y trouve avoir un si beau rôle porte un costume moderne dont on se procure les diverses parties chez les Européens qui sont dans le pays. Ceux-ci s'y prêtent d'autant plus volontiers que les Persans paraissent très-touchés de la mort de l'envoyé européen qui paya de sa tête les paroles qu'il éleva en faveur de la famille infortunée de Husseïn. Les acteurs de l'un de ces théâtres profitèrent de notre présence à Téhéran, pour emprunter des chapeaux à trois cornes et d'autres détails de costumes, dont ils affublèrent les Frenguis supposés. Leur chef était lui-même coiffé d'un casque anglais. Cette mascarade produisit beaucoup d'effet, et contribua à rendre très-brillante, aux yeux des Persans, la suite de l'ambassadeur improvisé.

Un frère du Chàh nous fit les honneurs de ces représentations, avec beaucoup de politesse et d'amabilité, en nous y donnant, en partage avec lui, une des meilleures loges, s'il est possible d'appeler ainsi un petit coin garni de tapis, dans une grande place qui servait de salle de spectacle. Je n'ai pas besoin d'ajouter que pendant la représentation, et surtout au moment où arriva l'envoyé franc, tous les regards se dirigèrent sur nous; ils nous parurent même empreints d'une bienveillance inaccoutumée qui ressemblait au témoignage d'une reconnaissance tacite.

Quelques jours après, nous assistâmes encore à une autre représentation du même épisode de l'histoire religieuse des Persans; mais cette fois c'était la récapitulation de tous les faits qui s'y rattachent. Les auteurs qui écrivent ces scènes leur donnent trop d'étendue pour qu'elles puissent se répéter dans une seule séance. Elles comprennent ordinairement trois représentations ou trois actes; ensuite on termine par un résumé. C'est là ce qui clôt la série de ces fêtes et précède le *Baïram*, c'est-à-dire les réjouissances qui succèdent au deuil. Cette dernière représentation se donnait en plein air, sur une place autour de laquelle les spectateurs étaient distribués aux fenêtres et sur les terrasses des maisons environnantes.

La scène qui me frappa le plus fut celle du combat entre les partisans d'Ali et la troupe de Yezid. Ce simulacre prit une telle animation, un tel aspect de vérité, qu'il y eut un moment où l'on put croire que des coups sérieux allaient être portés. Les combattants s'animaient de plus en plus et s'exaltaient au point qu'il fallut employer la force pour leur faire cesser un combat qui allait devenir meurtrier.

Un événement qui aurait pu avoir des suites graves, mais qui ne prêta qu'à rire, vint mettre fin à ces scènes dramatiques d'une manière inattendue. Une des maisons sur lesquelles étaient groupés des spectateurs, s'affaissa sous leur poids au moment où l'émotion était la plus vive. Cela causa une grande inquiétude parmi la foule et même parmi les acteurs, qui crurent devoir clore leur représentation. On s'empressa de courir aux ruines et de porter secours à ceux que l'on supposait y être enterrés ; mais ils s'étaient déjà retirés, sans aucun mal, du milieu des décombres, en gens habitués à ces sortes d'accidents.

Ces drames sur la mort d'Ali sont écrits en vers. Quelques passages qui nous en furent traduits nous parurent pleins de sentiment et d'énergie. Les acteurs les chantent et les déclament avec une accentuation bien sentie, et les gestes dont ils accompagnent leur déclamation contribuent à produire un grand effet sur la foule, qui répond aux strophes les plus pathétiques par des sanglots déchirants. Ces Tazièhs émeuvent profondément la multitude qui y assiste chaque jour avec passion et qui en fait prolonger la durée beaucoup au delà des dix jours qui sont rigoureusement voulus par la religion. Tant que dure cette époque de deuil, les gens dévots s'imposent de rudes pénitences ; ils ne vont point au bain ; ils s'abstiennent de voyager, et ne s'occupent nullement de leurs affaires.

Pendant les jours qui précèdent et qui suivent ces représentations, les hommes les plus fanatiques, ou ceux qui ont quelque grande pénitence à faire, parcourent la ville en chantant les louanges de Husseïn et d'Ali, et, en proférant leurs noms de toute la force de leurs poumons, ils se meurtrissent la poitrine. Quelques-uns se traversent les chairs avec des broches de fer, et, nus jusqu'à la ceinture, couverts de plaies volontaires, ils excitent la compassion en montrant leurs blessures hideuses. D'autres, armés de pied en cap, teints de sang, le visage noirci, imitent Husseïn, ses combats et ses souffrances dans le désert, où les traditions rapportent qu'il eut à endurer une chaleur et une soif accablantes. Ils parcourent ainsi les rues, en achevant d'exalter les têtes impressionnées déjà par les spectacles des Tazièhs.

Grâce à l'intervention de l'envoyé français, qui y joue le rôle de protecteur, on est rempli d'égards pour les Européens pendant la durée de ces solennités religieuses. Mais il n'en est pas de même des Turcs ou des autres Sunnites qui, dans ces circonstances, ne sauraient agir avec trop de circonspection et de prudence; car si, par malheur, l'un d'eux donnait quelque motif grave de colère, il courrait danger de mort. La populace, exaltée au souvenir de la mort de Husseïn et de Hassan, ne connaîtrait plus de frein ; surexcitée par le spectacle récent de leur martyre, elle voudrait, en immolant le malheureux Sunnite, venger le meurtre pour lequel elle ne savait, un instant avant, comment accumuler assez d'imprécations et d'injures sur la tête d'Omar.

— Et cependant les Persans font tout ce qu'ils peuvent pour exciter le zèle religieux qui brûle d'une ardeur égale dans le cœur de ceux qui reconnaissent la famille d'Aboubekhr pour héritière de Mahomet; ils ne leur épargnent aucune injure, aucun outrage, et, comme pour frapper plus rudement leur foi, ils s'adressent encore à leurs yeux et à leurs préjugés. Ils forment une image grossière, qui, sous les traits les plus hideux, représente Omar ; puis, s'adressant à la statue maudite, ils l'invectivent et lui reprochent d'avoir dépouillé la famille d'Ali de son droit de succession. Ils épuisent, dans cette occasion, tout le vocabulaire de leurs imprécations et de leurs injures les plus grossières; et, quand ils ne savent plus qu'ajouter à ce déluge d'outrages, ils mettent la statue en pièces, à coups de pierres et de bâtons. Cet Omar factice est creux ; il recèle dans ses flancs une quantité de sucreries et de petits bonbons de toute espèce, qui s'en échappent. Alors la populace se précipite avec empressement, pour recueillir, souvent en se les arrachant, ces lambeaux de la dépouille du Khalife.

Il est hors de doute que ces Taziéhs doivent contribuer puissamment à entretenir le peuple dans son zèle religieux ; pourtant des Persans m'ont assuré que beaucoup de Mollahs étaient contraires à cet usage, alléguant que faire ainsi monter leurs Imâms sur des scènes théâtrales, c'est profaner leur sainteté.—Peut-être les Mollahs, sous cette susceptibilité spécieuse, cachent-ils la jalousie qu'ils éprouvent de voir que ces tragédies font plus d'impression que leurs plus beaux sermons.—Il est certain que des faits représentés avec cette action énergique, et surtout avec l'exaltation toujours croissante des acteurs, sont plus propres à frapper l'esprit de la multitude que les discours les plus habilement préparés.

Parmi les Persans que j'eus l'occasion de connaître à Téhérân, Mirza Salèh est un des plus intéressants. Il était alors secrétaire et Vekil du ministre de la guerre qui avait accompagné le Châh à Ispahan. Mirza Salèh était allé en France, et il se souvenait encore de notre langue. Je lui dus quelques renseignements instructifs sur l'état de la Perse et sur les circonstances qui avaient déterminé le roi à faire le voyage d'Ispahan. Il me dit que les Mollahs étaient tout puissants; que, le premier ministre Hadji-Mirza-Hagassi étant lui-même un prêtre, tous les autres en avaient acquis un pouvoir sans exemple avant le règne de Mehemet-Châh. Depuis la régénération de la Perse par le schisme des Sophis, le clergé s'était nécessairement créé une influence très-prépondérante. Il s'était acquis ainsi de grandes richesses. Chaque mosquée avait des revenus considérables, et les Mollahs, qui en disposaient, avaient entre les mains des moyens d'action puissants. Tous les souverains avaient plus ou moins toléré cet état de choses, et quelquefois ils avaient, à leur profit, tiré parti de l'influence des prêtres. Nadir-Châh arriva; d'abord défenseur de son roi, et surtout de l'indépendance de son pays, puis conquérant et usurpateur, ce despote eut de grands besoins d'argent. Ses troupes, nombreuses et exigeantes, voulaient de l'or : il leur en donna; mais ce fut aux dépens du clergé qu'il dépouilla et appauvrit, en ruinant du même coup son crédit et son pouvoir. Depuis cette époque, les Mollahs avaient cherché à reconquérir leur puissance, et leurs efforts avaient toujours tendu vers ce but. Il semblait qu'ils considérassent le nouveau règne comme l'ère du rétablissement de leur autorité. A vrai dire, ils ne trouvaient que trop d'encouragement dans la faiblesse du gouvernement de Mehemet-Châh et le laisser-faire de son premier ministre.

Le clergé avait débuté, sur plusieurs points de la Perse, par des exactions sans nombre; restées impunies, le cercle s'en était étendu peu à peu; l'arrogance du langage avait accompagné l'effronterie des actes; et aujourd'hui, levant complétement le masque, il s'arrogeait en toutes choses un arbitraire scandaleux. Mais c'était surtout à Ispahan que cette usurpation, quoique récente, avait pris une extension redoutable même pour l'autorité royale. Le chef de la religion, qui porte le titre de *Cheik-el-Islam* et de grand

Cheik-el-Islam et *de grand Mouchtaïd* avait acquis une influence qui, depuis longtemps, portait ombrage au Châh, et commençait à devenir gênante pour le premier ministre lui-même. Les richesses du Mouchtaïd étaient immenses, elles dépassaient, disait-on, celles du souverain. Ce prêtre avait à sa solde des partisans dont le nombre pouvait monter à trente mille, et qui se recrutaient parmi les vauriens, ou les *Loutis* (24) de la Perse. La ville d'Ispahan était en quelque sorte sous la domination exclusive du Cheik-el-Islam et de ses bandes, qui y commettaient des brigandages et des crimes de toute espèce. C'était pour remédier à cet état de choses que le Châh était parti avec un corps d'armée.

Après un séjour de vingt-deux jours à Téhérân, après que toutes les politesses officielles eurent été échangées entre l'ambassadeur et les personnages qui résidaient dans cette ville, nous nous mîmes en route pour Ispahan, le 23 mars.

CHAPITRE XVI.

Départ de Téhéran. — Savâh. — Khoûm. — Tombeau de Fatmé. — Mausolée de Fet-Ali-Châh. — Passingân. — Combat. — Arrivée à Kachân.

Par suite d'un des mille petits accidents qui surviennent aux voyageurs, je n'avais pu partir avec l'ambassadeur ; mon saïs m'avait brisé ma selle. Il était Arménien, bon diable, mais fort bête ; son précédent métier avait été celui de marchand de vin. Il était employé dans une maison arménienne où se réunissent les débauchés de la ville, en trompant la vigilance de la police, ou même en compagnie de ses agents, ce qui arrive le plus souvent. Les Musulmans se livrent, dans ces maisons chrétiennes, à des orgies nocturnes où le Koran est complétement mis sous les pieds. Quelquefois le chef de la religion porte plainte contre ces cabarets clandestins. Alors la police y fait une descente ; elle brise toutes les jarres qui contiennent le vin, et rançonne cruellement les malheureux chrétiens qui n'ont d'autre tort que de spéculer sur l'ivrognerie des Musulmans.

Mon saïs était donc garçon marchand de vin avant d'entrer

à mon service. Il n'y a pas de pays où l'on change plus facilement de profession qu'en Perse. Catchatour (c'était son nom) ne savait guère son nouveau métier; il avait surtout peu de connaissance de nos usages frenguis. Cependant, avec de la bonne volonté et du zèle, il était arrivé à faire un palefrenier passable; mais je n'avais pu lui donner de l'intelligence. Un jour donc, c'était la veille de notre départ, traversant le bazar avec mon cheval qu'il ramenait, il se trouve en face d'une file de chameaux chargés; au lieu de reculer jusqu'à un endroit où il pût ranger mon cheval, il le fait passer sous la charge d'un de ces animaux; ma selle fut mise en morceaux. C'est ce petit accident qui me força à rester en arrière et ne me permit de partir que longtemps après toute l'ambassade.

Il était presque nuit quand je sortis de Téhéran, accompagné de mon malencontreux saïs. Nous prîmes la route ordinaire d'Ispahan. Après avoir marché jusqu'à dix heures du soir, non-seulement sans avoir rencontré personne de la suite de l'ambassadeur, mais sans avoir pu recueillir même aucun renseignement à son sujet, nous arrivâmes dans un caravansérail solitaire à huit farsaks de la ville; là je ne trouvai rien à manger, rien à donner à nos montures. La nuit était froide; nous la passâmes, mon saïs et moi, auprès d'un petit feu qu'il avait allumé avec du fumier sec et un peu de paille. Je faisais d'assez tristes réflexions sur la suite d'un voyage qui commençait si mal, car je ne pouvais prévoir où je rencontrerais l'ambassadeur et si je pourrais le rejoindre.

Le jour fut long à paraître, mais je le fus moins à monter à cheval. Dès que l'aube du matin blanchit le ciel à l'orient, je quittai sans regret les voûtes sombres et tristes du caravansérail où je venais de faire une si triste épreuve de l'hospitalité qu'on peut espérer dans une hôtellerie de ce genre. Je ne savais quel chemin prendre, ni dans quelle direction marcher. Après bien des hésitations je me décidai à ne plus chercher à l'aventure la route que suivait la caravane; je me contentai de trouver l'endroit où elle avait passé la nuit. Je ne pouvais en être fort éloigné, puisque j'étais déjà à sept heures de marche de Téhérân, et dans la direction d'Ispahan.

Je fus assez heureux, après quatre heures de recherches, pour découvrir enfin le lieu où mes camarades avaient couché. Le Meïmândar, afin d'avoir plus de ressources pour alimenter notre nombreux personnel, avait laissé à l'est la route ordinaire qui conduit de Téhérân à Ispahan; il s'était porté plus à l'ouest, sur celle qui, de la dernière de ces villes, conduit à Kazbin, et avait dirigé la marche de manière à traverser un pays où l'on devait rencontrer un grand nombre de villages. Enchanté d'avoir découvert la piste de mes compagnons de voyage, et désirant les atteindre dans la journée, je pressai le pas de nos montures. J'arrivai à six heures du soir à *Pik* où j'eus la satisfaction de trouver l'ambassadeur. J'avais marché douze heures, mais je me considérais comme amplement dédommagé de ma fatigue.

De Pik nous allâmes à *Savâh*, petite ville dont le territoire couvert de ruines atteste que son importance dut être plus grande dans d'autres temps. On y voit les restes de quelques édifices que nous pûmes apprécier le lendemain matin au grand jour; leur architecture paraît avoir été remarquable. Parmi eux était une mosquée revêtue d'émaux et d'inscriptions coufiques ornées. Son minaret avait été renversé; mais ce qu'on en voyait faisait regretter ce qui manquait; il était orné de broderies et d'arabesques formés de petites briques disposées avec art. Il faut croire que l'abandon dans lequel est tombée cette ville date de plusieurs siècles, car Chardin, qui la visita en 1675, dit qu'il la trouva déjà ruinée. On nous dit qu'à une distance de quatre farsaks était le tombeau du prophète Samuel; nous ne pûmes le voir. Nous avions traversé un pays désert où nous n'avions rencontré que quelques Iliâts sous leurs tentes. Ce désert s'étendait à perte de vue autour de Savâh. Le sol en est sablonneux et couvert de sel. Notre marche fut arrêtée un instant par une rivière qui n'est pas encaissée, mais coule avec une rapidité et une profondeur qui paraissaient inquiéter les muletiers. Elle forme plusieurs branches que nous eûmes quelque peine à franchir.

La chaleur commençait à être très-forte. Vers le milieu du jour, les rayons du soleil avaient une ardeur qu'augmentait encore, par la réflexion, le terrain blanchâtre et nu sur lequel nous marchions. — J'avais fait à Savâh provision de grenades qui me parurent exquises, et dont le jus abondant et frais me fournissait une excellente boisson. Ces fruits sont remarquables en Perse; il y en a qui n'ont pas moins de trente à quarante centimètres de circonférence; ils sont d'un rouge vif nuancé de jaune. Les habitants en font beaucoup de cas; ils les apprécient d'autant plus que, à l'époque de l'année où on les mange, au printemps, il n'y a pas d'autres fruits.

Nous couchâmes le soir à *Tegarout*. C'est un village enfermé dans une enceinte flanquée de grandes et hautes tours. Entre Tegarout et Khoûm, où nous arrivâmes le lendemain, le pays conserve l'aspect triste et aride que nous lui avions vu les jours précédents.

La chaleur était étouffante ; des vapeurs s'élevaient à la surface du sol, et formaient comme un voile qui cachait l'horizon. A l'exception de quelques montagnes qu'on apercevait au loin, le pays n'offrait de toutes parts qu'une ligne uniforme qu'aucune éminence n'accidentait. Une sorte de mirage régnait autour de nous et nous empêchait de reconnaître l'horizon réel. Nos yeux éblouis et fatigués commencèrent cependant, sur le midi, à distinguer, au-dessus d'une atmosphère bleuâtre et tremblante, un point brillant qui semblait être l'image du soleil dans un miroir ; c'était la coupole d'or de *Khoûm*. Elle brilla longtemps à nos yeux impatients avant que nous atteignissions la ville, dont l'approche nous fut indiquée par plusieurs mausolées qui bordent la route. Khoûm est considérée comme une ville sainte, et beaucoup de personnages dévots y choisissent le lieu de leur sépulture. Les nombreux tombeaux qui se voient en avant de ses murs, sont des *Imâm-Zadèhs*, c'est-à-dire des monuments élevés à des descendants d'Ali, considérés comme des saints. Il y a deux siècles, on y en voyait encore plus de quatre cents, mais ce nombre se trouve aujourd'hui fort réduit.

Il était deux heures de l'après-midi quand nous arrivâmes au bord d'une rivière qui baigne l'enceinte de la ville, et que nous passâmes sur un pont de douze arches. A l'autre extrémité de ce pont est une porte par laquelle nous pénétrâmes dans le bazar. Nous fûmes logés dans un grand palais jadis fort élégant, mais actuellement délabré. Khoûm a parmi les villes de la Perse une importance qu'elle doit tout entière à la dévotion des Chiias, car elle n'a aucune industrie, si ce n'est celle du savon et des poteries communes.

Mais le sentiment religieux n'a pa suffi à en arrêter la destruction, et maintenant elle est remplie de ruines. Fet-Ali-Châh professait une très-grande vénération pour Khoûm; il ne marchait jamais qu'à pied dans ses rues. Lorsque son oncle régnait encore, et que lui-même il était l'héritier présomptif d'un trône peu solide, il avait fait vœu, s'il y parvenait, d'orner cette ville de riches édifices, et d'exempter ses habitants de tout impôt. Devenu Châh, le prince accomplit fidèlement son vœu. Il tenta même de relever Khoûm et de lui rendre un peu de l'éclat qu'elle se sentait humiliée d'avoir perdu, elle ville sainte et lieu de pèlerinage très-fréquenté. Le culte des saints ne peut à lui seul sauver les empires, et la ville des *Seïds*, la ville peuplée des descendants d'Ali, est tombée comme les autres cités de la Perse. Néanmoins le tombeau de *Fatmé* que les Persans appellent *Massuma* ou *la Pure*, est en grande vénération dans tout l'Orient, et attire un grand nombre de pèlerins. Cette *Fatmé* est une petite-fille d'*Ali*, amenée à Khoûm par son père, l'*Imam-Moussa*, qui voulait la soustraire aux persécutions des khalifes de Bagdad. A sa mort, le peuple crut que Dieu l'avait enlevée au ciel. Son tombeau, quoique vide, selon leur croyance, n'en est pas moins honoré. Le mausolée, tout de marbre, d'or et de mosaïque, est entouré d'une énorme grille d'argent massif. De tous côtés se voient des offrandes consistant en armes, pierreries, ou vêtements riches. La coupole a été revêtue de plaques d'or par Fet-Ali-Châh.

J'ai tenté là, comme en beaucoup d'autres endroits, de pénétrer dans le sanctuaire et d'y soulever le voile abaissé par le fanatisme des Musulmans sur ces lieux qu'ils interdisent aux chrétiens. J'étais arrivé jusque dans la dernière cour, guidé dans le labyrinthe sacré par un *ferrach* ou *cicerone* de la ville, que l'espoir d'une récompense avait enhardi à enfreindre la règle. Mais, à peine avais-je quitté la dernière marche de l'escalier qui conduit à l'endroit le plus secret, et levé un regard curieux sur la porte du tombeau, qu'un Mollah s'élança furieux contre nous. Il n'osa s'en prendre à moi, mais il injuria mon guide en lui intimant l'ordre d'emmener immédiatement le chrétien dont la présence seule souillait même le pavé qu'il foulait. — Ainsi passa et disparut devant moi l'étoile sainte qui projette ici ses rayons lumineux sur la foi des Persans.

Parmi les rois de Perse qui se sont fait enterrer à Khoûm figurent Châh-Abbas II et Châh-Sephi. Fet-Ali-Châh, fidèle à sa dévotion, avait, de son vivant, choisi pour le lieu de sa sépulture une petite mosquée attenante à celle de Fatmé. Il avait pris soin de l'orner de marbres, d'or et de glaces. Il y est enseveli dans une tombe d'albâtre, de forme quadrangulaire, fermée par une tablette sur laquelle est sculpté son portrait en pied. L'Imâm-Djuma, le chef des Mollahs de la ville, comme s'il avait voulu faire oublier l'affront que j'avais reçu dans une des cours de cette enceinte, nous invita, le lendemain matin, à venir tous prendre le thé dans l'intérieur même du sanctuaire où est déposé le corps du roi. Il nous en fit les honneurs avec une amabilité qui rachetait bien la brutalité de son fanatique subalterne.

Le bras de Taïmour-Lenk s'est rudement appesanti sur Khoûm. La sainteté de cette ville chiite a pu en être la cause; mais on est en droit, sans calomnier ce guerrier tartare, de le soupçonner d'avoir agi surtout en vue de s'approprier les immenses richesses accumulées par les dévots dans le sanctuaire de Fatmé.

Nous ne séjournâmes pas à Khoûm, et partîmes en remerciant l'Imâm-Djuma de sa courtoisie. La chaleur était excessive. Nous fîmes une halte en un lieu entièrement ruiné, qui s'appelle *Lengarout*. Il s'y trouvait un Imâm-Zadèh, au milieu d'un groupe d'arbres parmi lesquels étaient de très-beaux cyprès et un pin-parasol. C'était le premier que je voyais en Perse. Nous allâmes coucher près d'un caravansérail qui porte le nom de *Passingân*. Ce lieu était complétement inhabité. Pour avoir des provisons, il fallut que le Meïmândar envoyât son frère, avec quelques cavaliers, dans un village caché derrière la montagne qui était voisine. — Les raïas persans se dérobent ainsi, autant qu'ils le peuvent, aux regards des voyageurs. Ils espèrent, en plaçant leurs demeures dans le fond des ravins ou derrière un rideau de montagnes, échapper aux exactions dont ils sont si souvent victimes. C'est ce qu'avaient fait ceux du voisinage de Passingân. — Quand ils virent arriver les ferrachs et les goulams du Meïmândar, avec un firman royal pour tout paiement, ils ne voulurent rien entendre. Le frère de Châh-Abbas-Khân, tenant à honneur de faire obéir aux ordres dont il était porteur, voulut employer la force. Les habitants du village résistèrent; on se battit, et le pauvre Mehemet-Khân, victime de la désagréable commission qui lui avait été confiée, revint avec la mâchoire cassée. Il ramenait en outre deux de ses cavaliers grièvement blessés. Cependant, grâce à un secours envoyé à temps, les gens du Meïmândar purent se tirer des mains de ces villageois, et nous rapporter les provisions nécessaires. Il est probable que ces pauvres gens eurent à payer plus tard bien cher leur incartade.

Le lendemain, nous fîmes une halte au caravansérail de *Chourab*, et nous passâmes la nuit à celui de *Nasserabad;* après quoi nous arrivâmes à *Kachân*.

CHAPITRE XVII.

Kachân. — Industrie de cette ville. — Édifices. — Fin-Fin. — Bend-Kachân. — Khouroud. — Mourtchakor. — Guez. — Aqueducs souterrains. — Arrivée à Ispahan.

Le prince Fet-Oullah-Mirza, qui était gouverneur de Kachân, nous fit une très-gracieuse réception. Il envoya au-devant de l'ambassadeur l'*Istakball* d'honneur, c'est-à-dire les officiers de sa maison, escortés de tous les loutis de la ville, avec leurs ours et leurs singes. Le Châh-Zadèh, qui nous a paru être aussi aimable que spirituel, insista beaucoup pour que nous nous arrêtâssions à Kachan. Il était impossible de lui refuser cette marque de déférence, et nous y restâmes un jour.

Ce fut assez pour voir la ville et tout ce qu'elle renferme. Elle n'est pas très-grande, mais sa population est proportionnellement nombreuse; elle compte environ trente mille habitants, parmi lesquels il y a beaucoup de juifs. Il s'y trouve plusieurs fabriques d'où sortent des étoffes de soie brochées, des satins, des brocarts d'un très-beau travail et d'une solidité parfaite. On y fait aussi des velours et des châles ordinaires; mais les importations anglaises, qui s'accroissent toujours en Perse depuis une trentaine d'années, ont porté aux manufactures de Kachân un coup mortel. Si quelques métiers y existent encore, il est triste d'en voir le plus grand nombre immobiles, en attendant qu'ils disparaissent complétement. On est loin d'y remarquer cette activité qui, au temps des Sophis, en faisait la première ville manufacturière de la Perse. On n'y trouve plus de fabrique qui, à elle seule, comme il y a deux siècles, emploie mille ouvriers.

Les producteurs persans ont ressenti les bienfaits de la civilisation européenne. Le contact des Anglais surtout a eu pour eux ce funeste résultat de répandre, dans tous leurs bazars, des quantités considérables de marchandises qui se vendent à un prix inférieur à celui des produits nationaux. — Il faut bien le dire, c'est là le fruit des traités de commerce obtenus par les agents diplomatiques, qui, sous les dehors d'une amitié protectrice et d'une alliance politique, cachent toujours l'arrière-pensée de tuer l'industrie du pays assez confiant pour leur ouvrir ses portes. Ils se font, pour ainsi dire, les commis-voyageurs en grand du commerce européen; ils obtiennent des passe-droits au détriment du pays auprès duquel ils sont accrédités, et où, pour eux seuls, il n'y a plus ni douanes, ni patentes, ni impôt d'aucune espèce. L'inondant alors de marchandises qui se vendent au-dessous des cours établis pour celles des fabriques nationales, ils arrivent promptement à faire abandonner les unes, et, par suite, fermer les autres. C'est ce qui a lieu dans toute la Perse, où l'on a de la peine à trouver une pièce d'étoffe qui ne soit marquée de l'estampille couronnée ou du léopard.

Le voyageur, qui réfléchit sur les conséquences de cet abus de la diplomatie actuelle, se demande avec tristesse si ces grands mots de civilisation européenne, portés pompeusement sur tous les points du globe, ne sont donc autre chose que le moyen de faire écouler les produits surabondants de certains pays. Et comment ne pas avoir cette conviction, quand on voit, en Asie, se perdre et disparaître complétement, d'année en année, les industries de toutes sortes dont l'Europe elle-même était tributaire; quand on remarque que ces Persans, dont les toiles, les mousselines, les brocarts d'or et d'argent faisaient l'admiration et l'envie des riches Européens, ne se vêtissent plus aujourd'hui que de légères soieries ou de cotonnades anglaises? Les vaisseaux, les canons, ne sont-ils plus, pour l'Europe, que des instruments propres à tirer l'or et l'argent de la bourse des peuples? Les pavillons, quelle que soit leur couleur, n'abritent-ils donc plus que des ballots de marchands? — Rome conquérait des territoires barbares, et y portait réellement sa civilisation dont nous saluons encore les nobles vestiges. — L'Angleterre s'empare aussi de vastes pays; mais afin d'y vendre seule. Mercantile avant tout, elle abuse de sa force pour s'ouvrir les marchés du monde à coups de boulets; et quand elle sera tombée, comme toutes les puissances tombent, comme Rome elle-même, quels souvenirs laissera-t-elle là où elle aura dominé? L'industrie ruinée, les arts oubliés, perdus, et la profonde misère des peuples qui lui auront versé à mains pleines tout l'or de l'Indoustan, de la Perse, de la Turquie et probablement de la Chine. — Et la conquête des empires, comme la ruine des nations, aura été accomplie au nom de la civilisation! — Que l'on pardonne cette digression au voyageur désintéressé qui étudie le pays où il passe, et cherche les causes de toutes les ruines qu'il rencontre. Je conçois que de loin, sans connaître les peuples du vieux monde, on les prenne indistinctement pour des hordes de barbares trop heureux d'accepter les produits de l'Europe. Il est alors naturel de ne considérer ces pays mal appréciés que comme des débouchés, comme des marchés, où il est méritoire de porter l'aisance et les ressources de notre civilisation. Mais il ne saurait en être ainsi pour le voyageur qui voit, de tous côtés, les traces d'une industrie née avant la nôtre, frappée au cœur, et se débattant dans les dernières angoisses de son agonie.

Mais revenons à Kachân. Cette ville, comme je le disais, conserve un peu d'industrie; elle fait un dernier effort pour ne pas laisser périr celle qui lui a fait un nom parmi les villes de Perse Au nombre de ses produits, il faut compter l'un de ceux qui ont contribué à établir sa renommée et que l'étranger n'est point encore parvenu à lui arracher : ce sont des ustensiles en cuivre, tels que plats, cuvettes, pots à eau, bouteilles, etc. Les artisans qui travaillent et façonnent ces articles font preuve d'un véritable goût; ils savent leur donner des formes élégantes et les orner de dessins ciselés, gravés ou émaillés, qui en font presque des objets d'art. Ils ont aussi résolu ce problème, important dans un pays où tout se porte à dos de mulets, de réunir, sous un petit volume, toutes les pièces nécessaires à la cuisine ou à la table; ils font des nécessaires de voyage, qui se composent de vingt à trente pièces, toutes emboîtées les unes dans les autres et contenues dans la plus grande, depuis la marmite jusqu'à la plus petite écuelle.

Kachân est encore réputé pour avoir d'excellents fruits et des melons qui passent pour les meilleurs de toute la Perse. Il s'y trouve beaucoup de mûriers, restes de ceux qui furent plantés au temps de la splendeur industrielle de cette ville; mais ces arbres ont diminué avec le nombre des magnaneries, et, bien que les fabriques soient peu actives, il arrive quelquefois qu'on est obligé de recourir au Ghilan pour se procurer de la soie.

Kachân a peu de grands édifices. Il est possible qu'autrefois elle en ait eu davantage, et qu'ils aient été renversés par le tremblement de terre qui, au siècle dernier, la ruina de fond en comble; on doit le croire, d'après l'importance qu'elle a eue jadis, et qu'attestent nos devanciers. Ce qu'elle a de mieux à offrir aujourd'hui, ce sont ses bazars qui sont parfaitement construits, ses caravansérails et ses bains. Parmi ces derniers, j'en visitai un dont l'élégance me frappa. C'est de tous ceux que j'ai vus en Perse, celui dont l'architecture et la disposition m'ont paru le plus dignes de remarque.

Il n'y a pas de rivière à Kachân, mais on y a creusé une très-grande quantité de puits, de canaux et d'*âb-ambars* alimentés par des cours d'eau souterrains qui lui arrivent de plusieurs côtés. Les murailles sont assez bien entretenues, et m'ont paru de nature à présenter une meilleure défense que la plupart de celles que nous avions vues précédemment.

Dans la matinée du jour que nous passâmes en cette ville, le Châh-Zadèh offrit à l'ambassadeur un déjeuner dans un petit palais qui s'appelle *Fin-Fin*, ou *Bâgh-i-Fin*, à une demi-farsak des murs. A notre arrivée, nous y trouvâmes un couvert à la persane, disposé sur un tapis. C'était dans un kiosque élégant, placé au milieu d'un jardin ombragé par de magnifiques cyprès, et rafraîchi par des eaux vives d'une limpidité admirable; elles sortaient d'une belle source très-abondante qui se trouve derrière le palais. Les habitants y attachent des idées superstitieuses et lui attribuent des vertus hygiéniques dont je n'ai pu bien comprendre la nature. Les eaux sont recueillies dans un grand bassin, au centre du kiosque, où elles entretiennent une fraîcheur que le climat brûlant et sec de Kachân doit rendre bien précieuse en été. Le fond de ce bassin est pavé de carreaux de faïence bleue, qui produisent un charmant effet à travers l'eau transparente et pure comme du cristal.

Sur le chemin qui conduit à ce petit palais du prince, on rencontre, tout près d'une des portes de la ville, une espèce de couvent de derviches, où se trouve un Imâm-Zadèh et une mosquée. L'ensemble de ces édifices forme un groupe pittoresque assez curieux.

Le 1er avril nous quittâmes Kachân de bonne heure, parce que la route devait être longue et pénible. Pendant les premières heures, nous continuâmes à marcher dans la plaine, où le soleil faisait sentir l'ardeur de ses rayons. Le sol était aride et couvert d'une croûte de sel. A l'est, la vue se perdait dans une vapeur brillante où aucune ligne de montagnes ne l'arrêtait : c'était l'immensité du désert de Kermân, qui s'étend jusqu'aux frontières de l'Affghânistan.

Nous fîmes une courte pose auprès du caravansérail qui porte le nom de *Guebr-Abad*, c'est-à-dire *demeure des Guèbres.* Il y avait là, en effet, autrefois, un bourg peuplé par des Persans de cette secte. Il est probable que les vexations ne leur étaient pas épargnées par les Musulmans, et qu'à cette raison il faut attribuer l'abandon dans lequel ils ont laissé le village qui est complétement en ruine.

Le caravansérail de Guebr-Abad est une belle et forte construction. Une tablette, placée au-dessus de la porte, indique qu'il fut fondé par un des généraux d'Abbas le Grand. C'est là qu'on quitte le territoire de Kachân, et qu'on s'engage dans une gorge de la montagne de *Khoûroud*. Le temps changeait avec les lieux. Toutes les misères dont nous pensions être désormais préservés, depuis que nous étions descendus dans les plaines de l'Irâk, nous attendaient dans ce défilé. La neige y tombait à gros flocons, le vent y soufflait avec violence. Nous y trouvâmes un second hiver dont la rigueur nous fut d'autant plus pénible que nous étions plus loin de nous y attendre. — Trompés par les chaleurs que nous avions éprouvées depuis Tehérân, nous n'avions naturellement pris aucune précaution contre le froid ; aussi cette journée fut-elle, pour chacun de nous, une des plus pénibles qu'il eût passées.

Vers le milieu du défilé qui conduit au sommet de cette montagne, notre attention fut attirée par le bruit d'une chute d'eau. Nous ne tardâmes pas, en effet, à apercevoir une cascade produite par une masse d'eau qui s'échappait d'un petit lac contenu par une forte digue, à la partie supérieure du ravin au bord duquel nous marchions. Le trop plein s'y précipitait avec un fracas assourdissant. Nos Persans nous dirent que c'était là le réservoir qui alimentait les citernes de Kachân. Cet ouvrage hydraulique est dû à Châh-Abbas. Ce monarque, dont le nom se retrouve à chaque pas, en Perse, eut l'heureuse idée, afin de pourvoir aux besoins des Kachânis, de retenir, au moyen d'une digue ou *bend*, toutes les eaux de source et celles produites par la fonte des neiges, dans ce grand réservoir qui ne les laisse échapper que selon les nécessités de la ville. La digue est construite en grosses pierres bien cimentées, et elle retient une si grande quantité d'eau qu'elle forme un véritable lac. — On lui donne le nom de la ville pour laquelle il a été formé, ou celui du village voisin, et on l'appelle *Bend-Kachân* ou *Bend-Khoûroud*.

La neige n'avait pas cessé de tomber abondamment lorsque nous atteignîmes Khouroud. Ce bourg considérable est situé dans un vallon arrosé par de nombreux ruisseaux. Nous y retrouvâmes toutes les horreurs de l'hiver, et il nous rappela l'Arménie. La neige couvrait tous les environs. Cependant, aux nombreux et vastes jardins qui montraient de toutes parts leurs grands arbres, nous jugeâmes que cette localité devait être très-bien cultivée. — Nous pensâmes que ni le froid intense ni la neige n'y étaient accidentels, et qu'il devait y avoir, en tout temps, une très-grande différence entre sa température et celle de Kachân, car nous venions de laisser, près de cette ville, la végétation déjà fort avancée. Elle marchait rapidement vers sa maturité, tandis qu'autour du village où nous étions nous la trouvions considérablement en retard. Ce qui prouverait d'ailleurs la différence climatérique qui caractérise les deux localités, c'est la nature même des arbres qui se trouvent à Khouroud. La majeure partie, en effet, se compose de poiriers, de pruniers, de peupliers ou de noyers.

Le bourg de Khouroud est bâti en amphithéâtre, sur le flanc de la montagne. Les maisons sont assises sur des terrasses qui se dominent les unes les autres : nous y fûmes assez mal logés, car elles étaient toutes fort sales. Il y avait bien un caravansérail, mais il était délabré, et le Meïmândar craignait que nous n'y souffrissions beaucoup du froid, ce qui était inévitable.

Sur une éminence placée en regard du village, derrière le caravansérail, on aperçoit une espèce de petite forteresse en ruine. C'était autrefois un poste militaire et la demeure du *Hakim*.

Peu enchantés de notre séjour à Khouroud, nous le quittâmes sans regret le lendemain matin. Nous avions l'espoir de sortir de ce long défilé et d'échapper enfin à la neige et aux rigueurs d'un froid auquel nous n'étions plus habitués. Mais le ciel, toujours chargé et noir, à notre départ, laissa encore pendant cette journée tomber une grande quantité de neige. De plus, la gelée de la nuit avait durci celle de la veille et produit un verglas qui rendait la marche de notre nombreuse caravane des plus pénibles; nous n'avancions qu'avec lenteur. Le Meïmândar avait envoyé en avant des cavaliers chargés de faire du feu sur le bord de la route, à mi-chemin du *Menzil*. Ils y avaient ramassé un peu de bois qui eut bien de la peine à flamber; cependant, à force de souffler avec leur bouche et le pan de leurs robes, ils finirent par obtenir un peu de flamme. Ils préparèrent du *khebâb*, ou du mouton coupé par petits morceaux et rôti au bout d'une baguette de fer qui sert de broche. Nous éprouvâmes un grand bien à nous chauffer et à dégourdir nos membres raidis par le froid. Nous avions tous grand besoin de nous reconforter un peu, mais la neige augmenta encore et le vent redoubla de violence jusqu'à ce que nous eussions dépassé le sommet de la montagne.

Sur le versant méridional, nous arrivâmes à *Sou*, et

logeâmes dans le caravansérail de ce village qui est, comme Khouroud, entouré de jardins.

A partir de *Sou*, nous continuâmes à descendre peu à peu. Nous laissâmes la neige derrière nous, et nous arrivâmes dans une contrée basse où la chaleur se fit de nouveau sentir. Nous étions au milieu d'un grand cercle de montagnes dont toutes les cimes étaient blanches. Nous passâmes devant un beau caravansérail; mais Châh-Abbas-Khân, pensant que nous serions mieux dans le village qui est en face, nous y avait fait préparer des logements. C'était, en effet, un village très-grand, bien bâti, et dont les maisons étaient propres et commodes; il porte le nom de *Mourtchakhor*. Il est situé au milieu d'un pays désert et inculte. Cependant, à en croire les ruines qui y sont éparses et les vestiges de canaux qui circulent sous terre, il faut penser que cette contrée était autrefois très-peuplée. La plaine de Mourtchakhor est célèbre par la victoire qu'en 1729 Nadir-Châh remporta sur les Affghans, et dont le résultat fut, pour la Perse, l'expulsion de ses terribles oppresseurs.

Ce pays est très-giboyeux, nous y vîmes une grande quantité de perdrix et d'autres oiseaux.

Le jour suivant, après avoir franchi quelques collines, nous descendîmes encore et débouchâmes dans les plaines d'Ispahan. L'aspect du pays ne révélait aucunement les approches de la célèbre capitale de la Perse. Ce n'était encore, aussi loin que notre vue pût s'étendre, que stérilité et décombres.

Les nombreux vols d'oiseaux de proie attestaient d'ailleurs la solitude de ces lieux. — Un des cavaliers de notre suite ayant tiré à coup perdu sur un vautour qui tournoyait au-dessus de nos têtes, le hasard fit pénétrer un grain de plomb dans l'œil de l'oiseau. Il était colossal : c'était un de ces géants des airs qu'on appelle *Gypaède barbu*; son corps était de la grosseur de celui d'un dinde; tout son plumage était blanc fauve. Il avait un cou long, recouvert d'un duvet, et sa tête était armée d'un bec crochu dont la force devait faire de cruelles blessures. Les pattes étaient énormes; mais ce qu'il avait de plus remarquable c'était son envergure : elle mesurait plus de trois mètres. Nous voulûmes l'emporter; malheureusement nous n'avions pas tout ce qui était nécessaire pour l'empailler, et nous eûmes le regret d'abandonner cet oiseau qui aurait figuré honorablement parmi les sujets les plus intéressants d'un musée ornithique.

Nous nous arrêtâmes le soir à *Guez*; quoique nous ne fussions plus qu'à trois heures d'Ispahan, il n'y avait pas moyen d'y arriver ce jour-là. Il fallait prévenir que nous en approchions et donner le temps de préparer la réception qui nous y attendait. — Devant nous se dessinait, sur un ciel pur, la silhouette sévère des montagnes au pied desquelles est la magnifique ville de Châh-Abbas.

Les paysans de Guez ont exécuté des travaux vraiment dignes d'admiration, pour amener l'eau dans leurs champs, en lui faisant parcourir sous terre des distances considérables. Nous avions déjà eu occasion, en plusieurs endroits, de remarquer ces canaux, mais nulle part nous ne les avions encore vu pratiquer sur une aussi grande étendue et avec autant d'art. Ces aqueducs, qu'on nomme *Kehridjs*, sont des souterrains immenses qui ont quelquefois une longueur de plusieurs farsaks; ils sont assez larges et assez hauts pour permettre aux travailleurs d'y circuler facilement. Ils sont simplement creusés et comme forés dans le sol que l'on taille en voûte, à la partie supérieure, pour lui laisser de la solidité. De distance en distance, on fait une ouverture, en forme de puits, qui permet de descendre dans l'aqueduc et d'y faire les réparations nécessaires, ou de le dégager des terres qui s'éboulent fréquemment et obstruent le passage des eaux. Les cultivateurs puisent à ces sources-factices l'eau nécessaire à l'arrosement de leurs champs sur lesquels ils la dispersent, de manière à former des irrigations qui y portent la fécondité naturelle au sol dès qu'il est mouillé.

La Perse étant généralement privée d'eau, il a fallu que l'art vînt suppléer la nature. Les fleuves ou les rivières y sont rares; on n'en rencontre guère que dans les contrées montagneuses. Il y en a un très-petit nombre qui se frayent une route dans les plaines, et, presque sans exception, les rivières qui s'y sont formées un lit y disparaissent. Il faut l'attribuer à plusieurs causes. La grande sécheresse du climat rendant la terre très-avide, il en résulte qu'elle absorbe, sur les bords une grande quantité d'eau qui s'y infiltre et diminue d'autant sa masse. La culture, si restreinte qu'elle soit, ne pouvant réussir qu'à la condition d'innombrables et incessantes irrigations, est une seconde et notable cause de diminution du volume des rivières. Enfin, toutes celles qui ne vont pas à l'une des mers limitrophes de la Perse, ou qui ne se jettent pas dans les fleuves, se répandent dans des plaines immenses où elles ne trouvent pas d'issue ni de pente pour s'écouler; elles se perdent alors dans les terres, ou se vaporisent sous les rayons ardents du soleil. Ces diverses causes expliquent comment il se fait qu'on rencontre, dans les montagnes, des courants d'eau très-forts, très-rapides à leur naissance, et que, contrairement à ce qui arrive dans nos pays, au lieu de les voir augmenter de volume et de rapidité, ils s'amoindrissent peu à peu et disparaissent sans qu'on sache ce qu'ils sont devenus.

Le lendemain, après avoir donné à notre toilette un peu plus de soin que d'habitude, et avoir quitté nos habits de route, nous partîmes de Guez vers midi. Notre troupe était joyeuse de toucher au terme d'un voyage entrepris dans des conditions qui l'avaient rendu souvent pénible. Chacun de nous était de plus animé du désir de voir cette ville d'Ispahan, dont le nom célèbre a quelque chose de presque fabuleux pour les Européens. Le pas de nos chevaux se ressentait de notre impatience, et Châh-Abbas-Khan fut plusieurs fois obligé de modérer notre ardeur, dans la crainte que nous ne laissions pas assez de temps pour les préparatifs que nécessitait la réception que le Châh ménageait à l'ambassade.

Le temps était beau, ce qui était une satisfaction pour notre escorte persane qui attachait une grande importance à ce que le ciel ne se montrât pas défavorable à notre entrée à Ispahan.

Nous ne tardâmes pas à rencontrer les cavaliers qui étaient sortis les premiers de la ville pour venir à la rencontre de l'ambassadeur. Celui qui se présenta d'abord fut un M. Seminot, à qui l'on donnait le titre de général; il avait, disait-il, servi autrefois dans l'armée française. Les événements qui en avaient amené le licenciement, à la chute de l'Empire, l'avaient poussé vers l'Asie pour y chercher fortune. De position en position, il était arrivé à obtenir à la cour du Châh, celle de général du génie. Derrière M. Seminot s'avançait une troupe considérable de cavaliers; ceux qui marchaient en avant portaient de riches costumes. A leurs magnifiques robes de cachemire, jetées par-dessus de petites redingotes à la franque, nous les reconnûmes pour des personnages d'un rang élevé. En effet, c'étaient des Châh-Zadèhs que le Roi envoyait pour complimenter de sa part l'*Elchi-Bey*. Ils s'en acquittèrent d'une façon excessivement gracieuse; ils allongeaient d'interminables flatteries sur le bonheur que l'Irân ressentait à avoir pour hôte l'ambassadeur du roi de France. Tout en débitant leurs compliments, du reste parfaitement tournés, les princes nous conduisirent vers des tentes dressées sur le bord de la route, à l'entrée desquelles ils nous firent mettre pied à terre. — Dans ces tentes on avait installé des tapis et des coussins pour nous asseoir autour de plusieurs plateaux chargés de friandises. Quand nous fûmes tous rangés en cercle, les compliments recommencèrent de plus belle et s'échangèrent, dans le langage le plus aimable et le plus fleuri, entre les Châh-Zadèhs et l'ambassadeur, avec le secours de l'interprète. M. Kazimirski paraissait s'acquitter de son rôle avec beaucoup d'intelligence et de savoir, car les *beli*, les *khoûb*, *khaïli-khoûb* des Persans, c'est-à-dire *bien*, *très-bien*, et la manière dont ils l'écoutaient, nous prouvaient qu'ils étaient très-satisfaits des traductions, probablement un peu amplifiées, qu'il leur faisait des paroles de l'Elchi. — Après que les pâtisseries, le thé, le café et les kalioûns eurent suffisamment circulé; après l'échange de toutes les politesses que comportent la réception d'un envoyé diplomatique et les mœurs persanes, nous remontâmes à cheval, escortés des princes et de plus de trois cents cavaliers.

Au fur et à mesure que nous avancions vers la ville, la foule grossissait et les piétons se mêlaient aux chevaux. Les goulams qui ouvraient la marche avaient beaucoup de peine à faire place à notre cortége qui produisait un effet très-imposant et paraissait inspirer à la multitude une considération toute respectueuse.

CHAPITRE XVIII.

Entrée à Ispahan. — Mosquée Baba-Souctah. — Camp du Châh. — Loutis. — Grand Mouchtaïd. — Exécutions. — Présentation de l'ambassade au Châh. — Premier ministre Hadji-Mirza-Hagassi.

En approchant d'Ispahan, sa silhouette incertaine, que nous cherchions à voir de Guez, prit peu à peu des formes plus distinctes. La teinte bleuâtre et vaporeuse, dans laquelle se confondaient les divers plans, se nuança selon les couleurs qui leur étaient propres.

Cette ville nous parut avoir une très-grande étendue. Mais, comme toutes celles que nous connaissions déjà, le peu de hauteur de ses édifices l'empêchait de se présenter sous un aspect grandiose. C'était donc une longue ligne de constructions basses en avant desquelles s'allongeait une muraille grise, et que surmontaient çà et là quelques dômes avec quelques minarets émaillés. Des groupes d'arbres clairsemés ajoutaient, par intervalles, leur verdure aux tons de ce tableau qui avait pour fond de grandes montagnes âpres et sévères très-rapprochées. Le soleil ne les éclairait plus de notre côté, tandis que ses rayons frappaient de toute leur ardeur les coupoles luisantes des mosquées miroitant au travers d'une poussière d'or dont toute la ville semblait enveloppée. Ispahan, tout lumineux et reflété, ressortait merveilleusement sur le bleu sombre des pentes du *Rouslâm-Khoû*. La campagne qui s'étendait jusqu'au pied des murs était peu cultivée là où nous passâmes. Des ruines de villages accusaient l'émigration de la population qui s'en était retirée.

Il était deux heures quand nous atteignîmes la première porte de ville. —Là un concours immense de peuple, de gens de toutes sortes et de toutes classes, nous attendait. Nous y rencontrâmes aussi une escouade d'officiers royaux, les *Nazaktchis* du Châh, espèce d'exécuteurs de ses volontés, ou de hérauts qui assistent près de lui à toutes les cérémonies et lui forment une avant-garde quand il change de place; ils étaient vêtus de longues robes rouges traînantes, et avaient sur la tête un turban très-élevé formé d'un châle également rouge. Après les saluts d'usage, ils se mirent sur deux rangs et, précédés du *Nazaktchi-bachi* armé d'une longue baguette, ils ouvrirent la marche de ce pompeux cortége.

Ce fut ainsi, entourés et pressés par les gens du roi et la population d'Ispahan, que nous fîmes, le 5 avril 1840, notre entrée dans cette grande et belle ville.

Après avoir dépassé la première porte, qui n'offre rien de remarquable, nous nous trouvâmes engagés dans une espèce de longue rue plantée d'arbres. Elle est bordée, de chaque côté, de longs murs qui nous parurent clore des jardins dont les vignes et les figuiers jetaient leurs rameaux de notre côté. Leur vigueur et leur précocité nous prouvaient que le printemps d'Ispahan était commencé depuis longtemps. De distance en distance, nous passions devant des bassins;

mais les grandes herbes qui les envahissaient nous disaient assez que l'eau n'y venait guère. En effet, nos yeux étaient frappés de l'air d'abandon et de ruine répandu partout.

Vers le milieu de cette avenue, se voyait une charmante petite mosquée qui me parut être un bijou de l'architecture persane. — Pourquoi fallait-il qu'en admirant sa structure et les dessins variés de ses émaux, nous eussions le regret de voir déjà ses abords semés de décombres ? — Cette mosquée s'appelle *Baba-Souctah* ou le *Père-Brûlé*. Je n'ai pu savoir l'origine de ce surnom. Non-seulement la coupole et le minaret sont couverts de briques émaillées, mais encore toutes les faces de cet édifice étaient, de haut en bas, revêtues de la même manière. Aujourd'hui ces revêtements sont très-endommagés et la brique ordinaire des murs s'aperçoit de tous côtés. On peut néanmoins juger encore l'effet de cette ornementation élégante : de grandes étoiles vertes et blanches se dessinent sur le fond azuré du dôme au-dessus duquel, entre des bandes bleues, se lit une inscription dont les caractères en blanc, sur un fond vert, font le tour de la frise. Le minaret, qui est d'une forme extrêmement gracieuse et svelte, présente une suite de spirales vertes et blanches qui s'enroulent autour de sa surface d'émail bleu.

— Il était impossible d'avoir, par un monument plus délicat et plus gracieux, un avant-goût plus séduisant des splendides mosquées qu'Ispahan doit à ses monarques Sophis.

Après avoir dépassé celle-ci, entraînés par notre cortége, nous trouvâmes, au bout de la longue allée que nous suivions, une seconde porte flanquée de deux lions de marbre grossièrement sculptés. — C'était là que commençait réellement la ville. — Après quelques pas faits dans une demi-obscurité, sous une rotonde où se tenaient quelques *serbâs*, nous entrâmes dans la première rue d'Ispahan. Ce n'était point une rue découverte ; c'était une espèce de grand passage voûté ouvert à divers intervalles qui laissaient apercevoir le ciel. Ce quartier nous parut dépeuplé, et les débris des maisons roulaient sous les pieds des chevaux qui les broyaient en soulevant une épaisse poussière. Quelques pauvres boutiques mal garnies, encore plus mal achalandées, indiquaient que c'était là une des extrémités abandonnées du grand marché. En effet, les boutiques se multipliaient à mesure que nous avancions, et bientôt nous nous trouvâmes en plein bazar. Mais les marchands étaient venus au-devant de l'ambassade et tout était fermé, comme en un jour de repos ou de fête. Nous suivîmes ainsi, sous des voûtes obscures, une enfilade interminable de bazars les uns au bout des autres.

Nous y marchions depuis près d'une heure quand nous débouchâmes sur une grande place au fond de laquelle se voyait, magnifiquement ornée d'émaux, et grandiose de proportions, une superbe mosquée à côté de laquelle s'élevait un gigantesque pavillon terminé par une galerie aérienne formée de légères colonnes. — C'était le *Meïdân-i-Châh*, ou *place royale*, la *Mosquée Principale*, qu'on nomme *Matchit-Djûmah*, et le palais de Châh-Abbas. — Nous étions dans le plus beau quartier d'Ispahan, quartier du roi, pour lequel Châh-Abbas et les autres princes de sa race ont prodigué l'or de la Perse, en le mettant au service de tout ce que l'art persan pouvait créer de plus majestueux et de plus splendide.

Notre avant-garde de *Nazaktchis* marchait toujours, il fallait suivre. Nous rentrâmes sous une nouvelle voûte spacieuse qui couvrait un grand bazar où des coups de marteau nous apprirent que nous étions au milieu des ateliers dans lesquels se travaille le cuivre dont on fait toute la vaisselle de la ville. De passage en passage, de place en place, et de rue en rue, nous étions arrivés à une avenue qui est, dans son genre, une des plus belles choses qu'on puisse voir.—C'est ce qu'on appelle le *Tchar-Bâgh*.—Quatre rangées de platanes gigantesques dont le tronc monstrueux portait majestueusement la tête en forme de parasols, ouvraient devant nous cinq allées larges et droites, dont la longueur seule empêchait de voir l'extrémité. Dans celle du milieu, un canal, qui la suivait dans toute son étendue, contenait une eau courante et limpide. Tous les deux cents pas, elle se déversait dans de grands bassins, et allait ainsi, de l'un à l'autre, en formant plusieurs cascades. De chaque côté de ces bassins étaient des kiosques peints ou revêtus de faïences. Entre eux, d'immenses jardins montraient leurs arbres par-dessus les murs qui fermaient cette avenue, et qu'ornaient une suite indéfinie d'arcades sucessives.

Vers le milieu de ces allées, nous passâmes devant une belle mosquée émaillée de mille couleurs dans toute sa hauteur. Les faïences bleues de ses minarets se distinguaient en l'air, au travers des branches et du feuillage vert des platanes qui en ombrageaient le pied. Il nous fallut près d'une demi-heure pour parcourir cette immense avenue au bout de laquelle nous passâmes sous une porte surmontée de créneaux et de meurtrières.

Au delà, nous marchions sur une longue et large chaussée entre deux murailles qui nous faisaient croire que nous étions encore dans une rue, lorsque des arcades, ouvertes de distance en distance, nous laissèrent voir le Zendèroud. Nous étions sur un pont qui traverse la rivière dont les eaux baignent les murs d'Ispahan du côté du sud. A l'extrémité du pont, une longue ligne d'infanterie, commandée par un général, était rangée en bataille. Ces troupes étaient d'un effet tout pittoresque, à cause de la diversité des couleurs de leurs uniformes et de leur accoutrement moitié européen, moitié persan. Elles nous présentèrent les armes quand nous passâmes devant elles, et les fanfares de leur musique un peu sauvage, mais d'un rhythme guerrier, se mêlèrent au bruit des tambours qui battaient aux champs.

Devant nous se montraient quelques dômes à côté desquels des campaniles signalaient une ville chrétienne : c'était *Djoulfah*, le faubourg qu'habitent les Arméniens. Après avoir traversé quelques champs où les eaux de la rivière entretiennent une culture variée, nous entrâmes dans le *Mâhallèh* chrétien.

Nous descendîmes de cheval devant une assez belle maison qui était destinée à l'ambassadeur. Le gros de la multitude qui nous avait accueillis, à notre entrée à Ispahān, s'était peu à peu retiré, après avoir suffisamment satisfait sa curiosité. Nous n'avions plus avec nous que l'escorte officielle des gens du roi, dont le devoir était de nous accompagner jusqu'à la demeure qui nous était destinée.

Les mêmes scènes et les mêmes civilités que nous avions reçues dans toutes les villes nous attendaient à Djoulfah. Seulement, elles furent augmentées de toute la pompe que devait nécessairement leur imprimer la présence du Châh à Ispahan, et les honneurs rendus en son propre nom, au représentant de la France. Les ministres de Russie et de Turquie, qui nous avaient précédés à Ispahan, avaient également envoyé leurs premiers secrétaires complimenter l'ambassadeur.

Quand toutes les cérémonies d'usage furent terminées, chacun de nous se retira dans le logement qui lui avait été préparé. Nous en prîmes possession avec la satisfaction de voyageurs fatigués d'une route de cinq mois, et qui arrivaient enfin au terme de leurs courses. Les premiers moments furent consacrés au repos et à notre installation. Je fis traîner celle-ci en longueur, tant j'avais de plaisir à chercher et retrouver au fond de mes malles un peu de ce confort dont j'avais fait une si légère mais si précieuse provision en quittant la France.

Quand j'eus fini d'écouter ma paresse, la curiosité se fit entendre à son tour, et je dus commencer mes excursions en ville et dans les environs. Je dirigeai la première vers le camp du Roi, disposé au bord du *Zendèroûd*. Les tentes blanches des soldats étaient alignées avec un ordre tout militaire, suivant l'arme ou le régiment auquel elles appartenaient. Çà et là, s'élevaient quelques tentes plus grandes et plus belles, sous lesquelles campaient les ministres, les officiers de la maison du Roi, et tous les khâns ou généraux qui faisaient partie de sa suite. — Le Châh était lui-même au milieu de son armée, logé dans un petit palais en assez mauvais état, dont le pied baignait dans la rivière, et d'où il pouvait à la fois considérer ses troupes et la ville entière.

Je remarquai que la disposition de ce camp avait un aspect très-martial. Le service se faisait militairement et à l'européenne. L'artillerie avait ses canons rangés en bon ordre, et gardés par des factionnaires le sabre au poing. Les chevaux étaient attachés derrière, au milieu des tentes, à des mangeoires qu'on avait construites très-habilement et à peu de frais, avec de la terre détrempée ; au centre était un creux dans lequel on jetait la paille ou l'orge. La cavalerie se tenait derrière l'artillerie. A la gauche, du côté du palais où était le Châh, l'infanterie avait dressé ses tentes sous les arbres ; les régiments se distinguaient les uns des autres à la couleur de leur uniforme.

La garde du roi, en habits rouges, était la première ; puis venaient les régiments provinciaux, avec leurs vestes bleues ou jaunes. Au milieu de toutes ces troupes résonnait, de temps à autre, le tambour, la trompette ou la voix d'un Mollah annonçant l'heure de la prière. On y voyait aussi les *hachpâs*, ou *cuisiniers*, circulant avec leurs plats de pilau sur la tête et leurs broches de *Khebâh;* ou bien des *Kalioûndjis* qui s'en allaient, d'une tente à l'autre, offrant leur *tombeki Chirazi*, tabac de Chiraz. C'était encore des *saccas* qui colportaient, de côté et d'autre, leurs grandes outres noires pleines d'eau, dont ils offraient un échantillon aux passants, dans une tasse de cuivre, *au nom d'Ali*.

Ce camp pouvait contenir environ six mille hommes et deux mille chevaux. Cette petite armée avait accompagné Mehemet-Châh depuis sa capitale. Mais les chemins auraient été impraticables à l'artillerie, si elle eût suivi la route ordinaire, celle que nous avions prise. Aussi, en partant de Téhéran, l'armée s'était-elle jetée dans l'est, et avait gagné les immenses plaines qui forment le commencement du désert de Kermân, où nul obstacle ne pouvait l'arrêter.

Ainsi que je l'ai indiqué précédemment, le roi avait de graves motifs pour faire le voyage d'Ispahan. C'était une véritable expédition qu'il avait entreprise contre cette ville où, depuis longtemps, il régnait un désordre et une anarchie qui mettaient en péril non-seulement la vie et les biens des habitants, mais encore le pouvoir royale.

Le grand *Mouchtaïd*, chef de la religion et de tous les Mollahs de Perse, occupait un rang très-élevé dans le royaume. Aveuglé sans doute par son importance, et fier des richesses immenses qui lui venaient, tant des priviléges attachés à sa dignité, que des dons volontaires provenant de la dévotion des plus fervents, il avait conçu le projet de s'affranchir de l'autorité du Chàh. Pour y arriver, il avait enrôlé sous sa bannière et soudoyait des bandes de mauvais sujets, voleurs et assassins, venus de tous les coins de la Perse se ranger sous l'infâme drapeau qui abritait tous leurs crimes. Ces bandits portaient le surnom de *Loutis*. Ils avaient d'abord chassé la trop faible garnison d'Ispahan, et en étaient devenus les maîtres exclusifs. Aucune puissance, aucune force ne pouvait faire obstacle à leurs volontés qui étaient autant de crimes; ils rançonnaient la population. Maîtres dans les bazars, ils prélevaient sur tous les marchands des impôts arbitraires, le poignard à la main. Ceux qui voulaient résister voyaient leur maison saccagée, leurs femmes et leurs filles violées. Dans ces exécutions sauvages, ces bandits agissaient avec un raffinement d'atrocité qui leur faisait prendre pour témoins de cette dernière infamie les maris et les pères de leurs victimes. La terreur qu'ils inspiraient n'était égalée que par la lâcheté avec laquelle les Ispahanis subissaient le joug de cette canaille, composée de quatre à cinq mille forcenés, dont toute la force était dans la pusillanimité des habitants.

Malgré la puissance redoutée du Mouchtaïd, malgré la terreur qu'inspiraient ses sicaires, plusieurs fois cependant des plaintes avaient retenti jusqu'au pied du trône, à Téhérân; mais l'apathique indifférence qui distingue les Orientaux et l'ineptie du gouvernement de Perse avaient laissé dans l'oubli, pendant plusieurs années, les trop justes et trop éclatants griefs de la population d'Ispahan contre ses oppresseurs. Depuis longtemps donc, la répression de tant de crimes se faisait attendre, et les gémissements des victimes étaient arrivés à leur dernière expression, quand enfin le Châh résolut d'en finir et d'aller en personne châtier les misérables dont l'impunité enhardissait la vie criminelle.

On pense bien que les bandes armées du chef de la religion voulurent faire quelque résistance, encouragées qu'elles étaient sans doute par la mollesse avec laquelle on avait agi à leur égard jusque-là. Le Châh ne put entrer de suite dans Ispahan; les portes en étaient fermées et gardées par les Loutis. Avant de faire un acte de vigueur, S. M. eut la générosité ou la faiblesse de parlementer, et le Mouchtaïd, qui commençait à craindre pour lui-même, fit ouvrir la porte du nord, pendant que la majeure partie de son infernale milice fuyait par celle du sud, et mettait le Zendèroud entre elle et l'armée royale.

Cependant, tous les brigands qui avaient à redouter les suites de leurs méfaits n'avaient point quitté la ville. Les plus effrontés ou les plus lents à se sauver étaient encore à Ispahan, quand le roi ordonna des perquisitions dans tous les repaires où l'on supposait qu'ils pouvaient s'être réfugiés. On en découvrit un certain nombre qui payèrent pour les autres. Parmi ceux-là il s'en trouva quelques-uns qui s'étaient plus particulièrement signalés par leur férocité. Le Châh installa de suite un *Divân-i-Khânèh*, ou tribunal pour les juger. Des milliers de victimes accouraient accabler les coupables de leurs témoignages; les femmes venaient, avec un acharnement incroyable, raconter des faits qui faisaient horreur, des crimes commis sur elles-mêmes. Les jugements furent sommaires et les châtiments immédiats. Les supplices infligés aux condamnés égalèrent leurs crimes, en barbarie. Ce que j'en ai entendu raconter faisait dresser les cheveux. Les uns, jetés au milieu d'un peloton de soldats, furent percés à coups de baïonnettes; d'autres eurent les yeux crevés, les ongles et les dents arrachés; plusieurs furent enterrés à mi-corps, la tête en bas, à la file les uns des autres, les jambes en l'air et attachées de l'un à l'autre, de manière à former ce que les Persans appelaient *des jardins de vignes*. Un chef de ces Loutis, après avoir eu le nez coupé, ainsi que la langue, fut ferré avec ses propres dents; et, ayant un sac plein de paille passé au cou, on l'attacha, comme un âne, à une mangeoire où il ne mourut qu'au bout de trois jours, de ses souffrances et d'inanition. J'ai vu des femmes, animées par l'esprit de vengeance, exaltées sans doute par ces scènes barbares, venir demander, les larmes aux yeux, la faveur de trancher et les mains et la tête à ceux qui les avaient violées.

On peut, par ces exécutions, juger le caractère persan. La justice n'est satisfaite qu'autant que le châtiment égale, en cruauté, le crime qu'elle punit. La nature sanguinaire de cette nation ne se trahit pas seulement dans la main qui tient le poignard de l'assassin et du voleur, elle domine encore l'esprit du juge vengeur de la société, et les deux plateaux de sa balance sont également pleins de sang.

Trois jours s'étaient passés depuis notre arrivée à Ispahan; l'étiquette voulait que l'ambassadeur se présentât devant le Châh. Les astronomes avaient été mis en demeure de se prononcer sur l'opportunité du moment où cette cérémonie devrait avoir lieu. Après avoir consulté les astres, ils décidèrent que le quatrième jour, qui était le terme d'usage, se présentait sous de fâcheux auspices, et qu'il fallait en choisir un autre. Cependant, sur les instances de l'ambassadeur, les choses restèrent dans les limites tracées par les habitudes d'étiquette, et nous dûmes comparaître, le 8 avril, devant le *Roi des Rois*, devant l'*étoile du monde*.

Les chevaux du roi vinrent nous prendre. Précédés d'une avant-garde de *Goulams*, de *Serbâs* et de *Nazaktchis*, nous nous rendîmes au camp où nous fûmes accueillis avec les plus grands honneurs. On nous fit descendre de cheval auprès d'un kiosque, qu'on appelle *Haïnèh - Khânèh* ou *Kiosque des Miroirs*, situé à côté du palais habité par le Châh. Nous y fûmes reçus par le ministre des affaires étrangères, Mirza-Ali, jeune homme de vingt-deux ans, fort affable et parlant très-bien le français. L'étiquette ne permettait pas au Châh de nous faire offrir, en sa présence, le kalioûn et le thé. Mais, comme nous ne pouvions sortir de la demeure royale sans y avoir reçu cette marque d'hospitalité, Mirza-Ali avait été chargé de ce soin. Nous restâmes donc, dans le *Kiosque des Miroirs*, une demi-heure à peu près, pendant laquelle de nombreux pichketmèts firent circuler d'excellents kalioûns, du thé et du café à la rose.

Le ministre des affaires étrangères, prévenu que le Châh nous attendait, leva la séance et nous conduisit au petit palais de *Hâpht-Dest*. Nous y pénétrâmes par une galerie le long de laquelle étaient rangés une foule d'officiers, de mirzas, de goulams et de ferrachs. Précédés du grand maître des cérémonies ou Ich-agassi, nous entrâmes dans un beau jardin dont nous suivions les allées, entre deux haies de soldats qui présentaient les armes. Au fond du jardin était un pavillon ouvert où était le Châh que nous ne pouvions voir. Nous en étions encore très-éloignés quand, selon l'usage, on nous fit faire un grand salut, qu'il fallut répéter un peu plus loin. Nous arrivâmes, en marchant à pas comptés, jusqu'à la hauteur du pavillon où se tenait le roi, que nous distinguâmes cette fois. Là, naturellement, les génuflexions des Persans recommencèrent, ainsi que nos saluts respectueux; puis nous fûmes admis en présence du *Pôle de l'Univers*.

Nous nous rangeâmes, les uns à côté des autres, contre le mur, presque en face du Châh, chacun de nous occupant la place qui lui revenait, d'après celle qu'il occupait hiérarchiquement dans le personnel de la mission. Nous fîmes encore deux saluts au roi, et le maître des cérémonies prononça quelques courtes paroles de présentation; après quoi, le Châh fit signe à l'Elchi de s'asseoir. — Pour nous, nous restâmes tous debout.

La salle où nous étions était petite, les murs en étaient revêtus de peintures et de dorures du haut en bas, ainsi que le plafond. Un canal d'eau courante, formant, au milieu, un bassin avec jet d'eau, divisait cette pièce dans le sens de sa longueur. Au fond, s'élevait une estrade à laquelle on montait par un petit escalier de quatre marches. Sur cette estrade se trouvait une espèce de grande niche ou d'arcade un peu moins large que la salle, couverte par une demi-coupole formée d'encorbellements superposés et ornée de peintures. Trois fenêtres, à barreaux de fer, y laissaient entrer la lumière et donnaient vue sur le camp.

Mehemet-Châh était assis sur cette estrade, dans un fauteuil en marqueterie d'ivoire, de nacre et d'or. Il était immobile. Son costume était très-riche : il consistait en une petite redingote de cachemire rouge boutonnée sur la poitrine, et serrée autour de la taille par une ceinture sur laquelle scintillait une brillante plaque de pierreries. Les parements de cet habit étaient brodés en perles. Il avait les épaules et le haut des bras également chargés de perles formant de gracieux dessins. Sa tête était couverte du bonnet de peau d'agneau noir qui caractérise la dynastie Kadjâr et est devenu national. Cette coiffure était entourée d'une espèce de guirlande ou de couronne de gros diamants, surmontée d'une aigrette aussi en diamants. Aucun autre ornement ou attribut royal ne distinguait le Châh. — Sa Majesté nous parut jeune. Sa figure est belle, mais peu expressive ; elle inspire plutôt la bonté que la force et la puissance.

Au-dessous du roi, et en face de nous, se tenaient debout deux Châh-Zadèhs attachés à son service particulier.

L'étiquette voulait que l'ambassadeur portât le premier la parole. L'interprète, M. Kazimirski, avait, pour cette circonstance, élaboré avec tout le soin dont il était capable, une harangue fleurie, ornée de flatteries métaphoriques et ampoulées, telle que l'exigeait le langage persan. Il la débita avec une accentuation tout orientale et qui parut faire beaucoup de plaisir au roi. Mehemet-Châh y répondit brièvement, mais d'une façon très-aimable.

Après ces préliminaires, l'ambassadeur présenta au Châh ses lettres de créance. C'était un magnifique vélin, enrichi d'arabesques coloriés et dorés, enfermé dans un superbe sachet de soie et d'or. Un des secrétaires le prit sur ses deux mains, et, montant le petit escalier, alla le déposer aux pieds du Châh.

L'ambassadeur nous présenta ensuite, les uns après les autres, à S. M. qui parut frappée de la diversité de nos attributions et de la spécialité que chacun de nous représentait dans cette petite société d'Européens venus de si loin pour étudier son pays.

Nous nous retirâmes ensuite, saluant et marchant à reculons. L'Ich-Agassi nous fit replacer sur un seul rang en face de la fenêtre de la salle où était le Châh, et nous le saluâmes une dernière fois.

Dans cette circonstance, nous pûmes observer la manière dont les Persans témoignent à leur souverain leur profond respect. Après s'être placés en face de lui, et sans avoir osé fixer leurs regards sur sa personne, ils se baissent en allongeant et faisant glisser leurs bras le long de leurs jambes jusqu'à terre. Ils se relèvent après un temps d'arrêt dans cette posture et recommencent ainsi trois fois. Ce salut ne se fait qu'au roi. Celui qui est dû aux grands par les inférieurs en est une abréviation; il ne consiste qu'en une demi-courbette et l'extension du bras droit seul le long de la jambe jusqu'à la cheville. Quand le supérieur est d'un ordre secondaire, on lui fait simplement une inflexion de tête et du haut du corps, de côté. Quand c'est un égal, on incline la tête en mettant la main sur la poitrine.

Après donc les saluts de premier ordre faits au *Vékil de Dieu* sur la terre d'Irân, nous nous rendîmes chez son Vizir, qui avait une habitation dans l'enceinte du même palais. Il nous reçut sans faste et avec une simplicité qui aurait choqué l'ambassadeur et les convenances, si elle n'avait été dans les habitudes de ce personnage qui affecte une vie austère. Ce ministre, Hadji-Mirza-Hagassi, est un Mollah. Il fut, en cette qualité, chargé de l'éducation de Mehemet-Châh. Il s'était attaché son élève, et, changeant de position en même temps que lui, quand celui-ci monta sur le trône, il devint son premier ministre. Non-seulement il dirige les affaires de l'État, mais il a conquis une telle influence sur son maître, depuis son jeune âge, qu'il en a capté complétement la confiance trop souvent aveugle. Aussi le Châh ne s'occupe-t-il de rien, et son sceptre est-il véritablement dans les mains de Hadji-Mirza-Hagassi.

Un nez très-long, courbé sur une bouche édentée surmontée de quelques poils mal teints; un œil éraillé, mais vif et spirituel; un geste brusque; l'air fin et, plus que cela, rusé comme celui de tout vrai Persan, tel est le portrait de ce grand vizir. Ce petit vieillard, encore vert, était, comme un Persan, vaniteux à l'excès; de plus, poëte et beau parleur. Hadji-Mirza-Hagassi avait trop d'esprit pour ne pas comprendre la supériorité européenne, mais il était trop fanatique pour la reconnaître; de plus il avait l'âme trop faible ou trop vénale pour ne pas subir toutes influences qui apparaissaient sous la forme de menaces ou de présents. Il était, du reste, ignorant de toutes choses étrangères au Koran; bigot comme un pèlerin revenu de la Mecque, ainsi que l'indique son surnom de *Hadji*, il s'occupait bien plus de dévotions que d'affaires. Il n'en avait pas pour cela moins de prétentions à les connaître, sa vanité étant de passer pour ne rien ignorer; et, chose bizarre chez un prêtre, l'une de ses plus ardentes prétentions était celle d'être un artilleur consommé. Aussi s'était-il réservé les fonctions de grand maître de l'artillerie.

D'après cela, nous abordions le vizir de Mehemet-Chàh avec des préjugés qui ne lui étaient pas favorables. Il faut l'avouer, sa vie, sa conversation, sa tenue, n'étaient pas de nature à les détruire. Toutes les fois qu'il sortait des lieux communs habituels, et qu'il laissait ses belles phrases de politesse, pour toucher à des sujets un peu sérieux, il faisait preuve de peu de science. — Mais, quand nous le vîmes s'animer, et, par des gestes grotesques, ajouter la pantomime aux paroles, il nous sembla que le premier ministre était au-dessous de son rôle, et qu'il n'y avait même pas en lui la gravité du prêtre — Nous faillîmes tous éclater de rire quand, par un geste qui lui était familier, il donna un coup de poing à son bonnet et le mit de travers, tantôt dans un sens, tantôt dans l'autre. C'était, pour ce personnage singulier, le *nec plus ultrà* de la colère ou de l'admiration. — Il nous fit d'ailleurs un accueil excessivement flatteur, en ajoutant force thé et gâteaux épicés à ses paroles aimables.

Nous rentrâmes à Djoulfah où, dès ce moment, le pavillon tricolore fut hissé sur la maison qu'habitait l'ambassadeur.

Notre réception avait précédé celle du ministre turc, qui, comme nous, avait dû faire le voyage d'Ispahan. Le Châh, sans doute pour éviter l'ennui de deux cérémonies du même genre, avait voulu en finir dans la même journée avec Sarim-Effendi. Mais celui-ci ne crut pas de sa dignité, ou plutôt de celle du souverain qu'il représentait, d'être reçu le même jour que l'envoyé français, et après celui-ci. Il exigea qu'il y eût au moins un jour d'intervalle; mais cet arrangement ne contentait personne ; il ne satisfaisait pas l'ambassadeur ottoman passant après celui de France, et il contrariait les Persans, toujours malveillants à l'égard des Turcs.

CHAPITRE XIX.

Mirza-Ali, ministre des affaires étrangères. — Présents offerts au Chàh. — Son portrait. — Fête donnée à l'ambassade par le Roi. — Dîner officiel.

J'allais très-souvent au camp royal, j'y avais fait quelques connaissances, et j'étais assez vite entré en intimité avec plusieurs personnages, entre autres avec le jeune ministre des affaires étrangères Mirza-Ali. Il avait vingt-deux ans, il était fils d'un des hommes les plus distingués de la Perse, Mirza-Massôud, qui occupait ce poste auquel son instruction, l'absence de préjugés nationaux ou religieux, et une aptitude particulière le rendaient très-propre. Il avait, dans ce poste, obtenu du roi une confiance qui portait ombrage au premier ministre. Hadji-Mirza-Hagassi, ne pouvant le faire tomber, résolut de l'éloigner ; il lui fit donner par le Chàh une mission diplomatique très-importante qui le forçait à rester dans le Khorassan. Les fonctions qu'il quitta, en partant, furent remises entre les mains de son fils. — Mais l'inexpérience de celui-ci, et la jalousie de l'ancien précepteur du Chàh rendaient sa position difficile. Néanmoins, Mirza-Ali, qui avait de l'esprit à défaut d'habileté, tenait sa place avec un aplomb qui étonnait, pour son âge. La langue française, qu'il connaissait assez bien, lui facilitait ses rapports avec les légations étrangères, et lui donnait, comme interprète, une importance toute spéciale auprès du Châh. Malheureusement pour lui, son inexpérience, ou cette avidité d'argent naturelle aux Persans, le conduisit plus tard à sa perte, en fournissant au vizir l'occasion de détruire la puissance de son rival, Mirza-Massôud, en accablant son fils déshonoré.

Mais, lors de notre séjour à Ispahan, Mirza-Ali jouissait pleinement de sa faveur; sa tente, une des plus élégantes du camp royal, était entourée d'une foule de courtisans et de solliciteurs. Le ministre y tenait une petite cour, et s'y prélassait au milieu de toutes les douceurs de la vie orientale, vie d'oisiveté et de plaisirs sensuels recherchés sous toutes les formes. — J'allais souvent le voir, il aimait à s'entretenir avec moi de l'Europe, de la France, mais je dois dire que sa conversation était presque toujours entrecoupée de puérilités qui me faisaient douter si tous les Persans, même les ministres, n'étaient pas de grands enfants. Nos instants de causerie intime avec S. E. étaient toujours ceux qui suivaient son sommeil du milieu du jour. Dans l'après-midi, quand il était éveillé, les *Pichketmèts* couvraient le tapis de sa tente de sorbets et de limonades glacées, à la rose, au jasmin ou au citron; ils apportaient les kalioûns où fumait le tombeki le plus velouté de Chiraz. La porte était fermée aux solliciteurs impatients, et nous devisions ainsi, le ministre en me parlant du Frenguistân, moi en faisant mon profit de tout ce qui pouvait m'instruire sur la Perse.

La tente de Mirza-Ali était le lieu de réunion où tous nous allions de préférence. On y trouvait toujours quelqu'un à qui parler. En effet, indépendamment du ministre, il y avait son cousin Mirza-Ahmet, et son premier secrétaire Mirza-Mohamet-Ali qui savait passablement notre langue. Ce dernier était venu à Paris, il y avait une vingtaine d'années. Je leur dus, pour ma part, une foule de complaisances et de gracieusetés de tout genre, parmi lesquelles je compte les facilités qu'ils me donnèrent pour étudier des costumes de toutes sortes, depuis ceux du Châh chez le *Sandoukdar*, ou chef de sa garde-robe, jusqu'à l'uniforme de simple *serbas*. Pour les autres ministres, nous ne les connaissions pas. Ils étaient assez obscurs; leurs fonctions se bornaient presque à celles de commis. C'étaient des Mirzas portant le rouleau de papier et l'écritoire à la ceinture, scribes plutôt qu'hommes d'État, tous secrétaires du vizir.

Deux jours après la présentation officielle au roi de Perse, l'ambassadeur lui envoya les présents qui, à Paris, avaient été préparés et choisis pour lui être offerts. Parmi ces présents figuraient une magnifique pendule en bronze doré du plus grand modèle, une grande quantité de pièces d'étoffes de Lyon et de tissus de verre, un service de Sèvres qui coûtait 18,000 francs, plusieurs grands ouvrages in-folio et des armes. Le Châh regarda tout, voulut tout voir en détail, et parut extrêmement satisfait.

Le même jour, le roi me fit dire qu'il désirait que je fisse le portrait du *Veliât*, son fils, âgé de huit ou neuf ans. J'en fus d'autant plus satisfait, que j'espérais par là arriver à faire aussi celui de S. M., que je désirais emporter en France. En effet, deux jours après, le roi m'ayant fait demander, j'accompagnai l'ambassadeur qui lui faisait une première visite non officielle. Nous lui trouvâmes un peu plus de laisser-aller et une bonhomie que nous n'avions pu juger à première vue, cachée qu'elle était sous l'attitude réservée que son rang lui imposait dans une entrevue de cérémonie. Le Châh causa longtemps et avec une grande affabilité. Il remercia l'ambassadeur des présents qu'il lui avait envoyés. Ce fut l'occasion de parler de Napoléon, à cause d'une biographie de l'Empereur, accompagnée de gravures, qui faisait partie des cadeaux officiels. Le roi témoigna une grande admiration pour ce grand homme; il dit qu'il ferait traduire en persan l'histoire de sa vie, afin de la bien connaître dans ses moindres détails, et de la méditer. C'est une chose très-remarquable que cet enthousiasme qu'excite encore en Orient la gloire de l'empereur Napoléon. Il est, pour les Orientaux, le sujet le plus digne d'admiration dans les temps modernes ; et tous les souverains ou les hommes qui ont commandé des armées sont animés du désir un peu naïf de l'égaler. Mais ces esprits puérils, ces intelligences incultes ne perçoivent même pas à quelles conditions on devient un héros, par combien de vertus et de qualités éminentes on arrive à être un grand homme. Ils savent que la renommée de Napoléon remplit encore le monde, mais ils ne se doutent pas de l'importance, de la grandeur des titres qu'il a acquis à cette gloire impérissable. Leur ambition va d'un pas plus rapide que leur intelligence, et, leur vanité asiatique aidant, il en est qui se font l'illusion de se croire appelés à une renommée semblable.

Quelques jours après, je fus mandé par le Châh pour faire son portrait. L'étiquette ne me permettait pas de m'asseoir en sa présence ; tout ce que la bienveillante affabilité du monarque pouvait m'accorder, c'était de m'accroupir sur mes genoux, en m'asseyant sur mes talons. On conçoit que, dans cette attitude, il était peu commode de dessiner. Mehemet-Châh posait assez bien, pour un roi, mais je dus prendre deux séances, ce qu'il m'accorda très-gracieusement. Je fis ainsi un croquis fidèle de la tête de S. M., et je finis le reste, c'est-à-dire son costume, à sa garde-robe que le *Sandoukdar* reçut l'ordre de mettre à ma disposition.

Pendant l'une des séances que j'avais obtenues de Mehemet-Châh, nous fûmes dérangés deux fois. Une première, par des artilleurs qui lui amenaient deux pièces de canon fondues à Ispahan. Le roi les admira beaucoup, et, les regardant du haut de sa fenêtre, sans les examiner davantage, il répétait en turc, sa langue habituelle : *Tchok-yakchi! mach-allah! Très-bien! merveilleux!*

A peine s'était-il remis à poser, que des lamentations, des prières accompagnées de sanglots retentirent sous les fenêtres. C'était des femmes de la ville qui venaient l'implorer pour qu'il ne laissât pas partir le Mouchtaïd. Ce personnage, dont j'ai raconté les torts, je devrais dire les crimes, voyant son règne passé, et la ville d'Ispahan rangée désormais sous l'autorité royale, avait résolu de s'exiler et de se retirer à *Kerbelâh*. Les vieilles dévotes de la ville ne voulaient pas le laisser partir, et venaient intercéder au pied du trône pour empêcher l'exécution de ce projet. Au reste, ce chef de la religion était exécré de la majeure partie des habitants; et il est bien probable que c'était lui-même qui faisait jouer cette comédie, dans l'espoir que le Châh s'y laisserait prendre, et croirait à la nécessité de sa présence au milieu des Ispahanis. Mais il n'en fut rien, le roi fut sourd, le Mouchtaïd partit, et le gouvernement d'Ispahan fut mis entre les mains d'un homme qui avait fait ses preuves d'énergie. Sa justice avait été quelquefois assez terrible pour paraître barbare; mais, en étant la terreur des rebelles ou des bandits, elle fut le salut des populations paisibles. — Cet homme était un eunuque, Manoutcher-Khân; son caractère bien connu, le fit choisir pour achever de réduire les ennemis du Châh, s'il y en avait encore, et pacifier le pays. Pour ne laisser aucune illusion au Mouchthaïd ou à ses partisans, et comme s'il avait voulu braver ceux qui seraient tentés d'élever la voix en leur faveur, le Châh ordonna la décapitation de onze loutis retenus en prison, parmi lesquels se trouvait même un *Seïd*, ou descendant du Prophète.

Mehemet-Châh était de la famille des *Kadjârs*, issue d'une puissante tribu de ce nom, dont le territoire est au nord de Téhérân, et confine au Mazenderân, sur les bords de la mer Caspienne. — Pour atteindre au trône, le chef de cette dynastie avait dû marcher dans le sang. Celui qui s'en empara était un eunuque nommé Aga-Mehemet-Khân, homme d'une grande énergie, brave, mais sanguinaire. Ce fut un usurpateur sans les qualités d'un héros. Son esprit entreprenant et ambitieux le rendit persévérant, implacable et cruel; à force de crimes et d'assassinats il réussit. La Perse était livrée à une affreuse anarchie, et déchirée entre les mains de plusieurs compétiteurs qui s'en disputaient les lambeaux, quand, du sommet des montagnes du Mazenderân, Aga-Mehemet-Khân fondit sur cette proie qu'il aspirait à saisir. Après quelques combats livrés aux environs d'Ispahan et de Chiraz, dans lesquels ses partisans l'emportèrent, il vint mettre le siége devant Kermân. Les habitants de cette ville avaient reçu et voulaient protéger Louft-Ali-Khân, héritier légitime de la couronne des Princes Zends; qui, après des alternatives de victoires et de revers, était le seul, mais le plus redoutable adversaire que le Kadjar eût encore à combattre. Les habitants de Kerman n'ont pas oublié la vengeance barbare de cet eunuque cruel: Vingt mille femmes et enfants furent livrés à ses soldats; tous les hommes eurent les yeux crevés. Pendant bien des années; la Perse fut couverte de ces malheureux aveugles, qui n'avaient d'autre ressource que la commisération publique; et aujourd'hui quelques vieillards encore inspirent la pitié par une cécité qui date de leur enfance.

Aga-Mehemet-Khân, vainqueur de son ennemi qu'il fit périr après lui avoir arraché les yeux, ayant abattu tous les partis qui se disputaient le pouvoir; s'empara du trône que Nadir-Châh, autre usurpateur, mais glorieux soldat, avait rapporté de l'Inde (25). Le pied de l'eunuque glissa dans le sang; en montant ses degrés, mais il s'y assit imperturbablement et fonda la dyhastie qui porte la couronne de Perse depuis un demi-siècle. Son règne ne fut pas de longue durée; il mourut assassiné en 1797; et laissa le pouvoir solidement établi à son neveu Baba-Khân, qui prit le nom sous lequel j'ai eu occasion d'en parler, Fet-Ali-Châh. Aga-Mehemet-Khân, se croyant obligé de pallier ses crimes aux yeux de ses courtisans, disait, en parlant de son neveu Baba-Khân : « J'ai répandu tout ce sang pour que cet enfant « puisse régner en paix. » Il n'avait que trop bien réussi; les guerres, les assassinats et les supplices avaient en quelques années fait disparaître tous les chefs qui auraient pû gêner l'avénement du nouveau monarque. Le règne de celui-ci, selon la parole de son oncle, fut paisible, mais il ne fut ni heureux, ni glorieux. Pendant sa durée, les Russes conquirent toute la Géorgie ; une partie de l'Arménie, et passèrent l'Araxe, pour venir, à six étapes de la capitale (26) ; dicter au Châh les conditions d'une paix humiliante.

Les prodigalités de ce prince, le luxe d'un harem où il entretenait six cents femmes, les folies de nombreux *Châh-Zadèhs* issus de celles-ci, épuisèrent le trésor royal en accablant le peuple d'impôts. L'habile industrie des Persans déclinait, leur commerce se perdait, leur argent était exporté, et leur territoire amoindri, quand Fet-Ali-Châh mourut après avoir institué pour son successeur son petit-fils Mehemet-Khân, fils d'Abbas-Mirza qui, après avoir cherché par les armes, à relever l'esprit national et s'être vainement opposé aux envahissements des Russes, était mort avant son père.

Mehemet-Châh était jeune quand il monta sur le trône. Aucun souverain de Perse ne peut y arriver sans avoir à lutter contre des prétentions plus ou moins énergiquement soutenues, les unes par les armes, les autres par des intrigues. Ce fut aussi le sort de ce prince qui, fils du fils aîné de Fet-Ali-Châh, lui succédait en vertu du droit de primogéniture. Mais ses oncles ne pouvaient se résoudre à le voir attacher l'aigrette royale à son bonnet sans au moins la lui disputer. Parmi eux il y en eut un, *Zelly-Sultân*, communément appelé *Ali-Châh*, qui chercha même à la lui arracher violemment. Mais vaincu et forcé de fuir il se réfugia à Bagdad. Le gouvernement anglais, qui l'a pris sous sa protection, lui accorde un subside princier et le tient là comme une épée suspendue sur le trône de Téhérân.

Mehemet-Châh, jeune, d'un caractère doux, élevé par un père qui avait montré un noble patriotisme, a reçu une éducation dans laquelle étaient entrées quelques-unes des connaissances européennes. Plus éclairé que ses prédécesseurs, il aurait pu être un régénérateur de son pays. Il eût pu profiter de la paix qui règne autour de lui, de l'absence de toute cause de guerre civile, pour ranimer une nation humiliée par les vexations des grands, engourdie par l'habitude de l'oppression, et dont, pourtant, le génie fertile ne demande qu'une étincelle pour s'électriser et faire revivre les beaux temps de sa civilisation. Mais le Châh est naturellement indolent, une goutte cruelle le tourmente depuis plusieurs années déjà (27); faible, malade, et se remettant du soin de toutes les affaires à son ancien précepteur, il a institué ce vieillard son premier ministre. Ce Mollah fanatique, esprit étroit et sans portée, ne comprend nullement le rôle qu'il pourrait jouer, et la gloire dont il eût pu entourer le règne de son pupille ; il laisse la Perse dans son engourdissement et s'en remet à Dieu et au Prophète du soin de veiller sur les peuples qu'il a la mission de gouverner.

La Perse, qui était depuis longtemps sur une pente rapide, y glisse de plus en plus. Chaque année la rapproche de l'abîme sur lequel elle n'est tenue en équilibre que par les deux forces qui la tirent à elles en sens contraire : la Russie et l'Angleterre.

Mehemet-Châh est du reste un honnête homme ; il passe même pour le plus honnête de son royaume. Il a des vertus privées, à défaut de celles d'un roi. Sa cour fort simple ne ruine pas le pays ; il n'est nullement prodigue, et, d'une sévère austérité pour lui-même, il donne l'exemple à tous ceux qui approchent du trône. Il ne profite pas de la latitude donnée par la loi musulmane au sujet des femmes. S'éloignant, en cela surtout, de son grand-père, il se contente de trois femmes dont il a cinq enfants : deux garçons et trois filles. L'aîné des garçons, qui est l'héritier de la couronne, a le titre de *Vel-hiât*, le cadet porte celui de *Nuïeb-Saltanèt*, ou *lieutenant du Roi*.

Mehemet-Châh, quels que soient les frottements qu'il ait eus, dans son enfance, avec les idées européennes, n'a pu dépouiller toutes celles qui étaient en germe dans sa nature asiatique; il est donc soumis à bien des préjugés et des superstitions. Parmi ces dernières, il en est une qui le tourmente beaucoup et empoisonne sa vie : la superstition et le fatalisme se donnent la main, et peut-être est-ce à l'une et à l'autre qu'il faut attribuer l'inertie dans laquelle se maintient le roi, et cette indolence qui l'empêche de rien faire pour améliorer le sort de son peuple. — Il se dit sans doute que Dieu doit lui refuser le temps nécessaire pour achever son œuvre, conséquemment qu'il est inutile de l'entreprendre. — Ces idées fatalistes proviennent de quelques lignes écrites par un astrologue qui vivait il y a environ quatre cents ans. Dans un livre qui a pour titre *Châhnâmèhtoullah*, il a prédit les noms et la durée du règne de huit rois. Mehemet Châh est le huitième; et comme jusqu'à lui le fait a justifié la prédiction, il compte les jours et les heures. Or, l'astrologue a fixé à onze les années que ce prince doit passer sur le trône; il en résulte que, quelque foi qu'il ait dans l'astrologie et dans le destin, il fait tous ses efforts pour combattre l'un et mettre l'autre en défaut. Des nécromanciens il en appelle à Dieu et à Mahomet; il prodigue l'or aux Mollahs et aux derviches, pour qu'ils fassent des prières et invoquent tous les imans en sa faveur.

Mehemet-Châh a trente-trois ans, est très-brun, a de grands yeux noirs très-expressifs et gais; il porte une barbe courte extrêmement touffue. Il est d'une taille moyenne, a de l'embonpoint, et boite par suite des souffrances que lui cause la goutte. Il espère combattre ce mal en prenant beaucoup d'exercice, ce qui lui a donné le goût de la vie nomade. Le costume qu'il porte habituellement est fort simple. Le roi fait ses promenades à cheval; il porte lui-même un parasol; une foule de valets de pied, qu'on appelle *Chattirs*, le précèdent afin d'écarter les passants; il est escorté par une troupe de cavaliers armés de fusils et de lances, dont quelques-uns conduisent des lévriers en lesse, pour le cas où le roi voudrait chasser. Le Châh a des voitures qui lui ont été envoyées en présent, mais il ne s'en sert jamais; il faut dire que le pays, les chemins comme les rues, ne se prête guère à leur circulation. Mehemet-Châh suit sévèrement les préceptes de sa religion; il ne boit jamais de vin, et ne se livre à aucun des excès habituels aux Persans.

Ce monarque, quoique absolu, ne dirige pas les affaires publiques. Sa vie paresseuse et nonchalante se passe dans l'oisiveté et les douceurs du harem. Le premier ministre et les autres personnages qui l'entourent ont trop d'intérêt à maintenir dans ce *far-niente* ce roi fainéant pour lui laisser porter même un petit coin du fardeau de l'État. Ils traitent toutes choses à son insu, et souvent contrairement à sa volonté. Le roi ordonne, le vizir fait signe de soumission et d'obéissance, mais n'agit que selon son caprice.

Si je suis bien renseigné, le trésor royal est peu considérable. Cependant le chiffre pourra en paraître encore assez élevé, si on le compare à celui de la population, et au peu de sources qui alimentent les revenus publics. Si l'on considère aussi que les charges qui pèsent sur ce trésor sont peu lourdes, que l'armée est d'un faible effectif, que les rouages administratifs sont très-simplifiés, on trouvera que les sommes qui entrent dans les caisses du roi doivent être très-suffisantes pour satisfaire aux besoins de la couronne. Il faut d'ailleurs y ajouter, pour un assez gros chiffre, toutes celles qui sont prélevées arbitrairement sur les populations, et les nombreuses exactions qui forment, en dehors du budget de la Perse, une masse de crédits extraordinaires et irréguliers composant un supplément considérable.

L'évaluation du revenu annuel du Châh est faite en poids d'or, et représente sept *corours;* or, le corour pèse vingt-cinq *calvars,* un calvar est de cent *batmans,* et le batman équivaut à mille *miscals,* un miscal d'or vaut un *touman* ou 12 fr. 50 c. environ ; les revenus royaux s'élèvent donc à une somme d'à peu près 249,000,000 de francs. Mais cette somme n'entre pas dans les coffres du roi, parce que sa valeur est représentée partie en argent, et partie en nature qui est livrée aux agents du fisc, selon les besoins, soit sur place, soit là où ils l'exigent.

Sur le trésor royal, le Châh doit entretenir son armée, sa maison, payer ses ministres, faire ses cadeaux ; or, en Perse, le chapitre des *pichkèchs* n'est pas un des moins onéreux. Quant aux établissements publics et aux édifices, il est d'usage qu'ils soient à la charge des provinces. Mais c'est là une des principales causes de leur ruine, car ils sont ainsi à la discrétion des Beglier-Beys, qui, par avarice, détournent à leur profit les sommes qu'ils devraient dépenser en améliorations.

L'assiette de l'impôt est proportionnelle à ce que possède chaque citoyen. Pour l'établir, on a dû former plusieurs classes d'imposables et diverses catégories d'objets imposés. Le propriétaire d'un sol planté en arbres doit au Châh, par pied d'arbre, un *chaï*, à peu près 6 centimes. La redevance de celui qui cultive du grain est du dixième de sa récolte. L'éleveur de chevaux ou de troupeaux paie, par tête, un *sabcrân*, ou 1 franc 25 centimes.

Ce que je viens de dire est applicable à ceux qui sont propriétaires de fonds. Mais le sol est divisé en deux parties ; l'une qui appartient au roi, et qu'il fait cultiver à ses frais ; elle forme à peu près le dixième des terres en culture. Ces terres sont cultivées selon le mode usité en France, que l'on appelle fermage à moitié. La seconde partie du sol est celle qui reste dans les mains des raïas, ou, en grande partie, dans celles des grands qui les font valoir pour leur compte.

Après les cultivateurs viennent les négociants qui paient un impôt proportionnel à l'estimation de leurs profits supposés ; il est coté au cinquième de ceux-ci. On conçoit à combien d'injustices cette évaluation doit donner lieu. Indépendamment de cette contribution, des agents royaux sont préposés à la vérification des marchandises et à leur taxe, dans les bazars, dans les caravansérails des villes, pour prélever encore sur elles des droits de douane.

Les habitants des villes qui ne sont ni cultivateurs ni marchands, sont exempts d'impôt, eussent-ils même des maisons et des chevaux. C'est un privilége difficile à expliquer ; il a surtout le tort de faire perdre au pays une partie de ses forces, en encourageant ceux qui ont quelque fortune à vivre dans l'oisiveté.

La même exemption s'applique aux fonctionnaires, quelle que soit l'importance de leur emploi. L'agriculture, on le voit, en Perse comme en Europe, mais plus inégalement, porte la plus lourde des charges publiques; l'État prélève un droit sur tous ses produits. Cependant il y a pour elle, dans ce pays, un allégement inusité en Europe, et qui tient à l'organisation et aux mœurs des Persans : c'est celui qui consiste à payer une notable portion des contributions en nature, soit grains, soit bestiaux ou chevaux. Cet allégement, qui ne serait point praticable chez nous, dans l'état actuel de notre administration, est un bienfait pour les producteurs ruraux, surtout pour les petits ; car on ne peut se dissimuler que l'impôt en argent, quelle que soit la récolte, quel que soit son prix, est très-onéreux et souvent une cause de gêne pour les cultivateurs pauvres. Malheureusement pour les raïas persans, à côté de cette manière commode d'acquitter l'impôt, ils sont exposés à tant d'abus et d'extorsions, qu'ils en perdent le bénéfice.

On fait une très-grande différence entre les terres arrosées et celles qui ne le sont pas, dans la répartition des contributions foncières, et les populations paient selon le degré de facilité d'irrigation qu'elles trouvent sur leur territoire.

Les Persans qui ne sont pas habitants des villes se divisent en deux classes bien distinctes, quoique toutes deux vivant en quelque sorte des produits du sol. L'une est celle des *raïas*, ou cultivateurs; l'autre celle des *Iliâts*, ou nomades, qui ont des troupeaux et se transportent d'un lieu à un autre, selon les saisons, ne demandant à la terre que de leur fournir des pâturages. La première classe est morcelée par groupes habitant des villages. Autour de chacun de ces hameaux ou bourgs, il y a, de temps immémorial, une certaine étendue de territoire désignée comme sa propriété. Personne ne peut y toucher, personne ne peut la cultiver que les habitants de l'endroit. Mais il s'en faut que toutes ces dépendances soient en culture. Il y en a une quantité considérable qui est abandonnée et reste inculte autour de villages déserts et ruinés, n'en demeurant pas moins la propriété nominale des villages auxquels elles ont été dévolues. Seulement, quand la population a disparu, quand il n'y a plus personne pour les réclamer, le roi peut en disposer, et il est arrivé quelquefois qu'il les a données à une nouvelle population transplantée d'un autre lieu.

Quant aux *Iliâts*, qui habitent toute l'année sous la tente, et qu'on appelle pour cette raison *Kara-Tchâder*, ou *tentes noires*, à cause de la teinte de celles-ci qui est en effet noire, ils se transportent d'un lieu à l'autre, d'une province vers une autre, selon les besoins de leurs troupeaux. Ainsi l'hiver, quand la neige couvre les parties septentrionales de la Perse, ils descendent vers le sud; en été, au contraire, ils fuient les chaleurs des contrées méridionales, et se rapprochent de celles du nord, où une température plus modérée rend l'herbe plus abondante dans les pâturages qu'ils recherchent. Mais, comme ils sont obligés de rayonner dans les cercles où le sol n'est point complétement stérile, ils sont dans la nécessité de camper sur le territoire de quelque village auquel ils doivent en demander l'autorisation et payer une redevance.

Ces *Iliâts* sont de trois races distinctes qui comptent dans la population de la Perse pour sept cent cinquante mille âmes environ. Dans la zone septentrionale, ils sont Turcomans ou

Kurdes; dans celle du centre, ils sont Kurdes ou Zends, c'est-à-dire originaires du Fars; dans la zone du sud, quelques-uns sont Arabes ou Bactyaris, mais la plus grande partie est Zend.

Ils sont réunis en nombreuses tribus, ou seulement par petits groupes de deux ou trois familles. Ils ne vivent presque que de laitage; ils font du beurre, des fromages, avec le lait de leurs vaches, de leurs brebis ou de leurs chèvres. De la laine de leurs troupeaux ou de leurs chameaux, les femmes font des tapis et des étoffes d'habillement. Il est rare qu'on les rencontre dans le voisinage des villes; ils s'en tiennent presque toujours éloignés, car ils affectionnent les lieux déserts.

Le Châh, pour faire honneur à l'ambassade, nous invita à une grande fête qu'il donnait sous les fenêtres de son palais d'*Haft-Dest*. Nous étions étonnés de n'y voir ni les Russes ni les Turcs; mais on nous dit que le roi avait voulu qu'il fût bien compris que la cérémonie avait lieu particulièrement pour les Français. Rien ne manqua à cette fête, les lutteurs, les danseurs de corde, les ours, les mâts de cocagne, les avaleurs de feu et les danseurs. Le Châh fit jeter des poignées d'or à tous ces bateleurs qui se ruèrent dessus et s'arrachèrent tout ce qu'ils purent, à la grande satisfaction des assistants.

A cette fête en succéda une autre, dont le ministre des affaires étrangères fit les honneurs dans un des beaux palais de la ville. Ce fut un très-grand dîner auquel avaient été invités avec nous tous les hauts fonctionnaires, et plusieurs Khâns attachés au service du roi. Le repas fut très-gai, et nous fûmes très-cordialement traités par les Persans auxquels nous étions mêlés. La musique d'un régiment de la garde, qui n'était vraiment pas mauvaise, joua tout son répertoire pendant le dîner. L'ordonnateur de la fête avait eu la bizarrerie de suspendre, par des fils invisibles, au plafond, un soldat assis sur un tonneau où il jouait du fifre; ce malheureux abusait des sons aigus de son instrument, et nous assourdissait. Pendant ce temps-là, des *Pouchts*, ou jeunes danseurs, tournaient autour de la table, en dansant et s'accompagnant de leurs castagnettes en cuivre. Le bruit et le vin que les musulmans ne se refusaient pas, en grisèrent un grand nombre, et plus d'un pouvait à peine tenir son verre quand la santé du Châh fut portée par l'ambassadeur.

CHAPITRE XX.

Armée persane. — Son organisation. — Son instruction. — Instructeurs Européens. — Garde Royale. — Artillerie. — Siége d'Hérat. — Grades militaires. — Décorations. — Prisonniers de guerre.

C'est au camp d'Ispahan que nous avons vu, pour la première fois, une apparence d'armée, quelque chose ressemblant à des régiments. C'étaient des réunions d'hommes portant des habits à peu près de même couleur, qui tombent en lambeaux; avec une sorte de buffleterie jadis blanche, à laquelle pend un reste de fourreau de bayonnette. Ces soldats sont armés de fusils tous en mauvais état, la plupart sans pierre ou même sans batterie. Ils sont commandés par des officiers presque aussi misérables qu'eux, dont l'instruction militaire se borne à faire porter ou présenter les armes.

L'armée permanente et régulière de Perse ne se compose que d'infanterie et d'artillerie. La cavalerie est irrégulière, à l'exception de celle que le Châh entretient auprès de sa personne. Elle consiste en quatre ou cinq mille *goulams* qui lui font escorte en temps de paix et constituent, en temps de guerre, un corps de cavalerie spéciale et d'élite. Chaque fonctionnaire élevé, ou chaque khân a également quelques cavaliers attachés à son service personnel. Mais ce sont plutôt des serviteurs, des domestiques, que de véritables soldats. Si la guerre survient, le Châh, avant d'entrer en campagne, fait appel à toutes les provinces de son empire, et, de toutes parts, il arrive à son camp des hommes montés et armés selon l'usage de leur pays. Les Kurdes ou les Arabes ont de grandes lances et des boucliers, les Persans de longs fusils; les Khorassaniens ou Turcomans des arcs. Cette multitude de volontaires, de tous costumes, diversement équipés et montés, compose une cavalerie plus pittoresque qu'utile; c'est une troupe de pillards, bonne pour inquiéter l'ennemi et porter la dévastation sur son territoire, plutôt que propre à mettre en ligne pour être opposée à une cavalerie régulière et disciplinée. Chaque individu de cette milice se bat pour son compte, à sa manière, avec ses ruses ou les avantages qui lui sont propres. Leur tactique est encore celle des Parthes; de combattre en fuyant; c'est-à-dire de tirer un coup de fusil ou une flèche en faisant volte-face.

Il faut néanmoins faire remarquer que ces troupes irrégulières ont certains avantages : d'abord, elles comptent pour près des trois quarts dans les forces militaires de la Perse. Elles sont généralement bien montées, et chaque homme, excellent cavalier, ne manque pas de courage personnel. Mais, malgré leurs qualités, ce qui empêche ces auxiliaires de pouvoir rendre des services efficaces, c'est qu'ils manquent totalement de discipline, et n'ont aucune idée de cette confiance et de cet appui mutuels que se prêtent des soldats disciplinés. Ils ne reçoivent pas de solde, ils doivent s'indemniser au moyen du butin fait sur l'ennemi. Ils se trouvent ainsi intéressés au succès de la guerre, et doivent; il est vrai, coopérer de tous leurs efforts à la victoire ; mais que de fois n'est-il pas arrivé qu'ils se sont dédommagés, sur les pauvres habitants de la Perse même, de ce que l'ennemi ne leur avait pas permis de piller chez lui. Les cavaliers irréguliers doivent être nourris, ainsi que leurs chevaux, aux frais du roi, c'est-à-dire qu'ils le sont aux dépens des villages ou des villes qu'ils traversent. Ils cherchent tous leur subsistance dans la maraude, et l'on peut dire qu'ils traitent leur propre pays en pays conquis. Ces miliciens demeurent ordinairement à l'armée tant que la guerre dure. Cependant, comme ils n'ont contracté aucun engagement, et qu'ils servent de bonne volonté, il arrive quelquefois qu'ils retournent dans leurs foyers sans attendre la fin des événements qui les en ont fait sortir.

Indépendamment de cette cavalerie irrégulière qui porte le nom de *Atli*, les différentes provinces de Perse fournissent encore en temps de guerre, quelques milliers de *Tuffekjis* ou *fusiliers* qui composent une infanterie tout aussi peu astreinte aux lois de la discipline. L'armée persane était, à quelques exceptions près, constituée de cette manière, jusque dans les premières années de ce siècle. Dans celui qui l'a précédé, les Persans que le fanatisme religieux et le sentiment de la liberté avaient animés du désir de chasser les Affghans ; oppresseurs de leur patrie, s'étaient groupés sous les drapeaux de Thamas-Kouli-Khân. Ils y restèrent par dévouement à sa personne, lorsque, devenu Nadir-Châh, il les entraîna à sa suite jusque dans l'Inde. La vie belliqueuse et remplie d'aventures à laquelle ils s'étaient habitués, en les unissant, les avait éloignés de la vie civile. Ils étaient ainsi devenus une espèce d'armée permanente attachée à l'usurpateur dont ils avaient assuré les succès. Plus tard les guerres intestines qui désolèrent la Perse, fractionnèrent ces miliciens aguerris en plusieurs corps qui guerroyèrent en partisans. Suivant leurs sympathies, ils se lièrent à la fortune des rebelles et des prétendants qui se faisaient la guerre. Mais aucun de ces partis ne mérita le nom d'armée, et aucun d'eux ne se distinguait par la régularité et la discipline.

Sous le règne de Fet-Ali-Chàh les relations du gouvernement des Kadjârs étaient devenues plus fréquentes avec les Européens ; les Russes menaçants regardaient avec convoitise, du sommet du Caucase, les plaines de la Géorgie ; ce fut alors que le roi de Perse eut l'idée de créer une armée disciplinée à l'européenne, croyant ainsi opposer une barrière aux envahissements de la Russie. Fet-Ali-Chàh était dans ces dispositions, lorsque le général Gardanne, accompagné de plusieurs officiers français, se présenta à sa cour. Stimulé et vivement encouragé dans cette voie par leur présence et la bonne volonté qu'ils lui témoignèrent, il leur demanda de lui prêter l'appui de leur science. Il commença dès lors les réformes qui pouvaient amener le résultat qu'il désirait.

C'est à ces officiers, qui avaient, quoique bien jeunes, figuré sur les champs de bataille de l'Europe, que la Perse doit les premiers éléments de la discipline introduite dans son armée. Dès ce moment, elle reçut une organisation européenne. Les officiers qui se vouèrent à cette entreprise rencontrèrent les plus grandes difficultés. Les préjugés nationaux et religieux éloignèrent les Persans de tout contact avec les *Frenguis*, et leur faisaient refuser une instruction dont ils ne soupçonnaient pas l'importance. Cependant, les fils du roi eux-mêmes, donnant l'exemple et faisant l'exercice, finirent par amener les moins récalcitrants à accepter un enseignement qu'ils réprouvaient au fond du cœur. Peu à peu les résistances s'affaiblirent et les instructeurs français réussirent à former quelques bataillons sachant à peu près manœuvrer.

La réforme de l'habillement fut une des premières. Les longues robes orientales étaient peu propres à faciliter les mouvements militaires, et, bien qu'ils y fussent habitués, les soldats persans devaient nécessairement en être embarrassés dans les marches. Elle fut supprimée et remplacée par une petite veste sans basques, qui s'arrêtait à la ceinture. Au lieu des amples culottes ou *chalvars* qu'ils portaient, on leur donna des pantalons, arrêtés et noués au-dessus de la cheville. La chaussure adoptée fut une espèce de brodequins de cuir, lacés jusqu'à mi-jambe et très-propres à la marche. On compléta leur équipement par des buffleteries qui soutenaient une giberne et un sabre-poignard.

L'artillerie, arme si indispensable et d'une si grande influence dans une bataille, ne pouvait être négligée par ceux qui avaient accepté la mission de constituer une armée en Perse; aussi y donnèrent-ils tous leurs soins. Parmi les officiers qui s'appliquèrent à cette entreprise, figurait M. Fabvier, qui fonda à Ispahan un arsenal duquel il fit sortir, comme par miracle, en très-peu de temps, quelques pièces de campagne. Cet officier, déjà distingué, forma également un corps d'artilleurs qui fut le noyau et l'origine de l'artillerie persane.

Fet-Ali-Châh, émerveillé des changements opérés, des améliorations introduites dans la force militaire de son royaume, commençait à entrevoir la possibilité de résister dans cet étau où il se sentait serré, par la Russie d'une part, de l'autre par l'Angleterre. Mais les Anglais ne faisaient pas assez peu de cas de la Perse, malgré leur mépris apparent, pour ne pas s'inquiéter de l'essor qu'avait pris l'armée de ce pays, et des progrès que l'intelligence naturelle des Persans leur avait permis de faire dans la tactique. Aussi usèrent-ils de tous les moyens possibles pour couper court à une éducation militaire qui allait trop vite à leur gré. On sait comment ils réussirent à faire éconduire l'ambassade française de 1809, et tous les officiers qui y étaient attachés. Ils persuadèrent à Fet-Ali-Châh que des officiers anglais remplaceraient avantageusement ceux de Napoléon, et, avec l'arrière-pensée d'arrêter ou de neutraliser l'instruction militaire déjà acquise par les soldats persans, ils simulèrent l'intention de continuer l'œuvre commencée par les Français. En réalité, ils voulaient la détruire, comme ils y arrivèrent. Le changement fut, de tout point, fatal à la Perse. Les Anglais, qui pensaient n'agir que pour eux, travaillèrent, sans le savoir, pour la Russie. Ils avaient fait avec le Châh un traité par lequel ils s'engageaient à lui donner un subside de 200,000 livres sterling, afin qu'il pût lever et entretenir un corps régulier de douze mille hommes d'infanterie, et vingt-cinq pièces de canon. Malgré ce secours, l'armée commandée par Abbas-Mirza, fils de Fet-Ali-Châh, fut constamment battue sur les bords de l'Araxe; la Géorgie fut conquise par la Russie, et plus tard, la paix de Turkmân-Tchaï put seule arrêter les vainqueurs à six journées de marche de la capitale. Les instructeurs anglais étaient cependant restés près de vingt ans en Perse, avec d'énormes appointements.

Ce sont les débris des bataillons confiés aux *Talimdjis* de l'armée des Indes que nous retrouvions à Ispahan. L'infanterie persane n'avait conservé, de son organisation primitive, que quelques maniements d'armes insignifiants et inutiles un jour de bataille. A la veste bleue française on avait, pour les bataillons de la garde, substitué une veste rouge de façon anglaise; et, comme pour achever de rendre cette troupe impropre à aucun service sérieux, elle était armée de fusils anglais d'une fabrication détestable. Toutes ces armes étaient détraquées. Elles avaient, en peu de temps, perdu leurs batteries, et les baïonnettes en étaient si mal adaptées, que des soldats me racontaient qu'au siége d'Hérat ils avaient été obligés de les attacher avec leurs mouchoirs pour ne pas les laisser entre les côtes des Affghâns.

En outre des bataillons dits de la garde, il y en a d'autres qu'on appelle provinciaux: ils correspondent à nos troupes de ligne. Ce sont eux qui tiennent garnison dans les principales villes du royaume. Ils se distinguent de la garde par la couleur de leur veste, qui est bleue ou jaune. Leurs buffleteries sont en cuir noir. Les pantalons sont blancs pour toute l'infanterie. Elle marche au son des tambours et des fifres. Les bataillons de la garde seule ont une musique d'instruments à vent qui exécute des marches arrangées sur des airs nationaux par des Allemands ou des Italiens. Le costume des officiers est très-simple. Ils portent une veste de la couleur de leur bataillon, ou une tunique boutonnée droit sur la poitrine, de grandes bottes et un sabre persan. Les colonels seuls ont des épaulettes.

Quant à l'artillerie, il ne m'a pas été possible de juger de son habileté. Si son tir est juste, c'est probablement tout ce qu'on peut en dire d'avantageux. Elle est organisée en artillerie légère. Ses pièces sont du calibre de 6 et de 8. Ses canonniers sont à cheval. Ils n'ont pas d'autre arme qu'un sabre de façon anglaise. Leur uniforme a une tournure plus européenne que celui de l'infanterie; ils ont une veste de drap gros bleu, avec des parements rouges; une giberne croise leur poitrine; ils portent des pantalons de coton bleu ou blanc avec de grandes bottes à cœur et à glands. Leur tête est couverte d'un énorme bonnet de peau de mouton noir ou gris, à longue laine, qui, de loin, figure un colback. Les officiers se distinguent des soldats en ce que leurs vestes sont ornées, sur la poitrine, de trois rangs de boutons avec des tresses d'or, et que le collet et les parements sont accompagnés de galons semblables. Ils ont des épaulettes, mais sans y attacher la même marque distinctive des grades que nous. Ainsi, j'ai vu un capitaine portant de monstrueuses épaulettes de colonel russe; il en paraissait d'ailleurs fort enchanté et très-fier. Cet officier avait une assez bonne tournure de troupier, mais il était encore plus vantard que ne l'est ordinairement un Persan. Il attribuait à l'artillerie persane une supériorité qui ne pouvait permettre à aucune autre de se mesurer avec elle. — Entre autres fanfaronnades il prétendait faire tirer à ses canonniers vingt coups dans une minute. — Le matériel de cette arme a une apparence qui, à distance, satisfait l'œil. Mais il en est de cela comme de tout en Perse : quand on veut regarder de trop près, ou analyser, on reconnaît de suite l'ignorance, l'incurie et une vanité si aveugle qu'elle empêche les Persans de voir ou de s'avouer à eux-mêmes ce qui leur manque.

Pour ce qui est de l'artillerie, il faut dire que le premier ministre, vieux Mollah entêté, et parfaitement ignorant en fait d'art militaire, contribue beaucoup à son dépérissement. — Hadji-Mirza-Hagassi a, comme je l'ai dit, la marotte d'être un savant artilleur. Il a pris la haute main sur cette partie si importante de la force armée, et veut diriger le matériel à sa guise. Il avait embauché des Allemands et des Russes comme contre-maîtres dans l'arsenal de Téhérân. Mais ces ouvriers étaient loin d'être assez habiles pour donner une bonne direction aux travaux. De plus, ils étaient gênés par le premier ministre qui leur imposait ses idées, ses caprices et les innovations les plus absurdes; ils étaient sans cesse en butte aux tracasseries des employés persans, jaloux de voir à côté d'eux des Européens occuper des positions qui les mettaient sous leurs ordres. Peu à peu les Européens se retirèrent, et, quand nous étions à Téhérân, l'arsenal était dirigé exclusivement par un Persan qui croyait posséder une très-grande science parce qu'il avait passé quelques mois en Angleterre. Cet arsenal était dans un très-piteux état, il faut le dire. L'ignorance y régnait partout, et l'inexpérience se rencontrait à chaque pas. Aussi, les pièces que l'on y fabriquait étaient-elles très-défectueuses. Souvent elles manquaient à la fonte, ou si cette opération avait réussi, les résultats ne présentaient que des conditions de courte durée. Entre autres imperfections à signaler et qui montrent quel peu de fonds il faut faire sur l'artillerie persane, je dirai que la partie essentielle, celle qui concerne la fabrication des canons, est aussi celle que les Persans connaissent le moins. Ils sont, pour cela, fort arriérés et d'autant plus ignorants qu'ils s'en doutent moins. Leurs canons sont tous fondus à noyau, au lieu d'être forés, selon le système moderne. L'âme de leurs pièces, au lieu d'avoir cette précision et cette uniformité compacte qui en assure la solidité, est au contraire très-irrégulière. Le peu de soin qu'ils apportent dans cette opération, qui en exige beaucoup pour donner des résultats seulement passables, est cause que leurs pièces sont extrêmement défectueuses. Les parois intérieures sont très-imparfaites, et il s'y forme presque toujours des chambres latérales qui les font crever après un très-petit nombre de coups. On m'a assuré qu'à l'essai, il y avait tout au plus une pièce, sur dix, qui résistât à l'épreuve, et que celle-ci, livrée à la troupe, ne pouvait servir qu'un très-court espace de temps. On conçoit, d'après cela, ce que coûte à la Perse l'ignorance et la manie de son premier ministre. On conçoit aussi de quel secours peut être, dans une guerre sérieuse, une artillerie dont les bases offrent si peu de garanties.

Une autre cause des mauvais services qu'elle doit rendre, c'est le manque de chariots et de fourgons pour les munitions, qui sont toujours transportées à dos de chameau. Ces animaux ont le double inconvénient d'encombrer l'armée et de ne pas se prêter à la précision qu'exigent les mouvements militaires. Mais quelque chose de plus grave encore nuit à l'efficacité de cette arme entre les mains des Persans. Ils n'ont point et ne savent point faire de projectiles qu'ils sont réduits à acheter à leurs voisins. On conçoit tout ce que cette dépendance a de fâcheux en cas de guerre, puisqu'elle met la Perse à la merci de ceux qui peuvent, suivant leur intérêt, l'aider ou la livrer sans défense aux coups de ses ennemis. Il n'y a pas jusqu'aux pierres à feu qu'elle ne soit obligée de tirer du dehors. Son sol ne paraît pas en produire, ou plutôt ses habitants ne se donnent pas la peine de les chercher. Aussi, est-il fréquent de rencontrer des soldats qui n'ont point de silex à leurs fusils.

Divers épisodes qu'on m'a racontés du siége d'Hérat prouvent bien ce que je disais du peu de secours qu'il faut attendre de l'artillerie persane. Ainsi, elle a pu à peine faire brèche aux murs en briques crues de cette ville. On avait apporté si peu de munitions qu'il a fallu fabriquer des boulets de pierre. Enfin le premier ministre, voyant l'insuffisance et l'inefficacité de ses canons, conçut la merveilleuse idée de fondre, au milieu du camp même, une énorme pièce d'un calibre monstrueux pour laquelle on ne put tailler qu'un petit nombre de boulets. Lancés à toute volée contre la ville, ils passaient par-dessus, et des soldats, enthousiastes de la science balistique du vizir, se dévouaient pour aller, de l'autre côté de la place, chercher et ramasser ces précieux projectiles. On pense si cette formidable artillerie de siége devait récréer l'ambassadeur russe, vieux soldat de Napoléon. Le général Simonitch s'amusait beaucoup, à ce qu'il paraît, du Mollah artilleur et de ses innovations ; ces puérilités, conçues avec toute la gravité orientale, l'aidaient à passer le temps pendant un siége qui traînait en longueur.

Puisque j'ai parlé du siége d'Hérat, j'ajouterai quelques mots qui donneront une idée de la manière dont les Persans font la guerre. L'armée qui investissait cette place n'était pas seulement composée de troupes, il y avait à la suite toute une population d'artisans et de marchands de toutes sortes. Elle avait emporté avec elle tout ce qui devait pourvoir à son existence pendant longtemps; il semblait qu'elle voulût fonder une colonie en face de la ville assiégée. Le camp royal avait l'aspect d'une ville : on y avait tracé des rues qui étaient bordées d'une quantité innombrable de tentes. Il y avait un bazar et des ateliers de tout genre. Les Persans ayant, à ce qu'il paraît, fort peu de confiance dans leur force ou dans leurs connaissances stratégiques, pensant que la durée du siége pourrait se prolonger, avaient poussé la prévoyance jusqu'à tracer des sillons autour de leur camp, et ils y avaient semé. Ils ne s'étaient pas trompés. Les lenteurs furent telles qu'ils y firent la moisson. On aurait pu croire que cette preuve de la persévérance que Mehemet-Châh comptait mettre dans son entreprise intimiderait les Affghâns, et les déciderait à se rendre ; mais ils étaient trop bien soutenus, et par les officiers anglais qui les guidaient dans la défense de leurs murs, et par l'ambassadeur britannique qui, du milieu du camp où il était l'hôte et en apparence l'allié du roi, entretenait avec eux des intelligences perfides. Aidés par les conseils des uns, encouragés par la trahison de l'autre, et surtout soudoyés par l'or de l'Angleterre, les habitants d'Hérat se défendirent vigoureusement. Il faut dire que la haine religieuse leur venait en aide, et que l'ineptie des Persans, ainsi que leur pénurie de munitions, étaient des auxiliaires puissants pour les assiégés. La bravoure persane fit, dit-on, des prodiges. Les bataillons de l'Azerbaïdjân, conduits par un Polonais, le général Barowski, montèrent résolument sur la brèche ; mais ce chef fut tué au moment où il plantait déjà sur le mur l'étendard du Lion. Sa mort mit le désordre dans les rangs des assaillants; les assiégés en profitèrent, et les cartouches venant à manquer, les Persans reculèrent. Le ministre anglais, craignant que leur élan ne réussît à enlever la ville si on lui livrait un second assaut, somma insolemment le Châh de lever le siége, sous peine d'une déclaration de guerre et d'une invasion dans les provinces du sud. Que faire? Voilà où la faiblesse du caractère persan se montre dans tout ce qu'elle a de plus honteux ; ces mêmes hommes qui n'avaient redouté ni une marche longue et pénible à travers les déserts du Khorassân, ni les misères et les lenteurs d'un siége au milieu d'un pays ennemi, ni le feu, ni les assauts, ni les maladies qui les décimaient, ces hommes s'arrêtèrent à la voix d'un Anglais! La crainte que le représentant de la Grande-Bretagne leur inspirait était telle que le Châh revint à Téhérân, et qu'il perdit Hérat, probablement pour toujours, pour ne pas déplaire à l'Angleterre.

J'ai dit ce qu'est l'artillerie persane organisée à l'européenne. Il en existe une autre, d'un genre fort curieux. Son matériel consiste en petites pièces de cuivre pouvant lancer une livre et demie, ou deux livres au plus, de balles. Chaque pièce est placée sur un chameau, et adaptée à un pivot sur lequel elle tourne dans tous les sens. Chacun de ces animaux porte ainsi un petit canon, la provision de projectiles et de poudre nécessaires pour une vingtaine de coups, et un canonnier. Quand on veut faire feu, le chameau s'accroupit; si l'on doit battre en retraite, ou marcher en avant, on le fait rapidement, grâce à la vitesse à laquelle ces quadrupèdes sont habitués. Autrefois, du temps de Aga-Mehemet-Khân-Kadjâr, cette artillerie était la seule dont ce souverain pût disposer.

Mais actuellement elle est bien réduite, et, depuis l'organisation de l'armée par des *Talimdjis* européens, elle n'est plus guère en usage que pour les salves royales qui se font autour de la tente du Châh quand il est en voyage.

En résumé, on peut dire de l'armée persane qu'elle possède les qualités naturelles qui font les bons soldats : l'intelligence, la bravoure, la sobriété, l'endurcissement aux fatigues de tout genre ; mais qu'elle manque complétement de la science qui pourrait la rendre redoutable à ses voisins.

J'ajouterai, pour compléter ce tableau, quelques mots sur la manière dont l'armée permanente et régulière est constituée. Le système de la conscription basée sur la chance individuelle, est inconnu en Perse. Le recrutement est livré à la bonne volonté des citoyens, ou le plus souvent à l'arbitraire des Beglier-Beys. Quand le Châh a besoin de soldats, il envoie dans les provinces de son empire des firmans portant le nombre d'hommes à fournir. Sur cent, on en prend depuis un jusqu'à six, selon les besoins du moment. Dans une même famille, il n'y a qu'un seul fils qui soit contraint de porter les armes. Le soldat persan est au service pour sa vie entière, à moins que le Châh ne juge à propos de le congédier. Chaque homme doit recevoir annuellement douze toumâns, environ 150 francs. De plus, il est logé et nourri en partie, c'est-à-dire que chaque corps reçoit un peu de grain. Dans les marches, les troupes vivent toujours aux dépens des habitants. Pour ce qui est de la paie, le roi la tire de ses coffres et la remet au premier ministre. Mais de la main royale elle passe en tant d'autres, que, perdant de leur poids dans chacune, les douze toumâns n'en valent plus que cinq, ou tout au plus six, quand ils parviennent dans celles des pauvres Serbás; encore, les leur fait-on attendre bien longtemps. J'ai vu un régiment qui n'avait rien touché de sa solde depuis deux années. Quelquefois ces malheureux, poussés par la misère, se mutinent, demandent en armes qu'on les paie. Quelquefois ils obtiennent, par ce moyen, une justice tardive et déplorable qui se résume en un faible à compte. Mais, le plus souvent, on trouve plus commode de licencier le régiment rebelle, qui ne demande pas mieux, et qu'on remplace par une nouvelle levée.

Si le gouvernement persan n'est pas le scrupuleux observateur de ses engagements vis-à-vis du soldat, il ne lui impose pas moins des devoirs réglés par un code sévère. La désertion surtout est punie d'une manière cruelle : lorsqu'un déserteur a quitté son drapeau, on envoie dans toute la Perse des firmans intimant à tous les habitants l'ordre de livrer le coupable, sous les peines les plus graves. Lorsqu'il est pris, on le fait passer entre deux rangs de cinq cents soldats, armés de fouets ou de verges, qui le frappent tous; il doit aller et revenir ainsi. S'il résiste à cette épreuve, ce qui arrive rarement, on le chasse comme indigne de porter les armes. Pour toutes les autres infractions à la discipline, quelles qu'elles soient, c'est toujours à la bastonnade qu'on a recours comme châtiment. Le nombre de coups diffère en raison de la gravité de la faute; il arrive souvent que la mort du coupable s'ensuit.

Les récompenses sont honorifiques, et consistent en décorations; mais les plus élevées portent avec elles un prix intrinsèque qui leur donne une valeur vénale. Pour les hauts grades, ces décorations sont le portrait du Châh, sur émail, enrichi de brillants plus ou moins beaux; pour les inférieurs, ce sont de grandes croix en forme de soleil, dont les rayons sont en diamants et rubis, et dont le centre représente le symbole de la monarchie persane : un lion surmonté du disque radieux du soleil. Ces décorations se portent, comme nos plaques, sur la poitrine. En descendant l'échelle, on passe des croix de commandeur aux petites croix, mais toujours en diamants, et l'on arrive aux simples médailles d'or et d'argent pour les hommes qui se sont distingués par leur bravoure. J'en ai vu qui avaient plusieurs médailles semblables, et l'on m'a dit que chacune d'elles était le prix d'une tête coupée sur le champ de bataille.

Il existe dans l'armée persane une assimilation aux grades européens; mais les lois de cette hiérarchie n'ont pour base ni la régularité, ni la reconnaissance des services rendus, qui assurent en Europe une juste progression dans la carrière militaire. Les grades sont dus à la naissance, au bon plaisir ou à l'intrigue. Ainsi, on voit des Princes, des Khâns, quel que soit leur âge, n'ayant jamais servi, sans instruction militaire, occuper les emplois les plus importants, et se trouver avec des commandements dont ils sont fort embarrassés. Quelle confiance peuvent-ils inspirer à leurs troupes? S'ils ont le courage personnel, quelle expérience ont-ils acquise pour en faire usage, ou pour tirer parti de celui des troupes qui leur sont confiées? Les tristes résultats de ce système sont patents, sensibles, et se reconnaissent partout, même dans l'intérieur du royaume, même en temps de paix. Quelles n'en seraient pas les conséquences, en cas de guerre, surtout en face d'armées européennes, ou même d'armées asiatiques dirigées par des Européens?

La création de grades dans l'armée remonte à Nadir-Châh,

qui fut le premier organisateur des forces militaires de son pays. Ce fut lui qui commença à réunir un certain nombre déterminé de soldats, sous un chef dont le commandement se transmettait à la troupe par des officiers subalternes. Le plus haut grade de l'armée persane est celui d'Émir-Nizam; il est unique. Nous avons vu à Tabriz un personnage qui en est revêtu; il réside toujours dans l'Azerbaïdjân, dont il commande directement toutes les forces militaires. Ce poste lui est assigné en vue des événements qui pourraient se passer sur les frontières qui, de tout temps, ont été les plus exposées du côté de la Russie et de la Turquie. Au-dessous de l'Émir-Nizam, sont quatre *Serdârs* qui ont le commandement chacun de dix mille hommes. On peut les assimiler aux généraux. Ordinairement, il y en a un dans chacune des grandes provinces : à Téhérân, pour l'Irak ; à Meched, pour le Khorassân ; à Chiraz, pour le Fars et tout le midi ; et à Kermanchâh, pour l'ouest. Après viennent les colonels qu'on appelle *Sertip* ou *Sering*; ils commandent plusieurs bataillons qui ont pour chefs des *Iavehr* ayant sous leurs ordres mille hommes. Dans chaque bataillon, les bas grades sont occupés par les *Sultans* ou capitaines ; les *Naïeb-Sultân* ou *Begzâdèhs*, lieutenants ; les *Iuzbachi* et *Dâhbachi*, sous-lieutenants. Le *Baïdacdar* est le *porte-drapeau*. Ce drapeau est rouge; sur le champ est figuré le symbole de l'Empire : un lion et un soleil ; la hampe est terminée par une main qui figure celle d'Ali. Chaque corps a de plus un *Vekil* ou *adjudant*, chargé des subsistances.

Quand le Châh veut faire la guerre à un État voisin, il envoie un ambassadeur la déclarer ; mais, s'il a affaire à une petite peuplade, il ne daigne pas lui faire cet honneur et commence les hostilités sans la prévenir. Il est d'usage d'offrir aux prisonniers de servir en Perse et d'y être considérés comme nationaux. S'ils acceptent, ils sont très-bien traités; s'ils refusent, on les retient en prison; si le fanatisme religieux ou l'exaltation produite par le combat leur fait refuser de quitter le champ de bataille, on leur coupe la tête. C'est ce qui a eu lieu dans la guerre soutenue contre les Russes. Mais il est arrivé, dans cette même guerre, un autre fait digne de remarque : c'est qu'un nombre considérable de Polonais, enrôlés sous les drapeaux russes, ont déserté du côté des Persans. Ils aimaient mieux vivre avec les musulmans que de continuer à servir en Russie. Après la paix, on eut beaucoup de peine à réintégrer ces transfuges dont plusieurs embrassèrent l'islamisme plutôt que de repasser l'Araxe. Il arrive souvent que des prisonniers de guerre sont retenus par le Châh pour son service particulier, et distribués dans les ateliers de l'État, où ils exercent la profession qu'ils connaissent.

Il existe, pour le cas de guerre, un autre usage qui prouve que le gouvernement persan n'est pas sans sollicitude à l'égard de ses nationaux : ainsi, quand il y a des Persans dans le pays avec lequel la guerre survient, on envoie des gens de confiance chargés de veiller sur eux et de rendre compte de ce qui leur arrive. S'ils éprouvent de mauvais traitements, on use immédiatement de représailles à l'égard des sujets de ce pays qui peuvent se trouver en Perse.

CHAPITRE XXI.

Ispahan. — Sa population. — Ses monuments. — Meïdân-i-Châh. — Matchit-i-Châh. — Palais de Châh-Abbas. — Alah-Kapi. — Medressèh-Châh-Sultân-Husseïn. — Ponts.

Le territoire d'Ispahan est borné, au nord et à l'est, par une chaîne de montagnes qui séparent son territoire des déserts de Khorassân et de Kermân. Au sud et à l'ouest, s'élèvent d'autres monts d'un aspect sauvage; ils ouvrent leurs défilés à la route de Chiraz; souvent aussi ils donnent passage aux cavaliers Bactyaris, qui viennent, jusque sous les murs de la ville, effrayer les habitants par leurs brigandages. L'âpre physionomie de cette chaîne lui prête un grand caractère, mais l'œil ne s'arrête qu'avec tristesse sur ses pics rocailleux autour desquels tournoient, en décrivant leurs cercles aériens, les aigles ou les vautours, seuls êtres qui vivent à ces hauteurs inaccessibles.

Sur l'une des crêtes les plus élevées, s'aperçoivent les restes d'un autel du Feu. Les susceptibilités de la religion de Mahomet n'ont pu dépouiller entièrement cette ruine guèbre d'une sorte de vénération que les Persans n'avouent pas, mais qu'ils trahissent en en parlant.

La plaine d'Ispahan est arrosée par plusieurs courants d'eau, dont le plus important est le *Zendèhroûd*. Les eaux de cette rivière, peu profonde en toute saison, se réduisent considérablement en été; mais elles s'étendent sur un lit très-large et capricieusement creusé, lorsqu'à l'hiver les pluies ont gonflé ses affluents, ou qu'au printemps la fonte des neiges sillonne les gorges qu'ils traversent. Le *Zendèhroûd* n'a qu'un parcours de quarante myriamètres environ. Descendant rapidement les versants des monts du Loûristân, il débouche dans la plaine d'Ispahan, près de cette ville, et va se perdre dans les sables du désert de Yezd. Les Persans prétendent qu'il reparaît près de Kermân et se jette dans la mer des Indes. Rien cependant ne justifie cette assertion. Quant à la première, qui est conforme à la vérité, elle est consacrée par le nom du fleuve qui, au dire des habitants, se compose des deux mots *roûd, rivière*, et *zendèh, perdu*. — Cette rivière est précieuse pour les cultivateurs qui trouvent, dans les nombreuses saignées qu'ils lui font et la distribution de ses eaux par mille canaux irrigateurs, des moyens de fertilisation qui lui ont fait donner le nom de *rivière d'or*.

Ispahan est, sans contredit, l'une des plus grandes villes du monde. L'espace qu'elle occupe n'a pas moins de quarante kilomètres de circonférence. Mais dans ce périmètre immense, il faut comprendre les faubourgs, villages, palais ou jardins, les uns habités, les autres ruinés, qui sont attenants aux murs d'enceinte; le tout ne faisant qu'une seule et même ville. Cette étendue a fait dire aux Persans ce mot, que son exagération tout orientale n'a point empêché de rester populaire, *Ispahan est la moitié du monde*.

Sa population a diminué considérablement depuis deux cents ans, si le chiffre de 600,000 âmes, que lui ont attribué les voyageurs du xvii° siècle, était réel. Cependant il monte encore à celui de 100,000 environ. — Il est extrêmement difficile d'établir ce dénombrement, d'après des données certaines. Plusieurs causes rendent toute évaluation douteuse : la fluctuation continuelle de la population, les émigrations fréquentes dans toute la Perse, et que la mobilité des familles, la nature capricieuse et le caractère aventureux des Persans rendent plus faciles qu'en aucun lieu du monde, sans oublier la misère qui en fait le plus souvent une nécessité, pour aller chercher fortune ailleurs ou échapper aux exactions du gouvernement. A ces causes, il faut ajouter l'absence presque totale des tableaux de recensement ou d'états civils, qui indiquent la naissance ou la mort des citoyens. Ce manque de statistique officielle a rendu ingénieux certains voyageurs qui ont voulu chercher, dans le nombre des moutons tués à la boucherie d'Ispahan, le chiffre approximatif de sa population. Il est impossible d'ajouter foi à un calcul établi de cette manière. Outre que les Persans mangent peu de viande, il faut observer que la plupart des habitants sont trop pauvres pour se la permettre, et ne mangent guère que du pain, du laitage et des légumes.

On ne pourrait pas davantage se baser sur l'étendue de la ville, ou le nombre des maisons. Si cette manière de procéder pouvait être certaine au temps de Châh-Abbas, alors qu'il appelait à lui la population, et qu'Ispahan était florissant, il faut dire qu'aujourd'hui elle mènerait à l'erreur, car les cinq sixièmes des maisons sont ruinées et entièrement abandonnées.

Quoi qu'il en soit de la diminution considérable de la population d'Ispahan et de ses vastes ruines, cette capitale n'en a pas moins conservé un aspect grandiose. Vue à quelque distance, au nombre de ses dômes émaillés, de ses élégants minarets, à l'étendue immense qu'elle occupe, il est impossible de ne pas reconnaître tout d'abord en elle, une très-grande et très-belle ville. On peut même dire que l'effet qu'elle produit aujourd'hui, doit être le même qu'elle produisait au temps de sa plus brillante splendeur.

En Perse, en effet, les maisons ou les quartiers abandonnés n'ont pas extérieurement et ne présentent pas à l'œil cet aspect triste et délabré qu'ils ont dans nos pays. Les maisons n'ont point de façade sur la rue; rien n'est apparent, et tout ce qui contribue à en rendre l'habitation commode ou agréable, tout ce qui en fait le luxe se trouve à l'intérieur, et caché derrière des murs qui les dérobent à l'œil du passant. Il en résulte qu'on peut s'y méprendre, et parcourir des quartiers entiers sans se douter que les maisons en sont désertes et tombent en ruines. A plus forte raison, quand le voyageur approche d'Ispahan, qu'il aperçoit ses majestueuses mosquées dominer de toutes parts et briller étincelantes au-dessus des mille coupoles des bazars et d'un nombre considérable de palais ou d'habitations de toute sorte, peut-il se faire facilement illusion. Ce n'est qu'en pénétrant dans cette grande ville où se meut trop à l'aise sa population amoindrie, et en marchant au travers de ses rues solitaires, que l'on comprend tout ce qu'elle a perdu depuis la fin tragique du dernier des Sophis.

J'ai dit qu'Ispahan était une ville secondaire, à l'époque où Châh-Abbas y fixa sa résidence. C'est lui qui, en effet, en a créé presque tous les édifices et embellissements. Ses immenses bazars, qui traversent la ville dans toute sa longueur et en faisaient un des principaux marchés de l'Asie, sont son ouvrage. Les palais et les mosquées resplendissants d'or et d'émail, de peintures et de marbres, tous ces beaux édifices pour lesquels le génie des Persans a prodigué les ressources de son goût original, tandis que le souverain prodiguait l'or, sont dus à la magnificence de ce prince qui a su mettre ainsi à profit, pour la renaissance des arts, l'exaltation d'idées qui avait déjà politiquement régénéré son peuple.

Les monuments les plus remarquables de la Perse moderne, surtout à Ispahan, ce sont les mosquées. Si l'on voulait juger de la dévotion des peuples par les frais d'embellissement qu'ils font pour décorer les lieux destinés à l'adoration de l'Être Suprême, on ne pourrait se refuser à croire les nations de l'Orient éminemment plus religieuses que celles de l'Occident. En Europe, les palais des rois, les musées, les hôtels de ville, les maisons des particuliers même, rivalisent de richesse architectonique et d'ornements de toutes sortes, avec les temples chrétiens, qu'ils soient de style grec ou gothique. Chez les peuples musulmans, les architectes ont employé tout leur savoir, appliqué les inventions les plus élégantes de leur imagination à la construction et à la décoration des mosquées. Celles-ci dominent partout les villes ; leurs puissantes coupoles s'élèvent majestueusement entre leurs minarets élancés, au-dessus de toutes les habitations, simples maisons ou palais. Il n'en est point de ceux-ci, si fastueux qu'ils soient, dans lesquels ne plonge de très-haut la voix du Muezzin qui rappelle que c'est l'heure de prier Dieu. Aux mosquées, les marbres de Paros, l'albâtre égyptien, le granit rouge, les colonnes élégantes en vert antique ou en porphyre, aux chapiteaux dorés et gracieusement sculptés; pour elles, les arabesques qui, sur l'émail, tracent les versets du Koran en lettres brillantes devant le regard pénétré du vrai croyant; les voûtes superposées, aux stalactites d'or, les arcades élancées qui se courbent et s'entrelacent, en décrivant l'ogive arabe ou le cintre byzantin. Partout l'idée de Dieu domine; partout son culte frappe le regard, la pensée religieuse s'élève au-dessus du vulgaire.

La partie sud de la ville est celle où se trouvent réunis les édifices principaux. Là, sur un espace immense, s'ouvre la grande place qui porte le nom de *Meïdân-i-Châh* ou *place Royale*. A l'une de ses extrémités s'élèvent le dôme et les minarets de la grande mosquée. En face s'ouvrent les principales portes des bazars, et sur l'une des faces se trouve le palais. Les autres parties de la place sont formées de maisons toutes semblables, ornées d'arcades. Dans les unes, demeurent des marchands, ou des mirzas attachés au gouverneur; des soldats, des goulams sont logés dans les autres. Cette place, qui est une des plus spacieuses du monde, a pour plan un vaste rectangle à l'intérieur duquel est inscrit un autre rectangle dont le périmètre est donné par la ligne continue d'un canal d'eau vive. Entre ce canal et les édifices s'élevaient autrefois de magnifiques platanes; mais, abattus pour faire des affûts de canon, ils n'ont point été replantés. Cet ornement est d'autant plus regrettable aujourd'hui, sur cette place, qu'il est impossible de s'y soustraire aux rayons ardents du soleil.

En temps ordinaire, la plus grande partie du Meidân-i-Châh est occupée par une foule de petits marchands forains dont le commerce consiste en denrées communes, et surtout en marchandises d'occasion. C'est une espèce de foire permanente où viennent se mettre à la portée des consommateurs pauvres tous les marchands de vieilleries de mince valeur. Là, fripiers, quincaillers, fruitiers, revendeurs de tout genre, abrités sous de grands parasols, étalent, sur des lambeaux de tapis ou des nattes, la défroque des morts, de vieilles armes rouillées, des outils, des selles ou brides de hasard, des pastèques, du raisin ou des fruits secs. Plus loin sont les maquignons et les chameliers, qui s'efforcent d'énumérer aux acheteurs les qualités de leurs chevaux, ou de prouver la force et la docilité de leurs chameaux. A côté d'eux retentissent les coups de marteau des maréchaux qui ferrent les mules de quelque caravane prête à partir. Mais leur voisinage ne présente pas, comme dans nos pays, l'inconvénient de cette odeur fétide qui s'émane de la corne brûlée quand le fer y est appliqué chaud. En Perse, comme dans tout l'Orient, on ferre à froid; et cette méthode doit être bonne, car on voit bien rarement les chevaux ou les mulets avoir des maladies de pied.

Au milieu de ce monde animé, sont quelques échoppes plus paisibles sous lesquelles siégent gravement les écrivains et les médecins. Ceux-ci sont en même temps apothicaires, et ils débitent les drogues qu'ils ordonnent, d'où il résulte très-naturellement qu'ils administrent le plus de médicaments possible, au risque de tuer les malades. Quant aux premiers, ils n'ont guère de pratiques; car, en Perse, il y a bien peu d'individus qui soient totalement illettrés. Près de là sont les cuisiniers qui, sur un petit fourneau où pétille une braise ardente, font rôtir leurs brochettes de *khébâb*. Dans ces restaurants en plein air, on trouve facilement le moyen de faire un bon repas : du pilau toujours prêt, du mouton rôti, des concombres ou des salades trempées dans de l'hydromel, avec quelques dattes ou du raisin; tel est le menu dont peuvent se régaler là, sans grands frais, les chalands attardés. Dans un coin de la place sont des derviches qui font des prédications au nom d'Ali; des conteurs qui récitent les poésies épicuriennes d'*Hafiz*, le *Gulistân*, chef-d'œuvre de *Saadi*, et les exploits de *Roustâm*, l'*Hercule* ou le *Roland* des Persans. Au milieu de tout ce monde de vendeurs et d'acheteurs de toute sorte, qui se meuvent en tout sens, se croisent, se heurtent et crient sur tous les tons, s'élève, sur une estrade, le bureau de l'inspecteur ou garde de police de ce vaste et bruyant marché. Il est entouré de ses estafiers dont les fonctions consistent à bâtonner ceux qui mettraient du trouble dans cette foule.

Ce bazar en plein air est celui des pauvres marchands qui n'ont pas les moyens de louer des boutiques dans les bazars couverts. Cependant les places occupées par eux sur ce marché ne sont pas gratuites. Elles paient toutes un droit d'étalage fort modique, il est vrai, qui descend jusqu'à un sou, mais qui ne laisse pas de rendre jus-

qu'à 40 ou 50 fr. par jour. Cet impôt est levé au profit de
la mosquée royale dont il est un des meilleurs revenus,
précisément en raison de la médiocrité des marchands
dont le pauvre trafic s'exerce sur cette place; car, à cause
du peu de confiance qu'ils inspirent, les percepteurs font
leur collecte chaque jour, ou au moins chaque semaine,
sans jamais faire de crédit. Le soir, tous ces étalagistes rassemblent leurs marchandises, jettent dessus leurs parasols
ou leurs nattes, et les confient ainsi à la garde des surveillants de la police.

Autrefois, le *Meïdan-i-Châh* était entièrement couvert de
boutiques; mais aujourd'hui, la population étant considérablement diminuée, le nombre des marchands forains a suivi
une décroissance proportionnelle, et leurs rangs éclaircis
laissent libre une très-grande partie de la place où les cavaliers lancent leurs chevaux à toute bride, font des évolutions
dans lesquelles ils se défient, s'attaquent ou fuient de façon
à faire valoir en même temps leur propre adresse et la
vigueur ou la souplesse de leurs chevaux.

J'ai dit que, de tous les édifices de la Perse, les mosquées
sont ceux pour lesquels l'art a toujours déployé ses plus
grandes splendeurs, fait usage de ses plus ingénieuses ressources. Parmi les mosquées d'Ispahan, la plus grande et
la plus belle est celle qui se trouve à une des extrémités du
Meïdan-i-Châh et qu'on appelle *Matchit-Djuma* ou *Matchit-i-Châh*, ce qui signifie *mosquée principale* ou *mosquée royale*.
Il va sans dire que ce n'est pas par nos temples européens
de style grec ou gothique, qu'on peut deviner le genre des
mosquées persanes. On peut encore avoir vu celles de Constantinople ou du Kaire, que l'on n'aurait aucune idée de

celles de la Perse. Dans ce pays, l'art et les mille détails qui forment l'ensemble de ses productions architectoniques ont un caractère particulier, une essence originale que l'on ne commence à pressentir que de l'autre côté du Tigre. Aucun germe de cet art persan n'a pris racine sur la rive occidentale de ce fleuve, qui est, en Asie, comme une limite infranchissable posée entre deux natures, entre deux civilisations tout à fait distinctes. Celle des Arabes du Kaire, puis des Turcs, à l'occident; et celle des Arabes de Bagdad et des Persans, à l'orient. Celle-ci des kalifes Abassides, celle-là des kalifes Fatimites.

Parmi les modèles de l'architecture qui a pris naissance sous les premiers, on en retrouve du temps d'Haroun-el-Rechid qui régnait à Bagdad au vɪɪɪe siècle. Mais celui que l'on peut considérer aujourd'hui comme le plus beau type de ces pieux édifices est sans contredit la grande mosquée d'Ispahan. Elle termine, ainsi que j'ai dit, la Place royale. Défendue de la foule des marchands, acheteurs ou cavaliers qui encombrent le Meïdân, par un petit mur autour duquel règne un banc, elle est précédée par une espèce de petite place ou avant-cour qui a la forme régulière d'un demi-pentagone. Sur l'un des côtés, celui du milieu, s'élève le portail entre deux minarets élancés dont l'émail bleu se perd dans l'azur du ciel, avec la voix plaintive et monotone du muezzin qui chante : « Il n'y a d'autre Dieu que Dieu, « et Mahomet est son prophète. Ali est le lieutenant du pro- « phète. Musulmans, accourez à la prière. Omar et Abou- « bekhr, que vos noms soient maudits ! » Ce porche élégant consiste en une haute arcade sur laquelle des dessins, d'un goût exquis, disputent de grâce et d'éclat, sous les fleurs et les arabesques qu'ils figurent. L'ogive gigantesque de cette arcade est dessinée par un faisceau de torsades élégantes revêtues d'émail. Elles s'élancent de chaque côté d'une base découpée dans un bloc d'albâtre figurant un grand vase. De riches tympans ornementés, sur le fond desquels courent et s'entrelacent les tiges gracieuses de fleurs de toutes couleurs, en émail, accompagnent cette arcade. De longues tablettes de porcelaine bleue sur lesquelles ressortent, en blanc, des versets du Koran, forment un cadre splendide à cette majestueuse entrée. A sa partie supérieure, une demi-coupole redescend du sommet sur les trois côtés, en stalactites brillantes. Sous cette voûte, des cannelures gracieuses et variées, des dentelures élégantes se marient à la richesse des pendentifs d'albâtre et d'or.

Sous cette arcade gigantesque, une porte de bois de cyprès, couverte d'ornements et de lames épaisses d'argent massif, ciselés et travaillés à jour, donne entrée dans la mosquée. Une chaîne descend du haut de cette porte et se divise, à quelques pieds du sol, en deux bouts rattachés aux jambages, de manière à barrer le passage aux animaux. Devant cette chaîne, il est bien peu d'Européens qui n'aient été aussi forcés de s'arrêter et de respecter le *veto* mahométan qui défend le sol des mosquées du contact et de la souillure des chrétiens. Cependant, grâce à quelques relations utiles que j'avais formées à Ispahan, j'eus le bonheur d'être autorisé à pénétrer dans ce lieu défendu par le plus absurde fanatisme. Après avoir franchi le seuil, on se trouve sous une espèce de porche où se réunissent, pour fumer et causer, les fidèles qui viennent de purifier leur âme par la prière. Les Mollahs, altérés par un long prêche, peuvent y puiser, dans une énorme vasque de jaspe, l'eau qu'y entretient à perpétuité, au moyen d'une rente pieuse, la charité de quelque dévot personnage.

De là, on pénètre dans le cloître intérieur. C'est une vaste cour carrée au centre de laquelle est un bassin pour les ablutions. Autour, s'ouvrent des arcades qui sont autant de cellules ou d'écoles où les Mollahs varient l'enseignement de leurs disciples en mêlant l'astrologie ou la lecture des poésies souvent immorales de Saadi, aux arguties et aux commentaires les plus subtils du Koran. Sur l'un des côtés de ce vaste cloître, s'ouvre le profond et mystérieux sanctuaire au fond duquel s'entrevoit le *mehrâb*, ou la niche mystique vers laquelle les musulmans doivent se tourner pour être dans la direction de la Mecque, quand ils font leurs prières. — Tout en reconnaissant la présence de Dieu partout, et par conséquent efficaces toutes les prières qui lui sont adressées, Mahomet n'a point voulu que les croyants perdissent de vue son berceau, les lieux témoins de sa gloire, et le temple où, après avoir foulé aux pieds les idoles, il fit ses prédications. Aussi, a-t-il enjoint à ses adhérents de ne prier que le visage tourné du côté de la Mecque. — C'est la plus rigoureuse de toutes les règles de dévotion musulmanes. Ainsi, le *Mehrâb* est l'indispensable réduit consacré, dans toutes les mosquées, à diriger les yeux et les prières des croyants vers ce pôle de la foi mahométane. Un bon croyant porte même le scrupule jusqu'à avoir toujours sur lui une petite boussole qui lui sert à s'orienter, si l'heure de la prière le surprend loin de la mosquée. Il lui suffit alors, pour que l'aiguille aimantée lui indique la position de la Mec-

que, de savoir que cette ville est au sud-ouest de la Perse.
Le sanctuaire, ou lieu de la prière par excellence, s'ouvre
et s'élargit sous une vaste coupole. Un demi-jour l'éclaire
à peine, de façon à ne pas troubler, par une clarté trop vive,
le recueillement qu'exige la prière. Là, des angles retirés,
cachés dans l'obscurité, permettent aux dévots de s'abîmer
dans les profondeurs de la méditation. C'est là qu'ils passent de longues heures, et, comme si ce n'était pas assez
de leur exaltation mystique, ils aident à l'engourdissement
et aux visions de leur dévotion contemplative, par l'usage
immodéré de l'opium. Les murs élevés et les pilastres épais
sur lesquels s'appuie, pour mieux s'élancer, le dôme gigantesque de la mosquée, sont ornés, à la base, de larges
plaques de jaspe ou d'albâtre, et entièrement revêtus d'émaux
dont les mosaïques, richement coloriées, forment une variété
infinie d'arabesques d'un goût remarquable et d'un dessin
aussi pur qu'original. Le tout est entremêlé de longues
et élégantes inscriptions entrelacées de fleurs, qui rappellent les sentences choisies du Prophète. Sous la coupole
s'élève la chaire, emblème du trône pontifical du haut
duquel Mahomet dicta ses lois, tribune de la prédication religieuse, empruntée au christianisme. On peut
dire aussi que c'est, pour le spirituel comme pour le
temporel, le tribunal du haut duquel, la main armée du
glaive à deux lames, les vicaires sanglants du chamelier
arabe rendaient la justice ou forçaient les consciences, en
leur imposant la foi mahométane.

Les Musulmans, auxquels le Koran fait un devoir d'être
iconoclastes, ont généralement en exécration toutes les
images, et ont horreur de celles devant lesquelles les chrétiens

s'agenouillent avec une vénération qu'ils traitent d'idolâtrie. Mais ils ne sauraient avoir la même réprobation à l'égard des reliques de nos saints ; car tout ce qui rappelle leur imâms, ou leur a appartenu, est, de leur part, l'objet d'un culte fanatique. Ainsi, on conserve religieusement à la Mosquée Royale d'Ispahan, dans une armoire d'aloès garnie d'or, la chemise de l'Imâm-Husseïn, fils d'Ali, teinte du sang qu'épanchèrent les blessures dont il mourut, martyr immolé par Omar. Cette relique vénérée passe, aux yeux des Persans, pour un talisman invincible et pour le palladium le plus sûr contre une invasion du pays. Exposée aux regards de l'ennemi, elle doit avoir pour effet infaillible de le mettre en fuite.

— C'est ainsi que la châsse de saint Martin, portée par l'évêque de Tours au milieu des défenseurs de cette ville, et montrée du haut des remparts aux Normands qui l'assiégeaient, fit, dit-on, reculer ceux-ci d'épouvante et permit aux habitants de les tailler en pièces.

La grande mosquée d'Ispahan est due à Châh-Abbas qui la fit construire au commencement du XVIIe siècle. Il y dépensa plus de 50,000 toûmans royaux, ou un million et demi de francs environ, somme immense pour un pays où la main-d'œuvre est peu coûteuse.

Il existe bien d'autres mosquées : les unes, belles aussi, mais sans l'être à beaucoup près autant que la Mosquée Royale, présentent leurs dômes chatoyants entre leurs minarets d'émail ; les autres, plus modestes ou ruinées, n'ont que des coupoles en briques pour lesquelles les fondateurs, aussi pieux mais moins riches que Châh-Abbas, n'ont pu dépenser autant d'or. L'une de ces mosquées du second ordre se trouve sur le *Meïdân-i-Châh*, près de la *Djûma* dont la grandeur et la beauté sont pour elle un voisinage écrasant. Néanmoins, elle n'est pas sans intérêt, et de plus elle est très-bien conservée : on l'appelle *Matchit-louft-ollâh*.

En face est l'entrée du palais élevé par Châh-Abbas. Cette habitation royale d'un souverain magnifique à qui rien ne manquait, ni l'argent, ni le sol, destinée à contenir tout un peuple de ministres, de courtisans, de gardes et de serviteurs de tous rangs, ressemble plutôt à une ville qu'à un palais. Ce sont, en effet, plusieurs palais, plusieurs kiosques, un nombre infini d'habitations, les unes à côté des autres, séparées par des jardins spacieux, et tous compris et enfermés dans une enceinte particulière d'une très-vaste étendue. Cette demeure, autrefois si somptueuse, se présente extérieurement sur le Meïdan-i-Châh, d'une manière imposante. Elle domine cette place de toute la hauteur d'un kiosque ou portique immense qui a plus de cinquante mètres d'élévation. A la partie supérieure est une galerie aérienne dont les sveltes colonnes supportent une toiture en bois sculpté et peint d'harmonieuses couleurs, qui l'abrite contre les rayons du soleil. De là, le souverain pouvait, d'un seul coup d'œil, embrasser sa capitale entière et tout le territoire environnant, aussi loin que pouvait s'étendre son regard qui ne s'arrêtait qu'aux gorges du Zendèhroùd, ou se perdait, plus loin encore, dans le mirage du désert de Yezd.

L'entrée principale du sérail est une porte de très-grandes proportions dont les montants sont en porphyre, et les vantaux en bois de cèdre garni de lames et de clous d'argent. Elle porte le nom d'*Alâh-Kapi*, c'est-à-dire la *porte haute*, ou la *porte sacrée*, de même qu'à Stamboul, on dit la *Sublime-Porte*. Selon d'autres, elle s'appellerait *Ali-Kapi*, ou *porte d'Ali;* et cette opinion s'appuie sur ce que Châh-Abbas, dans le but de satisfaire son orgueil, en forçant ses sujets à se prosterner avant de pénétrer dans l'enceinte de sa demeure, ou pour en rendre le seuil plus sacré, aurait enlevé à Kerbelâh, lieu de la sépulture d'Ali, les portes du tombeau de ce saint Imâm, pour les placer à l'entrée même de son palais. Cette seconde version est d'ailleurs justifiée par la profonde vénération que les Persans avaient pour cette porte. Ils en enjambaient respectueusement le seuil et ne le touchaient jamais du pied. Ceux qui avaient reçu quelque faveur du roi venaient se prosterner devant cette entrée de son palais, et, se tenant debout dans la position la plus respectueuse, ils imploraient Dieu à haute voix pour la prospérité du monarque. Le roi lui-même, dit-on, ne la franchissait jamais à cheval, preuve insigne que la vénération qu'elle inspirait avait une cause religieuse. Aujourd'hui encore des amulettes de toute sorte y sont appendues. Elle sert de lieu d'asile, c'est-à-dire que quand un individu quelconque s'est rendu coupable d'un délit grave et qu'il craint l'action de la justice ou une vengeance particulière, il vient se réfugier sur ce seuil sacré, et, dès ce moment, sa personne devient inviolable. La vénération qu'inspire encore cette entrée n'aurait point survécu à la ruine du palais désert maintenant, si une puissante idée religieuse ne s'y trouvait indissolublement liée.

Quand on a franchi le seuil royal, on ne retrouve plus cette magnificence et cette pompe que le luxe oriental et le faste particulier aux Sophis étalaient jadis dans ce vaste palais. Le cœur se serre en y errant au milieu des ruines qui le couvrent. Le pied souvent heurte çà et là des débris dorés, ou quelques fragments de porphyre amoncelés sur la poussière des décombres. Parmi les causes qui ont pu amener la décadence et la dévastation au milieu de ce palais, il en est une qui se retrouve, à chaque pas, en Orient, et qui a produit les mêmes effets : C'est la répulsion qu'éprouvent les Orientaux pour l'habitation de leurs pères. Ils bâtissent pour eux, et, comme ils ne sont pas toujours assez riches ou assez heureux pour rencontrer des hommes et des éléments nouveaux qui contribuent à l'embellissement de leurs constructions, il est souvent arrivé qu'ils trouvaient à la fois plus commode et plus économique d'arracher aux lieux dont ils héritaient tout ce qui pouvait satisfaire leurs caprices et orner, à peu de frais, leur nouveau séjour. On conçoit que, par cette double cause, l'abandon et la spoliation auxquels sont ainsi condamnés la plupart des édifices, ils se ruinent promptement pour tomber et disparaître en peu de temps.

On peut dire, pour ce qui concerne les palais immenses et somptueux créés par Châh-Abbas, qu'ils ont subi la peine du talion, car on accuse de dévastation et de pillage de ce genre, ce prince qui avait cependant à sa disposition de bien riches trésors, et dont l'influence sur la nation persane était telle qu'il était parvenu à lui donner une impulsion assez vigoureuse pour que tout son royaume fût régénéré en peu de temps. Les auteurs nationaux ont été jusqu'à l'accuser de n'avoir pas respecté la plus belle et la plus grande mosquée de la ville, lorsqu'il vint y asseoir son trône et y établir avec tant de faste cette cour magnifique à laquelle Ispahan a dû sa splendeur.

Fidèles à cette coutume ou à ce préjugé, les successeurs de Châh-Abbas laissèrent tomber en ruine la plus grande partie de ce palais. Mais, moins fastueux que leur ancêtre, ils se contentèrent de demeures moins magnifiques, ou se reléguèrent dans quelques-uns des kiosques de cette espèce de ville royale entrecoupée d'habitations et de jardins.

Près de l'enceinte du sérail, au milieu du *Tchar-Bâgh*, où nous n'avions fait que l'entrevoir, lors de notre entrée à Ispahan, est un autre monument tout à fait digne de son voisinage. — C'est le dernier ouvrage des Sophis, une mosquée élevée par Châh-Sultan-Husseïn, avec qui finirent la gloire et la prospérité de la Perse. Cet édifice, dont le dôme et les élégants minarets se mêlent aux têtes superbes des platanes, n'est pas exclusivement réservé à la prière. C'est ce que les Persans appellent un *Medressèh*, c'est-à-dire une école dans laquelle les Mollahs instruisent les jeunes Mirzas et commentent, pour l'enseignement religieux, les textes arabes du Koran.

Le plan et la disposition de ce *Medressèh* n'offrent aucun différence avec une mosquée ordinaire. Il n'en a cependant pas l'austérité habituelle ; on y a donné quelque chose aux jouissances de la vie, aux commodités des habitués. Il s'y trouve bien un sanctuaire où Dieu et Mahomet ont leur place marquée, il y a un *Mehrâb* pour la prière, et chacun peut y venir faire ses dévotions ; mais on y trouve aussi, devant les écoles où les Mollahs réunissent leurs disciples, de frais ombrages, des fleurs, de vastes bassins, et, sous le porche des *hachpâss* à côté des *kalioundjis*. L'aspect de ce lieu n donc rien de la nudité sévère, habituelle aux murs des mosquées. On voit que le fondateur a prévu les besoins de la jeunesse attirée dans ce lieu par le désir de s'instruire. Il semble qu'il ait voulu lui rendre l'étude agréable, et l'attacher à son école par l'élégance et l'attrait de son intérieur. L'entrée de ce *Medressèh* est une grande porte en partie barrée par une chaîne, selon l'usage. Après s'être courbé pour passer dessous, on se redresse sous un portique très-vaste et magnifiquement orné de mosaïques. En face s'ouvre une grande arcade qui laisse voir les jardins et les beaux arbres qui lui prêtent tout le jour leur ombre mystérieuse et pleine de charme. A droite et à gauche sont des logements réservés aux Mollahs. C'est là aussi que se tiennent les marchands. Leurs tréteaux en gradins sont chargés de fruits, de pastèques et de concombres. Des bols de lait caillé ou *yogourt*, rivalisent avec des cherbets, de l'hydromel, des pilaus odorants et safranés, affriandant par leur fumet les écoliers qui hésitent en face des broches engageantes de *kebâb*, sur lesquelles le *kachpâss* du lieu répand généreusement le poivre. A côté, les *Kalioundjis* préparent leur meilleur *tombeki* et essayent leurs pipes dont on entend les roulements aspirés par d'excellents poumons. C'est à ces buffets que viennent se restaurer les étudiants ; ils y sont bien traités ; la carte n'est pas chère, et le beau ciel d'Ispahan prête au repas frugal qu'on leur prépare en plein air une saveur à laquelle moi-même je ne fus pas insensible.

Au centre du portique est une large vasque en porphyre, remplie d'eau, sur les bords de laquelle sont des tasses en cuivre à la disposition de ceux qui ont soif. Latéralement à l'arcade qui fait face à l'entrée, sont deux portes par lesquelles on pénètre à l'intérieur du Medressèh. A droite, est le sanctuaire dont la coupole azurée fait étinceler ses arabesques d'émail vert, au-dessus du portail. Celui-ci, flanqué de ses deux minarets, présente son ogive et sa voûte en stalactites émaillées, encadrées des versets du Koran, qui se dessinent en guirlandes sur un fond bleu. De vieux *tchénars* abritent de leurs larges feuilles découpées cette entrée superbe, en augmentant, par l'effet de leur ombre épaisse, le mystère et le silence du sanctuaire. Sur les deux autres côtés de la cour intérieure, qui est carrée, s'ouvrent deux grandes arcades consacrées également à la prière et aux prédications. Puis, dans les intervalles, sont les cellules des Mollahs.

Le feuillage et l'ombre s'étendent de tous côtés, les jasmins et les rosiers s'enroulent au pied des arbres, grimpent dans leurs branches, et répandent partout une douce odeur aux suavités de laquelle vient s'ajouter la fraîcheur d'un grand bassin. Dans ce lieu l'étude est un plaisir, et les jeunes Persans qui viennent l'y chercher s'y oublient volontiers. Aussi cette école est-elle la plus fréquentée.

Indépendamment des édifices religieux ou des palais élevés par Châh-Abbas, la ville d'Ispahan doit encore à ce prince des monuments d'utilité publique. De ce nombre sont les magnifiques ponts et aqueducs qui traversent le *Zendèhroud*, et mettent la ville en communication avec les faubourgs qui sont au sud. Deux de ces ponts surtout sont remarquables : l'un est au bout du *Tchar-bâgh*, et s'appelle Pont de *Djoulfa*, parce qu'il conduit à ce quartier, ou Pont de *Alah-verdy-Khân*, du nom de son fondateur. En effet, il n'est point l'œuvre de Châh-Abbas ; mais ce monarque savait habilement diriger les ressources de son peuple et les richesses de ses favoris, vers l'embellissement de sa capitale. Aussi doit-on une grande partie des beaux édifices d'Ispahan à la rivalité qui s'établit entre les seigneurs de la cour, pour plaire au roi et en obtenir des faveurs. La ville doit à ce mobile un grand nombre de jardins, de places, de caravansérails et de mosquées. Alàh-Verdy-Khân, généralissime et ami particulier du souverain, créa le pont qui porte son nom. Il dota ainsi Ispahan d'un ouvrage de la plus grande utilité, et qui, aujourd'hui encore, est l'un de ses monuments les plus remarquables.

Ce pont a trente-trois arches sous lesquelles le Zendèhroûd trouve passage quand il est dans sa plus forte crue. Toute la partie inférieure est construite en grandes assises d'une pierre très-dure. A l'extrémité méridionale, les trois dernières arches sont appuyées à quatre tours également en pierre. Sur ces trente-trois arches, toutes d'égale hauteur et d'égale largeur, repose la chaussée du pont qui est horizontale. De chaque côté, au lieu de parapets, il règne, d'un bout à l'autre, une galerie formée de soixante-dix arcades entre lesquelles on traverse le pont. Il s'y tient des kalioundjis qui offrent la pipe et le thé aux passants. De distance en distance, quelques-unes de ces arcades sont ouvertes et donnent passage dans une seconde galerie qui s'ouvre sur la rivière, dans toute la longueur du pont. Le soir on y vient prendre le frais et jouir de la vue d'un très-beau paysage dans lequel les coupoles et les minarets de la ville forment un magnifique point de vue. Des escaliers, pratiqués dans l'épaisseur des murs, permettent de descendre de cette galerie sous les arches, au niveau de la rivière. La chaussée de ce pont est plus élevée que le sol des rives du Zendèhroûd; on a pratiqué pour y arriver des talus en pente douce.

Le second pont, qu'on appelle *Poul-Kadjoûk*, met en communication le faubourg de ce nom et la route de Chiraz. C'est par là qu'entrent et sortent les caravanes qui viennent du sud ou qui s'y rendent. Sa construction est à peu près semblable à celle du précédent. Sa chaussée, également horizontale, est aussi bordée de deux galeries à arcades. Mais, à cette construction, on a ajouté, sur chacun des côtés et extérieurement, trois pavillons dont l'un est au centre et les deux autres aux extrémités. Dans chacun de ces pavillons, qui ont un rez-de-chaussée élevé au-dessus du niveau des eaux, et un étage supérieur, sont de petites salles où chacun peut aller s'établir. Ces six pavillons ajoutent beaucoup à l'effet que produisent les galeries. La masse entière du pont pose sur une large chaussée qui déborde de chaque côté, et forme ainsi une sorte de trottoir ou promenoir spacieux élevé de deux mètres environ au-dessus de la rivière. De distance en distance, des escaliers permettent de descendre au niveau de l'eau qui passe dessous, car les grandes arches inférieures ne sont envahies par elle que lors des crues du Zendèhroûd qui alors couvre les deux chaussées. Le Poul-Kadjoûk est, en raison des dispositions de sa construction, plus monumental encore que celui de Alàh-Verdy-Khân.

Il y a, en outre, deux autres ponts : l'un, qui est en amont du premier dont j'ai parlé, relie un quartier d'Ispahan, situé à l'ouest, avec une des extrémités du faubourg de

Djoulfah ; il n'offre rien de remarquable. L'autre, qui est en très-mauvais état, est plutôt un aqueduc qu'un pont ; il se trouve en face du petit palais de *Hapht-Dest*, et des canaux, ménagés dans sa maçonnerie, conduisent des eaux d'Ispahan dans cette habitation.

CHAPITRE XXII.

Départ. — Prise de congé du Chàh et du premier Ministre. — Situation politique de la Perse. — Cadeaux du Roi à l'ambassade. — Départ de l'Ambassadeur.

C'est en parcourant la ville et en étudiant ses mœurs et ses édifices que je passais le temps et attendais le moment de partir pour les excursions qui m'avaient été confiées ainsi qu'à mon collègue M. Coste. Ispahan nous offrait d'ailleurs à tous deux assez de curiosités et de choses intéressantes pour que nous ne fussions pas embarrassés de l'emploi de nos journées.

Les affaires diplomatiques traînaient en longueur, les entrevues se renouvelaient avec les mêmes difficultés, et l'ambassadeur ne pouvait encore prévoir l'époque de son départ. Deux de nos camarades nous avaient déjà dit adieu, MM. de Beaufort et Daru étaient partis pour le sud. Ils rentraient en Europe en s'acheminant par Chiraz et le golfe Persique; ils devaient remonter le Tigre jusqu'à Bagdad, et prendre la route de Syrie : c'étaient les premiers compagnons de route dont nous nous séparions. Les adieux furent tristes, car chacun de nous pensait qu'arrivés ensemble jusqu'à Ispahan, c'était là que nous allions nous disperser et prendre tous des routes différentes. Nous étions au 1er mai, jour de la fête du roi Louis-Philippe. Ce fut une occasion de rendre les politesses que l'ambassade avait reçues. Quelques ministres persans furent invités à un grand dîner, ainsi que l'ambassadeur de Russie, accompagné de son conseiller ou premier secrétaire. La musique de la garde du Châh vint jouer pendant le repas qui fut très-gai, et durant lequel la plus grande cordialité s'établit entre les convives de toutes nations. Les Persans et les Russes portèrent la santé de notre roi, à laquelle l'ambassadeur répondit par celle du Châh, le tout accompagné de compliments à la persane, adressés et rendus avec une égale prodigalité de flatteries. Ce n'était pas la première fois que l'ambassadeur réunissait à sa table des personnages de la cour d'Ispahan, il en avait invité plusieurs fois, et jamais ils ne nous parurent mal à l'aise en face de nos usages européens. Parmi eux se distinguaient le ministre Mirza-Ali, et Mirza-Baba médecin du Châh, qui avait fait ses études en Angleterre.

La colonie française qui habitait Djoulfah se trouva, vers cette époque, beaucoup augmentée. Les instructeurs que nous avions laissés à Tabriz arrivèrent à la suite d'Husseïn-Khân qui voulait enfin les présenter au roi, et profiter du rassemblement des troupes qui formaient son camp, pour les utiliser. Deux autres Français, nouvellement arrivés en Perse, s'étaient joints à eux : c'étaient MM. Delort et de Breuilly; le premier faisait ce voyage en touriste, le second était devenu titulaire d'une créance sur le gouvernement persan, relative à des fusils de munition achetés par le même Husseïn-Khân. La réclamation n'était pas de moins de 30,000 *toumâns*, ou 360,000 fr.; cette somme était trop forte pour qu'il ne fût pas permis de douter de son remboursement. Cependant le Khân, qui en était responsable, comme ayant contracté le marché, s'irritait beaucoup de ce que le créancier du gouvernement persan mît en doute sa solvabilité. Heureusement, il était encore temps d'arrêter l'envoi des fusils qui n'avaient pas tous passé la frontière, sans quoi la créance eût été fort mauvaise, n'en déplaise à la susceptibilité du Khân.

L'ambassadeur, jugeant que le concours du premier secrétaire ne lui était plus utile, M. de la Valette quitta Ispahan le 6 mai, accompagné de M. Desgranges; ces deux messieurs devaient prendre la route du Caucase et traverser les steppes russes, pour aller s'embarquer à Pétersbourg. Quelques jours plus tard, ce fut le tour de MM. d'Archiac et Gérard, qui prirent le même chemin. Ces séparations successives nous causaient à tous de nouvelles émotions; nous voyions avec peine diminuer notre nombre, et nous regrettions l'intimité d'une affection réciproque qui, pendant ce long et pénible voyage, ne s'était pas démentie un instant.

Le 23, l'ambassadeur prit congé du roi; mais, cette fois, sans faste, sans honneurs : l'étiquette n'était pas aussi exigeante que pour notre arrivée. Le peu de cérémonie qui eut lieu alors tourna au profit de la visite que nous faisions; elle fut plus longue et plus intime. Le Châh fut très-aimable, et nous fit à tous les adieux les plus bienveillants.

De chez le roi nous passâmes chez le vizir qui tenait, à ce qu'il paraît, un grand divan à ce moment-là; car, pour nous faire place, il sortit de chez lui une foule de gens de

toute sorte, Mollahs, militaires, ou Mirzas de tout rang.
Hadji-Mirza-Agassi était dans un de ses accès de mauvaise
humeur : la pointe de son bonnet était très-éloignée de la
verticale, et les fréquents coups de poing qu'il s'appliquait
sur le crâne l'empêchaient de revenir dans l'aplomb que la
gravité de ce personnage aurait exigé. Sa conversation se
ressentait du trouble où paraissait être son esprit ; sacca-
dée, interrompue, elle trahissait des préoccupations fâ-
cheuses. Elle roula presque tout entière sur les révolutions
que subissent les empires, sur leurs tristes conséquences,
sur les guerres des Persans et des Turcs ; ce fut là, pour le
Mollah Chya, l'occasion de donner cours à sa haine fanatique ; aussi, le fit-il librement. Mais il ne s'apercevait pas
qu'aveuglé par son fanatisme, il disait bien des absurdités,
entre autres celle-ci : « *Que la Turquie, fût-elle deux fois plus
« grande, ne serait encore qu'une bien petite bouchée pour la
« Perse.* » Le pauvre Hadji avait déjà oublié le siége d'Herat
et le peu d'effet de son artillerie. Au milieu de tous les discours incohérents que tint le premier ministre dans cette
audience de congé, il dit peu de choses pour faire oublier à
l'ambassadeur le mauvais vouloir dont il venait de lui donner des preuves dans les relations diplomatiques. Aussi,
pour lui faire sentir son mécontentement, M. de Sercey
jugea-t-il à propos de lever la séance brusquement, et
avant que le thé et les kalioûns fussent apportés. C'était une
grave impolitesse, un affront même fait au vizir ; mais celui-
ci sentait assez qu'il l'avait mérité pour ne pas oser en
paraître offensé. Il eût, au contraire, été surpris que l'ambassadeur agît différemment.

L'ambassadeur de France quittait donc assez mal la cour

de Perse. En effet, il y avait eu peu de succès; il semblait que les mêmes obstacles qu'y avait rencontrés celui de Napoléon survécussent après plus de trente ans, et que les mêmes démarches rappelassent les mêmes difficultés. Cela tient à ce que la politique n'a pas changé dans ce pays ; la position de la Perse, au contraire, a beaucoup empiré depuis la mort de Fet-Ali-Châh. Les Anglais à l'est, les Russes au nord, n'ont cessé de faire des progrès qui les ont rapprochés de ce pays, et qui, en le resserrant davantage dans le cercle de plus en plus étroit qu'ils ont tracé tout autour, lui ont rendu ses mouvements et sa liberté d'action de plus en plus difficiles ou même impossibles. Les influences qui existaient en 1808, à la cour de Fet-Ali-Châh, existent donc encore à celle de Mehemet-Châh, et les intrigues, quoique les diplomates aient changé, sont toujours les mêmes, parce qu'elles ont le même but : affaiblir la Perse, l'isoler, l'annihiler, la faire disparaître en la fondant dans le vaste empire d'Asie, si disputé, mais si convoité par ses envahisseurs.

En cela, la diplomatie russe et celle d'Angleterre se donnent la main et s'entendent à merveille ; elles ne souffrent pas de tiers ; elles ne souffrent pas d'intrus dans les conseils, dans les divans de la Perse; arrière tout nouveau-venu ! est leur cri de ralliement, et, divisées sur les questions qui les touchent directement, elles s'unissent pour repousser tout nouveau pavillon déployé sous le ciel d'Irân. Elles n'ont point de cesse qu'il ne soit abaissé, enlevé et parti ; il leur faut la Perse à elles seules. Mais, également influentes, intrigantes à l'envi l'une de l'autre, ces deux diplomaties, après avoir vaincu ensemble, se retournent l'une contre l'autre et se combattent sans cesse. Chacune d'elles aspire à rester maîtresse du terrain; elles jouent, à Téhérân, une partie sérieuse dont la couronne de Châh-Abbas et de Nadir-Châh est l'enjeu. Les menées sourdes, les menaces, l'or, les pensions, l'exil, les prétendants tenus sur le poing comme des faucons prêts à lancer sur ce malheureux pays pour le déchirer, et se venger, faute de mieux, tels sont les moyens mis en usage, les ressources employées par les diplomates russes et anglais pour soustraire la Perse à une protection quelconque et se la mieux disputer, au risque de la mettre en pièces et de n'en tirer que des lambeaux.

Le général de Napoléon n'a pas réussi, le ministre du roi Louis-Philippe ne pouvait pas être plus heureux. La France est loin. Quelles que soient, au fond du cœur des Persans qui aiment leur pays, leurs dispositions à l'égard des envoyés français, ils subissent, les uns par crainte, les autres par avidité, les volontés de leurs voisins devenus leurs maîtres.

En 1840, les Russes seuls étaient sur le terrain; les Anglais congédiés, pour ainsi dire, à cause de leurs trahisons au siège d'Herat, attendaient à Erzeroum le moment favorable pour apaiser la colère du Châh. Mais, de loin, les intrigues peuvent toujours agir; presque tous les personnages influents en Perse reçoivent de l'or britannique; plus fidèles au marché qu'ils ont fait de leur honneur qu'à l'amour de leur pays, ils ont mis leurs noms, leur crédit et leur perfide éloquence au service de l'Angleterre; ils agissent incessamment et avec un zèle qu'ils ne seraient pas capables de déployer pour les intérêts de leur propre pays; ils promettent ce qu'ils reçoivent, ils séduisent comme ils ont été séduits eux-mêmes, avec de l'or, et, de loin comme de près, la diplomatie anglaise, avec ce talisman infaillible, tient les fils de toutes ces marionnettes, qu'on appelle Vizir, Khans ou Mirzas. Dans leurs instants d'épanchement, des Persans moins corrompus, achetés moins cher peut-être, nous disaient avec un ton de regret : « *Pourquoi la France est-elle si loin?* » Pour beaucoup d'entre eux, cela voulait dire : « *Pourquoi ne donnez-vous pas davantage?* » Tout est là : le voisinage, les vedettes au port d'arme, et l'or, surtout l'or.

Mais la France persuade ou fait la guerre; elle n'achète ni les peuples, ni leurs gouvernements. Quand elle ne peut ni persuader, ni combattre, elle se retire. C'est honorable, c'est digne, sans doute, mais c'est stérile. La France se retira donc d'Ispahan; elle fit ses adieux au Châh; elle laissa à ses ministres vendus l'expression de son mécontentement, et, repliant son drapeau qu'elle voulait planter en amie utile, en alliée, elle est partie. Deux jours après la dernière visite que M. l'ambassadeur avait faite au roi, S. M. avait envoyé les cadeaux destinés à chacun des membres de l'ambassade. L'ambassadeur reçut le portrait de Mehemet-Châh entouré de diamants, deux magnifiques châles et un collier de perles. Tous les attachés reçurent des châles et des décorations; mais celles-ci ne furent pas données en nature, on en remit seulement les firmans. En échange de ces marques équivoques de la munificence royale, nous dûmes donner aux Mirzas et Ferraches de forts *bakchichs* en or. Rien pour rien est plus vrai dans ce pays que partout ailleurs.

Les présents devaient précéder les firmans de voyage pour le départ. On s'occupa, dès ce moment, à l'ambassade, de tout préparer pour partir. Il fallait un assez grand nombre de mulets; on eut toutes les peines du monde à en trouver.

Il était déjà sourdement question d'une expédition que le Châh méditait du côté de Bagdad; et, dans ce but, on avait mis en réquisition tous les muletiers qui étaient en ville. Dans la crainte d'être pris de même pour les transports de l'armée, ceux qui devaient venir à Ispahan retardaient leur voyage; ce qui augmentait les difficultés qu'on avait à s'en procurer. Cependant, grâce à l'intervention des agents du gouvernement persan, on put réunir quelques *Tchervadars* enchantés de passer au service de l'ambassadeur, et de se soustraire ainsi aux coups de bâton et aux fatigues gratuites qui les attendaient à celui du Châh.

M. de Sercey, ainsi que les attachés qui étaient restés auprès de lui jusqu'au dernier moment, partit dans les premiers jours de juin. Il était accompagné de MM. de Chazelles, le docteur Lachèze, Kazimirski et de M. l'abbé Scafi.

— Ces messieurs se dirigèrent sur Bagdad par Kermanchâh.

Quant à mon collègue M. Coste et à moi, nous avions pris congé de l'ambassadeur, et dit adieu à nos amis le 31 mai au soir. Nous étions sortis d'Ispahan, à la nuit, pour aller coucher hors de la ville, afin d'être le lendemain tout prêts à commencer, dès l'aube du jour, le voyage que nous entreprenions dans l'Ouest. Désormais nous devions être seuls, et accomplir la mission qui nous était confiée, sans autre secours que celui que nous pourrions trouver dans notre courage, notre persévérance et le désir de justifier le choix dont on nous avait honorés. Nous avions foi en nous, et nous étions bien certains que la force ne nous manquerait pas pour aller jusqu'au bout. Mais nous ne pouvions pas sans tristesse nous séparer de nos compagnons de route qui, en rentrant en France, nous laissaient dans un isolement complet. Après la vie commune que nous avions menée avec eux, il était dur de nous trouver seuls. Jusque-là, les privations, les ennuis du voyage ou même les dangers n'étaient rien, parce qu'ils étaient envisagés gaiement, et partagés avec cette confiance mutuelle que nous avions su nous inspirer les uns aux autres. Maintenant nous allions, à deux et pour bien longtemps, nous lancer à travers des régions inconnues, vivre au milieu de peuplades inhospitalières, sans comprendre leur langue, peu faits à leurs mœurs, et ne connaissant que trop leur fanatisme. Pouvions-nous entrevoir autre chose qu'une solitude remplie de tristesse, qu'une longue carrière de privations de tout genre? Cependant l'ambition de réussir nous animait assez pour combattre en nous ces mélancoliques réflexions ; elle fut assez forte pour nous soutenir jusqu'à la fin.

CHAPITRE XXIII.

Excursion dans l'Ouest. — Nedjef-Abad. — Hely-Keusy-Massuma. — Chaleur accablante. — Cougha. — Ennuis causés par le tchervâdar. — Émeute contre nos Goulams à Khoumi. — Arrivée à Hamadân.

Nous entreprenions notre première excursion d'après les instructions qui nous avaient été remises par l'Académie des beaux arts. Nous étions à l'époque où les chaleurs déjà fortes devaient augmenter les difficultés de notre tâche. Dans le but d'éviter ce que la saison pouvait nous offrir de plus pénible, nous dirigions cette première course vers l'Ouest, en nous rendant dans des contrées montagneuses arrosées par de nombreux cours d'eau. Nous espérions y trouver une température plus tolérable que celle des provinces méridionales appelées par les Persans *guermsir*, ou pays de la chaleur. La durée de nos travaux vers Hamadân et Kermanchâh devait donner le temps au soleil de tempérer son ardeur, et nous nous réservions de descendre, à la fin de l'été, vers Persépolis et le golfe Persique.

Ainsi que je l'ai dit, nous n'avions fait que sortir d'Ispahan le 31 mai; nous nous étions en cela conformés à une coutume du pays. Les Persans, quand ils entreprennent un voyage, chargent leurs mulets de bât, quittent leur maison, et vont faire une première station à la porte de la ville. Quelquefois même, sans sortir de la ville, ils s'arrêtent sur une place et y plantent leur tente ; cela suffit pour réputer leur voyage commencé. Ce qu'il y a de bizarre dans cette coutume, c'est qu'il leur arrive souvent de demeurer au même lieu plusieurs jours avant de partir réellement. Mais il y a un véritable avantage à s'éloigner le soir des murs que l'on quitte, ne fût-ce que pour faire une heure de chemin ; car c'est toujours une très-longue et difficile affaire, dans les petites rues des villes d'Orient, que de rassembler et charger toutes les mules qui doivent composer la caravane. Il est impossible que les muletiers à qui l'on remet des bagages dont ils ne connaissent encore ni le volume ni le poids, sachent, au premier coup d'œil, quelle que soit leur habitude, comment ils doivent partager les charges entre leurs animaux. Aussi cette première installation est-elle toujours très-longue, et n'y procède-t-on qu'avec une lenteur qui retarde considérablement l'heure du départ. C'est à cela qu'il faut attribuer cette habitude des Persans, et en général de tous les tchervâdars de ne faire que quitter la ville le premier jour. Le lendemain, tout étant bien préparé, bien distribué pour la route, on repart de grand matin, et l'on continue son voyage facilement.

Le 1er juin donc, à quatre heures du matin, nous nous éveillâmes à Nasserabad, grand village qui n'est distant des murs d'Ispahan que de deux heures, et qui fait suite aux faubourgs de cette ville. Nous avions été, pour notre première nuit, très-bien logés ; on nous avait donné pour gîte une jolie petite maison, que l'on nous dit être un ancien pied-à-terre royal.

Notre caravane étant convenablement disposée, nous nous mîmes en route. Notre petite troupe se composait de M. Coste et de moi, d'un valet de chambre français, d'un cuisinier génois, véritable empoisonneur, mais qui rachetait son ignorance culinaire par son savoir comme drogman. Deux saïs conduisaient nos chevaux de main, que nous devions changer chaque jour. Dix mulets de bât portaient nos bagages, conduits par trois muletiers ; nous étions précédés par deux goulams du Châh, porteurs de nos firmans, armés de pied en cap, et chargés de nous faire respecter, comme de nous faire héberger partout. Le plus âgé des deux, dont le grade était le plus élevé, avait le titre de *Iassaoul*, ou *garde d'élite ;* il marchait devant, et nous précédait de quelques pas. Nous avions confié à l'autre la mission d'escorter notre caravane qui cheminait plus lentement que nous. Le devoir de ces cavaliers, en route, était de nous servir d'escorte, et de réclamer pour nous, en qualité d'hôtes du Châh, la protection des autorités. A la fin de chaque étape, ils devaient nous préparer un gîte, dans un caravansérail ou dans un village. Il est d'usage, en Perse, que les voyageurs qui reçoivent l'appui du gouvernement ou du souverain soient munis de *barats* ou *bons royaux* d'hospitalité ; ils ont droit aux vivres, pour eux, leurs gens et leurs montures : c'est ce que les Persans appellent *sursat*. Mais nous connaissions déjà le pays assez pour savoir qu'il était de notre intérêt, et même de notre sûreté, de ne pas avoir recours à ces largesses. En effet, ordonnées au nom du Châh, et imposées par le Meimândar, qui en est porteur et qui est chargé de les réclamer, elles sont toujours de sa part une occasion de rapine, d'extorsions pécuniaires, et donnent lieu à des querelles qui se renouvellent chaque jour. Le voyageur, qui en est la cause, ne peut se dispenser d'y prendre part, il ne peut honorablement rester spectateur impassible de discussions qui dégénèrent souvent en rixes. On conçoit que cette position d'hôte royal n'est souvent pour lui qu'une source de périls, ou, tout au moins, de désagréments très-graves.

Nous avions donc renoncé à exercer ce droit de *sursat* ou de *vivres*, et nous ne faisions usage de nos firmans que pour nous faire respecter des populations ou des caravanes au milieu desquelles nous passions nos nuits. Mais, pour arriver là, que de luttes ne nous fallut-il pas soutenir contre nos *Goulâm-i-Châh* qui avaient l'ambition d'élever leur rôle jusqu'à celui de *Meïmândar*. Ce fut à grand'peine que nous interposâmes notre autorité pour les faire renoncer à prélever ce tribut vexatoire sur de pauvres paysans et de misérables pâtres nomades, aux yeux de qui cette hospitalité imposée à coups de fouet ou même à coups de sabre, n'était, avec raison, qu'un acte de brigandage. Il faut savoir, qu'indépendamment du pain, du laitage et de l'orge réclamés pour les hommes et les chevaux, ces courriers hospitaliers se faisaient encore donner de l'argent pour eux. Ces coutumes répugnaient trop à nos habitudes, à notre conscience d'Européens, pour que nous pussions consentir à en avoir les bénéfices, au prix de tant de vols et de vexations; aussi ne voulûmes-nous jamais entendre parler de *sursats*. Aux yeux des Persans endurcis, et surtout à ceux de nos *Goulâms* qui y perdirent beaucoup, ce désintéressement était blâmable ; ils n'y voyaient qu'une cause de déconsidération de la part de ceux sur qui nous aurions pu exercer ce droit de rapine consacré et aristocratique. Je n'oserais pas dire, qu'en effet, notre générosité n'a pas reçu quelquefois, de la part des gens que nous avions épargnés, une interprétation défavorable à notre rang et à notre crédit à la cour du Châh. Mais il est juste de dire aussi que le plus souvent, elle a été pour nous la source de marques de déférence reconnaissante et d'égards d'autant plus grands qu'il était plus nouveau de la rencontrer chez des personnages munis de firmans royaux, et marchant avec un train de nature à justifier bien des exigences. C'est triste à dire, mais le rang, en Perse, s'affiche ou se prouve par les exactions les plus éhontées. Aussi, méprisant d'abord, étonnés ensuite, les habitants finissaient-ils par éprouver des sentiments tout à fait opposés et voisins de la gratitude pour nous qui donnions notre argent en échange de ce que nous aurions pu prendre gratuitement.

Nous marchions à petite distance du Zendèhroûd, en remontant sa rive gauche. A une heure et demie de Nasserabad, nous tournâmes au pied d'une éminence au haut de laquelle est une ruine que les Persans appellent *Atech-Gâh*, ou *autel du feu*. Ce petit monument est en briques crues, et n'offre d'autre intérêt que celui qui s'attache à son origine guèbre.

Après avoir traversé une plaine semée de ruines et inculte, nous entrâmes dans une belle avenue, plantée de beaux arbres, qui avait presque une *farsak* de longueur. Cette grande allée rappelle celle de *Tchar-Bâgh* d'Ispahan, et, comme elle, précède une ville. Comme elle encore, elle est due à Châh-Abbas, qui avait fait construire en cet endroit, appelé *Nedjef-Abad*, une petite maison de plaisance entourée de grands jardins. Cette localité passe pour avoir été fort longtemps, après l'intronisation de l'islamisme, habitée par des Guèbres. Il y en a encore quelques-uns. Il était midi quand nous arrivâmes à *Nedjef-Abad;* il faisait très-chaud, nous avions déjà marché six heures, nous y fîmes une halte. On nous ouvrit l'un des jardins alors abandonnés, où nous prîmes un peu de repos sous de beaux ombrages. Quand les heures les plus chaudes furent passées, nous remontâmes à cheval.

Après quatre heures de route, nous arrivâmes à *Tiroun-Kervend*, grand village dépeuplé. Au milieu de toutes ses ruines, nous eûmes les plus grandes difficultés à nous loger; et, sans la bonne volonté de quelques cavaliers qui nous avaient précédés et qui nous cédèrent leurs logements, nous courions le risque de passer cette seconde nuit à la belle étoile. Ce fut l'occasion de reconnaître l'utilité des deux *goulâms* qui nous accompagnaient, car il est probable que, sans leur intervention polie, mais appuyée de leur caractère officiel, les hôtes que nous avions dérangés ne se seraient pas prêtés d'aussi bonne grâce à nous céder leur place.

A partir de *Tiroun-Kervend*, la route traversait des régions de plus en plus montagneuses. Le 2, nous gravîmes d'abord de petites collines rocailleuses sur lesquelles se trouvent les hameaux de *Djiadjia*, *Berpoucht* et *Barrou*. Le sol devenait de plus en plus stérile. Nous nous arrêtâmes sur le bord d'un ruisseau qui baignait les racines de quelques arbustes. Il s'y trouvait une grande maison abandonnée où nous nous installâmes pour déjeuner. Cette habitation avait dû être fort belle ; elle contenait plusieurs appartements dont les murs conservaient les traces d'une ornementation qui attestait son élégance passée. Sous les fenêtres s'étendait un jardin, jadis clos de murs dont les débris étaient encore flanqués de grandes tours. En face était un Imâm-Zadèh, qui porte le nom d'*Hely-Keuzy-Massuma*. Sa coupole commençait à se dépouiller de son revêtement d'émail ; mais, à ses charmants dessins, à leurs couleurs brillantes et variées, on reconnaissait que ce monument avait été très-beau et que son fondateur n'avait rien épargné pour son édification. On nous raconta qu'il avait été élevé à la mémoire de cinquante frères qui avaient tous été tués et enterrés à cette place. Je ne pus savoir les détails précis de cette tragique histoire, mais j'ai cru comprendre, du muletier qui me la racontait, que c'étaient cinquante martyrs *Chyas*, morts pour Ali, sous le cimeterre des *Sunnites*. L'épithète de *Massuma* qu'on leur donne signifie *purs*, c'est-à-dire sans doute *d'une foi pure;* ce qui s'accorde bien avec l'idée de martyre qui s'y rattache.

Nous avions, jusque-là, marché dans la direction du sud-ouest. Devant nous s'ouvrait une large vallée où se voyaient plusieurs villages ; mais nous devions reprendre la direction d'Hamadân et marcher plus au nord. Nous nous engageâmes dans un défilé qui s'ouvrait derrière l'Imâm-Zadèh, et, cheminant entre des pentes dénuées de végétation, arides et brûlées par un soleil ardent, nous montâmes pendant près de trois heures. Nous nous trouvâmes ensuite dans un bassin resserré entre des montagnes peu élevées et où la chaleur était étouffante ; c'était une espèce de petit désert où nous ne rencontrâmes que quelques gazelles. Nos montures souffraient beaucoup de la soif, et notre marche s'en ressentait. Nous arrivâmes péniblement à *Usnèh*, au soleil couchant, tous extrêmement fatigués de cette rude journée. Nous y apprîmes qu'un cheval de notre caravane était mort en route; il avait été asphyxié par le calorique qui rayonnait de toutes parts.

Le 3, après que notre muletier eut remplacé son cheval mort par trois ânes, nous quittâmes Usnèh. Nous marchions depuis cinq heures sans avoir rencontré un lieu propice à un temps d'arrêt; le pays était désert et privé d'eau; nous en cherchions mais la faim nous pressait et ne nous permettait plus d'attendre. Nous prîmes le parti de nous arrêter à la porte d'un caravansérail en ruines. Il portait le nom de *Mâder-i-Châh*, il était dû sans doute à la mère de quelque roi, qui, étant passée par-là, avait eu pitié des voyageurs qui suivent cette route. Mais il tombait pierre à pierre; et, à l'exception des pigeons sauvages qui en avaient pris possession, et que nous effarouchâmes en approchant, il ne portait la trace d'aucun être vivant. Le caravansérail est situé au pied d'une montagne qui traverse entre des rochers entassés les uns sur les autres, une gorge en pente roide. Dans ce passage étroit où les rayons du soleil, renvoyés d'un côté à l'autre, concentraient une température accablante, nous montions à pas lents, éblouis et suffoqués par des vapeurs brûlantes. Nos guides nous racontaient que ce lieu était célèbre par les meurtres nombreux que commettaient autrefois les *Bactyaris* du voisinage, qui y attendaient les voyageurs et les caravanes.

Ce jour fut encore marqué par la perte d'un de nos

animaux, d'un superbe levrier, qui succomba à la chaleur.

Nous atteignîmes *Dour*, grand village situé dans une belle plaine.

Le 4 nous traversâmes une contrée un peu moins triste. Après avoir passé devant les deux villages de *Djudjià* et *Tikèh*, nous arrivâmes à *Cougha*. Ce bourg occupe une très-grande étendue ; il est entouré de beaucoup de jardins où la végétation est entretenue par des courants d'eau. Il est situé à une heure de la petite ville de *Gulpaïgan*, et au pied d'une haute montagne derrière laquelle s'apercevait la chaîne des monts du *Loristân* encore couverts de neige. Le Ket-Kodâh de Cougha nous installa assez bien dans une maison ombragée par quelques arbres. La journée devait être orageuse, non pas pour nous, mais pour notre tchervadar. Nous avions fait avec lui une fâcheuse école ; il n'avait consenti à quitter Ispahan qu'à la condition d'être payé d'avance : notre caractère d'hôtes du Châh lui avait inspiré cette exigence inusitée. Cet homme pensait que nous voudrions peut-être, une fois partis avec lui, ne pas lui payer ses mules, ou le solder avec des coups de bâton, monnaie habituelle des grands du pays ; il avait donc voulu être payé avant même de nous amener ses mulets. Il faut, en Perse, que dans un marché passé entre deux personnes, il y ait au moins une dupe, quand il n'y en a pas deux. Dans ce cas-ci, le tchervadar avait pris ses précautions pour ne pas l'être ; mais il n'en fut pas de même de nous. Il nous avait fourni ses plus mauvaises bêtes ; il en avait perdu en route, il ne les remplaçait que par des ânes qui avaient de la peine à suivre notre pas. Nous avions par suite des embarras de toute sorte, et qui arrêtaient notre marche à chaque instant. J'avais résolu, en arrivant à Cougha de forcer au moins ce fripon à acheter un cheval, pour remplacer celui qui était resté sur la route ; mais il prétendait qu'il n'avait pas d'argent, qu'il avait laissé à Ispahan tout celui que je lui avais remis, et il voulait que je lui en donnasse encore, bien que ne lui en devant plus. C'était pousser l'effronterie et le manque de bonne foi un peu trop loin. Je compris trop tard que j'avais été trompé ; il fallait recourir aux grands moyens. Je fis attacher mon homme à un arbre, je le fis fouiller par mes deux goulâms, afin de découvrir sa bourse; mais il l'avait trop bien cachée pour que cela fût possible. Le fouet fut employé pour lui faire dire où était son argent; à ses cris, les gens du village accoururent, les Mollahs mêmes intervinrent et voulurent arrêter le cours de cette justice un peu sommaire, il est vrai, mais indispensable et d'ailleurs accoutumée en Perse. Je fis renvoyer ces importuns. Le nombre de coups de fouet donnés fut augmenté de quelques-uns encore ; mon coquin se voyant abandonné, persuadé enfin que je n'étais plus aussi *Frengui* qu'il l'avait supposé, puisque j'agissais en vrai Persan, finit par livrer sa bourse. Je fis payer de ses deniers un cheval qu'il marchanda, et nous redevînmes, jusqu'à nouvelle occasion, les meilleurs amis du monde.

Le 5, un peu mieux organisés que les jours précédents, grâce à la flagellation de la veille, nous poursuivîmes notre voyage à travers un pays très-riant. L'eau y était en abondance. On rencontrait beaucoup de prairies, où pâturaient des bestiaux et des juments avec leurs poulains. La campagne était bien cultivée et peuplée ; nous pûmes compter quatorze villages devant lesquels nous passâmes. C'était assez exceptionnel pour que nous en prissions note. Il était écrit que nous devions porter jusqu'au bout la peine de notre imprudente confiance dans la bonne foi de notre muletier. Dans cette journée, un second cheval tomba sur la route, affaissé sous le poids de sa charge.

Un autre événement vint s'ajouter aux tribulations causées par le chef de notre caravane : En passant au bourg de Koumi, nous eûmes avec les habitants une altercation qui aurait pu avoir des suites funestes. Jusque-là, nous n'avions éprouvé que de bons effets de l'escorte de nos deux goulâms; mais à Koumi nous comprîmes qu'ils pouvaient porter, avec leur caractère ou leur titre de goulâms du Châh et de Meïmândars, un danger que nous n'avions pas encore soupçonné. Ce péril tenait à leur rôle même et à leur qualité qu'ils faisaient d'ailleurs sonner très-haut. Comme cavaliers du roi, ils avaient vis-à-vis des populations des campagnes une assurance qui allait souvent jusqu'à l'insolence. Possesseurs de firmans, chargés d'une mission officielle, fiers de servir d'escorte à des frenguis que le Châh protégeait, ils étaient très-hautains et très-impérieux avec les pauvres raïas. En arrivant à Koumi, le premier de nos goulâms, appelé Ressoul-Bek, demanda à un homme de lui montrer le chemin du caravansérail, afin que nous y prissions un peu de repos. Soit que cet homme fût peu disposé à se déranger de sa route, soit que la demande lui en fût faite peu poliment par Ressoul-Bek, ils échangèrent entre eux des mots très-vifs : celui-ci, peu habitué à se voir résister, sauta sur la barbe du pauvre paysan, et l'attirant à lui le traîna en mettant son cheval au trot. On pense que cet homme poussait de beaux cris; il appelait à son secours, et, de telle façon, qu'en un instant toute la population du bourg fut sur pied. Voyant cela, le second goulâm, par esprit de corps et par affection pour son collègue, car ils étaient parents, vola à son secours. Des explications on en vint aux injures, et des injures plus vite encore aux coups : les poignards sortaient des fourreaux. Nos deux goulâms, pressés dans cette foule, assaillis et frappés de toutes parts, faisaient bonne contenance; l'un d'eux, le plus jeune, chargeait déjà son fusil, et il allait arriver quelque malheur, quand, me jetant dans cette mêlée, je tâchai d'apaiser les uns, de repousser les autres, et de m'interposer entre ces furieux. J'intimai à nos cavaliers l'ordre de se retirer, je leur arrachai leurs fusils des mains, et tout en repoussant vigoureusement ceux qui voulaient encore les frapper, je réussis à leur faire quitter le champ de bataille. La foule des habitants, voyant que je ne prenais pas parti pour les goulâms, finit par s'apaiser ; et, craignant sans doute les suites d'une rébellion contre des gens du roi, chargés d'accompagner des *Balios* comme on nous appelait, ils se retirèrent.

C'était une occasion de faire une leçon sévère à nos goulâms : je leur représentai que nous n'étions point des *Châh-Zadèhs*, pour nous permettre de pareilles agressions, que nous désirions voyager paisiblement, et que nous ne voulions, sous aucun prétexte, voir se renouveler des scènes semblables. J'essayai de leur faire comprendre que nous n'étions pas en force pour affronter des dangers comme celui d'où je venais de les tirer; que, dans tous les cas, nous n'avions aucune envie d'être les victimes de leur imprudence. J'ajoutai que, si ces manières étaient usitées et possibles avec le roi, il fallait avec nous, simples étrangers, plus de douceur et de ménagement pour les populations. — Je venais de leur rendre un assez grand service, et je leur avais prouvé assez de dévouement pour avoir le droit de leur tenir ce langage ; aussi l'écoutèrent-ils, et me promirent-ils d'être à l'avenir plus circonspects.

Nous couchâmes ce jour-là à *Lelian*, village arménien. Le 6, le pays changea d'aspect et devint plus sauvage. Nous passâmes auprès d'un hameau où il n'y avait que des femmes et quelques vieillards. Ils nous dirent que le Châh avait fait prendre comme soldats tous leurs maris et tous leurs frères.

Nous rencontrâmes sur notre chemin quelques ruines d'ancienne date, et un cimetière où se trouvaient de belles pierres tumulaires sculptées, avec des inscriptions couffiques très-ornées. Les traditions ont conservé, dans cette localité, le souvenir d'une grande ville qui aurait été l'œuvre d'un certain *Khoram-Châh*, et son nom s'y retrouve dans celui de *Khoram-Abad* que porte encore un petit village proche des ruines.

Nous passâmes la nuit sous la tente, dans un jardin, en un lieu qui s'appelle *Amarat*. Le Ket-Khodah vint nous dire que le pays était infesté de voleurs, et que nous ferions bien de nous faire garder. Il nous envoya le soir des *caraouls* ou *sentinelles*. Mais la nuit ne fut aucunement troublée, et je supposai, à tort peut-être, que ces gardiens étaient un prétexte pour avoir un pichkèch. Nous trouvâmes, dans le jardin où nous couchâmes, les abricotiers en maturité. J'obtins du propriétaire du lieu la permission, pour tout notre monde, de manger de ces fruits, à discrétion, moyennant un *sabcrân*, ou 25 sols.

D'Amarat nous allâmes à *Khadem-Gâh* où nous rencontrâmes la route directe de Tabriz à Ispahan par Savâh ; de là nous vînmes à *Usnudjoûn* où nous campâmes encore. L'atmosphère était si dépourvue d'humidité, et les nuits étaient si douces, que souvent nous préférions cette manière de les passer aux gîtes qui nous étaient offerts.

Pour arriver à Usnudjoûn, nous avions franchi une colline de l'autre côté de laquelle la physionomie désolée de la plaine de Khademgâh changeait complétement. Nous étions entrés dans une belle et longue vallée qu'arrosait dans toute son étendue une large rivière qui coulait au nord-ouest. Elle était couverte de cultures et de villages; nous en comptâmes douze jusqu'à *Châvâh,* où nous nous arrêtâmes le soir, après avoir fait une route de sept heures.

Le lendemain, nous marchâmes neuf heures, à travers un pays triste où nous rencontrâmes quelques tentes de nomades qui élevaient des chevaux. Je voulus en acheter un ; mais on ne m'en présenta que de défectueux. Nous couchâmes à *Barbend.* En quittant cet endroit, nous franchîmes une petite montagne du haut de laquelle nous vîmes la grande et belle plaine d'*Hamadân*. En y descendant, l'aspect riant du pays nous fit comprendre l'importance de ce district qui est un des plus beaux de la Perse. A notre gauche, la chaîne de l'*Alvend*, élevait dans l'air ses grands pics dont plusieurs étaient encore blancs. De ses flancs s'échappaient de nombreux ruisseaux au bord desquels étaient assis de tous côtés des villages rapprochés les uns des autres. Nous passâmes, à gué, une rivière ; peu après nous en rencontrâmes une seconde plus large, et sur laquelle est un pont auprès duquel nous fîmes une halte pour reconnaître le pays, et en relever les principaux points. De toutes parts se voyaient des villages habités et de grands vergers où se distinguaient beaucoup d'arbres à fruits et des vignes.

Le 10 juin à midi nous entrions à *Hamadân*.

CHAPITRE XXIV.

Hamadân. — Tombeaux d'Esther et de Mardochée. — Avicenne. — Antiquités médiques. — Mont Alvend. — Inscriptions.

Nous étions arrivés sur le premier théâtre de nos explorations archéologiques. Nous ne pensions pas que notre séjour dût être long, car nous savions que les environs d'Hamadân, bien que rappelant le souvenir d'Ecbatane, ne conservaient que fort peu de vestiges de cette antique cité. En entrant dans la ville nous avions rencontré le Bèglier-Bey qui nous fit un salut fort gracieux, et donna tout aussitôt des ordres pour qu'on nous logeât dans une des meilleures maisons arméniennes. Nous y fûmes en effet passablement. Le logement était propre, commode, et notre hôte très-complaisant.

Nous restâmes à Hamadân six jours pendant lesquels nous nous livrâmes à toutes les recherches qui pouvaient nous conduire à découvrir les moindres détails relatifs à l'antique capitale de la Médie.

Avant de sortir des murs de la ville moderne, j'en visitai tous les quartiers ; ils offrent peu d'intérêt, surtout au point de vue architectural. Hamadân n'a ni mosquée, ni sérail, ni bazars qui soient remarquables. C'est une petite ville de peu d'étendue, et qui ne compte que 4 à 5,000 habitants. — Il s'y trouve peu de familles chrétiennes. Les juifs y sont plus nombreux.

Elle est traversée par une rivière torrentueuse qui, échappée des flancs du mont Alvend, en descend avec rapidité, de cascade en cascade, et passe sous plusieurs ponts qui offrent çà et là les seuls points de vue pittoresques que l'on rencontre dans la ville. Cette rivière est une ressource pour le pays où un assez grand nombre de tanneurs entretiennent une industrie qui y répand un peu de commerce. On y fait aussi une espèce particulière de tapis en feutre très-épais ; la laine en est très-habilement foulée et forme des dessins de toutes couleurs. Ces tapis qui sont étroits, longs, et très-moelleux, se mettent habituellement sur ceux qui couvrent le sol des appartements. On les étend contre les murs, et, comme ils sont fort épais, on s'en sert pour s'asseoir.

Un autre commerce spécial à Hamadân est celui des médailles et des pierres gravées. Les objets de valeur réelle y sont fort rares, comme partout. Mais les Juifs fabriquent une immense quantité de monnaies grecques et sassanides. Celles surtout qui portent l'effigie d'Alexandre ou d'Ardechyr y sont très-communes. Il est probable que des travaux de terrassement ayant autrefois amené la découverte de quelques pièces antiques, les Juifs, spéculateurs de naissance, et qui ont principalement le goût du trafic des monnaies, se sont mis à fondre et à produire des *fac-simile* de celles retrouvées dans le sol. On m'a dit qu'ils en exportaient même pour les amateurs d'Europe. Je laisse à penser le nombre qui doit en exister, et quel est le degré de leur authenticité et de leur valeur.

Hamadân est un des centres où, en Asie, se sont groupés, en plus grand nombre, les Juifs ou *Yaoudis*, comme on les appelle. On en compte deux cents familles. J'attribue leur prédilection pour cette ville à une tradition dont l'histoire ne fournit pas la justification, mais qui, complétement avérée par les Juifs, rapporte que la reine de Suze, Esther, ainsi que son oncle Mardochée, ont été enterrés en cette ville. On y voit en effet un mausolée qui, assure-t-on, recouvre et conserve les restes de ces deux célébrités de la race hébraïque. Les Israélites d'Orient accourent, de toutes parts, en pèlerinage au pied de ces deux tombeaux qu'ils ont en très-grande vénération. Ils viennent y célébrer, de cette manière, l'une de leurs grandes fêtes appelée *Parim*. Cette solennité rappelle l'anniversaire de l'indépendance qu'ils recouvrèrent sous les Machabées. — Parmi les souvenirs antiques qui survivent dans cette localité, il n'en est pas qui doive produire sur l'âme du voyageur plus d'impression que celui de cette fille Benjamite profitant de sa beauté et de ses vertus pour affranchir sa nation de la honteuse humiliation dans laquelle la tenait Assuérus. — Cette noble vie, racontée par l'histoire, illustrée par Racine, n'entoure-t-elle pas de son prestige cet humble tombeau dont la simplicité égale celle des vertus de la belle Juive ?

Le monument qui conserve ces précieuses reliques, s'élève sur une petite place, au milieu des ruines d'un quartier abandonné aux familles israélites. Son antiquité ne paraît nullement authentique d'après son architecture. Le dôme et l'extérieur n'offrent aucune différence avec le style des sépultures musulmanes, appelées *Imâm-Zadèhs*, que l'on rencontre partout en Perse.—L'intérieur se divise en deux salles : la première est fort petite ; on y pénètre par une porte très-basse fermée par un battant en pierre d'un seul morceau ; elle est obscure, et n'est éclairée que pour les solennités, au moyen de petites lampes qu'on allume dans ces occasions. —La porte qui conduit dans la seconde salle est encore plus basse que l'autre ; il faut, pour la franchir, ramper sur les genoux. De l'autre côté de cette ouverture, on se trouve dans un réduit obscur que traversent quelques faibles rayons de lumière qui permettent à peine de distinguer les deux cénotaphes en bois noir sculpté, qui y sont placés l'un à côté de l'autre. Ils sont exactement semblables, quant à la forme et aux détails, mais celui d'Esther est un peu moins grand. Sur les parois des murs blanchis avec soin, sont gravées plusieurs inscriptions en hébreu qui font remonter à onze cents ans la construction du monument actuel. Elles portent textuellement qu'il est dû à la piété des deux fils d'un certain Ismaïl, israélite établi alors à Kachân. — Pourquoi cet Ismaïl a-t-il élevé ce mausolée en ce lieu ? c'est ce qu'il est impossible d'apprendre. Il est probable que les traditions restées parmi les Juifs leur ont appris que les restes d'Esther et de son oncle ont été apportés de Suze à Hamadân. Mais ce fait ne se rattache aucunement à ceux que l'histoire nous a conservés sur Assuérus et la belle Esther.

Le souvenir d'une autre célébrité survit encore à Hamadân, c'est celui de Ali-Ben-Sina, que nous appelons Avicenne, philosophe persan du Xe siècle, qui a laissé plusieurs traités sur la médecine, la théologie et la métaphysique. On sait que les œuvres de cet écrivain ont été traduites, et ont fait partie de l'enseignement en Italie et en France jusqu'à la fin du XVIIe siècle.

En étendant ses regards sur la plaine d'Hamadân, verdoyante et arrosée par des ruisseaux multipliés qui en font l'un des territoires les plus fertiles de la Perse, mais où ne surgit, en aucun point, une ruine attestant l'antiquité et la position d'une ville célèbre, il est difficile de se croire sur le sol de la grande capitale de Médie, d'*Ecbatane*. Il ne faut cependant pas prendre à la lettre ce que la plupart des voyageurs ont dit d'*Hamadân*, qu'il ne s'y trouvait rien qui méritât l'attention. On ne doit pas se laisser décourager par les descriptions trop succinctes relatives à cette localité. Un nom trop célèbre s'y rattache ; il faut, à défaut de monuments conservés, rechercher du moins si l'on n'en trouve pas assez de vestiges pour acquérir la certitude que, dans des temps reculés, il existait là une cité importante. Le voyageur ne peut demander à la ville persane actuelle de lui montrer les sept murailles concentriques dont *Hérodote* raconte que *Dejocès* fit entourer sa capitale ; mais en suivant, pas à pas, la description du grand historien, il retrouvera, dans les dernières pentes du mont *Alwend*, auquel est adossée *Hamadân*, et dans les collines qui s'y relient, cette disposition historique qui fit adopter au roi des *Mèdes* ce système de fortifications dont les remparts se surpassaient.

A l'exception de quelques tronçons de colonnes en granit

qui se trouvent dans le quartier du Sud, la ville moderne n'offre, sur aucun de ses points, les traces de l'antiquité de sa fondation. Dans les murs des maisons, au seuil des portes, on trouve bien encore, encastrés çà et là, des fragments antiques ; les eaux torrentielles de la rivière se brisent en écumant sur les angles arrondis de blocs arrachés à des constructions de l'âge le plus reculé ; mais tous ces débris sont sans aucune liaison entre eux. Tout ce qu'*Hamadân* peut offrir aujourd'hui de complet se rapporte exclusivement à l'époque moderne et ne remonte pas au delà de l'ère mahométane.

Cette première conviction acquise, il faut porter ses investigations hors des murs et au sud de la plaine. En sortant d'*Hamadân* dans cette direction, on découvre, au loin, plusieurs *tepèhs* ou éminences dont l'aspect et les aspérités anguleuses dénotent la présence, sinon de monuments, du moins de décombres désignant la place qu'ils occupaient. Mais, avec les âges, sur ce sol antique, se sont succédé les constructions et leurs styles différents, et ce qu'on en retrouve, bien que paraissant remonter à une époque très-ancienne, demande cependant à être examiné avec soin. Il est nécessaire de les classer avec discernement et de ne pas les confondre, car de leur comparaison ressort cette observation : qu'elles présentent des nuances trop tranchées pour qu'on puisse les attribuer toutes à l'époque médique.

Dans la direction du sud-est, à deux kilomètres environ, au milieu de grandes pierres qui ont toutes les apparences d'anciennes assises, on rencontre un sol accidenté et paraissant recéler de nombreux débris d'édifices. Là, en effet, parmi plusieurs pierres granitiques de grandes dimensions se trouvent deux assises de colonne d'un grand diamètre ; l'une est sur une base ou un socle avec lequel elle fait corps, l'autre est renversée et en partie enterrée.

Laissant ces débris pour se diriger à l'ouest, on ne tarde pas à rencontrer successivement plusieurs éminences d'une forme allongée. La dernière, qui est la plus considérable et qui se trouve à quatre kilomètres de la ville, présente à son sommet l'ouverture des vastes carrières d'où ont été extraits les matériaux employés à l'édification d'*Ecbatane*. — Là, sur un banc immense de calcaire très-dur, gisent, encore inachevés, mais portant les traces du marteau, plusieurs fûts de colonnes. Il ne paraît pas que les anciens artistes qui ont présidé à ces travaux aient suivi des règles fixes dans la taille et les proportions des blocs qu'ils employaient. Il semble, au contraire, qu'ils se soient conformés à ce que la carrière exploitée leur fournissait, et que les différentes assises de leurs colonnes aient été subordonnées à l'étendue des filons. C'est une observation qui est fournie par l'aspect des lieux mêmes, car on pourrait, en plusieurs endroits, replacer, dans les évidements pratiqués, les blocs qui en ont été retirés et sont restés à côté.

L'une de ces carrières s'ouvre en forme de voûte et a une grande profondeur. Il s'y trouve une source d'eau.

Il n'est pas présumable que l'exploitation de cette mine ait été continuée dans les temps modernes. Il paraîtrait, au contraire, qu'elle a été abandonnée depuis le jour où *Ecbatane* déchue a vu sa splendeur éclipsée par celle de *Passargade* ou de *Suze* ; car les Persans, comme les autres Orientaux, trouvent plus commode et plus économique de dépecer les anciens monuments pour en approprier les débris aux leurs.

C'est par suite de sacriléges semblables, renouvelés de siècle en siècle, qu'ont disparu du sol de l'Asie occidentale tant de monuments grandioses et même de villes célèbres, dont on ne retrouve plus les traces douteuses que dans quelques historiens et géographes aux récits desquels nous n'osons point, souvent à tort, ajouter toute la croyance qu'ils méritent.

En revenant de ces carrières vers la ville, près de ses murs, et dans leur partie sud-ouest, on rencontre un nouveau sol fortement relevé çà et là, qui recouvre des monceaux de pierres de formes et de natures diverses. Le calcaire s'y mêle au basalte, le marbre au granit, et de la poussière de ces tristes décombres sort le corps d'un lion tout mutilé. L'animal est fort reconnaissable à ce qui reste de sa tête et de sa crinière, bien qu'elles soient l'une et l'autre fort effacées, et aient pris des formes arrondies qui empêchent d'en distinguer les détails. Les pattes en ont été entièrement brisées. — Néanmoins, par l'ensemble des lignes et par quelques restes d'épaules et de cuisses, on peut reconnaître que ce lion devait être assis sur la partie postérieure de son corps, et que celle antérieure était redressée sur les pattes de devant.

L'état de mutilation où se trouve ce morceau de sculpture médique est tel, qu'il est absolument impossible de se faire une idée du degré où pouvait être arrivé l'art à *Ecbatane*. Mais, si l'on en juge par ce lion, l'antiquité était là ce qu'on la retrouve partout, c'est-à-dire grandiose, et, à défaut de science, ennoblissant la matière par la grandeur des proportions données aux monuments. — Le diamètre des colonnes dont j'ai parlé en était une première preuve : la seconde est fournie par ce lion colossal.

En contournant les murs de la ville, vers l'est, on aperçoit encore une éminence surmontée de quelques ruines. Ce lieu élevé et qui paraît avoir été jadis fortifié s'appelle aujourd'hui *Moussallah.* Au milieu de tous les débris épars, s'élève une vieille tour qui, sans avoir l'apparence d'une antique construction, n'a cependant pas le caractère moderne de l'architecture persane, car elle est construite en pierres et briques. Cette tour, isolée aujourd'hui, a dû certainement se rattacher à une fortification élevée sur ce plateau, et dont on retrouve sans doute les traces dans des restes de fondations qui figurent un rectangle flanqué de tours circulaires. Les habitants prétendent qu'en ce lieu s'élevait, en effet, une citadelle très-forte, et que, prise par *Aga-Mohamet-Khân-Kadjâr*, à la fin du siècle dernier, elle a été rasée par lui, à l'exception de la tour isolée qu'il a ménagée, afin qu'elle perpétuât l'emplacement de la forteresse et le souvenir de sa victoire.

Du haut de cette colline, on découvre la ville presque en entier, et, comme c'est le point le plus élevé de cette partie de la plaine, il est permis de se fonder sur son élévation et sur l'espèce des constructions dont elle conserve la trace pour croire que, destinée dans tous les temps, par sa nature, à en recevoir du même genre, c'était là que s'élevait la *septième enceinte aux créneaux dorés*, dont parle Hérodote. En suivant le récit de l'historien grec, peut-être faut-il croire que là était le palais de *Dejocès*, et là aussi que, d'après Arrien, *Alexandre* donna à *Parménion* l'ordre de rassembler tous les trésors de la Perse vaincue et dépouillée, qu'il confia à six mille de ses fidèles Macédoniens, avant de se mettre à la poursuite de *Darius*.

Longtemps après, mais plus de dix-sept cents ans avant la prise de cette position par le fondateur de la dynastie *Kadjâr*, elle jouissait encore d'une grande célébrité. Un des princes Sassanides l'avait remise en honneur, et, jusqu'à nos jours, une petite plate-forme carrée y a perpétué son nom, sous le titre de *Takht-Ardechîr* ou trône d'*Ardechîr;* ce qui conduit à ce fait, qu'*Ardechîr*, l'*Artaxerce* des Grecs, y avait un palais. En rapprochant les noms d'Ardechîr, d'Artaxerce et d'Assuérus qui semblent appartenir au même personnage, du tombeau d'Esther, on arrive à concevoir comment il se trouve dans cette ville où survit le trône du monarque dont elle était l'épouse. Au pied de l'éminence qui servait de base à ce *Khâlèh* ou château-fort, sont de nombreux fragments de granit parmi lesquels se distinguent des blocs qui présentent encore des formes arrondies et feraient supposer qu'ils ont dû appartenir aux colonnes de quelque temple ou palais.

On voit, par la description de ces divers lieux, par les rares fragments qu'ils conservent et le médiocre intérêt qu'ils présentent par eux-mêmes, que si *Ecbatane* a réellement illustré ce sol, il n'en reste pas de vestiges assez importants pour donner une idée de la grandeur de cette capitale.

Le monument le plus authentique légué par l'antiquité, et qui se soit le mieux conservé dans le pays, est le rocher qui, au fond d'une des gorges de l'*Alvend*, présente encore intactes deux grandes tablettes d'inscriptions cunéiformes. Il faut, pour se rendre au lieu où elles sont, se diriger vers la montagne, au nord-ouest.

A trois kilomètres de la ville s'ouvre une vallée étroite

qui porte le nom d'*Abbas-Abad*. Elle est traversée dans toute sa longueur par un torrent. L'impétuosité de ses eaux dit assez qu'il descend par une pente rapide des sommets de la montagne, couverts d'une neige éternelle. On remonte ce ravin en passant plusieurs fois le torrent qui serpente au milieu de nombreux vergers parfaitement cultivés, plantés de vignes et d'arbres fruitiers de toute espèce.

Le charme et la fraîcheur de cette vallée faisaient, à la fin de juin, un agréable contraste avec la chaleur de la plaine. Au lieu de cet air de feu et de ce vent qui semble pousser la mort devant lui dans les campagnes brûlées que nous avions traversées, nous trouvions là une température printanière qui ranimait les êtres et la végétation de son souffle vivifiant. Mais, au fur et à mesure que nous montions, la riante verdure des jardins faisait place à des rocs sauvages que blanchissait encore une neige épaisse. Des roches escarpées se rapprochaient et ne laissaient plus qu'un passage étroit aux eaux qui, arrêtées par elles et furieuses, bondissaient de l'une à l'autre avec un fracas assourdissant.

Il n'y avait plus de chemin tracé, il fallait escalader les rochers. Nos guides nous en firent remarquer un partagé en deux, disaient-ils, avec un accent pénétré de vénération, par Ali, leur grand Imâm, qui l'avait fendu d'un coup de son cimeterre.—Les Persans ont une foule de fables de cette force, qu'ils débitent avec un imperturbable sang-froid et une religieuse crédulité.—Quelques jours avant, on m'avait fait remarquer, sur la route que nous suivions, une pierre sur laquelle était une trace profonde ayant la forme d'un gigantesque fer de cheval. Il n'en fallut pas davantage pour l'attribuer aussi au sabot du coursier d'Ali.

Après mille obstacles produits par la nature des lieux, nous arrivâmes enfin à un espace peu étendu, mais dégagé, situé à environ cinq kilomètres de l'entrée de cette gorge. Là, au pied d'une cascade qui se précipite du haut des sommets successifs d'une suite de pyramides gigantesques de granit, entre lesquelles le soleil cherche vainement à fondre la neige, est un rocher sur la face méridionale duquel sont plusieurs tablettes d'inscriptions. Après les difficultés qu'il faut vaincre pour arriver en ce lieu, on se demande pourquoi et dans quel but les anciens y avaient placé ces caractères. Dans ce site sauvage, il n'y a point d'autre apparence du séjour des hommes; il ne semble pouvoir être hanté que par les bêtes fauves et les oiseaux de proie; et si quelque chose a pu y attirer dans l'antiquité, comme dans les temps modernes, cela n'a dû être que le désir d'y venir chercher la fraîcheur et la solitude. Sans doute ces inscriptions auront été gravées là par l'ordre de l'un des monarques qui y trouva cette double jouissance, et voulut y perpétuer le souvenir des excursions qu'il y faisait loin de la pompe et du faste de sa cour.

— Les Persans appellent ces inscriptions *Guintch-Nâmèh*. Ils entendent par là qu'elles indiquent l'endroit où est caché de l'argent; d'où ils concluent, avec assez de logique, que nous ne les recherchons qu'afin de trouver le trésor.

Nous passâmes là plusieurs heures sans pouvoir copier tout; il fallut y retourner le lendemain. Nous emportâmes cette fois ce qui était nécessaire pour faire un estampage. Nous espérions pouvoir ainsi, indépendamment de nos copies, avoir un *fac-simile* des monuments mêmes. Mais cela ne fut pas possible. Nous nous contentâmes, en conséquence, d'achever exactement la copie de ces textes antiques.

Pendant que M. Coste et moi nous nous livrions à ce travail difficile, nos Persans s'étaient retirés dans un creux de rochers au-dessus de la cascade, pour causer et déjeuner à leur aise. Nous avions emmené, pour nous servir de guide, un Arménien qui avait, sous les plis de son *Abbah*, ou grand manteau, emporté une énorme bouteille *d'arak*, eau-de-vie anisée du pays. Loin des regards de leurs coreligionnaires, dans ce petit coin oublié des hommes et des Mollahs, nos Musulmans s'étaient laissé entraîner à enfreindre les préceptes de Mahomet. La dame-jeanne, passée de mains en mains, s'était vidée, et, Chrétiens ou Musulmans, tous étaient ivres.

Nous n'avions plus d'intérêt à prolonger notre séjour à Hamadân, et nous voulions en partir dès le 15. Mais la difficulté de remplacer notre malencontreux tchervâdar d'Ispahan nous fit, malgré nous, retarder notre départ jusqu'au 17. — J'employai le temps qui nous restait jusque-là à chercher encore de tous côtés quelque chose qui eût un intérêt quelconque.

On m'avait indiqué une source d'eau, à laquelle on attribuait des propriétés hygiéniques. Je la visitai, et je fus très-étonné de la trouver excessivement froide. Elle n'avait pas plus de deux ou trois degrés au-dessus de zéro, et nous étions au milieu de juin. Cette fontaine singulière était le gagne-pain d'un pauvre homme qui l'avait entourée d'un mur et couverte d'une coupole. On y prenait des bains qui, dans l'été, étaient fort appréciés par les Hamadânis. Il est douteux cependant qu'outre la jouissance que les baigneurs éprouvaient à y rafraîchir leur corps, ils pussent en ressentir aucun bien pour leur santé. Néanmoins, et par curiosité de la sensation procurée par un bain aussi froid, j'en pris un auquel je trouvai une vertu tonique et réconfortante qui me sembla devoir combattre les effets énervants de la chaleur.

CHAPITRE XXV.

Départ d'Hamadân. — Mauvaise rencontre. — Kingavar. — Ancien temple de Konkabar. — Tombeau antique à Sahnèh. — Marécages. — Arrivée à Bi-Sutoun.

Le 17 juin nous sortîmes d'Hamadân, à 7 heures du matin, après mille ennuis de toutes sortes et des contestations sans fin avec un nouveau tchervadâr. Les difficultés soulevées par cet homme tenaient à ce que, contrairement aux habitudes du pays, nous voulions le prendre au jour, au lieu de le retenir seulement pour transporter nos bagages à un point donné. Devant séjourner à *Bi-Sutoun*, à *Kermanchâh*, à *Serpoul*, pour étudier les ruines de ces localités, il nous convenait mieux, en effet, d'avoir des mules à nos ordres et de les garder indéfiniment. Mais cet arrangement insolite était un prétexte pour soulever des prétentions et des exigences qui donnaient lieu à des négociations interminables. Nous parvînmes cependant, après bien des peines, à nous entendre, et nous partîmes.

Nous nous dirigeâmes vers l'Ouest, à travers une campagne qui, semblable à celle que nous avions déjà vue en venant de l'Est, était en pleine culture; les vergers s'y touchaient sans intervalle; d'abondants ruisseaux y entretenaient une riche végétation. On y remarquait une grande quantité d'arbres fruitiers et de vignes au-dessus desquels les peupliers élevaient leurs longues pyramides. — Les Persans emploient cet arbre pour leurs constructions; leurs maisons n'ayant qu'un rez-de-chaussée, et la partie supérieure étant terminée en terrasse, la charpente peut en être légère. Le bois blanc suffit donc. Le peuplier pousse très-droit et vient promptement; c'est ce qui fait que les Persans le plantent de préférence à d'autres arbres, au bord des ruisseaux, ou dans leurs jardins.

A une demi-heure de la ville, nous traversâmes une rivière coulant au nord. Nous rencontrâmes successivement quelques autres courants d'eau sortant des gorges de l'Alvend. La plupart sont torrentiels et produits par la fonte des neiges. A cette époque de l'année, leurs lits étaient remplis.

Notre route ne tarda pas à s'élever, et, après avoir dépassé le village de *Mariana*, elle s'engagea dans l'Alvend. Le chemin était abrupte et couvert de pierres. De chaque côté, dans les enfoncements de la montagne, on découvrait des hameaux qui y cherchaient sans doute la fraîcheur et l'eau, chose toujours si rare en Perse.

Nous n'avions marché que quatre heures quand nous arrivâmes au bourg de *Zagâh*. Quoiqu'il fût encore de bonne heure, nos muletiers prétendaient que, pour une première journée, nous avions fait assez de chemin. Il commençait à faire très-chaud; nous étions partis trop tard d'Hamadân, et il leur convenait de s'arrêter là.—Il est difficile de résister à des muletiers, ce sont de vrais tyrans; quand ils ont dit que leurs bêtes ne peuvent plus marcher, ou que, plus loin, on ne trouve rien, il faut bien céder. Ils en abusent souvent, et, à moins de connaître le pays où l'on voyage, et d'avoir fait un long usage des muletiers d'Orient, on est à leur merci. Nous fûmes obligés de croire les nôtres. Nous devions, disaient-ils, nous engager de plus en plus dans la montagne et nous trouverions difficilement à nous loger. Le bourg de Zagâh, au contraire, offrait des ressources de tout genre : bon logement, toute espèce de choses à manger, de l'eau et de l'herbe pour les mules; c'était là surtout ce qui tentait le chef tchervadâr qui voyait la possibilité de nourrir ses animaux sans rien débourser.

Nous nous arrêtâmes donc à Zagâh. Nous eûmes beaucoup de peine à trouver le Ket-Khodâh. Le village semblait désert, toutes les maisons étaient fermées, et nous dûmes attendre fort longtemps avant qu'un de nos goulâms eût pu mettre la main sur un homme. — Nous avait-on aperçus de loin? L'aspect de nos deux cavaliers, reconnus pour être de ceux qu'on donne aux voyageurs de distinction, avait-il effrayé la population? La crainte de fournir des vivres sans être payés avait-elle déterminé les habitants à s'enfermer chez eux? — Toujours est-il qu'en entrant dans Zagâh, nous crûmes entrer dans un village abandonné ; cependant Ressoul-Bek finit par découvrir le Ket-Khodâh auquel il exhiba son firman qui fut assez mal accueilli de lui et de quelques hommes qui l'accompagnaient. Ils ne le reçurent pas avec cette déférence qu'on avait généralement témoignée sur notre route pour le sceau impérial. Nous étions dans un pays tant soit peu *hâssi*, comme disent les Persans, c'est-à-dire rebelle, ndépendant. En effet, nous entrions dans cette partie du

Kurdistân qui, quoique nominalement soumise au Châh de Perse, ne souffre qu'avec une extrême répugnance, et souvent même ne veut point reconnaître l'autorité de ses gouverneurs ou de ses firmans. Parmi les tribus dont les territoires sont dans le voisinage d'Hamadân, il en est une surtout dont la puissance est telle que le Châh ou ses Beglier-Beys recherchent son amitié, à cause du nombre des hommes armés qu'elle peut mettre sur pied. Cette tribu porte le nom de *Karagueus-Oglou, fils de Karagueus*, ou plutôt *enfants aux yeux noirs*. Considérée comme une alliée plutôt que comme une vassale de la couronne de Perse, elle s'en prévaut naturellement pour s'affranchir presque complétement de l'autorité royale. Autour d'elle en sont groupées quelques autres qui, à la faveur d'une origine commune avec celle-là, s'arrogent aussi le privilége d'une indépendance que protégent d'ailleurs leurs montagnes inaccessibles.

— Cette disposition hostile à tout ce qui émane des agents du gouvernement, cette indépendance de caractère, particulière aux populations de cette province, nous créèrent plusieurs fois des difficultés, surtout à cause du rôle que jouaient dans notre voyage les goulâms qui nous escortaient.

Des pourparlers sans fin entre Ressoul-Bek et le Ket-Khodâh n'aboutissaient à rien. Cependant nous avions mis pied à terre, et nous attendions un *menzil*. La discussion commençait à s'échauffer ; mais, sans en attendre le résultat, nous entrâmes dans un grand jardin qui était près de là. Il s'y trouvait de beaux arbres et de l'eau vive ; il ne nous fallait pas d'autre logement. Nous pensâmes être dans ce bâgh parfaitement pour passer la fin du jour et la nuit.

Nous ignorions que ce jardin devait être, dans la journée, un lieu de rendez-vous pour les femmes, et qu'il y en avait même déjà quelques-unes qui se sauvèrent en nous y voyant pénétrer. Ce fut un motif de querelle de plus avec les habitants et leur chef. Ils voulurent nous faire sortir du jardin, et notre Iassaoul, s'y opposant, leur disait avec raison que puisqu'ils ne voulaient pas nous donner une maison, nous nous installions où nous pouvions. La dispute s'envenimait. Ressoul-Bek en était venu à menacer de son fouet ceux qui étaient les plus acharnés, quand tous lui tombèrent dessus. Pour nous, on nous avait respectés ; on ne s'en prenait qu'à notre goulâm. Mais quand je vis qu'on allait lui faire un mauvais parti, je courus à sa défense, je distribuai une grêle de coups de poing, et, du plat de mon sabre, je frappai indistinctement l'autorité et ses subordonnés. — Cela fit merveille. En un clin d'œil, Ressoul-Bek était dégagé, et, reprenant avec moi l'offensive, nous redoublâmes si bien que Ket-Khodâh et habitants tous s'enfuirent au plus vite par la porte du jardin qui se trouva trop petite pour leur empressement. Nous la fermâmes, et restâmes ainsi maîtres du terrain où nous nous installâmes à l'ombre d'un bouquet de grands platanes, protégés par une rangée de peupliers et quelques ormeaux ou *nerouends* dans les branches desquels serpentaient de grandes vignes.

Nous n'y fûmes plus inquiétés ; bientôt même on vint nous apporter des provisions, et, sur le soir, le Ket-Khodâh, un peu abasourdi du sans-façon avec lequel je l'avais traité, vint me faire de profondes et respectueuses excuses, en m'offrant ses services. Je lui avais prouvé que je savais m'en passer; néanmoins, par politesse, je le remerciai et ne parlai pas de la scène du matin. Le lendemain de cette petite échauffourée, le pauvre chef de Zagâh voulut assister à notre départ; il espérait, par cette marque de déférence, nous faire oublier sa conduite de la veille. Mais la rancune est le lot des battus, ce n'était pas le nôtre. Il nous prévint, pour achever de se réconcilier avec nous, que le pays que nous allions traverser n'était pas sûr, et qu'il ne fallait pas nous écarter de notre caravane.

Il y a, en effet, dans toute cette contrée montagneuse, où, à chaque pas, s'ouvre un ravin, une gorge, propice à une embuscade, beaucoup de maraudeurs qui guettent une occasion favorable de détrousser les voyageurs trop faibles pour leur résister, ou piller les caravanes qui n'ont aucune escorte. Nous remerciâmes le Ket-Khodâh de son avis qui n'était point à dédaigner, et nous hâtâmes le pas pour rejoindre nos muletiers qui partaient toujours avant nous. Quoique nous eussions toute confiance dans notre nombre, dans notre résolution et dans notre habit *Frengui*, il était prudent d'accompagner nos bagages. En nous enfonçant de plus en plus dans la montagne, nous pûmes reconnaître que cette précaution n'était pas inutile.

— Salvator-Rosa, le peintre des bandits, ne s'est jamais inspiré, en Calabre, d'une nature plus propre à servir de cadre aux scènes de meurtre et de pillage qu'il a si bien rendues. — Les rochers, accumulés à des hauteurs immenses, s'élevaient de chaque côte du sentier qu'il fallait suivre. A chaque pas, nous rencontrions un torrent dans lequel nos montures descendaient péniblement, en roulant sur les galets; puis nous remontions sur des roches glissantes, cherchant la trace à peine frayée qui devait nous guider. Des gorges sombres, d'un aspect aussi triste que sauvage, accidentaient les flancs de la montagne, et semblaient autant de repaires où devaient nicher des voleurs. Nous montions depuis notre départ de Zagâh, et nous marchions lentement dans un défilé tortueux quand, à un détour, nous aperçûmes, sur un mamelon qui dominait le sentier, un groupe d'hommes armés, assis et postés en observation. Ils se dressèrent à notre vue. Leur aspect n'était pas celui des Persans que nous avions l'habitude de voir. Ils n'avaient rien des humbles raïas que nous rencontrions près de leurs hameaux; d'ailleurs aucune habitation n'expliquait en ce lieu la présence de ces hommes appuyés sur de longs fusils. Ils étaient enveloppés de grands manteaux de feutre bruns ou gris; au lieu du bonnet pointu en peau d'agneau, ils avaient la tête couverte d'une calotte ronde pareille à leur manteau, et sous laquelle passaient de grands cheveux longs et frisés. Sous cet accoutrement bizarre et un peu sauvage, que nous voyions pour la première fois, on apercevait un arsenal complet; pistolets, sabres, poignards, cartouchières, etc. Le conseil qui nous avait été donné le matin par le Ketk-Kodâh de Zagâh nous sembla très-justifié par cette rencontre. Nous ne pouvions nous défendre de l'appréhension d'être tombés dans un guet-apens, et d'avoir en face de nous des détrousseurs de caravanes. Nos goulâms eux-mêmes, quelque habitués qu'ils fussent aux physionomies diverses de leurs compatriotes, ne paraissaient pas rassurés par celles de ces gens. Il faut convenir qu'elles n'avaient en effet rien de rassurant. Mais il importait de faire bonne contenance et de ne trahir aucune crainte. Voleurs ou non, il fallait marcher droit à eux, en se préparant, sans affectation, à une défense désespérée. Tout en faisant ces réflexions, nous approchions de ces hommes; ils laissèrent passer la caravane qui nous précédait, et nous arrivâmes jusqu'au pied du rocher dont ils occupaient le sommet, sans qu'ils eussent fait un mouvement. Nous nous arrêtâmes, et Ressoul-Bek leur demanda qui ils étaient, ce qu'ils faisaient là. Ils répondirent qu'ils étaient *Caraouls* ou *gardes* de la douane. Cela pouvait bien être; mais nous en doutions beaucoup, et nos Persans trouvaient, comme nous, que ces *caraouls* avaient plutôt la mine et la tournure de brigands qui attendent une occasion de faire un bon coup, que d'honnêtes employés du fisc.

Il est probable que si, au lieu de voir huit hommes bien armés, dont la moitié étaient Européens, ces prétendus caraouls n'avaient eu en face d'eux que de pauvres Mirzas ou quelques timides marchands, leur chapelet à la main, ils leur auraient demandé autre chose qu'un faible droit de douane, malgré Ali, Hussein et tous les imâms qu'ils auraient invoqués. — Peut-être ces braves gens cumulent-ils. Il n'est pas impossible qu'ils soient chargés de prélever l'impôt du commerce quand ils ne peuvent faire mieux, et qu'ils deviennent de traîtres voleurs quand ce rôle leur est facile et plus lucratif. — Quoi qu'il en soit, ils ne nous demandèrent rien; ils nous laissèrent passer, tout en nous examinant beaucoup et nous suivant, aussi loin qu'ils purent, d'un œil qui n'avait rien d'amical ni d'hospitalier.

Au delà d'un petit hameau en ruines que nos muletiers nous dirent s'appeler *Khoûtach*, nous pénétrâmes dans une gorge plus resserrée encore que celles que nous suivions depuis le matin. Il n'y avait, dans ce ravin, place que pour un ruisseau qui serpentait entre les pierres et pour l'étroit sentier que nous gravissions. A moitié de sa longueur, à peu près, se trouve un petit caravansérail qu'un homme pieux et philanthrope a établi là pour les malheureux voyageurs attardés ou épuisés de fatigues dans ce passage long et pénible. Cet ami de l'humanité s'appelait *Hadji-Ali-Khân*, et le caravansérail porte son nom.

Le ruisseau écumait en bondissant sur les bancs de granit qui barraient son cours, et ses sinuosités nous forçaient à chaque pas de le traverser; nos chevaux fatigués et haletants étaient obligés de reprendre fréquemment haleine.

— Il y avait cinq grandes heures que nous montions ainsi, marchant avec lenteur et précaution, quand nous atteignîmes l'un des sommets de cette grande chaîne de l'Alvend; nous étions sur l'un de ses pics les plus élevés, et, de là, nous découvrions toutes les crêtes que, depuis notre départ d'Hamadân, nous avions successivement dépassées. Il fallait que ce point fût bien haut pour qu'à la fin de juin nous y trouvassions de la neige. En effet, depuis quelque temps nous nous apercevions d'un abaissement de la température sans pouvoir nous l'expliquer, car les rayons du soleil étaient toujours aussi brûlants; seulement, par instant, il nous arrivait un courant de vent frais qui nous ravivait. Tout à coup, au détour d'un coude du sentier, nous eûmes devant nous la surprise fort agréable de voir une large nappe de neige.

Ce devait être un plaisir de déjeuner là et de nous y

rafraîchir un peu. Notre tapis fut étendu sur la neige même dans laquelle on fit des trous pour y placer nos carafes qui ne contenaient que de l'eau, mais qui fut *frappée*. Cette neige était si dure et si épaisse, que, sous les rayons ardents d'un soleil vertical, elle avait de la peine à se fondre. C'était à peine si la terre, détrempée sur ses bords, attestait qu'elle cédait à l'action de la chaleur. Pendant que nous faisions là un repas de véritables sybarites, nous vîmes arriver quelques hommes avec des ânes chargés de grands paniers. Ils venaient de très-loin chercher de la neige qu'ils allaient vendre dans les villages de la plaine, mais la route était longue et la chaleur intense. Ils nous dirent qu'il leur fallait en prendre la charge de tous leurs ânes pour en conserver quelques livres à vendre. Ce ne fut pas sans regret que nous nous arrachâmes aux délices de cette glacière. Il nous fallait redescendre l'autre versant de la montagne, et nous pensions au soleil qui allait nous frapper en face.

Nous avions à peine fait quelques pas et franchi le point culminant de ce sommet, que nous vîmes, à nos pieds, s'étendre, à perte de vue, une belle plaine verdoyante et couverte de villages. C'était le district entier de *Kingavar* que nous apercevions, et les montagnes qui se voyaient dans la direction que nous devions suivre, en inclinant au sud-ouest, étaient celles qui dominaient la ville même. Descendus dans la plaine, nous pûmes y compter jusqu'à dix villages voisins les uns des autres. Nous projettions de loger dans celui de *Mindavar;* mais, en approchant, nous crûmes nous apercevoir qu'il était désert, ce dont nous acquîmes la certitude en y pénétrant : il avait été abandonné, et c'était le dernier qui fût dans cette plaine. La saison était favorable à un campement, une prairie engageante était près de là; nous y plantâmes notre tente. Nous n'étions pas les premiers occupants de la place; nous y trouvâmes installée avant nous une grande caravane qui venait de Bagdad, et ramenait de nombreux pèlerins de Kerbelâh. Notre muletier était enchanté; l'herbe était en abondance; une eau limpide coulait au milieu. Mais nous n'étions pas tout à fait aussi satisfaits que lui : il y avait dans notre voisinage un petit étang qui engendrait une innombrable quantité de moustiques imperceptibles et silencieux, qui faisaient d'atroces piqûres; nous fûmes dévorés pendant la nuit, et le lendemain nous portions les traces multipliées de notre supplice.

Depuis longtemps je cherchais l'occasion d'acheter un bon cheval de route. On m'en amena là un qui appartenait à une femme dont le mari était mort depuis peu. Elle n'avait pas le moyen de nourrir cet animal qu'elle abandonnait, entravé, dans la prairie, afin qu'il y cherchât une nourriture qu'elle était trop pauvre pour payer. Malgré sa maigreur, ce cheval me parut avoir une bonne apparence; il était grand et de cette race persane, arabe croisé de turcoman, qui réunit la force à la légèreté. Mon saïs l'essaya, et il se trouva avoir des qualités réelles. J'entrai en arrangement; mais que d'objections ne me firent pas nos Persans! — Ils me suppliaient de ne pas acheter ce cheval, parce qu'il présentait des signes certains qui, selon eux, indiquaient qu'il devait être d'un service dangereux. Il portait, entre autres indices fatals, un petit bouquet de poils tournés sur eux-mêmes, sous le cou. Au dire des Persans, cela indiquait infailliblement que cet animal tuerait son maître. — Je ris beaucoup de leurs superstitions, tout en me promettant d'en tirer parti. Alors faisant valoir ce vice rédhibitoire, pour marchander, j'offris de ce cheval un prix très-modique. — Je suppose que ce cas avait dû empêcher la femme à qui il appartenait de s'en défaire, car elle me prit au mot, et je l'eus pour 11 tomans ou 135 francs environ.

Le 19, peu après avoir quitté notre campement, nous traversâmes une nouvelle rivière assez forte. Devant nous s'ouvrait une grande plaine à l'extrémité de laquelle était Kingavar. Le pays offrait l'aspect de la fertilité. Il était très-peuplé, à en juger par le nombre des villages, et plusieurs d'entre eux étaient fort grands. Nous arrivâmes de bonne heure à la ville. Ressoul-Bek nous avait devancés pour aller trouver le Khân, vekil du Beglier-bey de la province, qui ne voulut pas que nous logeassions autre part que chez lui; et, en effet, nous fûmes installés dans sa maison fort belle et très-confortable. Nous n'étions pas encore débottés, que l'on nous apportait, de sa part, des provisions et des friandises de toutes sortes. Notre hôte poussa la politesse jusqu'à nous faire une visite. C'était la première fois que nous nous voyions traités avec une déférence aussi prévenante. Le Khân fut fort aimable, et nous fit toute espèce d'offres de service.

A peine étions-nous installés, que l'on vint nous dire que deux Frenguis de nos amis venaient d'arriver presque en même temps que nous. C'étaient MM. Delort et de Breuilly que nous avions laissés à Ispahan, et qui se rendaient à Bagdad. Nous partageâmes leur étonnement et leur plaisir d'une rencontre aussi inattendue. Ces Messieurs avaient suivi une route parallèle à la nôtre. Ils nous apprirent que l'ambassadeur était parti trois jours après nous d'Ispahan.

Ils avaient fait dresser leurs tentes sous des arbres, à l'entrée de la ville. Nous passâmes cette journée ensemble, et, faisant un pique-nique, nous mêlâmes nos deux dîners pour avoir le plaisir de festoyer en commun. — Il faut avoir été aussi loin de son pays, et n'avoir eu pendant longtemps sous ses yeux que des hommes avec lesquels on n'a de commun ni les mœurs, ni la religion, ni la langue, pour comprendre tout ce qu'on éprouve de plaisir à rencontrer des Européens, surtout des compatriotes.

Nous étions arrivés de bonne heure à Kingavar ; la journée était longue et la ville fort petite, ce qui fit que nous eûmes tout le temps nécessaire pour la visiter et en examiner les ruines. Je ne sais si l'on peut donner le nom de ville au petit nombre de maisons qui contiennent le peu d'habitants de Kingavar. Cependant elle a eu, dans les temps reculés, une importance assez grande pour qu'on y ait quelque égard. Aujourd'hui elle a une petite mosquée, un pauvre bazar et même des portes, qui peuvent, jusqu'à un certain point, lui donner la prééminence sur les bourgs qui sont dans son voisinage ; puis encore, pour tout dire, elle a un gouverneur qui agit en grand seigneur et donne de même l'hospitalité. — Nous avions éprouvé sa libéralité. — Ce n'est point un Ket-Khodâh, raïa aussi misérable que ses subordonnés. — Laissons donc à Kingavar le titre de ville, quoique en vérité les masures dans lesquelles vit sa population ne méritent pas cet honneur. Pour la relever aux yeux de ceux qui pourraient le lui contester, j'en viendrai tout de suite à ce qui lui donne de l'intérêt, aux vestiges qu'elle a conservés de son antiquité incontestable. Cette ville portait anciennement le nom de *Konkabar*, qui se rapproche tellement de celui que lui donnent aujourd'hui les Persans, qu'on peut dire qu'il n'a pas changé. Il est même digne de remarque que, parmi tous les noms des divers lieux célèbres de la Perse, c'est peut-être celui qui s'est le mieux conservé tel que les historiens l'ont transmis. Aussi est-on fondé à trouver dans cette identité une preuve de plus de l'authenticité des monuments de cette localité et de l'antiquité de leur origine. Selon un géographe grec, il existait à Konkabar un temple célèbre dédié à Diane. Il est fort probable que c'est à ce temple qu'il faut rapporter les ruines de l'édifice qu'on retrouve aujourd'hui à Kingavar. Elles étaient plutôt soupçonnées que réellement connues; car, si elles avaient été entrevues par quelques voyageurs, elles ne l'avaient été que très-superficiellement, sans avoir jamais obtenu l'honneur d'une description. C'était une injustice qu'il fallait réparer, et ce monument avait d'autant plus de droits à nos recherches et à nos studieuses investigations, qu'il était resté plus ignoré.

Plusieurs collines, produites par des soulèvements de bancs de marbre assez étendus, donnent à la situation de Kingavar un aspect accidenté et varié. Le fondateur du temple avait mis à profit la nature du sol; et, sur l'une des éminences situées au sud, presque au centre de toutes les autres, il en avait choisi l'emplacement.

Si les voyageurs n'en ont point parlé, ou si ce monument est resté inaperçu par eux, il faut sans doute l'attribuer à ce que, enfoui sous un amas de décombres et de maisons, il a presque entièrement disparu. En effet, la presque totalité de la superficie de ce vaste édifice est couverte de maisons et de rues. Sa base sert de piédestal gigantesque à tout un quartier de la ville moderne ; le soubassement, construit en larges assises, a offert aux habitants pour leurs constructions des fondations qui réunissaient le double avantage d'être toutes faites et parfaitement solides. Aussi n'ont-ils rien trouvé de mieux que de bâtir dessus et d'appuyer leurs maisons aux forts tronçons de marbre, fragments des colonnes du temple, restés en place. Aujourd'hui, par suite de cet envahissement par les masures de briques, l'œil ne peut embrasser l'ensemble des ruines ; mais on en trouve çà et là des portions assez considérables, assez dégagées et bien conservées pour qu'on puisse établir d'une manière certaine la construction de ce monument et son caractère.

Ne pouvant, comme dans un terrain vague et abandonné, faire des fouilles qui en eussent mis à nu toutes les parties essentielles, tout ce qui pouvait contribuer à en faciliter l'étude, il fallait se contenter de circuler au travers de ce dédale de maisons, pénétrer même dans chacune d'elles, et s'y livrer à une investigation que rendaient excessivement difficile le peu de complaisance, ou même les préjugés superstitieux des habitants. Nous ne négligeâmes cependant aucun des moyens qui pouvaient nous conduire à la connaissance aussi exacte que possible de tout ce qui restait de ce monument. Nous parvînmes à en tracer le plan, à en recueillir tous les détails, de manière à pouvoir le décrire complétement, et justifier ainsi ce que la géographie ancienne avait rapporté du temple de *Konkabar*. Le plan de cet édifice est figuré par un vaste rectangle de plus de deux cents mètres dans les deux sens; la façade en était tournée au sud, et son portique, qu'il n'a pas été possible de déterminer entièrement, dominait un immense perron élevé de plusieurs marches au-dessus du sol. Il est difficile de les reconnaître parce qu'elles ont été presque toutes enlevées, et que leurs débris non arrachés disparaissent sous les décombres. Néanmoins, on en voit des traces suffisamment indiquées pour qu'elles en attestent l'existence antérieure. A partir du sommet de ce perron, le sol du temple était formé d'un massif de gros blocs de marbre liés avec un ciment très-dur.

C'est dans la partie ouest de l'édifice, vers l'angle nord-ouest, que s'élève, sur une rue de la ville, et dans le voisinage d'une petite mosquée, la partie la plus importante actuellement et la moins ruinée du monument. Là, on reconnaît que le temple était assis sur un soubassement construit en belles assises de marbre blanc. Nous n'avons pu calculer la hauteur totale de ce soubassement, non plus que rechercher le profil du socle. Une fouille commencée à cet effet a dû être abandonnée par suite de la superstition des habitants qui n'ont pas permis de la terminer. Quant à la partie supérieure, elle est surmontée par une corniche, dont on retrouve un assez grand nombre de fragments en place. Sur cette partie du soubassement, et sur leurs bases, reposent encore neuf tronçons de colonnes également en marbre blanc. Ils sont enchâssés dans les murs de briques crues des maisons auxquelles ils servent de supports.

Connaissant cette face et ayant découvert une portion de celle opposée tournée à l'est, il a été donné de connaître exactement la largeur de l'édifice. Sa longueur s'est trouvée d'ailleurs déterminée par l'extrémité supérieure du perron et par un retour d'angle de la face ouest sur le côté nord.

Les profils du soubassement et des bases des colonnes sont de style grec. Il est difficile de bien saisir le caractère des chapiteaux qui semblent n'avoir été qu'ébauchés. Au premier coup d'œil, il semble que ces divers profils affectent, dans leur ensemble, une ressemblance avec l'architecture grecque. Mais le travail peu avancé de tous les détails et leur achèvement incomplet ne permettent pas de classer ce monument dans un ordre architectonique quelconque. Ainsi, bien qu'il y ait une certaine similitude entre les chapiteaux très-bas, très-écrasés, de *Kingavar*, et ceux de l'ordre dorique, ils n'en ont cependant pas le vrai caractère. Ils ont aussi certaines parties qui sont du genre corinthien, telles que les tailloirs qui décrivent une ligne courbe sur les quatre faces supérieures. Il résulte de ces rapports, plus ou moins éloignés, avec les ordres d'architecture grecque, que celle de cet édifice est bâtarde et corrompue.

Au sud-ouest de la ville de *Kingavar*, à trois kilomètres environ, est un monticule assez étendu, dans le flanc duquel ont été ouvertes des carrières. Il est visible qu'on en a extrait les matériaux qui ont été employés à la construction du temple. On voit encore, dans le voisinage, des fûts de colonnes ébauchés attestant un travail interrompu et resté inachevé. — Était-ce là seulement encore une carrière, un second atelier où se taillait et se préparait le marbre, ou bien n'était-ce point l'emplacement d'un autre édifice projeté? — Cette dernière supposition n'est pas entièrement dénuée de fondement, car elle peut se justifier en partie, non-seulement par la présence d'un grand nombre de fûts de colonnes, mais encore par un massif horizontal de pierres assemblées avec soin qui sembleraient avoir dû appartenir à la base de quelque monument.

Le lendemain nous quitâmes Kingavar en compagnie de MM. Delort et de Breuilly. Au bout d'une heure de marche, nous passâmes une forte rivière qui coupe la plaine en venant du nord. Elle contribue, par les nombreuses saignées que lui font les cultivateurs, à répandre la fertilité sur tous les points de ce territoire. Après avoir franchi une distance de deux farsaks, sur un sol à peu près plat, nous nous engageâmes de nouveau dans un sentier qui gravissait une longue montagne. Vers le milieu de ce défilé, nous trouvâmes un poste de cinq ou six *Caraouls* qui gardaient ce passage infesté, nous dit-on, de voleurs. Nous échangeâmes quelques paroles avec eux, et nous leur donnâmes une légère gratification dont ils parurent enchantés.

Nous ne tardâmes pas à descendre, et à arriver à *Sahnèh*, village situé au pied des rochers, sur le bord d'un ruisseau rapide qui coule avec fracas à travers des broussailles et quelques petits jardins. Nous campâmes dans l'un d'eux.

— Les habitants nous indiquèrent dans le voisinage un monument antique que nous visitâmes. C'est un caveau sépulcral creusé dans le flanc d'un rocher, à trente mètres au-dessus du sol. Sa face verticale et polie ne laisse aucun moyen d'y arriver. Il faut, pour y parvenir, se faire hisser avec une corde, et s'aider des pieds et des mains en s'accrochant aux rares aspérités de la pierre. La partie extérieure consiste en une espèce de grande niche rectangulaire pratiquée au cœur du roc dans la masse duquel on avait également réservé et taillé deux colonnes formant

portique, mais dont on ne retrouve plus que les bases.
— L'intérieur est divisé en deux compartiments ou étages : le premier a de chaque côté une excavation oblongue qui a l'aspect d'un sarcophage. Au milieu, une large ouverture donne passage dans un second caveau plus vaste que celui du premier étage. Tout cet ensemble d'excavations superposées est fourni par le rocher seul, sans l'addition d'aucune maçonnerie.

Ce monument funéraire, peu important par lui-même, a une analogie frappante avec les tombes royales de Persépolis. Je ne le décrirai pas plus au long. Il suffit d'en constater l'existence, et de prouver ainsi, que les hypogées du territoire d'*Istakhr*, que nous verrons plus tard, ne sont pas les seuls qui se trouvent en Perse.

Le 20, nous apercevions, en partant de Sahnèh qui est dans une situation élevée, une magnifique silhouette de montagnes dont les divers plans se détachaient vigoureusement sur un beau ciel nacré que le soleil levant dorait peu à peu. A droite étaient de profondes gorges où la nuit régnait encore. A quelques farsaks, en face de nous, une gigantesque masse taillée à pic et dont le haut s'éclairait peu à peu nous indiquait les célèbres rochers de *Bi-Sutoun*. Au pied de ces montagnes, à mesure que nous avancions et que nous pouvions distinguer mieux les objets, nous reconnaissions d'immenses marécages que recouvrait un léger brouillard.

Nous nous acheminâmes d'abord sur un sol pierreux, puis il devint moins aride. Nous laissâmes, à droite et à gauche, quelques hameaux, et, de ce côté, un caravansérail établi sur une hauteur. Nous côtoyions une rivière depuis quelque temps, quand nous nous aperçûmes que le pied de nos chevaux commençait à s'enfoncer dans la terre humide. Quelques pas encore, et nous n'avions plus devant nous que les immenses marais que nous avions aperçus de loin. Ils étaient couverts de joncs et de roseaux au travers desquels on distinguait, de toutes parts, de grandes nappes d'eau qui ne semblaient pas faciles à franchir. — Les muletiers s'étaient arrêtés sur le bord, hésitant à s'aventurer au milieu de ces herbages et de cette mer inattendue. — De quelque côté que nous dirigeassions nos regards, nous n'apercevions aucun chemin qui parût praticable. Un peu en arrière, il y avait quelques tentes noires habitées par des nomades qui, selon toute apparence, devaient connaître la contrée et les passes où l'on pouvait s'engager sans crainte d'être englouti. — Nous y demandâmes, à prix d'argent, un cavalier pour guide. — Après bien des hésitations, un jeune homme s'offrit pour nous faire traverser ce mauvais pas. Il retira les entraves d'un cheval qui paissait près de sa tente, et, sautant dessus, sans autre cérémonie, il se mit fièrement à notre tête, se cambrant avec grâce sur son coursier qu'il animait de ses talons pour le lancer dans l'eau à travers de grands roseaux où ils s'enfoncèrent tous deux.

Nous suivîmes un à un, car il nous recommanda bien de marcher les uns derrière les autres, et de ne pas nous écarter de la ligne qu'il traçait devant. Nos chevaux avaient de l'eau jusqu'au poitrail, et nous-mêmes nous avions de la peine à ne pas laisser baigner nos jambes. Ce qui nous inquiétait le plus, c'était nos bagages; mais les muletiers avaient fait tous leurs efforts pour les relever le plus possible sur le haut des bâts, et eux-mêmes, huchés sur les charges, ils veillaient à ce que leurs mules ne s'écartassent pas de la ligne droite. Ces animaux sont tellement habitués à marcher à la file les uns des autres, qu'ils n'ôtaient pas le nez de dessus la queue de celui qui était devant.

Après avoir navigué, pour ainsi dire, de cette manière, pendant deux heures, au milieu de cette mer, en sondant presqu'à chaque pas, et en faisant mille détours pour éviter des profondeurs où nous nous serions infailliblement perdus, notre guide nous mit tous, sans accident, sur une terre solide, et nous montra de loin un pont que nous pouvions atteindre. — Nous lui payâmes sa peine, il porta la main à son front, et disparut dans les marécages.

Peu après, nous passâmes la rivière de *Gamasiah* que nous avions vue de loin, et de l'autre côté de laquelle se trouvait le pied du mont Bi-Sutoun.

CHAPITRE XXVI.

Antiquités de Bi-Sutoun. — Karasou. — Arrivée à Kermanchâh. — Grottes de Tâgh-i-Bostân. — Visite au Serdâr. — Châh-Abbas-Khân.

Après avoir franchi le pont qui, sur trois arches, traverse le Gamasiah, nous marchâmes presque aussitôt sur un terrain jonché des débris de constructions disparues. La route, ou plutôt les sentiers qui la divisaient en plusieurs parties frayées, serpentaient en tous sens au milieu des roches échappées à la montagne et roulées à son pied. Nous cheminions sur une pente douce qui formait la base du mont Bi-Sutoun; et, à quelques centaines de pas du pont, nous rencontrâmes des bas-reliefs sculptés sur les rochers. C'était là le point désigné à notre étude dans cette localité; nous nous y arrêtames.

A Bi-Sutoun, il n'y a point de village. Un caravansérail, où l'on ne trouve aucune ressource, est le seul abri que les voyageurs y rencontrent. Mais, près d'une fontaine qu'on voyait sourdre au milieu des pierres, il y avait quelques arbres et même une espèce de jardin; nous y fîmes disposer nos tentes.

Nos compagnons de voyage, MM. Delort et Breuilly, continuèrent leur route vers Kermanchâh, où ils pouvaient arriver le soir. Nos adieux furent tristes, car nous ne devions plus nous revoir qu'en France. Ils empruntaient quelque chose de solennel au lieu où nous nous trouvions. Au milieu de ce désert, au pied de ces rochers vieux comme le monde, en face de ces témoins immobiles, antiques figures du temps de Cyrus, nos impressions étaient plus puissantes et réagissaient fortement sur nous, condamnés à rester seuls, à errer si longtemps encore dans ces contrées.

Nous venions d'organiser notre petit camp, lorsqu'un cavalier nous présenta une lettre de M. de Sercey. — L'ambassadeur et ses compagnons de route nous adressaient un dernier souvenir en quittant la Perse. Arrivés sans accident à Kermanchâh, ils en étaient partis le 20 au soir pour Bagdad. A dater de notre séjour à Bi-Sutoun, de cette nombreuse troupe qui, de Toulon jusqu'à Ispahan, avait si joyeusement supporté les tribulations d'un long voyage, nous étions donc les seuls restant en arrière et chargés d'une mission dont nous ne pouvions prévoir le terme. Nous n'avions d'autre ressource pour nous soutenir que nos études laborieuses, d'autres distractions que celles d'une pérégrination où tout était inattendu et nouveau.

Le mont Bi-Sutoun s'élève en forme pyramidale, noir et sauvage. C'est l'un des sommets les plus élevés de la chaîne qui, de ce point, se prolonge jusque vers les monts Zagros, à l'ouest de Kermanchâh. Le sol sur lequel sa base s'élargit est jonché de ruines qui s'étendent de chaque côté de la rivière, à une très-grande distance : ce sont des décombres de maçonnerie, des pans de murs enterrés, des briques, de la pierre, du fer, qui pêle-mêle et altérés par le feu dont la trace se retrouve partout, sont presque méconnaissables. Mélangés ensemble, incrustés les uns aux autres, ils paraissent avoir été mis en fusion ; ce qui porterait à croire qu'un vaste incendie a ravagé cette contrée et réduit en cendres la ville dont l'existence se révèle d'une manière évidente sur un très-grand espace de terrain.

De notables morceaux, échappés à la destruction, sont encore là pour attester l'existence de monuments dont ils ne font que désigner la place. Parmi les débris reconnaissables que l'on y retrouve, sont un grand nombre de tablettes de marbre blanc couvertes d'inscriptions couffiques, d'ornements sculptés avec beaucoup d'art, qui indiquent que là s'est assise aussi quelque temps la civilisation moderne, celle que les Arabes ont apportée chez les Persans à l'ombre de l'étendard de Mahomet. Puis, à côté, représentants de l'antiquité, on voit un mur très-bien construit en belle pierre, des fragments de profils dans le style grec, des tronçons de colonnes dont une est en marbre rose. Près de là, deux chapiteaux en marbre blanc, de même dimension, montrent leurs quatre faces couvertes de sculptures. Sur l'un des côtés est une figure d'homme revêtu d'une tunique ornée de perles ; il tient devant lui une longue épée ; son visage est mutilé et méconnaissable ; mais, aux traces qui sont restées sur le haut de la tête, on reconnaît qu'il portait la coiffure généralement adoptée par les princes Sassanides. Le côté opposé représente une figure qui semble être une femme ; elle tient une couronne dans sa main droite. Il paraît assez probable que ces sculptures représentent *Khosrô*, ou le *Chosroës* des Grecs, et la princesse *Chirin*. — Sur les deux autres faces de ces chapiteaux sont sculptées des écailles ou des feuilles; cette ornementation est d'une très-grande élégance.

En face de ces débris de colonnes, on se rend difficilement compte de la raison qui a fait donner à ce lieu le nom de *Bi-Sutoun* dont la signification littérale est *sans colonnes*. Pour justifier cette dénomination actuelle, il faut croire qu'elle a été donnée à la suite d'un acte de dévastation et d'incendie qui aurait été commis sur les monuments de cette localité, et dont le résultat aurait été la disparition complète de ses édifices ornés de colonnes.

Parmi toutes ces ruines tombées çà et là, différant d'âge et d'espèce, restes d'une grande cité disparue, les objets les plus remarquables sont deux bas-reliefs sculptés sur les rochers et faisant face au sud-est. Le premier est placé à la base de la montagne au-dessus d'une source d'eau très-abondante. Il a près de douze mètres de longueur; mais sa surface a été si usée par le temps, et les figures qu'il représente sont tellement rongées que ce n'est qu'avec les plus grandes peines qu'on parvient à y deviner quelques formes. On reconnaît néanmoins les silhouettes de plusieurs personnages de haute taille, surmontés d'autres plus petits, parmi lesquels se distinguent un cavalier armé d'une lance et une espèce de Gloire ou de Renommée couronnant un autre guerrier à cheval. Au-dessus était une longue inscription grecque également mutilée. — Un certain Hadji-Ali-Khân, gouverneur de la province, il y a quelques années, non content de voir les ravages que les siècles avaient exercés sur cette sculpture, lui porta le dernier coup en faisant creuser, au milieu même, une profonde niche dans laquelle il a fait graver une longue inscription en langage moderne.

La main sacrilége qui a fait subir ce nouvel outrage à ce monument en a mutilé la portion la plus précieuse, une longue inscription grecque de deux lignes placée au-dessus du cadre, et qui a dû être gravée à l'époque de son exécution. On y retrouve le nom de *Gotarzès*, l'un des satrapes qui gouvernaient cette partie de l'empire légué par Alexandre à ses successeurs.

L'autre bas-relief, placé dans un angle rentrant de la montagne, et à une hauteur qui le met à l'abri de l'ignorance brutale d'un imitateur du vaniteux gouverneur, ne s'aperçoit que très-difficilement d'en bas. Pour le dessiner, il faut s'en rapprocher en escaladant quelques-uns des blocs qui encombrent le pied de la montagne, ce qu'on ne peut faire que jusqu'à une certaine hauteur, et il reste encore à une élévation assez grande pour qu'il soit nécessaire de se servir d'une longue-vue. L'escarpement du rocher au-dessous de cette sculpture en rend l'accès presque impossible, en contribuant à sa conservation. Il représente une suite de neuf prisonniers qui ont les mains attachées par derrière, et qui sont liés entre eux par une chaîne ou une corde passée au cou; leurs vêtements diffèrent, et la figure qui occupe le troisième rang porte une jupe sur laquelle sont gravés des caractères *cunéiformes*. Devant ces captifs, la face tournée de leur côté, est un personnage qui porte une couronne, tient un arc de sa main gauche, et élève la droite en signe de commandement; il foule à ses pieds un individu qui élève ses bras vers lui en suppliant; derrière, sont deux gardes tenant un arc et une lance. Dans la partie supérieure de ce cadre, le corps passé dans un anneau attaché à des ailes, une figure symbolique,

que l'on désigne ordinairement sous le nom de *Ferouehr*, semble planer au-dessus de cette scène. Sans pouvoir préciser la nature du fait qui s'accomplit, et à la solennité duquel ce personnage semble présider, on est conduit à penser que cette sculpture rappelle une victoire ou plutôt une série de conquêtes indiquées par la différence des costumes que portent les captifs. On ne pourra d'ailleurs être fixé à cet égard que quand on aura traduit entièrement les inscriptions qui accompagnent ce bas-relief et dans lesquelles on n'a encore pu arriver à lire que le nom de Darius.

Si les inscriptions qui surmontent ces deux bas-reliefs n'étaient pas en langues différentes, et n'indiquaient pas suffisamment qu'ils ont été exécutés à des époques éloignées l'une de l'autre, les ajustements des personnages qui y figurent le prouveraient d'une manière évidente. La sculpture dont je viens de parler en dernier lieu a une analogie presque complète avec celles de Persépolis, tandis que l'autre se rapproche, du moins par son caractère, de celles que l'on attribue au règne des Sassanides.

En suivant le pied de la montagne, vers le sud-ouest, et à quelques pas de la source, on rencontre une longue partie de rocher taillé et poli de manière à former un immense cadre au-devant duquel s'avance une terrasse de la même dimension, formée de quartiers de rochers arrachés au flanc de la montagne. Quelle était la destination de ce lieu? quelle œuvre d'art ce cadre de pierre, si péniblement travaillé, attendait-il? C'est ce qu'il est impossible de décider, car on ne retrouve aucun indice qui puisse rien faire présumer à ce sujet. En jugeant par analogie, il est raisonnable de penser que le roc, ainsi préparé, devait perpétuer le souvenir de quelque grande action ; mais rien n'indique à quelle époque de l'histoire de Perse on peut faire remonter ce travail. En plusieurs autres endroits, on trouve encore d'autres cadres ébauchés sur lesquels on ne découvre aucune trace de sculptures. On voit aussi, sur les dernières pentes de la montagne, du côté du pont, un rocher isolé, sans autres formes que celles que la nature lui a données, sur lequel sont sculptées très-grossièrement des figures qui ne présentent rien de remarquable que la bizarrerie de leurs formes. On ne saurait dire d'ailleurs à quelle époque elles appartiennent.

Après avoir achevé ce que nous pouvions faire à Bi-Sutoun, nous partîmes pour Kermanchâh. Nous parcourûmes rapidement les six farsaks qui nous séparaient de cette ville. La route ne manquait pas d'intérêt. A droite s'étendait la longue chaîne des monts qui faisaient suite à celui de Bi-Sutoun ; à gauche, un horizon plus étendu permettait à la vue de se porter sur des plaines ou des vallées verdoyantes, au fond desquelles s'apercevaient quelques villages. Le chemin était fréquemment bordé de pierres taillées qui désignaient l'emplacement de monuments perdus. Nous aperçûmes même, dans un champ, un chapiteau de grande dimension. Plus loin, dans un cimetière, une colonne de marbre marquait la place d'une tombe. Toute cette contrée, qui est actuellement si misérable et si triste, était, à n'en pas douter, autrefois couverte de monuments et de palais dont les ruines font encore aujourd'hui honte à la déchéance de la Perse moderne.

Une heure avant d'atteindre Kermanchâh, nous passâmes

sur un pont qui traverse une forte rivière dont le courant rapide se dirige vers le sud. Elle porte, en effet, ses eaux au golfe Persique, et s'appelle *Kara-sou*, ou *eau noire*. Ce fleuve a une certaine célébrité qui remonte à l'époque des Sassanides. Le roi *Khosro-Parviz* étant campé sur ses bords, y reçut, dit-on, une lettre de Mahomet qui cherchait à le convertir à l'islamisme. Ce prince, offensé de ce qu'un *chamelier* arabe eût l'audace de tenter de le faire renoncer au culte du feu, déchira sa lettre avec mépris, et en jeta les débris dans le courant du Kara-sou. Les auteurs mahométans, persans et arabes, qui considèrent cette action comme impie, prétendent qu'à l'instant même les eaux diminuèrent considérablement, et c'est à cette cause qu'ils attribuent l'encaissement actuel du fleuve. En effet, ses rives escarpées le contiennent de manière à ce qu'il ne soit pas permis de le détourner pour faire des irrigations. Superstitieux comme ils sont, les Persans prétendent que le Kara-sou n'a plus voulu contribuer à la fécondité d'un pays dont l'incrédule souverain avait écarté de lui la lumière dont le Prophète lui envoyait un rayon.

En arrivant à Kermanchâh, nous fûmes fort agréablement surpris d'y trouver encore MM. Delort et Breuilly, qui avaient voulu s'y reposer avant de franchir la frontière persane.

Châh-Abbas-Khan, le Meïmândar de l'ambassade, y était également. Il attendait le rétablissement de quelques-uns de ses chevaux, que la longueur et la rapidité de la marche, depuis Ispahan jusque-là, avaient rendus malades. Nous lui fîmes visite. Il fut, comme toujours, fort aimable, et eut pour nous toutes sortes de prévenances. Nous le priâmes de nous recommander personnellement au Beglier-Bey de

Kermanchâh, dont la protection pouvait nous être très-utile ; car devant, selon toutes probabilités, faire un long séjour dans le voisinage de cette ville, il pouvait survenir telle conjoncture dans laquelle nous fussions obligés de recourir à l'autorité et à la bienveillance du Khân.

Kermanchâh est une ville en ruines. Son commerce est à peu près nul, et le peu de mouvement qu'on y remarque n'est dû qu'aux pèlerins qui se rendent à *Kerbelâh* ou en reviennent. Il y passe fréquemment de nombreuses caravanes portant de lourds fardeaux, et que l'on croirait chargées des plus riches marchandises, à voir les longues caisses dont les muletiers prennent un grand soin. Ces caisses renferment des cadavres embaumés que l'on porte en terre sainte, auprès de la tombe de l'imân Husseïn, à Kerbelâh, au delà de Bagdad. Sur la rive occidentale de l'Euphrate, une mosquée s'élève au lieu même où, dit-on, Husseïn tomba sous le poignard des partisans d'Omar. Les Persans devenus *Chyas* ont pris ce lieu en grande vénération, et le tombeau du petit-fils de Mahomet rivalise, aux yeux des pèlerins de cette nation, avec celui du Prophète lui-même. Ils donnent même par extension le titre respecté de *Hadji* à ceux qui visitent Kerbelâh. Un des actes de dévotion les plus méritoires que les Chyas puissent faire, c'est d'aller mourir sur la même terre que Husseïn, ou au moins de s'y faire inhumer. Les Turcs et les Arabes de Bagdad, quelquefois même les Kurdes de la frontière, ont tiré parti de cette dévote coutume pour prélever, sur les Chyas qu'ils détestent, un impôt qu'ils font payer, non-seulement aux pèlerins, mais aussi aux corps embaumés que l'on y transporte.

Dès le lendemain de notre arrivée à Kermanchâh, le

24 juin, nous nous dirigeâmes vers la base du versant méridional du mont Bi-Sutoun dont les chaînons s'étendent jusque-là. Nous y allions visiter les fameuses grottes sculptées qui portent le nom de *Tâgh-i-Bostan*, dont la traduction est *grottes du jardin*. Nous avions là un grand travail à suivre ; et, afin de ne pas perdre notre temps à faire, matin et soir, les deux farsaks qui séparent ce site de la ville, nous résolûmes d'aller nous installer dans les grottes mêmes.

Nos muletiers devaient venir nous rejoindre, mais ils se firent attendre fort longtemps, et, pour le premier jour, nous ne pûmes nous établir d'une façon définitive. Il faisait déjà nuit quand nous entendîmes, au loin, tinter les sonnettes de nos mules. Nous couchâmes donc à la belle étoile, et sans autre ciel de lit que celui de la voûte céleste.

Le lieu qui porte le nom de *Tâgh-i-Bostân* consiste en deux grottes ou voûtes taillées dans les rochers. Devant elles coulent les eaux profondes et limpides de plusieurs sources qui surgissent à la base de la montagne, et au-devant même de ces cavernes. Elles en défendent l'entrée ; ce qui nous permettait d'espérer y être à l'abri d'un coup de main. Leurs parois, toutes sculptées et polies par le ciseau, ainsi que leur sol, en faisaient des appartements très-habitables pour des gens qui, comme nous, savaient ne plus être difficiles en fait de logements, et qui avaient assez souvent couché en plein air pour se trouver très-confortablement établis dans ces grottes. Dès le matin, nous nous mîmes donc en mesure de tout préparer pour rendre ces lieux aussi commodes que possible à notre séjour. Nous présumions qu'il devait s'y prolonger un peu, car nous avions sous nos yeux une énorme quantité de détails à retracer d'après les sculptures qui s'y trouvaient. Nos gens s'étaient munis, à Kermanchâh, de balais et de tout ce qui pouvait être nécessaire à nos arrangements. L'eau était à leur main ; ils firent un grand et consciencieux lessivage de toutes les parties de la plus grande des grottes.—C'était celle qui devait nous servir, à la fois, de chambre à coucher, de salon, salle à manger et cabinet d'étude. La plus petite fut réservée pour y faire la cuisine et y loger notre *hachpass-bachi*. — On jeta partout l'eau à grands seaux, de manière à bien nettoyer les bas-reliefs et en dégager les plus menus détails. Quand tout fut propre, on dressa notre tente dans le milieu de la grotte, et, grâce à l'abri qu'elle nous offrait, grâce aux tapis que nous portions avec nous, nous fûmes installés assez convenablement.

En face des grottes, de l'autre côté de la rivière, et entouré d'eau de toutes parts comme un îlot, il y avait un terrain où croissaient quelques petits arbres. Dans cette position protégée de tous côtés, nous mîmes les tentes de nos gens, ainsi que nos chevaux et nos mules à l'entour, attachés à des piquets. Nous avions disposé notre camp avec toute la prudence possible, et nous avions, comme aurait pu le faire un général, mis à profit les accidents que la nature nous offrait pour le mettre, le mieux possible, en défense contre une attaque. Les maraudeurs kurdes qui sortent de leurs montagnes et infestent, nous dit-on, le pays, nécessitaient de notre part ces précautions que nous aurions pu nous repentir d'avoir négligées. Ressoul-Bek, qui connaissait ce pays et ses habitants, trouvait qu'elles n'étaient pas suffisantes. Il s'était fait donner, par le Beglier-Bey, un ordre pour le Ket-Khodâh du village voisin, qui devait chaque soir fournir un certain nombre de Caraouls qu'on plaçait à quelques pas les uns des autres, en cercle, autour du camp. Ils devaient veiller toute la nuit, avertir en cas d'approche hostile ou seulement douteuse.

Ayant ainsi tout disposé pour nous livrer, avec le plus de sécurité possible, à nos travaux, nous les commençâmes avec ardeur. Notre installation avait fait grand bruit dans le pays et en ville. C'était un objet de grande curiosité que cette petite troupe campée à Tâgh-i-Bostân, et attirée là par les monuments qui s'y trouvaient. Aussi reçûmes-nous quelques visites. Mais les curieux étaient obligés de s'arrêter devant la rivière qui était infranchissable. Ils auraient bien voulu s'approcher davantage de nous, et voir de plus près ce que nous pouvions faire dans ces grottes merveilleuses, ce dont nousnous gardions bien de leur donner le moyen. Nous retirions avec soin de l'autre côté le pont volant que nous jetions sur le courant quand nous voulions le traverser. De cette manière, nous nous isolions et nous bravions les importuns.

Dès le premier jour, il nous était arrivé un Cheik kurde, grand, très-fort, avec une tête superbe et une longue barbe noire ; il portait un magnifique costume, qui n'était pas celui de la Perse. Il avait un large turban en cachemire, à petites raies amaranthes et blanches ; une longue robe rayée de jaune sur un fond blanc, et, par-dessus, une seconde robe rouge, plus ample et ouverte. Il s'appelait *Ibrahim-Bek*, et me dit qu'il était chef d'une tribu qui habitait la montagne. Il était venu là pour faire du *kief*, c'est-à-dire du *far-niente*, et se reposer au frais. Il considérait notre établissement avec une curiosité mêlée d'étonnement, et se faisait expliquer pourquoi nous étions venus, l'objet de notre travail, son utilité ; le tout entremêlé d'exclamations de stupéfaction. Il passa au bord de la rivière une partie de la journée à se laver, à tremper ses mains dans l'eau, à fumer, et à manger des *kriars*, espèce de petits concombres verts dont les Persans sont très-friands et qui composent la plus grande partie de leur nourriture en été. Le Cheik avait, à ce qu'il paraît, oublié sa bourse, ou peut-être voulait-il éprouver notre hospitalité ; il me demanda un *sabcrân*, environ vingt-cinq sols, pour payer sa dépense. Il va sans dire que nous le lui donnâmes avec plaisir, surtout quand nous vîmes qu'il attendait cette générosité pour déguerpir.

Il était venu aussi quelques Mirzas de Kermanchâh. Ils furent très-polis et ne nous importunèrent pas. — Il est remarquable que les Persans, dans quelque condition qu'ils soient, ont une politesse et un savoir-vivre qui rend tout commerce avec eux très-facile et agréable. — Ils ont ce proverbe : *La politesse est une monnaie destinée à enrichir, non celui qui la reçoit, mais celui qui la dépense ;* et véritablement ils le mettent en pratique.

Le second jour, nous fûmes obligés d'interrompre nos travaux pour aller en ville faire une visite au Serdâr. Nous lui devions, en effet, des remerciements pour la bienveillance qu'il avait mise à nous faciliter nos études et à nous donner les moyens de protéger notre camp. Il fut fort aimable, nous reçut avec beaucoup d'égards, et nous dit : « qu'il ne faisait,
« en nous aidant dans notre entreprise, que tenir l'engagement
« qu'il avait pris vis-à-vis de l'Elchi qui lui avait demandé
« tout particulièrement son appui pour nous. » Nous causâmes assez longtemps avec le Khân qui me faisait les questions

habituelles aux Persans sur le Frenguistân, les Anglais, les Russes et les Turcs. Entre autres choses, il me demanda « si, « nous autres Français, nous aimions les Russes. » Ces sortes de questions sont souvent embarrassantes, parce qu'en Perse il y a le parti russe et le parti anglais. On peut donc se compromettre dans l'esprit de celui qui vous questionne, si l'on ne connaît point sa manière de voir. Mais il y avait un moyen de nous tirer d'embarras, en répondant « que la France « était assez puissante pour ne point craindre la Russie et ne « pas rechercher son amitié. » Cette position de neutralité indifférente que je voulais prendre ne parut pas satisfaire le Khân, et il me poussa à lui parler plus franchement, de telle sorte que je crus comprendre qu'il avait une aversion secrète pour les Russes. Sans doute la dignité de *Serdar* lui était acquise par ses services militaires. Peut-être avait-il fait la guerre en Géorgie, et était-il monté en grade en servant auprès du prince Abbas-Mirza, qui avait soufflé aux Persans la haine du nom Russe. Croyant deviner le secret de son cœur, je me laissai aller de mon côté ; et quand je lui dis que nous n'avions, nous autres Français, aucune sympathie pour les Russes que nous considérions comme des barbares, comme un peuple encore privé de civilisation, il parut enchanté et heureux de pouvoir dire aussi ce qu'il en pensait, sans craindre de nous blesser. Je pus juger, par tout ce que ce personnage nous dit, que les défaites des Persans sur les rives de l'Araxe, et la perte de la Géorgie, avaient laissé dans leur cœur de profondes et ineffaçables rancunes. Seulement, ils faisaient fausse route ; — au lieu d'en appeler au patriotisme des tribus les plus braves du pays, et au fanatisme de la population entière, ils commettaient une faute très-grave et agissaient en aveugles, en se tournant du côté des Anglais. — Ces pauvres Persans, démoralisés et abattus, me faisaient l'effet de ces moutons qui appellent à leur secours, contre les chiens qui les tracassent, le loup qui les dévore.

Nous allâmes aussi voir Châh-Abbas-Khân qui nous reçut avec sa bonhomie habituelle. Il voulut nous donner un échantillon de son savoir musical, en jouant de la guitare. Il le fit avec assez de goût et nous promit de venir passer une journée à Tâgh-i-Bostân. En effet, dès le lendemain de grand matin, arriva un goulâm qui nous annonçait l'arrivée du Khân. Nous le traitâmes, lui et ses gens, du mieux qu'il nous fut possible. Accoutumé qu'il était à la cuisine européenne, il nous rendit la chose facile; et, au moyen de quelques poulets flanqués de perdrix, avec du pilau, du yogourt et des kriars, nous lui offrîmes un dîner qui pouvait passer pour somptueux dans l'endroit où nous étions. Il nous restait un peu d'eau-de-vie de Cognac; servie au dessert, elle termina honorablement ce petit festin, moitié frengui, moitié persan.

Si Chàh-Abbas-Khân était venu un peu plus tard, nous aurions pu lui offrir de meilleurs morceaux. En effet, deux Kurdes, armés de longs fusils, m'apportèrent une gazelle qu'ils avaient tuée dans les rochers, au-dessus des grottes. Or, la gazelle est un excellent gibier, et ressemble beaucoup au chevreuil. Ces chasseurs nous promirent de nous en fournir d'autres. La vie que nous menions là était très-supportable; nous y avions d'excellent laitage, des melons et des fruits que les paysans du voisinage nous apportaient, et, avec leurs poules, des œufs et du gibier, nous trouvions toujours de quoi alimenter notre table. Celle-ci était dressée à terre, à l'entrée de la grotte, sur un tapis qu'on étendait sur une roche bien unie, au bord même de la source, de manière que nous n'avions qu'à y plonger nos verres pour en tirer une eau aussi fraîche que limpide. Quoique cette manière de vivre puisse paraître à bien des gens qui n'en ont point fait l'épreuve, piquante et originale, il faut dire qu'elle eût été réellement peu supportable, si nous n'avions eu, pour employer les longs jours que nous passâmes à Tâgh-i-Bostân, une longue série d'études à faire.

CHAPITRE XXVII.

Description des monuments de Tâgh-i-Bostân. — Légende kurde. — M. Coste va à Serpoul. — Rencontre de deux Anglais. — Retour à Bi-Sutoun.

Voici en quoi consistent les monuments si remarquables de *Tâgh-i-Bostân*, auxquels les Persans donnent quelquefois aussi le nom de *Takht-i-Roustâm* qui signifie *trône de Roustâm*. Cette dénomination se rattache à des légendes qui remontent aux temps héroïques de la Perse, et ont trait à l'histoire d'un héros ou *Pehlavân*, personnage fabuleux appelé *Roustâm*. L'autre nom donné à ces grottes, *Tâgh-i-Bostân*, dont la traduction est *voûtes du jardin*, désigne mieux l'espèce de ces monuments.

Ces deux grottes sont de dimensions inégales : à gauche est la plus grande ; à droite, contiguë à la première, mais sans liaison aucune avec elle, se trouve la plus petite. Toutes deux sont creusées dans la masse de la montagne formée d'une roche calcaire de couleur grise qui ne laisse de prise à aucune végétation. En avant de la plus importante est une plate-forme assez peu régulière aujourd'hui, qui fut autrefois construite avec soin ; on en retrouve sous l'eau le parapet fait de belles pierres taillées. La façade de cette salle est ornée de sculptures : elle présente une archivolte entourée d'une guirlande de feuillage, terminée à ses deux extrémités par de larges rubans flottants; au sommet de cette archivolte est un croissant d'où partent également deux rubans; dans les tympans sont placés, les ailes déployées, deux génies qui, les bras étendus vers le Croissant, tiennent d'une main une couronne de perles, avec des nœuds de rubans, de l'autre une coupe qui paraît être pleine de perles. Ces figures se présentent de face, vêtues d'une tunique flottante, coiffées d'un bandeau qui retient des cheveux en boucles; leur ajustement et leur pose achèvent de leur donner une analogie frappante avec les Renommées grecques. — A gauche, le rocher s'est rompu et a entraîné dans sa chute une notable portion de l'archivolte et de la figure de ce côté. — A la partie inférieure, de chaque côté de l'entrée, sont des rinceaux terminés par un groupe de fleurs. Cette façade est couronnée par des créneaux à redans qui bordent une terrasse à laquelle on arrivait autrefois par un escalier dont les marches, taillées dans le roc, sont aujourd'hui interrompues.

Les parties intérieures de cette grotte sont également ornées de sculptures. — Dans un cadre formé par deux colonnes engagées, cannelées, sans bases, à chapiteaux ornés de feuilles et de rosaces, qui supportent une tablette en encorbellement, et sur un petit socle, repose une statue équestre colossale; elle est exécutée en ronde-bosse, sauf qu'elle est adhérente au mur par derrière. La tête du cavalier, dont on ne voit que les yeux, est couverte d'un casque auquel s'attache une cotte de mailles qui recouvre son visage et défend toute la partie supérieure de son corps. Par dessous passe une jupe qui descend sur les jambes, et qui est chargée d'ornements gravés avec une délicatesse remarquable. Sur l'épaule droite de ce guerrier reposait une longue lance dont on ne retrouve que les fragments, avec ceux du bras qui la tenait. Sa main gauche porte un bouclier au-dessus du pommeau de la selle; à son côté droit pend un carquois rempli de flèches. Le cheval, massif et court de taille, a son encolure et son poitrail défendus par une cuirasse composée de petites lames retenues ensemble par des clous, et sur lesquelles sont suspendus de gros glands; sa croupe est nue et ne pose plus que sur la jambe gauche; la droite a été brisée à la hauteur de la cuisse. L'extrémité inférieure de la tête du cheval et le bas de la jambe du cavalier manquent également. Tous deux portent les traces évidentes d'une mutilation barbare qu'il faut attribuer aux Arabes qui parcoururent la Perse en iconoclastes fanatiques, détruisant partout, sur leur passage, les représentations d'hommes ou d'animaux. Nous aurons malheureusement souvent à constater les effets de cette brutalité qui a mutilé sans pitié les chefs-d'œuvre de l'antiquité persane que la terre n'avait pas encore pris soin de lui dérober.

La sculpture dont je parle offre un caractère qui distingue toutes celles qu'on trouve en Perse et que je signalerai comme applicable à tous les bas-reliefs ou rondes-bosses que j'aurai l'occasion de décrire. Ce caractère distinctif réside dans de grandes masses simples, dépourvues de modelé ou de travail, opposées à des parties toutes chargées de détails, qui, par leur nature, s'y prêtaient davantage, il est vrai, mais qui cependant semblent avoir été systématiquement étudiées. Elles se font d'ailleurs toujours remarquer par la pureté et l'adresse avec lesquelles elles sont exécutées. — C'est ainsi qu'on peut observer dans la sculpture dont il s'agit, avec quelle minutie est traitée la queue du cheval dont les crins sont fidèlement rendus dans chaque mèche ; la cotte de mailles dont tous les anneaux sont indiqués, de même que les barbes des flèches dans le carquois, les ornements de la robe ou les petites lames de fer, les clous et les glands de l'armure qui couvre le devant du cheval, par opposition à la croupe et aux jambes qui sont traitées avec la plus grande simplicité. Celles-ci sont comprises et exécutées dans leur masse, et privées de ces différents plans qui devraient accuser la place et les formes des muscles. Ce fait est-il le résultat d'un parti pris pour produire de l'effet par le contraste de la simplicité des formes avec la richesse des détails, ou la conséquence involontaire de l'ignorance dans laquelle les sculpteurs de ces temps anciens étaient par rapport à la position et au jeu des muscles? C'est ce qu'on ne saurait décider avec certitude, tout en remarquant que le talent d'exécution de certaines parties ne permet peut-être pas le doute à l'égard de la science, qu'avec notre manière de comprendre l'art, nous voudrions retrouver dans les autres. Mais, d'après l'étude consciencieuse que j'ai faite de ces sculptures, je ferai observer qu'elles sont toutes exécutées dans le même esprit, quel que soit le sujet qu'elles représentent; j'ai donc raison de dire que ce constrate est un de leurs caractères distinctifs.

C'est cette statue équestre qui a fait donner à ce lieu le nom de *Takht-i-Roustâm*. Ce Roustâm est le héros favori des Persans, ils lui attribuent les actes de courage et de force les plus extraordinaires. Les travaux d'Hercule, les combats de Roland ne sont rien à côté des contes absurdes qui ont passé, d'âge en âge, et retracent la vie de Roustâm. C'est presque un demi-Dieu pour les Persans exaltés par les récits qui se rapportent à sa vie fabuleuse. Mais il est très-probable qu'il en est de cette sculpture comme de beaucoup d'autres qui portent à tort le même nom : elle ne représente pas Roustâm, mais bien le héros qui partout se retrouve dans les autres bas-reliefs de cette grotte, c'est-à-dire, selon toutes probabilités, *Chosroës le Grand* ou *Nouchirvân*, vulgairement appelé par les Persans *Khosrô*.

Au-dessus de la statue équestre, et sur la tablette en encorbellement qui borne le cadre dans lequel elle est comprise, sont placées trois figures colossales, d'inégale hauteur, en ronde bosse. Celle du milieu, qui est la plus grande, a cinq mètres; les deux autres sont un peu plus petites. Chacune d'elles repose sur un piédestal séparé : celle qui est au centre, semble, autant par la supériorité de sa taille que par la richesse de ses ajustements, représenter un roi, ce qu'indique d'ailleurs le croissant qui surmonte sa coiffure, et au-dessous duquel flottent les deux bouts d'un large ruban qui doit être le bandeau royal; de longs cheveux bouclés descendent sur ses épaules. La robe de ce personnage est semée de grosses perles et serrée autour de sa taille par une ceinture composée de quatre rangs de perles plus petites. Un ceinturon semblable retient une large épée dont la poignée est dans sa main gauche, et dont le fourreau est également orné de perles et de pierres précieuses. Ses pieds sortent d'un ample pantalon dont les plis nombreux et tourmentés paraissent être ceux d'une étoffe légère. Sa main droite levée s'appuie sur une petite couronne de perles que tient le personnage qui est à sa gauche. — Celui-ci porte un costume plus simple : sur sa tunique bordée de deux rangs de grosses perles, est attaché un manteau qui recouvre ses épaules. Sa main gauche, placée en avant, conserve, dans son épaisseur, un trou qui paraîtrait avoir reçu autrefois l'extrémité d'une canne. — La statue de gauche a subi le sort des deux autres : son visage a été brisé ; mais, à en juger par ce qu'il en reste et par les vêtements qu'elle porte, on doit penser qu'elle représente une femme. Ainsi que celle de la figure de droite, sa tête est surmontée d'une petite sphère formée de perles, et attachée à une espèce de calotte de laquelle s'échappe une longue chevelure. Les plis d'un large manteau bordé de perles, tombent sur une robe ample et traînante qui cache en partie les pieds. Cet ajustement a, dans sa tournure, quelque chose du style grec, ainsi que nous l'avons observé pour les génies de la façade. Ce personnage tient une urne de chaque main ; celle qui est dans la gauche est renversée et semble laisser couler de l'eau; la main droite en tient, au-dessus de l'épaule, une autre de laquelle pend une large banderole plissée.

Sur les parois latérales de cette salle, dans deux grands cadres, sont représentées deux chasses. A gauche, on voit une espèce de parc qui entoure un marécage indiqué par des plantes aquatiques, des poissons et des canards; une multitude de sangliers, traqués par des éléphants montés, tombent sous les coups d'un personnage armé d'un arc et placé au centre du tableau. Là sont plusieurs barques dans lesquelles se voient d'autres personnages qui semblent être des femmes. Cette scène se divise en trois parties ou épisodes distincts : la première représente des traqueurs montés sur des éléphants et chassant devant eux des animaux destinés aux coups des chasseurs ; la seconde montre des personnages chassant et décochant leurs flèches, on y voit les victimes immolées par eux ; dans la troisième enfin, figurent des éléphants qui portent les produits de la chasse, ainsi que des cuisiniers occupés à dépecer des sangliers ou des cerfs.

Ce bas-relief est exécuté et terminé avec un soin et une habileté remarquables. Les plus petits détails des animaux ou des personnages sont traités avec une finesse inouïe ; les éléphants surtout étonnent par le caractère vrai et le mouvement naturel que le sculpteur a su leur donner. Si la dureté du rocher l'a secondé pour rendre finement et avec délicatesse les mille détails que l'on y trouve, on est étonné de sa patience et de la perfection des instruments qu'il lui a fallu employer pour achever son travail avec ce fini que le temps et les intempéries de l'air n'ont heureusement pu altérer.

Le cadre qui fait face au précédent renferme une chasse au cerf également divisée en trois épisodes : à droite, et à l'intérieur d'un vaste filet, des hommes à pied ou montés sur des éléphants et des chevaux, pourchassent des cerfs devant eux. En haut du tableau, à côté d'une estrade où sont placés des musiciens, un cavalier, au-dessus duquel on tient un parasol, part pour la chasse, son arc à la main ; plus bas, on le voit perçant de ses flèches plusieurs cerfs qui tombent ; et, au-dessous, il est représenté, son arc sur l'épaule, marchant à une allure plus calme. Puis enfin, à gauche du cadre, des hommes s'empressent de dépecer les cerfs tués qu'apportent des chameaux. — Toutes les parties de ce bas-relief ne sont pas également bien terminées ; plusieurs ne sont même que dégrossies, ce qui fait penser que quelque événement aura empêché de terminer ce monument.

Ces sculptures se rapportent, au dire des Persans, à l'histoire d'un monarque Sassanide, de *Khosrô-Parviz*, ou *Chosroës*. Dans le groupe qui surmonte le cavalier, il faudrait, selon eux, voir *Khosrô*, la princesse *Chirin* et le vizir *Ferrhâd*. Les traditions populaires, qui conservent l'histoire de ces trois personnages, disent que *Khosrô* fut un prince magnifique dont les trésors étaient immenses. Elles ajoutent que son sérail comptait douze mille femmes, et qu'il entretenait quinze mille musiciens à la tête desquels était le célèbre *Barbend*. — Ses chevaux étaient au nombre de cinquante mille ; il avait de plus douze cents éléphants. Il n'y a pas jusqu'à son cheval de bataille dont le nom ne soit conservé. Mais la poésie orientale s'est surtout évertuée à chanter les charmes de *Chirin* dont Khosrô fut éperdument amoureux, pour laquelle il étala un luxe sans pareil, et bâtit des palais partout où son caprice l'arrêtait.

Les poëtes attribuent la grande grotte de Tâgh-i-Bostân à ce prince, et ses bas-reliefs au ciseau même de Ferrhâd qui aurait voulu, dans son criminel amour pour la maîtresse de son roi, lui plaire en créant là un lieu de repos pour la chasse. — Selon les gens du pays, il y aurait eu jadis, en cet endroit, une enceinte plantée, très-vaste, dans laquelle on réunissait des bêtes de toute espèce que les royaux amants venaient chasser. — Toujours suivant les ballades kurdes, Chirin ne fut pas insensible à la tendresse de Ferrhâd, et Khosrô s'en vengea en faisant croire à cet infortuné que l'objet de son amour venait de mourir. Ferrhâd, qui travaillait à la grotte de Tâgh-i-Bostân, ajoutant foi à cette nouvelle, se précipita du haut du rocher et se tua. On me montra, dans l'eau, le buste d'une statue qui, aux yeux du vulgaire, passe pour être le corps pétrifié de l'infortuné vizir. — C'est ainsi que des Kurdes m'ont raconté cette lamentable histoire, sans me faire grâce d'aucune des images emphatiques, ni des expressions ampoulées dont fourmille la poésie persane.

Au-dessus du bas-relief de gauche, en est un d'un genre tout différent. Il est dû à la vanité d'un des gouverneurs de la province de Kermanchâh, qui, lui aussi, voulut perpétuer son souvenir sous cette voûte antique. Cette sculpture représente Mehemet-Ali-Mirza, fils de Fet-Ali-Châh, à qui, pendant plusieurs années, le précédent roi confia le commandement de tout le Kurdistan persan et de l'armée qui gardait cette frontière. Ce Châh-Zadèh a été retracé avec ses ornements de prince du sang royal, la tiare en tête, et couvert de bijoux. Afin de faire mieux ressortir cette sculpture on l'a enluminée, et elle a l'aspect d'un tableau exécuté en saillie. Elle ne présente d'ailleurs aucun intérêt.

La salle qui est contiguë à la précédente est également voûtée, mais moins grande. A la naissance de la voûte, et sur une retraite qui leur sert de socle, sont deux figures différant peu de pose et de costume : elles ont les deux mains appuyées sur la poignée de leurs épées, et sont coiffées d'une espèce de tiare ou *cydaris* surmontée d'un ornement de forme ovoïde. Leur barbe et leurs cheveux sont frisés. Leurs vêtements se composent d'une sorte de veste que serre une ceinture passant sous les bras, et soutenue par un collier, d'un large pantalon formant beaucoup de plis, qui tombe sur leurs pieds chaussés et ornés de petites bandelettes semblables à celles qui, beaucoup plus larges, pendent de leurs épaules. — Il y a une très-grande différence entre les sculptures de la première salle et celles-ci dont le dessin est très-incorrect, et dont les formes massives ou les détails d'ajustement sont grossièrement dessinés.

De chaque côté de ces personnages se trouve une inscription pehlvi dont la traduction, donnée par le savant philologue M. de Sacy, apprend : que la figure de droite représente le roi Sapor II fils d'Hormuzd, et celle de gauche le roi Bahram fils du précédent.

Près de cette voûte, sur l'escarpement du même rocher, un peu au-dessus du niveau de l'eau, est un sixième cadre dans lequel sont sculptées trois figures debout, et une quatrième étendue sous leurs pieds. Celle du milieu, qui semble être un roi, a une coiffure dont l'extrémité est elliptique et surmontée d'une sphère avec des bandelettes. A sa gauche, est un personnage dont la tête est ornée d'une sphère semblable posant sur une couronne. Leur costume se compose d'une tunique et d'un pantalon dont les plis amples flottent et retombent sur les pieds. Tous deux ils tiennent un anneau d'où pendent de longues banderoles plissées. A leur droite, est un troisième personnage qui paraît symbolique. Sa tête est au centre d'un large soleil, et, de ses deux mains, il tient levé, du côté de la figure du milieu, un instrument auquel sa forme large et allongée, sans pointe, ne permet pas de donner un nom. Ses habits sont à peu de chose près semblables à ceux des autres figures, et ses pieds reposent sur une fleur dont les pétales ouverts lui donnent l'aspect d'un lotus épanoui. Ce personnage doit être Zoroastre, s'il est permis de le reconnaître d'après ce que les

Guèbres actuels disent de ses attributs. En effet, les Parsis, restés fidèles aux dogmes de l'antique religion de leur pays, disent que Zoroastre, qu'ils appellent *Zerdaucht*, était toujours représenté avec une *gloire*, c'est-à-dire une couronne de rayons. — Cette sculpture a très-peu de saillie, et de toutes celles de Tâgh-i-Bostân, elle est la plus imparfaite.

L'étude de tous ces bas-reliefs demandait beaucoup de temps. Afin de ne pas en perdre, et de n'en pas faire double emploi, M. Coste, qui n'avait pas, comme architecte, un aliment suffisant à ses études, résolut de me laisser terminer les miennes qui devaient être plus longues, et partit seul pour Serpoul où je n'avais, moi, que peu de chose ou même rien à étudier, les ruines qui s'y trouvaient étant presque exclusivement du domaine de l'architecture. — Le 2 juillet, au matin, M. Coste se mit en route avec notre Yassaoul, deux domestiques et un muletier. C'était la première fois que nous nous séparions; je lui souhaitai bonne chance, et me remis seul au travail.

Ce jour-là, ma solitude dura peu : dans la matinée, je vis arriver à ma tente deux jeunes gens vêtus à la persane, mais qu'à leur teint, à leur barbe et à leur langage je reconnus de suite pour des Européens. C'étaient deux jeunes Anglais qui voulaient, disaient-ils, se rendre dans l'Inde par le Caboul. Ils avaient voulu visiter les monuments de Tâgh-i-Bostân; et, sachant que j'y étais, ils étaient venus me demander l'hospitalité pour la journée. Je fus enchanté de cette diversion à ma solitude, et ces messieurs furent les bienvenus. Ils passèrent avec moi la journée, pendant laquelle nous fîmes de longues causeries. Ils m'apprirent qu'ils arrivaient de Bagdad, qu'ils y avaient vu

MM. de Beaufort et Daru, et qu'ils avaient rencontré l'ambassadeur, la nuit, sur la route, entre cette ville et Serpoul. — A mon étonnement de les voir habillés à l'orientale, et à l'observation que je leur en fis, ils répondirent en disant que, voyageant seuls, à la suite des caravanes, ils avaient pensé que ce costume, en les faisant passer pour Persans, leur sauverait les ennuis auxquels expose l'habit européen. Mais ils m'avouèrent qu'ils n'avaient pas lieu de s'applaudir de leur travestissement; car, pendant le trajet de Bagdad à Kermanchâh, ils avaient eu à endurer plusieurs fois des vexations et des avanies de toutes sortes de la part des gens de la caravane à laquelle ils s'étaient joints. En effet, rien n'est perfide, pour un Européen en Orient, comme l'adoption malentendue du costume oriental. Si le voyageur est riche et jouit d'un grand crédit, s'il peut voyager avec une suite nombreuse et faire beaucoup de dépense, peu importe qu'il ait le costume du pays; il voyage en grand seigneur, on le respecte comme tel, et chacun l'entoure d'égards et de considération. Mais si ce voyageur, au contraire, a un train plus que modeste; s'il ne peut se faire suivre d'un certain nombre de valets et de cavaliers, il est prudent à lui de ne pas quitter son habit de Frengui. — Cet habit, qu'il soit modeste ou fastueux, est un passe-port devant lequel on s'incline presque toujours; c'est un porte-respect, parce que les populations de l'Orient croient qu'il couvre le représentant d'une grande nation, un envoyé, ce qu'ils appellent un *Elchi*, ou au moins un *Balios*, c'est-à-dire un consul; par conséquent un protégé du gouvernement de leur propre pays. A ce double titre, ils le respectent. — Je crois donc donner un conseil sage et salutaire à ceux qui seraient tentés de voyager dans quelque partie que ce soit de l'Orient, en les engageant à ne jamais troquer leur costume européen contre celui du pays où ils sont.

Les journées que je passais dans ma grotte de Tâgh-i-Bostân étaient, comme on le pense, d'une triste monotonie, quoiqu'elles fussent très-laborieuses ; les événements qui auraient pu m'y apporter quelque distraction n'étaient pas de nature à me les faire souhaiter. Aussi, préférais-je la solitude complète aux visites auxquelles j'étais exposé de la part des habitants du pays. Pour être juste envers tout le monde, je dois dire pourtant que, dans le nombre des Persans qui venaient voir les monuments, et dans la curiosité de qui j'entrais pour une bonne part, il s'en trouvait parfois d'aimables et dont la conversation n'était point dénuée d'intérêt. Ce n'était pas de l'érudition historique ou archéologique que je leur demandais ; mais j'en voyais qui connaissaient bien leurs poëtes, leurs historiens nationaux, et qui me contaient des légendes, en partie réelles, en partie fabuleuses, dans lesquelles il y avait presque toujours quelque chose à prendre, ne fût-ce que leur originalité et les frais d'imagination des poëtes. D'ailleurs, laissant de côté le merveilleux qui séduit tant les Orientaux, il me restait souvent à faire, d'après leurs narrations, une étude de mœurs et de caractère national.

Il me vint, un matin, un Khân qui était de ces rares visiteurs que j'avais du plaisir à recevoir. — Du fond de ma caverne, quand ils arrivaient sur l'autre bord du ruisseau, j'examinais leur physionomie et leur allure ; si elles étaient de nature à me rassurer sur leur politesse, s'ils me témoignaient des égards et paraissaient craindre de m'importuner, j'allais au-devant de leurs désirs. Au lieu de faire tirer de mon côté le pont volant jeté sur l'eau, je les invitais à le franchir, et je leur faisais les honneurs de Tâgh-i-Bostân avec courtoisie. — C'est ce qui était arrivé pour le Khân dont je parle, qui avait des manières et une conversation si engageantes, que je lui offris même à déjeuner. Il accepta sans trop de façons, et nous passâmes ensemble quelques heures fort agréables. Mais il n'en était pas toujours ainsi, tant s'en faut; et souvent j'avais à me défendre contre des agressions qui furent quelquefois tellement hostiles, qu'il me fallut recourir à des démonstrations armées; elles eurent d'ailleurs toujours le même succès. Ceux qui se croyaient le droit d'insolence vis-à-vis d'un chrétien qu'ils voyaient absorbé dans un travail qui eût été chez eux tout au plus digne de l'attention d'un simple mirza, changeaient tout à coup de ton et de manières quand ce chrétien, fatigué de leur importunité, laissait là ses crayons et ses compas pour saisir un sabre, ou seulement un bâton. — Je dois dire que dans ces occasions je n'ai jamais trouvé de récalcitrant. — Si quelque Kermanchaï a conservé des traces du châtiment qu'il s'est attiré, il s'en est contenté, et je n'en ai point rencontré qui ait poussé l'épreuve au delà des premiers coups; ils comprenaient que le *Frengui* qui était venu planter sa tente dans ce pays sauvage n'était pas un timide *Mirza*.

Quelques jours s'étaient écoulés depuis la visite que m'avaient faite les deux voyageurs anglais dont j'ai parlé, et je ne les avais pas revus. Je me l'expliquais d'autant moins, qu'ils m'avaient dit d'une manière très-positive qu'ils reviendraient le lendemain et les jours suivants, parce qu'ils avaient le désir d'étudier plus complétement ces antiquités. Quel fut mon étonnement, quand je reçus une lettre de l'un d'eux, de M. Layard, qui m'apprenait qu'ils ne pouvaient revenir. — Le Serdâr avait l'ordre de les faire garder à vue. Ils lui étaient désignés comme suspects, et gens à ne pas laisser circuler librement. Il les faisait partir le lendemain, sous bonne escorte, et les envoyait au camp du Châh qui devait être à Hamadân. — Cette manière sommaire d'arrêter des voyageurs européens me paraissait insolite, et quelque peu inquiétante pour nous-mêmes; car rien ne me répondait que, dans telles circonstances données, on n'agirait pas de même à notre égard. Mais j'aurai, plus loin, l'occasion de raconter quelques particularités qui se rapportent aux excursions de l'un de ces Anglais; elles prouveront que le gouvernement persan n'avait fait, dans cette occasion, qu'un acte de légitime défense de ses intérêts, et qu'il avait d'excellentes raisons de se défier des pérégrinations de ces deux voyageurs qui n'étaient autre chose que deux agents, espèce d'enfants perdus tels que l'Angleterre en répand dans toute l'Asie pour nouer ou entretenir à leurs risques et périls les intrigues au moyen desquelles elle corrompt et entraîne les uns afin de vaincre et asservir les autres. On les soutient, on les encourage autant qu'on peut. Échouent-ils? comme ils ne sont revêtus d'aucun caractère officiel, on les désavoue. S'ils réussissent, au contraire, et gagnent à l'Angleterre quelque population ou quelque territoire, la mère patrie les récompense, les accrédite, et leur exemple encourage d'autres aventuriers à tenter les mêmes entreprises pour en retirer des fruits semblables. — On peut dire que ces agents volontaires sont les nœuds qui serrent les mailles de ce vaste réseau sous lequel l'Angleterre retient déjà une si grande partie du globe. Cette politique peut être habile; mais elle est chanceuse pour ceux qui s'y dévouent, et l'Europe ne sait pas assez à quel point cette diplomatie machiavélique est odieuse aux peuples chez lesquels ses racines tracent sourdement dans le sol qu'elle finit par couvrir de parasites.

Une triste nouvelle vint m'affliger : A la fin de mon séjour à Tâgh-i-Bostân, trois des hommes de la suite de MM. de Beaufort et Daru avaient succombé à des maladies causées, pendant leur voyage, par des fatigues incessantes, un soleil ardent et la fièvre endémique qui règne dans ces contrées. L'un était mort à Mossoul, les deux autres s'étaient traînés jusqu'à Kermanchâh, où ils avaient rendu le dernier soupir.

Le 13 juillet, j'avais terminé le long travail que j'avais commencé le 25 juin; il y avait donc dix-huit jours que je vivais retiré dans la grande grotte de Tâgh-i-Bostân. Rien ne pouvait plus me retenir dans cette localité, que l'absence de M. Coste qui devait venir m'y retrouver. Mais je pris le parti d'aller l'attendre à Bi-Sutoun où je voulais tenter d'arriver jusqu'aux inscriptions que je n'avais pu voir que du pied de la montagne sur laquelle elles sont gravées à une grande hauteur.

Je pliai ma tente dans la soirée et je partis pour Bi-Sutoun, sans passer par Kermanchâh qui eût inutilement allongé ma route. Je pris à travers la plaine solitaire, et, marchant droit devant moi, je longeai la base des montagnes.

La journée avait été très-orageuse. Les sommets du mont Bi-Sutoun étaient couverts de gros nuages rougeâtres, fortement découpés les uns sur les autres; le tonnerre grondait à travers leurs couches épaisses, son bruit sourd allait se perdre dans les gorges que la nuit assombrissait déjà, et, au milieu des rochers dont les derniers rayons du soleil couchant éclairaient les pointes élevées, les roulements de la foudre se répétaient en échos prolongés. De larges gouttes d'eau semblaient vouloir dégager le ciel des masses noires qui l'obscurcissaient. J'attendais, avec un plaisir impatient, cette solution de l'orage, car je n'avais pas vu pleuvoir depuis plus de trois mois; mais la pluie ne vint pas. — La lune, en se levant, dégagea le ciel des nuages qu'elle refoula au loin. Sa lumière argentée, répandue sur la montagne, changea en effets fantastiques et bizarres les teintes sauvages et tristes que les nuées plombées du soir avaient données aux rochers âpres du Bi-Sutoun.

Depuis longtemps la nuit était venue, et nous cheminions encore. Nous approchions de Bi-Sutoun, quand nous rencontrâmes une tribu qui changeait de résidence, et allait se fixer dans les environs de Kermanchâh. La manière dont sa marche était organisée avait quelque chose de la prudence militaire. Nous nous trouvâmes d'abord en face d'une avant-garde composée d'une demi-douzaine d'hommes à pied, jeunes et alertes, armés de gros bâtons : c'étaient les éclaireurs. Derrière eux, marchaient une troupe de cavaliers conduisant quelques mules chargées; puis venaient les femmes montées sur des ânes, des mulets ou des chevaux, marchant une à une, sur une longue file flanquée d'hommes à pied. A leur tête était un cavalier à barbe blanche, qui paraissait être leur chef; plus loin, après un intervalle, venait le gros des bagages chargés sur des chameaux qu'accompagnait une nombreuse escorte de piétons, tous armés de longs bâtons ferrés en forme de massue. Quelques-uns avaient des fusils à mèche. C'était un spectacle saisissant, à cette heure avancée, que cette tribu cheminant silencieusement au pied de l'imposante chaîne du Bi-Sutoun. A la clarté de la lune, toutes ces physionomies sauvages prenaient un caractère plus énergiquement accentué par les ombres vigoureuses que produisaient ses rayons. Cette rencontre produisit sur moi une profonde impression; elle me fit l'effet d'une scène de Callot, peinte par Salvator-Rosa.

Je n'arrivai qu'à onze heures du soir sur le lieu où je devais de nouveau camper. J'étais revenu à Bi-Sutoun avec l'intention d'y copier les inscriptions. J'espérais réussir au moyen de deux échelles que je rapportais de Kermanchâh, et que je comptais mettre l'une au bout de l'autre. En les plaçant aussi haut que possible sur les rochers, je pensais pouvoir atteindre une petite plate-forme qui avançait sur le plan des tablettes gravées. Mais, vain espoir, mes deux échelles appliquées contre la montagne, il s'en fallait encore de beaucoup que leur dernier échelon fût au niveau de la partie du roc sur laquelle il fallait nécessairement se placer. Que faire? Il y avait impossibilité absolue sans un échafaudage construit exprès et dont la pose aurait rencontré elle-même de grands obstacles. Je n'avais d'ailleurs, à ma disposition aucun moyen de recourir à ce mode d'ascension. Je n'avais ni bois, ni cordages, le pays ne m'offrait aucun ouvrier qui pût les mettre en œuvre, dans le cas où j'eusse réussi à me les procurer.

Néanmoins, je voulus tenter un effort, essayer d'escalader les roches polies et perpendiculaires en m'aidant de quelques crevasses qu'elles présentaient comme points d'appui. Je quittai mes chaussures, afin de ne pas glisser; je m'accrochai par les mains et par les pieds, à toutes les aspérités que je pouvais saisir ; je gravis ainsi ce roc péniblement, m'arrêtant après chaque élan pour préparer un nouvel effort, et craignant, à chaque mouvement, d'être précipité en bas. Je ne sais combien de temps je mis à parvenir au but, mais il me parut long, et je ne croyais pas réussir, quand je sentis sous ma main le rebord de la plate-forme ; il était temps, car mes doigts fatigués, écorchés, n'avaient plus la force de me hisser, ils s'ouvraient malgré moi et allaient lâcher prise. J'avais les pieds et les mains en sang. Enfin, j'étais sur la saillie du rocher, au-dessous des inscriptions que j'apercevais distinctement. Je repris un instant haleine, après quoi j'examinai les tablettes gravées. Quels ne furent pas mes regrets de m'être donné tant de mal, en reconnaissant qu'il était impossible d'en prendre copie. Cette impossibilité résultait de l'élévation où elles étaient encore, ainsi que du peu de largeur de la plate-forme où je me trouvais forcé de me tenir presque collé contre la pierre, sans pouvoir me reculer d'une semelle. J'étais donc monté là pour rien ; car pour prix de mes peines, je ne pus que constater simplement que ces inscriptions sont toutes cunéiformes, gravées sur sept colonnes contenant chacune 99 lignes, et qu'au-dessus des figures, il y a encore plusieurs petits groupes de caractères semblables.

Mais ce n'était pas tout; le plus difficile était de retourner en bas. J'étais à 25 mètres de hauteur, et je ne pouvais penser à descendre autrement qu'à reculons, embrassant et saisissant avec les ongles le rocher, comme j'avais fait en montant : c'était une véritable gymnastique de lézard. Je fus cependant assez heureux pour arriver en bas, mais meurtri, coupé par les angles aigus des pierres, tout déchiré et saignant. L'amour du devoir est un beau sentiment; l'étude de l'antiquité est un noble mobile assurément, mais à quoi n'exposent-ils pas quelquefois ceux qui en sont pénétrés et y obéissent?

CHAPITRE XXVIII.

Antiquités du district de Holvân. — Serpoul. — Takht-i-Gherò. — Départ de Bi-Sutoun. — Retour à Kingavar.

Ma tentative et l'escalade que j'avais faite ayant été infructueuses, je cherchai dans la campagne quelques débris à étudier, en attendant le retour de M. Coste. Je recueillis ainsi les dessins et les inscriptions de plusieurs pierres sculptées, la plupart provenant de tombes très-anciennes. Ces fragments funéraires portaient des inscriptions couffiques dont les caractères en relief étaient d'une grande pureté et très-ornés.

Je visitai aussi plusieurs ravins ou cavernes du mont Bi-Sutoun, dans lesquelles je me plaisais à admirer l'âpreté des formes et la couleur sombre des rochers qui sont d'une espèce de basalte dont les larges bancs superposés se prolongent sur les flancs de la montagne. Dans ces courses faites à l'aventure, je rencontrais des bêtes fauves et des aigles qui s'enlevaient tranquillement à quelques pas de moi. C'étaient les seuls êtres qui vécussent dans ces tristes solitudes.

Un jour, près de mon camp, je fus accosté par deux Kurdes qui, après avoir échangé avec moi quelques paroles, me firent de pressantes sollicitations pour aller les visiter sous leur tente et y voir un enfant malade. Je ne pus leur faire comprendre que je n'étais nullement médecin; car pour les Orientaux, tout *Frengui* est *hekim*, et, malgré toutes les peines que je pris pour leur persuader que je n'avais pas la science qu'ils me supposaient, je fus obligé de les suivre. Je me tirai d'embarras en leur donnant quelques gouttes d'un collyre que j'avais reçu du docteur Lachèze, et un peu de sucre en poudre; ils avaient une très-grande foi dans l'efficacité de ce dernier remède qu'ils appliquaient sur les yeux par insufflation.

La bonne volonté dont j'avais fait preuve auprès de ces Kurdes me valut, de leur part, une reconnaissance dont le résultat fut de me faire voir un des points curieux de cette localité. — Ils m'offrirent de me conduire à ce qu'ils appelaient le *Takht-i-Chirin* ou *Trône de Chirin*. Je ne demandais pas mieux, et, bien que la distance fût assez longue et difficile à parcourir, je me préparai à les suivre. Nous montâmes à cheval, et, suivant quelques instants la berge du Gamasiah, en descendant cette rivière, mes guides s'arrêtèrent devant une plage sablonneuse où était un gué. Nous lançâmes nos chevaux dans l'eau; elle était profonde, même en cet endroit choisi, et nous n'étions pas au milieu de la rivière que le poitrail de nos montures était submergé. Nous allions atteindre l'autre bord, quand les deux Kurdes me firent remarquer, entre deux eaux, des restes de maçonneries. Je les examinai avec soin, je cherchai à découvrir dans le lit du Gamasiah tout ce que ses eaux pouvaient en dérober aux yeux, et j'acquis la certitude qu'en cet endroit avait été jadis un pont dont le courant n'avait pas entièrement emporté les piles. Les décombres de ce pont, tombés dans la rivière, en ont comblé le fond et forment aujourd'hui encore le gué au moyen duquel les nomades campés sur les bords du Gamasiah se rendent d'une rive à l'autre.

Arrivés sur le bord opposé, qui était beaucoup plus bas que celui que nous quittions, nous nous trouvâmes au milieu de hautes herbes croissant dans les marécages qui occupaient presque toute la superficie de la vallée. Mes guides cherchèrent le chemin à travers cette végétation aquatique, et, l'ayant trouvé, me firent signe de les joindre. — Après quelques pas faits dans les joncs, j'aperçus comme une espèce de chaussée en pierres qui s'élevait au-dessus des marais. Très-solidement maçonnée, mais effondrée en quelques endroits, cette voie me parut fort ancienne, et présenter des analogies de construction avec les restes d'édifices que j'avais vus au pied du mont Bi-Sutoun. Cette voie conduit du pont, dont les vestiges sont au fond du Gamasiah, au lieu qui porte le nom célèbre de *Takht-i-Chirin*. Il est donc très-plausible d'en conclure qu'elle doit très-certainement avoir la même origine que les monuments dont les ruines éparses ont rendu célèbre le site de Bi-Sutoun. Le peu de solidité du sol sur lequel cette chaussée avait été établie et les efforts des eaux stagnantes ont contribué à sa destruction. Aussi eûmes-nous les plus grandes peines à la suivre, et souvent pour la retrouver fûmes-nous obligés de cheminer dans l'eau. — Nous mîmes une heure et demie à faire le trajet au bout duquel nous arrivâmes à une sorte de plate-forme en grosses pierres, sur laquelle se voyaient épars des débris de construction. Parmi eux étaient quelques fragments de colonnes du même genre que ceux de Bi-Sutoun; c'était le *Takht-i-Chirin* dont m'avaient parlé mes guides, et ils me le montraient comme une antiquité. Ils avaient raison; il y avait eu là, à n'en pas douter, une construction, un édifice quelconque : l'aspect des restes qui le rappelaient, aussi bien que le nom que les traditions y rattachent, le faisait remonter à l'époque sassanide.

Cette ruine, comme celles que j'ai dit être au pied du mont Bi-Sutoun, perpétue le souvenir de la princesse *Chirin*. Le nom de cette beauté célèbre est répété partout dans ce pays. Chaque paysan kurde s'en souvient et le redit au milieu des ruines qui l'entourent. Ne faut-il pas en induire que là, en effet, fut jadis une grande ville; et si l'on se rappelle que les rois Sassanides avaient le siége de leur empire à Ctésiphon, sur les bords du Tigre, dans une région où la chaleur est insupportable, on ne sera pas étonné que, de ce côté des monts Zagros, dans une contrée moins chaude, au pied du mont Bi-Sutoun, Khosrô ait fondé une ville, ou tout au moins élevé un palais pour y abriter ses amours et sa belle maîtresse.

Je crois être le premier qui émette cette opinion sur une localité où ceux qui m'ont précédé n'ont fait que remarquer isolément les sculptures qui s'y trouvent. Les observations du voyageur ne doivent point stérilement se borner à constater ce qui reste de l'antiquité. Sans s'aventurer dans des hypothèses gratuites, il peut, il doit même, dans une certaine limite, tirer des inductions de ce qu'il retrouve, pour deviner ce qui n'est plus, mais qui a pu exister. Dans ce cas-ci, sans vouloir baser mon opinion sur les traditions populaires, perpétuées de siècle en siècle et de père en fils, dans la mémoire des Kurdes, je crois l'appuyer suffisamment sur l'étendue et la nature des ruines que j'ai reconnues dans le voisinage de Bi-Sutoun, pour pouvoir dire qu'il a dû exister là, vers le commencement du vi^e siècle, une ville et des monuments importants.

Le cinquième jour un petit nuage de poussière s'élevait du côté de Kermanchâh. Peu à peu je distinguai quelques cavaliers, et bientôt je reconnus ceux que j'attendais. — M. Coste était enchanté de son excursion qui avait été assez fructueuse et qu'aucun événement fâcheux n'avait entravée. Quand il eut secoué la poussière de la route, et qu'il eut pris quelques instants de repos, il me raconta l'emploi de son temps pendant les jours qu'avait duré son absence. Voici, d'après le récit qu'il m'en fit, ce que sont les antiquités qu'il était allé visiter : La ligne de démarcation qui sépare les provinces turques de celles du Châh est très-indéterminée. Elle traverse des contrées sauvages, coupées de montagnes presque inaccessibles, au milieu desquelles vivent des tribus insoumises qui ne reconnaissent aucune suzeraineté ; elles sont, pour ainsi dire, indépendantes ou même flottantes entre les populations plus accessibles chez lesquelles l'autorité des gouverneurs des deux États peut avoir quelque efficacité. Il en résulte une sorte de zone vague qu'on ne saurait dire persane ou turque. Dans la partie de cette zone qui se trouve située entre Kermanchâh et Bagdad, sur la route qui conduit de l'une à l'autre de ces deux villes, sont quelques monuments qui ont toutes les apparences d'une origine persane. Les monts Zagros forment, du nord au sud, une chaîne très-étendue, qui est la limite naturelle posée entre la Perse et la Turquie. C'est par un défilé de ces montagnes qu'on descend vers les plaines du Tigre et de l'Euphrate. Ce doit être par ce même défilé que faisaient irruption les armées de Xercès et de Sapor, marchant à la conquête de l'Asie occidentale. Les rois de Perse eurent une résidence à Ctésiphon, comme à Châpour et à Istakhr. Il n'est donc pas étonnant que l'on retrouve, dans les gorges du Zagros, des traces de leur passage; elles font suite aux monuments qui les précèdent en Perse et que nous avons rencontrés à Tâgh-i-Bostan et à Bi-Sutoun.

Sur le versant occidental de ces monts, à peu près à égale distance de Kermanchâh et de Bagdad, s'ouvre une vallée qui porte le nom de *Serpoul-i-Zohâb*, du nom d'un caravansérail situé sur le bord d'une rivière, près d'un pont qui la traverse. Cet édifice moderne a été élevé sur l'emplacement d'une ville qui a dû avoir quelque importance; à en juger par la quantité de ruines de toutes sortes qui l'entourent, ainsi que par l'étendue du terrain qu'elles couvrent. Les géographes indiquent, vers cet endroit, une ville qui, selon les uns, portait le nom de *Holvân*, et, selon les autres, celui de *Zargopolis* d'où vient probablement le nom moderne *Serpoul*. D'un autre côté, la rivière qui passe au milieu de ces ruines s'appelle encore *Holvân*. Nous avons déjà dit que l'usage est, en Perse, de donner aux cours d'eau le nom des lieux qu'ils parcourent. Laquelle de ces deux désignations appartient donc réellement à la citée ruinée? La question est embarrassante. Quelle que soit la solution qu'on doive lui donner, je dirai que les ruines que l'on voit en ce lieu se composent de fragments de murs qui surmontent des éminences formées par les débris de tout ce qui a disparu. Ces restes de murs sont d'ailleurs sans lien aucun, et ne laissent deviner aucun plan, excepté celui d'une citadelle qui aurait été au centre, sur la rive gauche de la rivière. Son enceinte est demeurée tracée par de petits monticules sur lesquels se distinguent, en quelques endroits, des arrachements de murs, ainsi qu'une porte. Les eaux du *Holvân* lui servaient de défense, d'un côté, et les trois autres étaient protégés par un fossé qui se trouve aujourd'hui comblé, en grande partie, par les éboulements de matériaux, mais qui pourtant se distingue encore. Au pied de la face septentrionale de la citadelle, on aperçoit une partie de mur courbe, construite en pierres, qui paraît avoir été la base de quelque tour. Sur la même ligne, on retrouve des voûtes en plein cintre couvrant de petits canaux souterrains qui se prolongent sous la citadelle. Ces ouvertures étant au niveau des eaux, on doit penser qu'elles leur donnaient passage pour fournir aux besoins de la garnison de la forteresse, ou pour remplir les fossés. On ne rencontre, parmi ces ruines, aucun reste d'ornement architectonique, si ce n'est un tronçon de colonne en marbre, près du pont qui traverse le Holvân sur deux arches de construction moderne et ogivales, posées sur d'anciennes fondations. La ville qui, dans un âge reculé, a été sur cet emplacement a dû voir prolonger son existence et se succéder des populations jusque dans les temps modernes. C'est au moins ce qui semble attesté par un vaste cimetière où l'on voit un grand nombre de tombes avec des inscriptions en caractères couffiques. Près de là, le Holvân s'est ouvert un chemin dans une gorge resserrée entre des rochers âpres sur lesquels sont cinq bas-reliefs dont trois sur la rive gauche et deux sur la rive droite.—Le premier représente un cavalier devant lequel est un personnage qui lui présente un anneau ou diadème. La sculpture en est très-dégradée, ou n'a été qu'ébauchée, ce qui fait qu'on a de la peine à la juger. Dans le haut du cadre sont deux inscriptions pehlvis, mais presque illisibles. Ce bas-relief porte l'empreinte du caractère sassanide. — Le second bas-relief est au-dessus du précédent. Pour l'exécuter, le rocher n'a pas été coupé droit; la sculpture suit la courbure naturelle de sa surface; la scène qu'elle représente rappelle celle qui se trouve sur l'un des bas-reliefs de Bi-Sutoun : un personnage, coiffé d'un bonnet rond, ceint d'un bandeau, tenant à la main droite une hache, et de la gauche un arc avec des flèches, foule à ses pieds un cadavre. En face est un second personnage qui, d'une main, présente un anneau au premier, et, de l'autre, tient l'extrémité d'une corde à laquelle sont attachés deux prisonniers. Ceux-ci ont les mains liées derrière le dos, et sont d'une taille plus petite. Cette scène, qui est surmontée d'un disque semblable à celui que nous avons déjà eu occasion de voir, est renfermée dans un cadre formé par un listel qui règne sur trois côtés. Au-dessus de ce listel, sont six figures de petites dimensions, représentant d'autres captifs enchaînés qui paraissent faire suite aux premiers. — Sur l'autre face de ces rochers, il y a un troisième bas-relief qui est dans un état de dégradation tel que c'est à peine si l'on peut en distinguer le sujet. Cependant, ce qu'on peut deviner, au milieu des crevasses et des aspérités de la pierre, donne à penser qu'il est la simplification de celui qui précède, ou, du moins, qu'il a quelque rapport avec lui. Un personnage, tenant une hache d'une main et un arc de l'autre, fait face à un second qui est coiffé d'une espèce de tiare. Au-dessus d'eux, est répété le disque dont j'ai parlé.

De l'autre côté de la gorge formée par ces roches sculptées, sur la rive droite du Holvân, sont encore deux bas-reliefs qui ne présentent pas beaucoup plus d'intérêt, et ne sont guère mieux conservés que les précédents, dont ils sont des variantes.

En suivant le pied des rochers qui sont au nord-est du caravansérail de Serpoul-i-Zohab, et à trois kilomètres dans la direction du nord-ouest, on rencontre des ruines qui portent le nom de *Khalà-i-Bolak*, ou plutôt *Khalà-i-Boulak*. Ce nom signifie *Forteresse de la fontaine*; il est justifié par une belle source qui, en effet, existe dans le voisinage. — Les ruines ainsi nommées consistent en quelques pans de murs au milieu desquels on distingue deux salles voûtées en pierre, ayant toutes les apparences d'une architecture très-ancienne. Les murailles sont flanquées de contreforts carrés. Les angles sont protégés par des parties avancées circulaires, en forme de tours. Près de l'une d'elles, on remarque une excavation spacieuse pratiquée dans le rocher et en communication avec l'intérieur de la citadelle.

Dautres ruines, ou plutôt des débris de maçonnerie, recouverts par de hautes herbes, marquent, près de là, la place de constructions qui ont totalement disparu.

A quatre kilomètres du caravansérail, dans le sud-est, une

ouverture de la montagne, semblable à celle par laquelle s'écoule le Holvân, donne passage à la route de Kermanchâh. Là, sur le flanc du rocher, on voit un caveau qui rappelle celui de Sahnèh. Il y a, de plus qu'à celui-ci, une sculpture représentant un personnage vêtu d'une longue robe, coiffé d'une espèce de capuce qui couvre le front ainsi que le menton et retombe sur le dos. Sa main droite est étendue et de la gauche il tient un objet qu'il est impossible de définir exactement.—Nous avons souvent eu occasion de voir quelque chose d'à peu près semblable, et toujours aussi indéfinissable, qui n'est ni un glaive, ni une massue, qui n'a pas non plus les apparences d'un sceptre royal. On ne peut guère prendre cet objet que pour un des attributs religieux de la divinité, d'Ormuzd, ou peut-être du grand mage Zoroastre.

— C'est au-dessus de ce bas-relief que s'ouvre le caveau sépulcral, sur une plate-forme taillée dans le roc. Là, se présente d'abord un portique formé par une espèce de profil qui règne sur les deux côtés ainsi qu'à la partie supérieure, et par deux colonnes dont on retrouve, adhérant au rocher dont ils font partie, les socles et les tailloirs. Composés de pièces rapportées, ou présentant moins de solidité que les autres, quoique pris aussi dans la masse du roc, les deux fûts ont disparu. Au milieu, une porte donne entrée dans le caveau où se trouve, à gauche, un sarcophage creusé, comme toutes les parties de ce monument, dans le roc vif. Cette salle funéraire est voûtée. Dans les parois, sont de petits refouillements au nombre de cinq, qui ont dû avoir pour objet de contenir des lampes. Par ses détails, ce monument ne ressemble pas à ceux de Persépolis ; mais, dans son ensemble, il a avec eux quelque analogie, non-seulement comme destination, mais aussi comme caractère. Il est donc probable qu'il remonte à une époque voisine de celle des Achéménides, s'il n'est de cette époque même. On lui donne, dans le pays, le nom de *Dukan-Dahoud*.

Au sud-ouest du caravansérail de Serpoul-i-Zohâb, à trois kilomètres de ce point, et dans une autre direction, au sud, à une distance de six kilomètres du même point, sont deux ruines qui portent un nom semblable, *Khalâ-i-Khunâ*. Il y a sans doute, dans cette terminaison *Khunâ*, un sens applicable aux deux édifices, qui ont d'ailleurs la même désignation *Khalâ* ou *forteresse*. Celle qui est la plus rapprochée du caravansérail se présente sous l'aspect d'une construction massive en pierre et carrée, mais avec des pans coupés aux quatre angles. Chacune des faces est flanquée de quatre contreforts à angles droits, entre lesquels sont trois portes voûtées. A l'intérieur, ces murs, qui ne sont autre chose que les prolongements des contreforts extérieurs, se croisent et laissent entre eux neuf vides qui forment autant de petites salles carrées mises en communication entre elles au moyen de passages étroits. Celle du milieu est plus petite que les autres; toutes sont voûtées; mais, quoique les massifs de cette construction soient en pierres, ces voûtes, ainsi que les ouvertures des portes, sont en briques. A la partie supérieure de ces salles, sont pratiquées de petites ouvertures pour donner passage à l'air et à la lumière. Le haut de cet édifice paraît avoir été terminé en terrasse. — Il est difficile de dire ce qu'a pu être ce monument; il ne paraît pas que ç'ait été une forteresse comme son nom semble l'indiquer aujourd'hui. Ce surnom de *Khalà* ou *Khalèh* est très-commun, et donné, sans beaucoup de discernement, à tout édifice présentant des conditions de solidité propres à en faire un lieu facile à défendre. — Aucun ouvrage de fortification ne s'y retrouve; et il se peut fort bien que cette ruine représente quelque résidence dont l'épaisseur des murailles est tout simplement due à la nécessité de se préserver de la chaleur, qui est excessive dans cette contrée.

La seconde ruine de même nom, offre un aspect à peu près semblable à celui de la précédente. Elle est située dans un marécage, et ses murailles sont presque entièrement cachées par les hautes herbes qui en ont envahi les abords. C'est un vaste rectangle flanqué, sur toutes faces, de quatre tours. A chaque angle, il y en a une plus forte. A l'intérieur est une immense cour au milieu de laquelle se retrouve la margelle d'un bassin. Dans tout le pourtour, règne une succession de quatre-vingt-huit arcades. Aux deux extrémités, s'ouvrent deux portes. La physionomie de cette ruine, la disposition de toutes ses parties lui donnent une grande analogie avec un caravansérail. A l'espèce des matériaux employés, à la courbe plein-cintre des arcades, on ne peut méconnaître l'origine reculée de cet édifice, certainement antérieure à l'islamisme et à l'architecture arabe qui a remplacé celle des Sassanides. De cette observation naît cette induction que l'institution des caravansérails, en Asie, date de plus loin que l'ère de Mahomet, et qu'elle est de toute antiquité, ce qui est du reste très-probable.

En remontant le défilé qui, sur la pente occidentale des monts Zagros, descend vers Bagdad, à onze kilomètres environ de *Serpoul-i-Zohâb*, on rencontre sur le bord du chemin un petit monument qui étonne, autant par la pureté de ses proportions, que par la forme et l'isolement dans lequel il a toujours été. Il consiste en une arcade unique, fermée au fond et adossée aux rochers. Les murs latéraux construits, comme tout le monument, en assises de calcaire très-dur et posées sans mortier, ont une grande épaisseur. Ils supportent la voûte qui est en plein-cintre, mais rentre sur elle-même. C'est le seul exemple que nous ayons vu de cette espèce de courbe adaptée à un monument ancien, dans ces contrées. Plus tard elle fut adoptée, comme on sait, par les architectes arabes, ce qui pourrait faire présumer que ce monument de *Takht-i-Gherô* ne s'éloigne pas beaucoup de ceux-ci et ne remonte pas plus loin que les Sassanides. — A en juger par l'ornementation de cette arcade, on doit croire qu'elle fut construite par des Grecs et suivant les règles de leur art. En effet, le profil de la marche sur laquelle pose le monument, celui de sa base, son imposte, et l'archivolte sont tout à fait de style grec. La partie supérieure en est détruite, mais quelques fragments, gisant autour, indiquent qu'elle se terminait par une corniche semblable aux autres profils.

Cette arcade est d'ailleurs dans de petites proportions ; et l'on se demande quelle a pu en être la destination. La recherche avec laquelle elle a été faite, et l'absence de toute défense, ne permettent guère de croire qu'elle ait été construite pour un poste militaire. D'ailleurs, le nom sous lequel elle a traversé les siècles indique par le mot *Takht* ou *Trône*, qu'elle a servi d'abri à une tête royale. Quant à la seconde partie de son nom actuel *Gherô*, son origine est embarrassante : les gens du pays appellent *Gherô* ou *Gherrû*, des montagnes qui se relient à celles au milieu desquelles se trouve le monument dont il s'agit. Ce nom ne désignerait-il que la localité où se trouve le Takht? Une autre version porte à croire qu'il pourrait bien n'être qu'une corruption de celui de *Chosroës* qu'on appelle en Perse *Kosrou* ou *Khosrô*. On arrive à déduire de ces diverses remarques qu'il se peut fort bien que ce monument ait été élevé là par ordre de quelque souverain, de *Chosroës* peut-être, pour lui servir de lieu de repos dans ses voyages ou ses chasses au travers de ces montagnes brûlées par le soleil. Cette opinion, rapprochée de ce que j'ai dit des grottes de *Tâgh-i-Bostân*, emprunte à celles-ci une nouvelle force, car leur destination, comme leur style et leur origine, semblent être les mêmes.

Rien ne nous retenait plus à Bi-Sutoun, nous avions complété, dans cette partie de la Perse, la collection de travaux qui nous était indiquée par nos instructions. Nous pensâmes à retourner à Ispahan. Le 19 donc, nous levâmes notre camp et partîmes pour Sahnèh. L'aurore commençait à poindre quand nous montâmes à cheval. Après avoir traversé le Gamasiàh et être descendus dans les prairies qui précèdent les marécages dangereux de la vallée, nous nous trouvâmes au milieu d'une grande caravane encore endormie. C'étaient des pèlerins qui se rendaient à Bagdad et à Kerbelàh, avec plusieurs mules chargées de corps embaumés qu'on allait déposer en terre sainte.

Cette fois, nous traversâmes plus facilement les marais, grâce aux chaleurs de la saison qui avaient diminué la masse des eaux.

De Sahnèh, nous allâmes à Kingavar. Il faisait à peine jour, quand nous nous engageâmes dans la montagne qu'il fallait franchir en sortant de Sahnèh. — A des indices que nos goulâms connaissaient bien, ils nous dirent de nous arrêter pour attendre nos muletiers. Ils avaient aperçu, dans les demi-ténèbres qui couvraient encore les gorges entre lesquelles nous marchions, des mouvements d'hommes qui leur paraissaient suspects. Nous suivîmes leur conseil, mais nous ne fûmes point inquiétés, et nous arrivâmes sans accident à Kingavar à neuf heures du matin.

CHAPITRE XXIX.

Difficulté d'aller à Chouchter. — Nehavend. — Boroudgherd. — Gulpaïgân. — Khonsar. — Retour à Ispahan.

Une excursion indiquée dans le vaste plan qui nous avait été tracé, était celle de Chouchter, dans le Loristân, autrefois la Susiane dont cette ville représente l'antique capitale Suze. Nous avions tâté le terrain à Kermanchâh d'où nous avions espéré pouvoir pénétrer directement dans cette contrée. Mais le Serdâr que nous consultâmes nous fit entrevoir des difficultés presque insurmontables de ce côté : « D'ailleurs, nous « dit-il, la route est fort longue, déserte, très-difficile, à « cause des pays montagneux qu'il faut traverser. » Il nous conseilla de tenter plutôt cette entreprise en partant d'un point plus rapproché, et d'abréger le trajet en allant à Boroudgherd. Cette petite ville est au pied des montagnes du Loristân, et à trois ou quatre journées seulement de Chouchter. Aux difficultés qui se présentaient en prenant Kermanchâh pour point de départ, il s'en joignait une autre que l'on ne pouvait vaincre : nos muletiers ne voulaient pas nous accompagner, ils craignaient de perdre leurs bêtes; aucun guide ne se souciait non plus de nous montrer le chemin. Ils prétendaient tous que quand on allait chez les *Bactiaris* ou les *Loris*, on n'en revenait jamais. Que ces idées fussent des préjugés, que ces périls fussent réels ou chimériques, toujours fut-il que nous avions été obligés de renoncer alors à passer dans la Susiane.

Nous suivîmes le conseil que nous avait donné le Serdar, et, dans l'espoir d'être plus heureux du côté de Boroudgherd, nous résolûmes d'y aller. Si notre nouvelle tentative restait sans succès, nous pouvions toujours gagner par là Ispahan, et nous avions l'avantage de ne pas reprendre la route que nous avions suivie en venant. Nous faisions un voyage nouveau dont l'itinéraire n'était désigné sur aucune carte. Nous devions donc en explorant une contrée inconnue, y prendre des renseignements utiles à la géographie. Tant de motifs réunis ne pouvaient nous laisser hésiter un instant à nous diriger vers Boroudgherd.

Le 24 juillet donc, à trois heures du matin, afin de marcher plus vite et d'éviter la forte chaleur, nous sortîmes de Kingavar et marchâmes au sud-est. Nous traversâmes la plaine dans sa plus grande largeur. A une farsak et demie de la ville, nous passâmes, à gué, une forte rivière coulant au nord-est. Elle arrose les terres cultivées qui dépendent d'un grand village dont le nom est Firouzabad. Ce bourg est situé à mi-côte de l'une des collines qui se rattachent à la grande chaîne des monts *Loris* dont nous devions longer la base. Nous ne le traversâmes pas, nous le tournâmes, sans que les sonnettes de nos mulets éveillassent les habitants que nous apercevions sur les terrasses de leurs maisons, où ils dormaient encore d'un profond sommeil.

Quand nous eûmes dépassé Firouzabad, nous nous engageâmes dans un petit défilé qui sépare les montagnes du Loristân de celles de l'Alvend dont les pics blancs se trouvaient à notre gauche. Nous franchîmes ce passage étroit en deux petites heures, et atteignîmes *Barafrag* où nous entrâmes dans la longue vallée que laissent entre elles les montagnes d'Hamadân et celles de Chouchter. Cette vallée, accidentée par des mamelons, était, à chaque pas, coupée par des ruisseaux et des marécages. Nous y traversâmes à très-peu de distance l'une de l'autre, deux rivières qui coulaient dans des sens différents. La première descendait de l'Alvend et coulait au sud; la seconde, venant du sud-est, remontait au nord. Nous ne pûmes reconnaître le cours de celle-ci au delà du point où la vue s'arrêtait; mais il est probable qu'elle va se jeter dans la première. Cette vallée reçoit les eaux des montagnes qui la dominent, et, comme la plupart des contrées montagneuses de la Perse, elle est très-bien cultivée. La disette d'eau est en grande partie cause de l'état misérable de la culture dans ce pays; mais, partout où il s'en trouve, la terre développe une fécondité qui fait une large compensation à la stérilité des parties arides.

L'étranger qui, en Perse, suivrait les routes battues, n'en aurait qu'une idée fausse, celle que lui donneraient naturellement les plaines désertes ou salées, immenses, que traversent, en beaucoup d'endroits, les caravanes. Pour s'en former une opinion complète, il faut se détourner des chemins ordinaires et pénétrer surtout dans les parties élevées, quelquefois peu accessibles, il est vrai, mais toujours plus riantes. En effet, d'une part, les Persans ne peuvent vivre dans les régions basses où les pluies rares laissent à peine tomber quelques gouttes d'eau aussitôt vaporisée par un soleil ardent; d'autre part, ils y sont plus exposés aux exactions, aux déprédations des troupes de passage et de tous les Khâns, ou gens quelconques qui, par leur position, peuvent s'arroger le droit de *sursat* sur les populations. De ces deux causes est venue pour celles-ci la nécessité de chercher à la fois un refuge hors des routes battues, et de meilleures conditions d'existence dans les contrées montagneuses où se trouvent des sources et des cours d'eau. On y trouve une riche culture, une grande quantité de fruits, des melons excellents et du tabac; la vigne y est forte et généreuse, l'orge, le blé et le riz y fournissent d'abondantes récoltes. Le paysan, moins exposé aux rapines journalières, y est aisé; ses nombreux troupeaux et ses chevaux en liberté paissent de gras pâturages; mais il n'est point à l'abri des contributions que le Châh prélève là, d'autant plus onéreuses souvent, qu'il les sait plus faciles à percevoir. Cependant ces impôts, plus réguliers, moins arbitraires et toujours plus équitablement répartis, permettent aux habitants de se livrer à l'agriculture avec plus de confiance.

La vallée de Nehavend est dans ces conditions; les villages y sont en grand nombre et très-rapprochés les uns des autres. Ils ont presque tous un aspect de bien-être que nous avions perdu de vue depuis que nous avions quitté les plaines de *Sultânyèh* et de *Cazbin*. Nous comptâmes, sur notre route, dans cette première journée, plus de quinze villages devant lesquels nous passâmes, sans parler de tous ceux que nous apercevions au loin, à droite et à gauche.

Nous étions à l'époque où, les moissons achevées, les

cultivateurs étaient occupés à extraire les grains de leurs épis. En passant au milieu de tous ces villages, nous y trouvions une activité qui faisait plaisir à voir. Elle nous fit un instant oublier les ruines que nous avions si souvent rencontrées dans les campagnes où la mort paraissait s'être emparée de la nature entière. Les travaux auxquels se livraient les raïas de la vallée de Nehavend donnèrent lieu à une observation dans laquelle je trouvai l'explication d'un fait que je n'avais pas encore compris. — Dans tout l'Orient, on ne saurait trouver un brin de paille qui ne soit haché menu, celle qu'on donne à manger aux chevaux est ainsi. On pourrait croire, et je pensai moi-même, qu'ainsi que cela se pratique quelquefois en France, on la coupe pour que les animaux la broient plus facilement et soient plus affriandés par les sucs internes mis à découvert ; mais je pus me convaincre que ce n'était réellement que la conséquence du moyen employé pour égrainer le froment. Les paysans persans ne battent pas le blé avec des fléaux, ils étendent les gerbes déliées par terre, sur une aire ou sur un terrain bien uni et dur, ils font ainsi un lit épais et circulaire ; ils attèlent deux bœufs à un rouleau très-pesant auquel sont adaptées perpendiculairement à son axe, de distance en distance, des lames de fer un peu tranchantes. Ces lames sont rapprochées les unes des autres et disposées de manière que, le rouleau tournant, elles ne laissent pas un épi sans le rencontrer ; leur pression sur le grain le force à sortir de son enveloppe, tout en broyant et coupant la paille. Un enfant conduit les bœufs attelés à cette machine ; ils tournent en cercle, et, après un certain nombre de tours, tout le grain est séparé des épis. Cet usage m'a paru ingénieux, et se recommande par ce triple résultat : de ne causer aucune fatigue à l'homme, d'économiser les bras, puisqu'un enfant suffit, et de produire une paille dont les animaux sont incontestablement plus friands qu'ils ne le sont chez nous de la paille longue et sèche qu'on leur donne. Cette paille hachée aurait, il est vrai, en Europe, le désavantage de ne pouvoir servir à faire de la litière ; mais en Perse, et généralement en Orient, cet inconvénient n'arrête pas, parce que la litière se fait autrement. Les saïs ramassent avec soin la fiente des chevaux, ils la font sécher au soleil et la pulvérisent; ils l'étendent chaque soir dans l'écurie, où elle ne reste ainsi que pour la nuit, afin que les chevaux s'y puissent coucher moins durement que sur le sol. Le matin, ils la reprennent de nouveau et l'entassent en un lieu sec, jusqu'au soir, en la remuant de temps en temps, afin qu'elle ne contienne aucune humidité.

Bien nous avait pris de partir de grand matin de Kingavar, car nous n'arrivâmes à *Nehavend* qu'à deux heures de l'après-midi ; nous avions marché onze heures.

Cette localité nous offrait un des points intéressants de notre voyage. La ville de Nehavend est célèbre dans l'histoire de Perse par la dernière bataille que les Arabes y livrèrent aux Persans en 644 de notre ère. Khosrô avait jeté dédaigneusement dans les eaux du *Karasou* la lettre de Mahomet ; plus tard, son petit-fils, Yezdidgherd, reçut avec mépris, en les traitant *de mendiants et de mangeurs de lézards*, les ambassadeurs du khalife Omar. Ce double affront fait au Prophète et à son successeur, reçut une double vengeance. Le monarque persan vaincu et fugitif avait rassemblé les débris de son armée dans la plaine de Nehavend ; le général du khalife l'y atteignit et brisa du même coup, et les autels du feu et la couronne sassanide. Yezdidgherd défait, ne sachant où cacher sa honte, s'enfuit vers le nord de son empire. Mais, si ce prince était impuissant à relever la gloire de sa dynastie, la religion guèbre était trop usée pour fanatiser encore les peuples de la Perse. Le monarque vaincu erra longtemps, et mourut enfin assassiné par un meunier qui voulut s'approprier ses riches dépouilles. De ce moment, les Arabes ne rencontrèrent plus d'obstacles; maîtres de la Perse dans laquelle ils n'avaient cessé de s'avancer, ils lui eurent bientôt imposé la loi de Mahomet. Le résultat de la mémorable bataille de Nehavend fut donc de détruire ce vaste empire qui, bien que réduit après la mort de *Khosrô*, s'étendait encore des bords de l'Euphrate aux frontières de l'Inde, et de faire crouler dans la poussière tous les temples des mages. Mais, tout en devenant mahomémans, les Persans n'en restèrent pas moins ennemis de la race arabe. Profondément humiliés d'avoir subi une religion imposée par les armes, il devait arriver que, pour mieux s'affranchir du joug des successeurs d'Omar, ils creuseraient entre eux et leurs coreligionnaires un nouvel abîme plus profond et plus infranchissable. En effet, nous avons vu comment, au nom d'Ali et de Hussein, les Persans reconquirent leur indépendance sur les princes de la race turque et de la religion sunnite. Quoi qu'il en soit, la bataille de Nehavend fut pour la Perse le point de départ de sa nouvelle vie religieuse et de ses mœurs musulmanes.

Cette ville est petite; elle est placée sur la pente d'un mamelon couronné par une citadelle. Quelque ruinée qu'elle soit en partie, ses bazars n'en attestent pas moins encore une certaine activité commerciale. A proximité d'Ispahan et d'Hamadân, peu éloignée de Bagdad, elle peut tirer de ces trois villes les objets d'un commerce qu'alimentent les montagnards du sud et tous les habitants de la province de Chouchter. Elle est précédée, et presque complétement entourée d'immenses jardins parfaitement cultivés, où se trouvent les productions les plus estimées des Persans : d'excellents fruits, melons, raisins, et du tombeki qui rivalise avec celui de Chiraz. Nous mîmes beaucoup de temps à circuler au milieu de tous ces vergers que nous ne pouvions entrevoir que par les brèches faites à leurs chétives clôtures en terre.

Nous nous rendîmes à la citadelle qui sert d'habitation au gouverneur. Elle a un aspect qui rappelle celles du moyen âge en Europe, et, comme elles, paraît avoir été construite de manière à soutenir un siége. Ses murs crénelés sont entourés d'un fossé large et profond ; son unique entrée est flanquée de deux grosses tours dont la partie supérieure est percée d'embrasures. Le seuil de la porte est beaucoup plus élevé que le sol du bord opposé du fossé, et l'on y arrive par un plan incliné en maçonnerie, sur lequel est appuyé un pont volant en bois que l'on peut retirer facilement.

Le gouverneur était absent; nous fûmes reçus par son vekil. Sur le désir que nous manifestions d'être logés dans un jardin, il nous fit aussitôt conduire à une demi-heure de la ville, dans un vaste et superbe enclos planté de beaux arbres au pied desquels coulaient, en tous sens, de frais ruisseaux. Sur notre tête s'élevaient des pics couverts de neige ; en face de nous se développait la belle chaîne de l'Alvend. Cette habitation s'appelait *Gulzat*. Elle avait été créée par un Châh-Zadèh fils de Fet-Ali-Châh, qui y résidait pendant l'été. Nous nous y installâmes parfaitement au moyen de nos tentes. Nous sûmes, par le gardien du lieu, que le Châh y était venu camper depuis peu, en se rendant à Hamadân où il avait transporté ses tentes après notre départ d'Ispahan.

Jusque-là nous étions enchantés de cette nouvelle route, et ne regrettions en aucune manière celle que prennent habituellement les caravanes, et que nous avions suivie nous-mêmes en allant à Kermanchâh.

Le lendemain, dès quatre heures du matin, nous pliâmes bagage; et, quittant les jardins de Gulzat, nous regagnâmes la route que nous avions laissée à l'est. En cet endroit, la vallée de Nehavend se rétrécit beaucoup, elle est même presque fermée par de petites collines. Après les avoir franchies, nous ne tardâmes pas à entrer dans une seconde vallée plus étroite que la précédente, plus resserrée entre les contreforts qui s'appuient, de chaque côté, aux deux grandes chaînes entre lesquelles nous cheminions. Celle-ci, quoique peuplée et arrosée par une rivière sur les bords de laquelle on comptait aussi de nombreux villages, n'a cependant pas l'aspect riant et fertile de la vallée de Nehavend. Les racines de l'Alvend' et celles des monts Loris, qui se prolongent et s'entrecroisent, lui impriment une physionomie plus sévère. De distance en distance, des masses de rochers âpres et de couleur sombre donnent au paysage un caractère sauvage que ne détruisent pas les hameaux dont on aperçoit la fumée çà et là, dans les anfractuosités des montagnes ou sur la crête des rocs qui leur servent d'assiette.

Notre route fut, ce jour-là, très-accidentée et sinueuse, parce que, parallèle au cours de la rivière, elle en suivait tous les détours. Après neuf heures de marche, nous nous arrêtâmes au bord de l'eau, en face du village de *Kerkié-Khân* bâti à mi-côte sur une des collines qui forment la base des montagnes du Loristân.

Nous n'étions pas éloignés de Boroudgherd, mais nos chevaux étaient trop fatigués des deux longues journées que nous venions de faire, pour que nous ne remissions pas au jour suivant notre entrée dans cette ville. — Deux heures nous suffirent pour y arriver. De même qu'en avant de Nehavend, nous eûmes à longer les murs de vastes jardins, et de nombreuses maisons de campagne qui entourent cette petite ville. La nature, dans ses environs, reprenait cet air riant, et la culture y reparaissait sous cet aspect de fertilité que nous avions remarquée à Nehavend. Quant à la ville elle-même, quoiqu'elle fût couverte de ruines et délabrée, elle conservait un certain air de grandeur.

— Une mosquée d'une belle architecture, élevait sa coupole au-dessus des bazars et des bains; des kiosques, dont les fenêtres colorées s'apercevaient au milieu des arbres, indiquaient des habitations dont les possesseurs avaient dû jouir de quelque importance. Les murailles, flanquées de grosses tours avec meurtrières et embrasures, sont défendues par un fossé; elles sont percées de cinq portes fort larges et fort belles, ornées de dessins variés composés avec des briques. Mais ce que Boroudgherd semblait être, vue de loin, se réduisait, quand on avait franchi son enceinte, à une misère profonde et à l'entassement des ruines de ses édifices et de ses maisons.

Cette ville avait cependant pour Beglier-Bey un Châh-Zadèh, ce qui prouvait qu'elle était classée parmi les villes importantes. Mais son rang était purement nominal; et, en présence de ses ruines, les pieds dans la poussière épaisse qui couvrait toute la surface de son sol, il était facile de comprendre que cette résidence ne fût pas du goût d'un prince du sang royal; aussi le Châh-Zadèh était-il absent. Nous fîmes demander un logement, et son vizir nous en désigna plusieurs qui étaient inhabités, mais où il nous fut impossible de nous établir, tant ils étaient sales et ruinés; nous préférâmes donc sortir de la ville, et aller, à une demi-farsak plus loin, prendre possession d'un enclos appelé *Bâgh-Châh* ou *jardin du roi*. Il s'y trouve un kiosque au milieu de grands vergers, auprès d'une magnifique source d'eau recueillie dans un grand bassin très-profond, où nous pûmes nous baigner sans avoir pied nulle part.

Nous sûmes là, comme à Gulzat, que Mehemet-Châh y avait fait une halte. Nous succédions au roi de Perse dans les logements qu'il avait occupés sur cette route — nous ne pouvions nous plaindre. — Et cependant, qu'étaient alors ces demeures? Des kiosques délabrés, mal fermés par des portes brisées, plus mal défendus par des murs en ruines, au milieu de jardins auxquels la nature, abandonnée à elle-même, demandait en vain à l'art de lui prêter quelque secours pour alimenter une végétation appauvrie. Naguère on avait vu le faste des princes y créer des palais où le luxe répandait les ornements de toute espèce, et prodiguait l'or pour les embellir. Quand les voyageurs en sont devenus les hôtes passagers, l'abandon, l'oubli, en avaient commencé la ruine. Bientôt la destruction, avancée par l'insouciance, complétée par le temps, ne laissera plus que des traces confuses de ces lieux qu'habitèrent des princes et des rois.

Nous séjournâmes le 24 à Bâgh-Châh, jusqu'à quatre heures de l'après-midi. — Nous voulions, dans cette journée, prendre tous les renseignements nécessaires afin de renouveler notre tentative d'aller à Chouchter. Nous échouâmes de nouveau; le vizir de Boroudgherd nous dit « qu'en « ce moment, ce voyage était impraticable ; que le Louristan « était livré à une complète anarchie ; que les diverses tribus « se battaient entre elles ; que le gouverneur de cette pro- « vince en était parti, et qu'aucune autorité n'y était restée ; « qu'il n'y avait donc aucune sécurité pour des voyageurs, « ni aucune protection à attendre de qui que ce fût. » Devant de semblables obstacles, nous dûmes encore, pour cette fois, renoncer à nos projets.

Nous quittâmes Bagh-Châh un peu découragés. Nous avions déjà devant cette excursion, et sur deux points, rencontré une barrière infranchissable. Nous savions d'ailleurs, que deux voyageurs français qui nous avaient précédés, MM. de la Guiche et Texier, tout récemment encore, n'avaient pas été plus heureux en partant de Chiraz. Nous savions aussi que le seul Européen qui eût pénétré à Chouchter, le major Rawlinson, n'avait pu le faire qu'à la suite d'une troupe de deux mille hommes, envoyée par le Châh pour soumettre quelques tribus Bactyaris. On conservait, dans ces contrées, le souvenir de deux autres officiers anglais qui, ayant voulu s'y risquer seuls, ont été massacrés. Chouchter ne nous semblait donc plus abordable, et nous avions le regret de douter de la possibilité de satisfaire à notre programme en ce qui touchait la Susiane.

Afin de nous mettre plus facilement en route, le lendemain avant le lever du soleil, nous allâmes le soir cou-

cher à une petite distance de Bâgh-Châh, à *Kerim-Abad.*
Le jour suivant nous montions à cheval à quatre heures
du matin. La journée fut fatigante ; notre route passait au
milieu des montagnes ; nous descendions et montions sans
cesse. A notre droite, au-dessus des collines dans lesquelles
nous étions engagés, s'élevait la grande chaîne des monts
Gherrû. La neige se maintenait sur plusieurs de ses sommets. Nos guides nous dirent que de l'autre côté de cette
chaîne, était une grande vallée où campaient les tribus Bactyaris. Il nous aurait fallu la traverser pour nous rendre à
Chouchter, et nous n'aurions pu éviter ces montagnards
inhospitaliers qui sont encore plus redoutables que les
Kurdes.

L'eau est trop rare sur le sol de la Perse, pour que les
populations ne se portent pas là où il y en a. C'est pourquoi
l'on y voit de vastes solitudes désertes, tandis que, dans
d'autres contrées, au contraire, les villages sont agglomérés.
Aussi, dans cette journée, en rencontrâmes-nous un grand
nombre, en raison de celui des ruisseaux qui circulaient au
milieu des rochers que nous gravissions.

Après une marche de dix heures, nous débouchâmes dans
la plaine *Mezra-Katoun* où nous campâmes près du village
de ce nom.

Le lendemain, suivant encore des gorges, mais dans des
montagnes moins difficiles, nous arrivâmes de bonne heure
au-dessus de la vaste plaine de *Kademgâh* que nous avions
traversée en nous rendant à Hamâdan. Nous la longeâmes,
cette fois, à la base des montagnes qui la bornent du côté
du sud ; et, passant au milieu des villages qui la peuplent
de ce côté où ils sont très-rapprochés les uns des autres,

nous allâmes coucher à Amarat où nous avions fait halte il y avait déjà plus de deux mois, et où nous rejoignîmes la route que nous avions suivie en venant dans cette contrée. A partir de ce village, nous devions peu nous en écarter; cependant nous nous en éloignâmes de manière à voir quelques vallées dans lesquelles nous n'avions point passé, et qui nous firent mieux connaître le pays, en élargissant l'horizon que nous avions aperçu la première fois.

Jusque-là notre petite troupe n'avait pas eu de malade ; nous nous étonnions du bonheur avec lequel chacun de nous supportait les fatigues du voyage et les chaleurs accablantes auxquelles nous étions exposés tout le jour. Dans ce pays complétement découvert il est impossible, en effet, de se soustraire aux rayons ardents du soleil qu'aucun nuage ne vient affaiblir. Sous ce climat brûlant, l'air qu'on respire est souvent empesté de vapeurs malfaisantes. Le crâne, constamment échauffé par les feux du soleil, communique au cerveau une chaleur dangereuse, et la fièvre, souvent cérébrale, devient presque inévitable à cette époque de l'année. Nous nous applaudissions donc avec raison, d'avoir pu mener la vie active et laborieuse qui nous était faite, sans en avoir encore éprouvé les conséquences ordinaires. Mais le moment était venu, pour nous aussi, de les subir. A Amarat, mon compagnon M. Coste tomba malade. Il sentit les premières atteintes d'une fièvre terrible qu'il garda longtemps, et dont les effets devaient être inquiétants. — Si c'est une cruelle chose que d'être malade dans un pays où l'on est complétement privé des secours de l'art, c'est une bien plus cruelle chose encore que d'avoir à supporter son mal en voyageant forcément et à cheval, c'est un véritable supplice de se mettre en selle chaque matin dans des conditions semblables.

Nous fîmes très-peu de chemin le 27, et nous nous arrêtâmes de bonne heure pour donner du repos à M. Coste.

Le 28 il allait un peu mieux; mais, afin de lui laisser le moyen de se remettre, et pour ne pas le fatiguer, nous ne marchâmes que deux heures ; nous nous arrêtâmes au village arménien de *Leliân* où nous avions couché à notre précédent passage.

Nous étions là depuis quelque temps, lorsqu'au loin nous vîmes arriver une petite troupe de cavaliers en tête desquels marchait un Européen. Sous un grand voile vert qui lui couvrait la tête, je cherchais à le distinguer, lorsqu'une voix qui ne m'était pas inconnue m'appela par mon nom : c'était M. le baron Bode, conseiller à l'ambassade russe, que nous avions laissé à Ispahan avec le général Duhamel. Il se rendait au camp du Châh à Hamadân, mais je n'en sus pas davantage. — Qu'allait-il y faire? — Il ne me le dit pas. — La cause qui avait déterminé Mehemet-Châh à entreprendre cette excursion, était due à une tradition qui s'est perpétuée en Perse. De tout temps, depuis l'établissement du schisme qui a fait des Persans les ennemis irréconciliables des Turcs, les souverains de Perse ont eu l'ambition de conquérir Bagdad et Kerbelâh où sont les tombeaux d'Ali et de Husseïn. Indépendamment des souvenirs historiques qui rattachent ce territoire à la Perse, on conçoit que les Persans voient avec peine les restes de leurs saints imâms entre les mains des Turcs, et qu'ils endurent difficilement d'avoir à subir leurs vexations, ou de leur payer un tribut pour pouvoir faire leurs dévotions. De sanglants combats ont été plusieurs fois livrés sur les bords du Tigre, entre *Sunnites* et *Chïas*, sans que jamais ceux-ci, descendus des montagnes de la Perse, aient pu réussir à faire la conquête de leurs *saints-lieux*.

— Mehemet-Châh, par politique peut-être, et pour donner une stérile satisfaction à son peuple, avait dirigé son armée du côté de Bagdad. D'après ce que j'ai su, je ne puis croire que le Châh eût réellement l'idée de marcher sur cette ville. Néanmoins l'ambassadeur russe avait dû s'émouvoir de ce projet, que semblait accuser la marche de l'armée royale, et probablement avait-il envoyé M. Bode pour détourner le roi d'une fantaisie qui aurait pu lui coûter cher, et dont la conséquence était, dans tous les cas, une rupture trop éclatante avec la Porte pour qu'elle ne fût pas prévenue. — C'était là ce que je croyais deviner dans la démarche de l'envoyé russe ; mais, par convenance, je fis semblant de trouver tout simple que l'ambassadeur de Russie se fît représenter auprès du roi au milieu de son armée.

M. Bode s'arrêta, comme nous, à Leliân, et nous passâmes cette journée ensemble. C'était une bonne fortune que cette rencontre, surtout pour nous qui, depuis bien des jours, n'avions eu aucune nouvelle d'Europe. M. Bode nous en donna quelques-unes ; entre autres, celle de la rentrée des cendres de Napoléon à Paris. Il me dit aussi que j'avais un paquet de lettres qui m'attendait à Ispahan, à son ambassade. On pense si j'étais impatient de les ouvrir. — Les heures s'écoulèrent vite, à oublier ensemble le pays où nous étions. Nous les prolongeâmes en réunissant nos deux dîners et en les partageant de bonne amitié, sous une petite tente ouverte devant une campagne assez riante.

> Sur un tapis de Turquie
> Le couvert se trouva mis :
> Je laisse à penser la vie
> Que firent les deux amis.....

Je dois dire, entre parenthèse, que mon contingent n'était pas à dédaigner, vu que le matin j'avais tué quelques cailles qui ne figuraient pas mal à côté du *pilau* et du *khebâb* qui composaient l'ordinaire. Les diplomates ont toujours une petite case réservée où se trouve quelque douceur ; ainsi M. Bode avait avec lui du Porto, et ma chasse, arrosée de ce vin généreux, compléta notre régal.

Le lendemain, après s'être serré cordialement la main, il fallut se quitter. M. Bode allait vers Hamadân ; nous, nous gagnions Ispahan. M. Coste ne se sentait pas bien ; la fièvre prenait le caractère intermittent auquel il fallait s'attendre ; c'était un mauvais jour ; malheureusement la route que nous avions à faire était fort pénible et assez longue. Nous avions à traverser une haute montagne, le sentier était souvent très-peu praticable, et les précautions qu'il fallait prendre pour ne pas glisser dans les précipices au-dessus desquels il serpentait, augmentaient nécessairement la fatigue du malade. Cette montagne était celle au pied de laquelle nous nous étions arrêtés à Cougha, et que nous avions tournée en venant d'Ispahan. Nous n'en avions alors vu que la base, où rien de remarquable ne s'était offert à notre vue ; mais, traversée au cœur, elle me parut d'une grande beauté comme site sauvage et pittoresque. Ses formes âpres et sévères, ses gigantesques roches suspendues sur de sombres abîmes, ses bancs de marbre d'un noir légèrement veiné de jaune, les divers plans sur lesquels se jouaient la lumière et les ombres du soir, tout prêtait au spectacle qui changeait à chaque pas, qui variait à chaque détour du sentier que nous suivions, une physionomie de majestueuse mélancolie qui m'impressionnait vivement. Nous mîmes cinq pénibles heures à traverser la montagne au bas de laquelle nous passâmes, sur un pont, une forte rivière qui coulait au nord.

Sur la rive opposée était la petite ville de *Gulpaïgân*, où nous couchâmes. Nous y arrivâmes avec un nouveau malade : le plus jeune de nos goulâms, Jafferbek, était aussi atteint de la fièvre. — Je voyais le moment où notre petite caravane allait se trouver transformée en un convoi d'ambulance. J'avais hâte d'atteindre Ispahan, et d'y amener tout mon monde; nous avions d'ailleurs tous besoin de nous reposer et de nous refaire. Mais, au lieu de hâter le pas, ces accidents le retardaient. Il fallut nous arrêter un jour à Gulpaïgân.

Le lendemain, les malades firent un effort et marchèrent quatre heures et demie après lesquelles nous campâmes au milieu de vastes jardins. Nous étions dans le voisinage d'une petite ville nommée *Khonsar* qui est placée sur le versant d'un grand ravin dont les bords sont couverts de jardins, ainsi que les collines environnantes. Il y a dans cette localité un grand nombre de hameaux dont on aperçoit les petites maisons au milieu des plantations qui les environnent de toutes parts.

Nous longeâmes le ravin de Khonsar, que nous dominâmes longtemps; mais nous ne tardâmes pas à nous retrouver dans des solitudes arides. Au bout de deux heures, nous descendîmes dans une grande plaine qui paraissait déserte. Nous y cherchions de loin un village où nous pussions mettre nos malades commodément; n'en apercevant aucun, il fallut nous résoudre à entrer dans un petit caravansérail, et nous y établir au milieu de ses décombres. Ce lieu s'appelait Dommenèh. Il nous fallait des provisions, et nous ne savions où en chercher. Nos muletiers, qui connaissaient l'endroit, finirent par découvrir quelques habitations cachées derrière une colline, mais les pauvres gens qui s'y trouvaient dirent qu'ils n'avaient rien, que le Châh et les serbâz leur avaient tout enlevé. Nous eûmes les plus grandes peines à nous procurer du pain et deux poules.

Les fiévreux allaient un peu mieux, nous en profitâmes pour faire une bonne étape, et nous rapprocher d'Ispahan.

— Nous étions au 2 août, il faisait une chaleur insupportable. Il était urgent dans l'intérêt des malades, comme dans celui des autres, pour qu'ils ne le devinssent pas, de rester le moins possible exposés aux ardeurs de la canicule.

— Aussi de Dommenèh, partîmes-nous à une heure du matin. Les premières heures furent faites à travers des terres marécageuses d'où s'élevaient, avant que le soleil parût, des vapeurs glaciales. Nous eûmes très-froid. Après huit heures de marche, nous arrivâmes à *Askèroûn* où nous campâmes près du tombeau de l'Imâm-Zadèh Ahmet-Riza.

De là, nous traversâmes une belle plaine peuplée et cultivée, puis nous rentrâmes dans celle de *Mahamedi* que nous avions traversée près de Hely-Keuzy. Les malades, s'armant de courage, restèrent en selle six heures et demie, et mirent pied à terre à *Tiroûn-Kervend* où nous avions déjà couché deux mois auparavant, jour pour jour.

Il semblait que chaque étape dût diminuer le nombre des hommes valides dans notre petite troupe : notre valet de chambre français fut à son tour pris de la même fièvre. Nous n'étions plus qu'à dix heures d'Ispahan. Je considérais comme une chose salutaire pour nos malades, de faire un effort et d'atteindre, d'une seule traite, la ville où nous devions trouver des ressources et le confort qui leur étaient nécessaires. Cependant M. Coste ne s'en trouva pas la force, et préféra couper en deux la distance qui le séparait d'Ispahan. Nous en étions trop près, et le pays était trop sûr pour que je me fisse scrupule de me séparer de mon compagnon. Je le laissai donc aux soins de nos domestiques et de Ressoul-Bek, et je partis pour la ville où je voulais arriver le soir. Je n'emmenai avec moi que mon saïs et Jaffer-Bek qui, tout malade qu'il était, préférait en finir, tant il avait hâte de se retrouver au milieu de ses amis et de sa famille. Mais ses forces le trahirent; elles lui manquèrent avant d'arriver. Il ne pouvait plus se tenir à cheval et tomba à Nasserabad sans pouvoir se relever. Je fus obligé de le déposer dans une maison où je le recommandai, en lui laissant mon saïs pour veiller sur lui. Je continuai seul et arrivai fort tard à Ispahan.

La première personne que je rencontrai fut M. Boré, très-étonné de me voir, et à qui je racontai la manière pénible dont s'étaient accomplis les derniers jours de notre voyage. Notre excellent compatriote m'offrit aussitôt, pour M. Coste et pour moi, de partager la grande maison dans laquelle il avait succédé à M. de Sercey. — Connaissant cette habitation, et sachant qu'elle était assez grande pour que nous puissions accepter cette hospitalité, sans avoir la crainte d'être indiscrets, je ne me fis pas prier. M. Boré me conduisit tout de suite chez lui. Pendant le souper qu'il voulut me faire partager, je lui racontai succintement notre excursion, ses résultats et ses péripéties.

Le lendemain, 5 août, M. Coste arriva bien fatigué et miné par la fièvre. Il était temps.

FIN DU PREMIER VOLUME.

NOTES
DU PREMIER VOLUME.

NOTA. Ce voyage, fait pendant les années 1839, 1840 et 1841, n'a été écrit qu'en 1850. C'est ce qui explique la relation d'événements datant déjà de loin, et certains portraits de personnages aujourd'hui morts.

(1) L'opinion généralement accréditée en Perse, et parmi les agents du gouvernement français de cette époque, est que le général Romieu a été empoisonné à Téhérân, ainsi que son domestique. M. Outrey, depuis consul à Trébizonde, qui accompagnait M. Romieu, ressentit également les atteintes du poison; mais la force de son tempérament le sauva.

(2) Dans le siècle précédent, la France avait eu, en Perse, un consul de cette famille; mais il n'a laissé aucun souvenir.

(3) Sir John Malcolm versa l'or à pleines mains, en promit encore davantage, pour déterminer Fet-Ali-Châh à rejeter les offres de l'ambassadeur impérial, et à lui faire entendre qu'il eût à quitter la Perse.

(4) M. le comte Édouard de Sercey, fils de l'amiral de ce nom, avait été premier secrétaire et chargé d'affaires à Pétersbourg.

M. le marquis de Lavalette, précédemment secrétaire et chargé d'affaires à Stockholm.

M. le vicomte d'Archiac
M. le vicomte Gérard
M. le vicomte de Chazelles
} avaient été précédemment attachés d'ambassade à Pétersbourg.

Le premier de ces messieurs s'occupait de géologie, les deux autres devaient étudier tout ce qui se rapportait aux arts et à l'industrie.

M. le marquis de Beaufort d'Hautpoul, capitaine d'état-major, avait précédemment rempli une mission auprès du pacha d'Égypte. Il devait examiner les questions militaires.

M. le vicomte Paul Daru, capitaine de houzards, avait la mission d'étudier ce qui concernait la cavalerie.

M. Desgranges, professeur de langue turque au collége de France, ancien premier drogman à l'ambassade de Constantinople, devait remplir la même fonction auprès des autorités turques pendant notre voyage.

M. Kazimirski-Biberstein, auteur de plusieurs traductions de livres arabes et persans, était interprète pour la langue persane.

M. le docteur Lachèze avait passé plusieurs années en Égypte ; il était, en qualité de médecin, attaché à la mission.

M. Pascal Coste, architecte, qui avait séjourné plusieurs années en Égypte, et M. Eugène Flandin, peintre, avaient reçu la mission de rechercher et étudier tout ce qui pouvait intéresser l'archéologie.

(5) L'Académie des Beaux-Arts fit publier l'ouverture d'un concours auquel les architectes, les peintres et les sculpteurs étaient appelés à prendre part. Elle devait choisir parmi les concurrents deux candidats proposés ensuite à l'acceptation de M. le ministre des affaires étrangères. Plusieurs artistes se présentèrent, en effet, et firent valoir leurs droits aux suffrages de MM. les membres de l'Académie des Beaux-Arts. Ce fut à la suite de ce concours que MM. Coste et Flandin furent désignés pour remplir la mission d'exploration archéologique projetée.

(6) Ce ne fut que dans le cours de l'année 1843 que M. Botta, consul de France à Mossoul, fut assez heureux pour découvrir des monuments qui paraissaient se rapporter à l'époque assyrienne. A la fin de cette année, M. Eug. Flandin fut encore désigné pour aller à Mossoul, aider le consul dans ses recherches, et faire toutes les études graphiques relatives à ces antiquités.

(7) Sur l'initiative de MM. Coste et Flandin, le ministre demanda à une commission composée de membres de l'Académie des Inscriptions et de celle des Beaux-Arts, un rapport sur le mérite et l'importance des travaux des deux voyageurs. Nous le donnons ci-après.

ARCHÉOLOGIE : *Voyage en Perse de MM. Coste et Flandin.* — L'Académie des Inscriptions et Belles-Lettres et l'Académie des Beaux-Arts ont entendu et approuvé le rapport suivant, qui leur a été fait par M. Raoul-Rochette, au nom d'une commission, sur le voyage en Perse de MM. Coste et Flandin.

« L'Académie des Beaux-Arts avait demandé à M. le président du conseil des
« ministres, maréchal duc de Dalmatie, qu'il fût adjoint à l'ambassade envoyée
« en Perse à la fin de 1839 deux artistes, un architecte et un peintre, pour
« mesurer et dessiner avec toute l'exactitude possible les restes d'antiquité,
« d'époques diverses, qui subsistent encore en ce pays. Cette demande de
« l'Académie ayant été accueillie par le ministre de la manière la plus géné-
« reuse, il fut procédé immédiatement au choix des deux artistes qui devaient
« être appelés à remplir cette mission importante et difficile. MM. Coste et
« Flandin, le premier déjà honorablement connu par son bel ouvrage sur les
« monuments arabes du Caire, obtinrent les suffrages de l'Académie. Des in-
« structions, rédigées au nom de cette compagnie par son secrétaire perpé-
« tuel, et communiquées à l'Académie des Inscriptions et Belles-Lettres, furent
« adressées à M. le ministre, qui les remit aux deux artistes, en leur assurant

VOYAGE EN PERSE. 491

« les moyens de remplir la mission qu'il leur confiait sous la garantie et la
« protection du gouvernement français. Telles furent les circonstances dans
« lesquelles fut résolue l'expédition scientifique entreprise sous les auspices de
« l'Académie des Beaux-Arts par MM. Coste et Flandin, et qui, commencée à
« Téhérân, s'est terminée à Bagdad, après avoir embrassé la Perse entière
« dans sa plus grande extension.

« Déjà, d'après des rapports adressés des différents points de la Perse à
« l'Académie des Beaux-Arts, trois desquels ont été rendus publics, et les
« autres ne tarderont pas à l'être [1], cette compagnie avait pu se convaincre
« que les deux artistes suivaient avec le zèle le plus digne d'éloges, malgré
« des obstacles, des privations et des dangers même de toute espèce, l'itiné-
« raire qui leur était tracé, et que partout ils se faisaient un devoir d'exécuter
« avec autant de soin qu'ils en étaient capables les travaux qui leur étaient
« demandés dans leurs instructions. Mais c'est seulement aujourd'hui que, leur
« portefeuille entier ayant été soumis à l'examen des commissaires des deux
« Académies, il est permis de se faire une idée juste de la nature de ces tra-
« vaux, et d'en apprécier le mérite, sous le rapport du talent et de la fidélité
« déployés dans les dessins, comme sous celui de l'importance et de la nou-
« veauté des monuments.

« Les localités de la Perse moderne, où il existe des monuments d'antiquité
« plus ou moins considérables, signalés depuis la renaissance des lettres jus-
« qu'à nos jours par les nombreux voyageurs qui ont visité ce pays, et appar-
« tenant à deux époques principales, celle des Achéménides et celle des Sassa-
« nides, ces localités, devenues en dernier lieu l'objet des travaux de MM. Coste
« et Flandin, sont celles de *Téhérân*, *Ispahan*, *Hamadan*, *Kirmanschah*,
« *Kengavar*, *Bi-Sutun*, *Serpoul-Zohab*, *Mader-i-Souleiman*, présumé le
« site de l'ancienne *Pasargades*, *Istakhr*, l'ancienne *Persépolis*, *Tschel-*
« *Minar*, siége du palais des rois Achéménides, avec les localités voisines de
« de *Nachshi-Radjab*, et de *Nachshi-Roustâm*, *Chiraz*, *Schapour*, *Firouz-*
« *abad*, *Fessa*, *Darabgerd* et *Selphistan*. La province de *Chuster*, partie
« de l'ancienne *Suziane*, est restée seule en dehors des explorations de nos
« deux artistes, parce que des difficultés plus fortes que leur volonté, jointes au
« manque absolu de ressources, les ont empêchés à deux reprises de pénétrer
« dans cette province, restée jusqu'ici presque absolument inaccessible aux
« voyageurs européens. Mais, en revanche, ils ont visité, à peu de distance de
« Bagdad, les ruines de *Babylone* et de *Ctésiphon*, et examiné celles de
« *Ninive*, situées près de Mossoul ; en sorte que, déjà sous le rapport des lieux,
« leur travail peut être regardé comme aussi complet qu'il était permis de l'at-
« tendre de leur part et possible à eux de l'accomplir, surtout si l'on considère
« que, dans celles de ces localités qui comportaient un travail considérable, ils
« ont séjourné tout le temps qu'exigeait la pleine et entière exécution de ce
« travail. Ainsi, ils sont demeurés dix-huit jours à Kirmanschah, et deux mois
« entiers à Persépolis, campant sous la tente en présence des monuments

[1]. Ils l'ont été depuis l'époque où ce rapport fut lu aux deux Académies.

« mêmes, de manière à pouvoir achever entièrement sur place les travaux
« qu'ils avaient à faire.

« L'ensemble des dessins exécutés sur tout ce vaste espace de pays, d'après
« des monuments divers d'âge et de caractère, appartenant, les uns à l'archi-
« tecture, les autres à la sculpture, s'élèvent au nombre de 168 pour l'archi-
« tecture et de 86 pour la sculpture. Il faut y joindre 35 inscriptions, la plupart
« gravées en caractères cunéiformes, quelques-unes en langue pehlvi, et trois
« seulement en lettres cufiques. Tous ces dessins, particulièrement ceux qui
« représentent des bas-reliefs, ont été terminés sur place, et quand il s'agira
« de les publier, on n'aura, ni à en réduire le format, ce qui en altère toujours
« plus ou moins le mérite, ni surtout à en améliorer ou à en compléter l'exécu-
« tion, ce qui en change bien autrement le caractère. On ne sait que trop de quelle
« manière s'achèvent à Paris, pour être livrés au burin des graveurs, des des-
« sins à peine ébauchés devant le monument original par une main quelquefois
« peu habile, et comment des monuments ainsi représentés à l'aide d'une
« double infidélité, perdent toute leur valeur aux yeux du véritable antiquaire
« et du véritable artiste ; et c'est par un sentiment de réserve dont on ne peut
« que nous savoir gré que nous nous abstenons de citer des exemples de ce
« procédé malheureusement trop commun. Mais les dessins de MM. Coste et
« Flandin portent en eux-mêmes tous les éléments de la confiance qui leur est
« due. L'exécution des bas-reliefs nous a paru ne rien laisser à désirer pour la
« fidélité, pour le caractère et pour l'effet, et c'est une vérité que nous ne crai-
« gnons pas de proclamer devant deux Académies, que jamais les sculptures
« de Persépolis, le plus grand monument encore debout de toute l'antiquité
« asiatique, n'avaient été jusqu'ici représentées avec autant de soin, d'exacti-
« tude et de talent, qu'elles le sont dans les dessins de M. Flandin. Les gra-
« vures de Ker-Porter, qui jouissaient, et sous plus d'un rapport, à juste titre,
« de tant de réputation dans le monde savant, perdront certainement, à la
« publication des dessins de M. Flandin, la confiance et l'estime dont elles
« étaient en possession ; et c'est un avantage que la France doit se trouver
« heureuse et fière d'obtenir sur l'Angleterre dans le paisible domaine de la
« science.

« Nous en dirons autant des dessins d'architecture de M. Coste ; le soin avec
« lequel toutes les mesures s'y trouvent relevées, toutes les formes indiquées,
« de manière à pouvoir, lorsqu'elles auront été rapportées dans la mise au net,
« représenter le monument antique dans son vieux caractère, a été jugé digne
« des plus grands éloges par les architectes de la commission ; quelques des-
« sins terminés sur place, ont offert l'ordre d'architecture des palais de
« *Persépolis* sous un aspect admirable et véritablement tout nouveau ; et de
« nombreux plans topographiques levés par le même architecte, plusieurs des-
« quels, notamment celui qui comprend l'ensemble de *Mader-i-Souleiman* et
« *d'Istakhr*, c'est-à dire *Pasargades* et de *Persépolis* joignent au mérite gra-
« phique de l'exécution l'importance historique de la localité, sont au nombre
« des fruits les plus précieux de la mission remplie par les deux artistes. Le
« même éloge doit être accordé aux inscriptions, tant en caractères cunéi-

« formes qu'en écriture pehlvi, copiées au nombre de vingt-trois dans les ruines
« de *Persépolis* seulement. M. Eug. Burnouf, si bon juge en ces matières, a
« reconnu qu'en fait d'inscriptions conçues en trois systèmes d'écriture cunéi-
« forme, persépolitaine, médique et assyrienne, si difficiles à déchifrer et à
« copier, rien d'aussi exact et d'aussi consciencieux n'avait été fait depuis
« Niebuhr sur les monuments de Persépolis ; et c'est le même caractère d'exac-
« titude, appliqué ici à des inscriptions, qui distingue dans les moindres détails
« d'architecture tous les travaux de M. Coste.

« Ce que nous venons de dire du mérite des dessins exécutés par MM. Coste
« et Flandin ne suffirait pas, à beaucoup près, pour donner une idée juste et
« complète de l'importance de leurs travaux. Persépolis, principal objet de
« leur mission, ne leur a pas seulement offert des bas-reliefs à dessiner et des
« débris de palais à relever, dans ce qui se trouvait à la surface du sol, exposé
« à la vue de tout le monde. Plusieurs de ces bas-reliefs étaient à demi ense-
« velis sous un amas de décombres qui datent presque du siècle d'Alexandre ;
« et c'est dans cet état qu'ils avaient été vus et dessinés par les voyageurs, y
« compris C. Lebrun et Chardin parmi les anciens, Ouseley, Niebuhr et Ker-
« Porter lui-même parmi les modernes. D'autres sculptures, tout à fait enfouies
« sous les ruines des palais auxquels elles appartenaient, avaient échappé non-
« seulement à l'observation des voyageurs, mais même au marteau des mu-
« sulmans. C'est à l'aide de fouilles entreprises sur près de trente points diffé-
« rents, tant dans les ruines des palais de *Persépolis*, que dans la localité
« voisine de *Nachshi-Roustâm*, que de nouveaux bas-reliefs et de nombreux
« détails d'architecture, découverts par le zèle de nos deux artistes, avec
« quelques inscriptions, ont été rendus à la lumière pour être livrés à la
« science. Huit bas-reliefs tout à fait nouveaux, sans compter plusieurs autres
« complétés dans leur partie inférieure au moyen de ces fouilles, sans compter
« encore un taureau, seule sculpture de ronde-bosse qui soit sortie jusqu'ici
« des ruines de *Persépolis*, sont une conquête précieuse à la fois pour l'his-
« toire, pour l'art et pour la philologie, dont on leur est redevable. C'est encore
« un résultat tout à fait neuf et des plus importants pour l'histoire de l'art, dû
« à ces fouilles opérées à l'aide des privations les plus dures, que la décou-
« verte des principaux détails de l'ordre d'architecture des divers palais de
« *Persépolis*, jusqu'à nos jours si imparfaitement connu. En déblayant, par-
« tout où cela leur paraissait nécessaire, le sol, les terrasses et les escaliers de
« sept habitations royales, qui composaient, avec le grand vestibule de
« *Tschel-Minar*, l'ensemble du palais des monarques Achéménides, nos deux
« artistes ont été mis en possession de presque tous les éléments de la restau-
« ration de ces édifices. C'est là un résultat qui suffirait seul pour recom-
« mander leur travail à l'estime du monde savant, pour en faire un ouvrage
« unique entre tous ceux qui ont été publiés ou entrepris sur les monuments
« de Persépolis. Douze inscriptions nouvelles, la plupart exprimées dans les
« trois systèmes d'écriture cunéiforme, l'une desquelles, conçue en caractères
« persépolitains, a offert à M. Eugène Burnouf le nom d'Artaxerce-Mnémon,
« déjà connu par une des inscriptions du recueil de M. Rich, ont été ajoutées

« par l'effet des mêmes fouilles à ce que nous possédions, malheureusement
« encore en trop petit nombre, d'inscriptions de ce genre, qui ont déjà pro-
« duit et qui promettent encore à la science tant de révélations importantes
« pour l'histoire, pour la connaissance de la langue et de la religion de cette
« partie de l'ancien monde. Moins riche en inscriptions pehlvi, la collection
« formée par nos deux artistes présente pourtant deux de ces inscriptions en
« grande partie nouvelles, celle de *Nachshi-Radjab*, de trente et une lignes,
« d'une parfaite conservation, qui n'avait été qu'entrevue par Ouseley, parce
« qu'elle était cachée par un arbre, et une autre gravée près du cheval de
« Sapor, réputée la plus grande connue jusqu'ici, laquelle avait été signalée
« par Ouseley et par Ker-Porter comme renfermant cent vingt lignes, suivant
« le premier, soixante dix-huit selon le second, et dont quelques lignes seule-
« ment avaient été données par Niebuhr. M. Coste a eu la patience de copier
« tout ce que l'état malheureusement très-fruste de cette longue et importante
« inscription lui a permis d'y copier : trente-six lignes, sur soixante-cinq dont
« elle se composait originairement. Le même soin a été remarqué par M. Qua-
« tremère dans la transcription des autres inscriptions pehlvi déjà connues, où
« des lignes nouvelles ont été introduites, qui témoignent de l'exactitude de
« M. Coste.

« Ce n'est là sans doute qu'un aperçu bien succinct et bien insuffisant des
« travaux de MM. Coste et Flandin, puisqu'il ne concerne proprement que ceux
« dont *Persépolis* leur a fourni le sujet, sans embrasser ceux qui, exécutés à
« *Kirmanschah*, à *Kengavar*, à *Serpoul-Zohab*, à *Chiraz*, à *Schapour*, à
« *Firouzabad*, à *Darabgerd* et à *Ctésiphon*, offrent le même mérite d'exac-
« titude porté à un degré supérieur dans les monuments déjà connus, avec
« quelques monuments nouveaux, tels que le palais sassanide de *Firouzabad*,
« tels encore que le grand temple d'*Anaïtis* à *Kengavar*, et le *Takh-Khésra*
« à *Ctésiphon*, qui peuvent passer pour des monuments nouveaux, puisque
« nous ne les connaissions que par des relations superficielles ou d'après des
« dessins de nulle valeur ; tels surtout que les bas-reliefs médiques de *Serpoul-*
« *Zohab*, sur lesquels nous ne possédions que de vagues indications. Une ana-
« lyse plus détaillée et plus complète des travaux de nos deux artistes excéde-
« rait nécessairement les bornes dans lesquelles nous devons nous renfermer,
« sans rien ajouter à l'opinion que nous avions à donner du mérite, de l'impor-
« tance et de la nouveauté de ces travaux. Cette opinion, qui résulte de l'exa-
« men consciencieux auquel nous nous sommes livrés, artistes, antiquaires et
« philologues, en nous aidant des lumières les uns des autres, et en comparant
« avec les dessins de MM. Coste et Flandin ceux des autres voyageurs qui nous
« étaient familiers ; cette opinion, si complétement favorable sur tous les points,
« sera sans doute partagée par les deux Académies, dont plusieurs membres
« ont été dans le cas de voir et d'examiner ces dessins ; et nous pensons que
« ce sera de la part des deux compagnies, invitées par M. le ministre des af-
« faires étrangères à lui faire connaître leur avis sur le mérite des travaux de
« MM. Coste et Flandin, un véritable acte d'équité et d'intérêt pour la science,
« que de les signaler à la bienveillance de ce ministre comme un des services

« les plus éminents rendus de nos jours à la connaissance de l'antiquité et de
« l'histoire de l'art, et à ce titre comme l'objet d'une des publications les plus
« utiles à la science et les plus honorables pour notre pays. »

(8) L'ancienne ville dont le nom était *Byzantium* ou *Byzance* fut appelée *Constantinopolis* ou *Constantinople* par les Grecs. Quand elle fut tombée aux mains des Turcs, les vaincus, dans leur langage, l'appelèrent *Islam-Polis*, ou *Islampoul*, *ville de l'Islam*, ville de la religion musulmane. De ce nom d'origine grecque, les Turcs ont fait, par corruption, *Stamboul*, nom par lequel ils désignent aujourd'hui la vieille capitale où résident leurs sultans.

(9) *Stamboul* désignant l'immense ville turque, *Pera* et *Galata* sont les noms donnés aux deux quartiers que, sur l'autre rive du port, habitent les chrétiens de toute nation.

(10) Le traité d'*Unkiar-Iskelessi* tire son nom d'une localité située sur la côte asiatique du Bosphore. Les Russes y avaient pris position en 1832, sous le prétexte de garantir Constantinople contre une invasion égyptienne que rendait menaçante la victoire remportée à Koniah par Ibraïm Pacha. Ce fut en cet endroit que la Porte conclut avec un ministre plénipotentiaire russe un traité par lequel le czar et le sultan faisaient une alliance offensive et défensive. Par une clause secrète, le grand seigneur s'engageait à fermer les Dardanelles à tout bâtiment de guerre européen, et à laisser ce passage toujours libre aux forces de la Russie. De cette manière, la Turquie et ses batteries des Dardanelles et du Bosphore servaient de remparts à la monarchie russe qui restait maîtresse unique, absolue dans la mer Noire. C'était cette clause du traité d'*Unkiar-Iskelessi* qui ne permettait pas au *Véloce* de naviguer dans les eaux qui devaient nous porter à Trébizonde.

(11) M. l'abbé Scafi était un prêtre romain entré dans la congrégation des Pères Lazzaristes et attaché à la mission dont le siége était à Constantinople. En 1838, M. Boré, passant dans cette ville pour se rendre dans l'Asie-Mineure, la Chaldée et pousser jusqu'en Perse, M. l'abbé Scafi partit avec lui pour faire le même voyage. Il avait accompagné le savant explorateur jusqu'à Tabriz d'où il était revenu au couvent de Pera, afin d'y organiser les moyens de propagande civilisatrice que M. Boré réclamait pour donner à ses projets d'école française toute l'extension nécessaire.

(12) On se rappelle qu'Ibraïm Pacha, maître de toute la Syrie, dut marcher à la rencontre d'une armée turque formidable rassemblée sur le bord de l'Euphrate et commandée par Hafiz-Pacha. Ce chef avait cru assurer le triomphe de ses armes en attendant les Égyptiens dans un camp retranché qu'il avait établi entre Alep et l'Euphrate, près du village de *Nezib* qui donna son nom à la bataille que les deux généraux se livrèrent dans son voisinage. Les troupes d'Ibraïm Pacha étaient aguerries ; la milice turque, au contraire, était composée presque entièrement de recrues levées à la hâte. Elle ne put soutenir le choc des Égyptiens, et ne tarda pas à se débander. On dit que la trahison augmenta le désordre. Les Égyptiens, en profitèrent, enfoncèrent toutes les lignes turques,

et mirent en fuite l'armée entière du sultan. Son chef, Hafiz-Pacha, eut les plus grandes peines à se sauver presque seul, laissant son camp, son matériel, ses propres biens au pouvoir du vainqueur. La bataille de Nézib décida complétement du sort de la Syrie qui resta au pacha d'Egypte jusqu'en 1840, époque à laquelle la force et la diplomatie mirent tout en œuvre pour en déposséder Mehemet-Ali, et la remettre entre les mains du sultan.

(13) Le nom de *Sunnis* ou *Sunnites* est donné aux Musulmans orthodoxes, à ceux qui ne reconnaissent pas d'autre successeur de Mahomet qu'Aboubekhr et Omar, par opposition à celui de *Chyas* ou *Chyites* que portent les dissidents qui considèrent ces deux kalifes comme des usurpateurs, et maintiennent que le droit de succession au prophète appartenait à la famille de sa fille Fatime, c'est-à-dire à Ali et à ses fils Husseïn et Hassan. Tous les Turcs, les Egyptiens, et la plus grande partie des Arabes sont *Sunnites*. La secte des *Chyas* se compose des Persans et de quelques tribus arabes parmi lesquelles elle s'est propagée, ainsi que dans l'Inde. Son origine remonte à la mort du Prophète ; mais elle n'a pris de l'extension qu'au XVIe siècle, époque à laquelle toute la Perse s'est séparée des orthodoxes.

(14) Le roi de Perse Mehemet-Châh avait sur la principauté d'Hérat des droits que, dans le cours de l'année 1839, il se décida à faire prévaloir par les armes. Il investit la ville d'une armée et en fit le siége. Dans le camp royal étaient l'ambassadeur de Russie le général Simonitch, et le ministre d'Angleterre M. Mac-Nill. Ce dernier avait des intelligences dans la place, et correspondait journellement avec un officier du génie anglais qui en dirigeait la défense. L'or à l'effigie de saint Georges passait en abondance de la tente du représentant de la Grande-Bretagne dans les mains des Affghans. Le siége traînait en longueur ; les Persans se battaient bravement, mais ne faisaient aucun progrès. Leur science militaire était, à la vérité, fort impuissante ; mais le principal obstacle à la prise de la ville et à la reddition des assiégés, était le soutien que ceux-ci trouvaient dans les Anglais et les menées perfides au moyen desquelles ils encourageaient les défenseurs d'Hérat, en intimidant les chefs persans et le Châh lui-même. La politique anglaise s'opposait à la victoire des Persans ; il lui convenait que le territoire d'Hérat restât dans la situation où il était, lorsque Mehemet-Châh résolut de s'en emparer. Divers chefs affghans se disputaient l'autorité, et cet état d'anarchie plaisait à l'Angleterre, qui tôt ou tard devait en tirer parti pour s'approprier cette principauté. Il ne pouvait donc lui convenir que le roi de Perse la rangeât sous sa domination. On pense bien que les intrigues de M. Mac-Nill avaient plus d'une fois été le sujet de graves dissentiments entre le Châh et son vizir d'une part, et la mission anglaise de l'autre. Depuis plusieurs mois les choses étaient sur ce pied, lorsque, par suite des insolentes exigences du ministre anglais, la querelle s'envenima au point d'amener une rupture.—Les Persans, montés à l'assaut, avaient été repoussés ; cependant le combat les avait tellement exaltés que, si un second assaut était livré, la prise de la ville était imminente. Les Anglais le comprirent, et M. Mac-Nill, résolu

à tout mettre en œuvre pour éviter cette catastrophe, s'interposa entre les défenseurs de la brèche et les assiégeants, menaçant le Châh non-seulement du mécontentement de l'Angleterre, mais encore d'une descente de troupes anglaises sur le littoral persique, et d'une invasion des provinces du sud. — Mehemet-Châh, très-irrité de ce langage, fit comprendre à M. Mac-Nill qu'il ne pouvait demeurer plus longtemps dans son camp ; mais, au lieu de pousser avec vigueur le siége et de s'emparer d'Hérat, il eut la faiblesse de se retirer, dans la crainte d'attirer l'orage dont le représentant de la politique anglaise l'avait menacé.

M. Mac-Nill était parti pour Londres, et les personnes de sa suite, qui avaient quitté la Perse avec lui, s'étaient arrêtées à Erzeroum pour y attendre de nouvelles instructions. — C'est dans cette situation que nous les trouvâmes à notre passage dans cette ville.

(15) Le mot *Salamalek*, que nous avons introduit dans notre langue, vient de l'arabe *selam-aleik;* pris littéralement il signifie *paix sur toi*. Les Turcs, et les Persans surtout qui ont une prononciation très-accentuée, souvent même affectée, disent *selamon-aleï-kôm* ou *paix sur vous*, qui est le véritable salut oriental dans toute sa pureté.

(16) *Istakbal* ou *Istikbal* signifie proprement *l'aller au-devant*. Les Persans en ont fait un substantif par lequel ils expriment l'action *d'aller au-devant* d'un personnage de rang élevé. — Ces cérémonies officielles sont toujours figurées par un grand nombre de cavaliers et on leur donne beaucoup d'apparat.

(17) — M. Trezel était ingénieur-géographe, M. Fabvier et M. Lami étaient lieutenants d'artillerie. Les deux premiers, encore vivants, sont devenus généraux de division ; M. Lami est mort général de brigade, à Constantine, en 1837. On doit à M. le général Trezel de nombreux et savants travaux géographiques sur la Perse. M. le général Fabvier fut chargé par Fet-Ali-Châh de créer une artillerie de campagne. Il fonda à Ispahan un arsenal dont il dut faire jusqu'aux moindres outils, car on ne possédaient aucun moyen de fabrication. Après mille peines et obstacles de tout genre, M. Fabvier réussit à monter quelques pièces sur leurs affûts. Ce fut le point de départ, le germe de l'artillerie légère que possède aujourd'hui l'armée du Châh.

(18) En Turquie, les distances de lieux se comptent par *agatchs*, en Perse par *farsaks*. Ces deux longueurs sont égales, et équivalent à six kilomètres à peu près.

(19) En 1839, un ambassadeur persan était venu à Paris. On doit croire que les différends survenus entre les gouvernements persan et anglais, à propos d'Hérat, n'étaient pas étrangers à la mission que Mehemet-Châh avait donné à Husseïn-Khân. En effet, la diplomatie que ce personnage faisait à Paris n'avait pas d'autre but que de chercher à affranchir la Perse du joug insupportable que lui faisait subir l'Angleterre. Elle n'eut pas d'ailleurs d'autre résultat que l'achat de plusieurs milliers de fusils et la cession par le gouvernement

français d'une douzaine de sous-officiers pris dans des régiments d'infanterie, de cavalerie et d'artillerie, qui entrèrent au service de la Perse comme instructeurs militaires. Ces jeunes gens, qui avaient été choisis dans leurs corps respectifs, n'étaient pas des aventuriers allant chercher fortune au fond de l'Asie, comme tant d'autres avant eux; ils partaient chargés d'une mission toute spéciale et temporaire, et en conservant la position à laquelle leurs services leur donnaient droit en France.

Mais les difficultés que leurs devanciers avaient rencontrées devaient se présenter de nouveau à ces instructeurs, et des intrigues de toute sorte furent mises en œuvre pour entraver complétement l'emploi que la Perse aurait pu faire, à son profit, des connaissances des sous-officiers français. Les obstacles qu'ils ne cessèrent de rencontrer furent tels, que pas un d'eux ne put réussir à former quelques soldats persans. Ils restèrent, en Perse, oisifs, pendant quatre années à la suite desquelles ils rentrèrent en France.

(20) La Perse a été, de tout temps, abandonnée par la France. A l'exception des missions qui, à de longs intervalles, y ont fait de courts séjours, le gouvernement français n'y a jamais entretenu aucun résident. Cette raison est une des causes qui en ont éloigné le commerce de notre pays; car les négociants ne créent guère de relations chez des peuples auprès desquels ils savent ne trouver l'appui d'aucun agent consulaire. Cela est malheureux; car si le commerce anglais trouve, en Perse, des marchés ouverts et favorables à ses importations, il n'est pas douteux qu'un grand nombre d'articles des fabriques françaises auraient également là des débouchés faciles. Certainement, les draps de France, les soieries, les indiennes, les mousselines, trouveraient dans les bazars persans de nombreux acheteurs. Mais, je le répète, l'absence de représentants français rend timides nos exportateurs, et le marché de Perse est entièrement abandonné aux spéculateurs anglais ou à quelques maisons grecques de Constantinople, qui se placent sous la protection de la Russie.

(21) *Echi* ou *Eltchi*, est le terme par lequel on désigne un envoyé diplomatique, un ambassadeur. Les Orientaux ont aussi adopté la dénomination européenne de *ministre plénipotentiaire*, et ils disent *Veziri-Moukhtar* pour indiquer un envoyé qui a des pleins pouvoirs. — Ils appellent *Baïlos* un consul. Ce mot n'a pas une origine asiatique; il est dérivé de l'italien *Baïlo*, qui veut dire agent politique, et il date du temps où la république de Venise avait, à Constantinople, un représentant qui portait ce titre.

(22) *Roustâm*, *Afraziâb*, sont des héros qui ont existé; mais les Persans se sont plu à entourer leurs exploits de tant de fables et de récits merveilleux, qu'ils en ont presque fait des personnages mythiques. Ils symbolisent la force, le courage, et on leur donne le titre de *Pehlavân* qui veut dire héros, athlète. — Les Persans n'auraient pas dû conserver la mémoire de *Gengiskhan* et de *Tamerlan* dont leur pays a eu tant à souffrir. Mais ils oublient les ruines qui marquent de tous côtés les traces du passage de ces conquérants, pour ne se rappeler que leurs exploits guerriers; et, sous les noms de *Tchenghiz-Khân* et *Taïmour-Lenk*, ou *Tamerlan le Boiteux*, ils honorent la mémoire de ces

envahisseurs cruels et barbares sous le fer desquels leurs ancêtres courbèrent la tête.

(23) On appelle *harem* la partie retirée d'une habitation, celle où ne pénètrent jamais les étrangers. *Anderoûm* signifie proprement le lieu où se tiennent les femmes : c'est le *gynécée* des Grecs. Ce terme ne s'emploie que quand il s'agit de la maison d'un grand ; pour les petits bourgeois, ou les raïas, on désigne cette partie secrète par le mot *zân-khânèh*, littéralement *appartement des femmes*.

(24) Le mot *louti* ou *louthi* a une signification très-variée par laquelle on désigne les mauvais sujets, les voleurs, les gens de mauvaises mœurs et les baladins, bateleurs, etc. Quant à son étymologie, on n'est pas d'accord : les uns le font dériver de *Loth*, le neveu d'Abraham, doublement célèbre par la protection du Seigneur qui voulut l'épargner lorsqu'il consuma Sodome, et par son inceste qui semble justifier le nom de *louti* donné aux gens de mauvaise vie ; d'autres font venir ce mot de l'indien *lout* qui signifie vol, brigandage ; par cette acception, qui est en effet reçue, on peut également justifier cette origine.

(25) Lorsque Nadir-Châh s'empara de Dehli, on dit que, parmi les trésors qui tombèrent en son pouvoir, figurait le magnifique trône du grand Moghol. Il était tout incrusté de pierreries et simulait une queue de paon ; par cette raison on l'appelait *Takht-i-taous*, ou *Trône du Paon*. Il fut rapporté à Ispahan par le conquérant qui, ne pouvant se contenter de s'asseoir sur les diamants et les rubis dont il était couvert, les fit enlever pour les vendre. Il en tira, dit-on, des sommes énormes.

(26) *Turkman-thaï* est un bourg situé à dix étapes de Téhérân. En 1827, les Russes vainqueurs s'avancèrent jusque-là pour forcer le roi de Perse à accepter un traité dont les bases étaient la reconnaissance de toute la Géorgie comme province russe, et de la rive droite de l'Araxe, jusqu'à son embouchure dans la Caspienne, comme limite septentrionale du royaume d'Irân. Le Châh était dans l'impossibilité de s'opposer à l'envahissement de cette partie de ses États, que son fils Abbas-Mirza avait en vain cherché à défendre ; il fut forcé de signer ce traité pour éviter de plus grands malheurs à son pays et de plus grandes humiliations à sa couronne.

(27) Quand nous fîmes le voyage de Perse le roi Mehemet-Châh, qui n'avait que trente-quatre ans, était sur le trône ; mais, sans cesse menacé par des atteintes très-graves de goutte, il était à craindre que son règne ne fût pas de longue durée. En effet, il est mort de cette maladie dans le cours de l'année 1849, et son fils, surnommé le *Veliat*, lui a succédé.

FIN DES NOTES DU PREMIER VOLUME.

VOCABULAIRE TURC ET PERSAN

POUR SERVIR

A L'INTELLIGENCE DE QUELQUES EXPRESSIONS USUELLES
INTRODUITES DANS LE COURS DE CETTE RELATION.

NOTA. J'ai cru devoir adopter l'orthographe qui, dans notre langue, se rapproche le plus de la prononciation des mots turcs ou persans, soit pour ceux qui ont un sens, soit pour les noms propres.

A

Ab.	Eau.
Agatch.	Distance équivalant à 6 kilomètres.
Amarat.	Séjour, demeure.
Andèroûm.	Habitation des femmes.
Arak.	Eau-de-vie.
Atech-gâh.	Lieu du feu, autel du feu.
Atli.	Cavaliers.

B

Bâgh.	Jardin.
Balios.	Agent diplomatique.
Barat.	Mandat du trésor.
Beïcht.	Paradis.

C

Caraoul.	Sentinelle.
Cavass.	Garde particulier.
Châh.	Roi.
Chaï.	Monnaie de cuivre, 5 cent.
Châh-Zadèh.	Fils de roi.
Cherâb.	Vin.
Cherbet.	Boisson sucrée, sorbet.
Chya, chïa, chyite.	Littéralement, partisan; il sert à désigner ceux d'Ali, ou les dissidents parmi les Musulmans.
Cotal.	Rampe, défilé.
Coula.	Bonnet, chapeau.

D

Divân.	Assemblée.
Divân-i-Khanèh.	Lieu d'assemblée.
Djerid.	Javelot.
Doukhtâr.	Jeune fille.

E

Elchi.	Ambassadeur.

VOYAGE EN PERSE.

F

Farsak. Distance équivalant à 6 kilomètres.
Ferrach. Domestique.
Frenguistân. Europe.
Frengui. Européen.

G

Goulâm. Courrier, cavalier.
Guermsir. Pays de la chaleur.

H

Hachpás. Cuisinier.
Hadji. Pèlerin.
Hakim. Gouverneur de ville.
Hammâm. Bain.
Hahssi. Rebelle, indépendant.
Hekim. Médecin.

I

Iassaoul. Garde d'élite.
Imâm. Saint.
Imâm-Zâdèh. Littéralement, fils de saint; par extension, on donne ce nom aux tombeaux des saints.

K

Kalaat. Habit d'honneur.
Kalâm. Plume, crayon.
Kalâmdân. Encrier.
Kalantar. Magistrat urbain, collecteur d'impôts.
Kalioûn. Pipe à eau.
Kater. Mulet.
Katerdji. Muletier
Ketkhodâh. Maire.
Kanèh. Maison.
Khebâb. Mouton rôti.
Khief. Repos, bien-être.
Khilissèh. Église.
Kich-mich. Raisin sec.

L

Louti. Mauvais sujet.

M

Mahâllèh. Quartier.
Matchit. Mosquée.
Medressèh. Collége.
Meïmân. Hôte.
Meïmândar. Chargé des hô
Menzil. Maison, étape
Mirza. Ce mot, mis a propre, sig devant, il homme de mille.
Mollah. Prêtre.

N

Naïeb. Lieutenant.
Nizam. Soldat.

P

Padichâh. Roi.
Pehlavân. Héros, athlète
Perdèh. Rideau, porti
Pezevink. Ce mot est une sière.
Pichkèch. Cadeau, prés
Pichketmèt. Serviteur de
Pilau. Plat de riz.

R

Râh. Route.
Râhdar. Garde de rou
Raïa. Paysan.

S

Sâberân. Monnaie d'a 25 cent.
Saïs. Palefrenier.
Sandoukdar. Trésorier.
Serbás. Soldat d'infa
Serdâr. Général.